AF617203

ALLÍ ESTÁBAMOS LOS COMUNISTAS

ALLÍ ESTÁBAMOS LOS COMUNISTAS

EXPERIENCIAS MILITANTES Y CONQUISTA DE LA DEMOCRACIA EN GRANADA, 1956-1979

Antonio Segovia Ganivet

Sílex

Este libro ha contado con la financiación de FEDER/Junta de Andalucía-Consejería de Transformación Económica, Industria, Conocimiento y Universidades/Proyecto de Investigación en el ámbito del Plan Andaluz de Investigación, Desarrollo e Innovación (PAIDI 2020) "Cultura, Identidad e Historia de Andalucía. Siglos XIX y XX. Ref. P18-RT-1840, dirigido por Teresa María Ortega López y Claudio Hernández Burgos.

© Antonio Segovia Ganivet, 2024

Editor: Ramiro Domínguez Hernanz

© Imagen de cubierta: Comunistas anónimos en *Nuestra Bandera, Revista Política y Teórica del Partido Comunista de España*, 1977

C/ San Gregorio, 8, 2, 2ª Madrid
España
www.silexediciones.com

ISBN: 978-84-19661-71-5
Depósito Legal: M-7395-2024
Colección: Sílex Universidad Contemporánea

Impreso y encuadernado en España

Cualquier forma de reproducción, distribución, comunicación pública o transformación de esta obra solo puede ser realizada con la autorización de sus titulares, salvo excepción prevista por la ley. Diríjase a CEDRO (Centro Español de Derechos Reprográficos) si necesita fotocopiar o escanear algún fragmento de esta obra (www.conlicencia.com; 91 702 19 70 / 93 372 04 97)

Contenido

Colección Sílex Universidad Comtemporánea
SUC

Esta colección de Historia está orientada a la amplia comunidad de investigadoras/es y especialistas, así como al profesorado y al estudiantado universitarios y al público en general interesado en la edad contemporánea.

Entre sus objetivos se encuentra ofrecer la publicación de libros que, desde el máximo rigor científico, ahonden en el conocimiento disponible sobre os siglos XIX y XX. Del mismo modo, la colección quiere ofrecer a académicas/os e investigadoras/es un espacio desde el cual difundir los resultados originales de sus trabajos o el resultado del desarrollo de proyectos de investigación competitivos. Y por último, y como tercer objetivo, está el de querer contribuir a la trasferencia social del conocimiento generado en universidades y centros de investigación en torno a la Historia Contemporánea.

La colección permite la publicación tanto monografías de autoría individual como de obras colectivas que garantice un adecuado proceso de dirección y coordinación científica. Estas obras cubren trabajos de autores/as consolidados/as en la disciplina y otras aportaciones de autores/as en formación que aportan logros significativos y relevantes desde un punto de vista científico.

Directora de la colección
Teresa M. Ortega López
Universidad de Granada

Ana Cabana Iglesia
Universidad de Santiago de Compostela
Codirectora

Claudio Hernández Burgos
Universidad de Granada
Codirector

Comité editorial

Manuel Chust Calero
Universidad Jaume I

Ana Aguado Higón
Universidad de Valencia

Montserrat Duch Plana
Universidad Rovira i Virgili de Catalunya

Carolina Rodríguez López
Universidad Complutense de Madrid

Florencia Peyrou Tubert
Universidad Autónoma de Madrid

El original se somete a un proceso
editorial que se desarrolla en varias fases:

1ª. Solicitud de publicación. Para publicar en la colección Sílex Universidad Contemporánea se debe cumplimentar debidamente la solicitud de publicación y acompañarla de los documentos que se piden en dicha solicitud (original en formato .doc/.docx y pdf con sumario y bibliografía; cv del autor/a, editor/a y autoras/es según el caso y las imágenes –si las hubiera– de la obra con los respectivos derechos legales de reproducción).

2ª. Revisión. La dirección de la colección revisarán el original para comprobar que se respetan las normas generales para la presentación de originales y se determinarán si el contenido de la propuesta de publicación encaja en las temáticas de la colección y de la editorial.

3ª. Evaluación. Una vez establecido que el contenido del manuscrito cumple con los requisitos formales y temáticos, realizará la evaluación por pares ciegos, consensuando las/los informantes que pueden adecuarse mejor a la tarea de valorar ese original en un tiempo prudencial. Los informes externos determinarán si el original es rechazado si no cumple con los criterios de calidad establecidos para la colección, si bien el autor/a debe acometer as modificaciones y/o correcciones necesarias indicadas en los informes, o si bien se acepta directamente si es que en los informes no se requieren rectificaciones.

La editorial Sílex ocupa la posición n.º 6 del *Scholarly Publishers Indicators in Humanities and Social Sciences* (SPI) de 2018 en prestigio editorial en la disciplina de Historia con un ICEE de 84.

PRÓLOGO

Francisco Cobo Romero

Hasta no hace mucho tiempo, subsistió en la historiografía clásica un injustificable déficit de estudios orientados hacia el análisis de los movimientos sociales y los comportamientos colectivos de oposición a la dictadura localizados en el mundo rural, o en aquellas regiones de España menos industrializadas, predominantemente agrícolas e incluso económicamente periféricas como Galicia, Andalucía, Extremadura, Castilla-La Mancha o Castilla y León. Y lo que es peor aún, esa misma historiografía permaneció largo tiempo anclada en el uso de paradigmas interpretativos que apenas habían incorporado los instrumentos de la historia cultural, los contextos de la micromovilización, la sociología de la acción colectiva, el análisis de los discursos políticos, las simbolizaciones mitificadas de la realidad material y la señalización de los procesos de *enmarcamiento* del mundo circundante llevados a cabo por los movimientos cívicos y sociales en el planteamiento de sus acciones de protesta.

En tal sentido, podríamos afirmar que los presupuestos teóricos y metodológicos que sustentan el magnífico ensayo de Antonio Segovia Ganivet se han enriquecido notablemente de los espectaculares avances interpretativos, experimentados por la historiografía reciente, en torno al papel de primer orden desempeñado por el mundo agrario en el debilitamiento de las arcaicas estructuras dictatoriales del franquismo. Podría decirse, pues, que esta propuesta interpretativa se nutre directamente de la vitalidad que empieza a alcanzar una nueva y alentadora tradición historiográfica, que confiere a los actores individuales y colectivos del mundo rural un decisivo protagonismo, tanto en la emergencia de actitudes favorables a la democracia, como en el socavamiento de las bases autoritarias sobre las que se sustentó el régimen franquista.

Para suplir el vacío señalado en una parte de la historiografía, esta sugerente monografía incorpora una variada gama de propuestas explicativas del cambio social en el mundo rural de la etapa final de la dictadura, haciendo gala del uso pormenorizado de perspectivas teóricas que, si bien no son excesivamente novedosas, sí constituyen un reto para el grueso de los historiadores. En el inspirador estudio que ahora prologamos adquiere una decisiva importancia el conjunto de las *microformas* en las que se produjo la movilización colectiva de signo democrático y la adscripción individualizada a las propuestas de cambio político surgidas en el seno de aquellas sociedades, predominantemente agrarias, que venían experimentado una profunda transformación desde el final de la etapa autárquica del régimen franquista.

En el rastreo de los agentes responsabilizados de la construcción de un renovado discurso identitario, destinado a movilizar a una significativa porción de la sociedad rural contra el franquismo, el autor de la presente monografía trata de reconstruir la dificultosa labor de propagación de principios democráticos entre los jornaleros y el campesinado pobre desplegada, desde fines de los años cincuenta y a lo largo de los años sesenta del pasado siglo XX, tanto por los comunistas como por las Comisiones Obreras Agrícolas y Campesinas auspiciadas por aquellos.

En este estudio, que podríamos juzgar paradigmático, el autor lleva a cabo una rigurosa caracterización de la esencia prodemocrática que dotó de significación a las frecuentes manifestaciones de la acción colectiva protagonizadas por la población rural del mediodía español en la etapa final del franquismo. Muchas de estas manifestaciones surgieron en demanda de un reparto más equitativo de las ofertas laborales y los recursos disponibles por la comunidad local, una justa remuneración de los principales productos agrícolas, una mayor equidad en la representatividad política o sindical de amplios grupos sociales populares o el libre acceso a determinadas fuentes de riqueza para lograr un aprovechamiento más solidario y equilibrado de las mismas. Una gran parte de dichas manifestaciones se encaminaba a provocar una sustancial alteración de las políticas agrarias del régimen dictatorial, o a lograr una sustancial ampliación de la representatividad de los intereses populares en las anquilosadas y rígidas estructuras corporativas, sindicales o económicas del poder municipal y la administración sindical-corporativa franquista todavía prevaleciente. Con el fin de plasmar adecuadamente sus planteamientos metodológicos y teóricos Antonio Segovia incorpora al manejo de diversas herramientas analíticas toda una amplia gama de propuestas explicativas del cambio social en el mundo rural de la etapa final del franquismo. Sin duda, todas ellas irán encaminadas a mejorar nuestra comprensión acerca de las *microformas* que adquirió la movilización colectiva frente al franquismo en el seno de aquellas sociedades agrarias que habían experimentado una profunda y acelerada transformación desde la década de los 50 del pasado siglo XX, impulsada por la industrialización de la agricultura, la descampesinización y el derrumbe progresivo de la sociedad agraria tradicional.

La excelente investigación llevada a cabo por Antonio Segovia se configura, asimismo, como un intento por reconceptualizar la significación lingüística y el alcance historiográfico del término "democracia". El autor es consciente de que es preciso utilizar nuevos bagajes interpretativos que definan las acciones colectivas encaminadas a lograr una mayor equidad en el reparto de los recursos, una solidaria distribución de las ofertas laborales, una más justa distribución de las cargas impositivas o el acceso al control de los instrumentos del poder local en condiciones de auténtica representatividad, como manifestaciones sociales con un elevado potencial democratizador, que se hicieron frecuentes en numerosas localidades predominantemente rurales del mediodía español durante los últimos años de la dictadura franquista y la primera etapa de la transición a la democracia. En toda la obra aletea el compromiso la recuperación de la memoria democrática de algunas regiones peninsulares eminentemente agrarias, donde se registraron importantes y decisivas manifestaciones colectivas de protesta en el ámbito local durante la fase final del franquismo y a lo largo de los primeros compases de la transición política. Tales manifestaciones colectivas deben ser entendidas en un sentido lato, otorgándoles un elevado potencial generador de actitudes individuales o sociales cada vez más sensibles con un particular modo de entender la democracia local en su más amplia significación, concibiendo a esta última como un controvertido ámbito de la experimentación colectiva de la política y la toma de decisiones públicas orientado hacia la reglamentación de las disputas en una dirección igualitarista y solidaria.

El abandono de ciertas perspectivas reduccionistas ha permitido al autor de la presente monografía conocer y valorar mejor a todos aquellos agentes sociales del mundo rural que actuaron como elementos dinamizadores y transformadores de la vida política local del tardofranquismo, mostrándose capaces de promover prácticas de aprendizaje político que hoy podríamos denominar auténticamente democráticas a pesar, en muchos casos, de no existir conciencia de ello. Mediante la puesta en pie de un nuevo marco analítico, y gracias a la sugestiva investigación de Antonio Segovia, comprenderemos mejor cómo el campesinado y los sectores populares de la sociedad rural de la etapa final del franquismo, a través de la aspiración a la consecución del reconocimiento de derechos civiles, políticos, sociales o laborales, fueron creando un marco referencial de señalamiento de injusticias que se situó en la base de aquel proceso de *lento aprendizaje de la ciudadanía y la democracia* que tuvo lugar desde los años sesenta en adelante.

El mundo rural de la etapa del tardofranquismo fue el escenario de una gran variedad de movimientos sociales y actos de protesta colectiva dotados de un elevado potencial democratizador. Una importantísima proporción de todos ellos reclamaba la creación de sindicatos libres y una gestión más democrática de los recursos de toda índole disponibles en el marco de la economía local, moviéndose más allá de los estrechos límites marcados por la legalidad franquista y consiguiendo movilizar a un considerable número de campesinos, jornaleros e integrantes de los sectores populares del mundo agrario a favor de la libre representatividad de los intereses contrapuestos y la convivencia política democrática.

Podría afirmarse que una de las propuestas teóricas fundamentales sobre las que gira el presente ensayo se inspira en una particularizada percepción *constructivista* de los movimientos sociales. Estamos convencidos de que el análisis de los movimientos sociales prodemocráticos surgidos en los ámbitos locales de la España rural del tardofranquismo debe ejecutarse con el auxilio de una entramado heurístico y metodológico más complejo y pluridimensional que el frecuentemente empleado por las interpretaciones historiográficas "tradicionales", resaltando el protagonismo de sus diversificados actores, la importancia de las recreaciones simbólicas de la realidad sobre las que edificaron sus particulares discursos reivindicativos y la insustituible asistencia de las redes de sociabilidad sobre las que tejieron sus primigenios movimientos asociativos. Para todo ello será necesario, como bien prueba el presente ensayo, adoptar la utilización de una renovada exégesis interpretativa, que haga hincapié en la señalización de los componentes culturales, o los sistemas de valores, responsabilizados en la configuración de nuevas identidades colectivas entre el campesinado y la población de los municipios rurales durante la etapa final del franquismo y la fase inicial de la democracia.

En suma, pues, la presente obra pretende reforzar la vitalidad de lo que podríamos denominar una *nueva tradición historiográfica* de los estudios sobre la transición española a la democracia, preocupada por el análisis de los procesos de democratización desplegados en el ámbito rural y por el desentrañamiento de los agentes sociales que, desde el mencionado ámbito, contribuyeron al derrumbe de la dictadura franquista y a la solidificación de nuevas plataformas políticas o sindicales propiciatorias del reconocimiento de las libertades públicas y el ejercicio democrático. En consonancia con lo expresado anteriormente, y tras una sosegada lectura del libro que ahora prologamos, creemos estar en condiciones de afirmar que el proceso de mutación generalizada a que fue sometido el sector primario, como consecuencia del paulatino desmantelamiento de la autarquía que se había operado desde comienzos de la década de los 60, afectó, de manera desigual, a los distintos colectivos implicados en la economía agraria, siendo los jornaleros, junto a los pequeños propietarios o arrendatarios, los grupos más desfavorecidos y perjudicados por la puesta en pie de todo aquel proceso. Paralelamente al registro de tales transformaciones, los comunistas, junto con otros colectivos sindicales o políticos con una clara vocación democratizadora crecientemente radicados en el ámbito rural, fueron elaborando una teorización más refinada acerca de las consecuencias sobre la agricultura derivadas de la implantación de un modelo de capitalismo monopolista, amparado por el régimen franquista y al servicio de las oligarquías financiera, industrial y agraria. Desde el año 1956 –mediante la elaboración de su declaración programática sobre la *Reconciliación Nacional*–, los comunistas teorizaban que el propio desarrollo económico español inducido por el proceso de afirmación del capitalismo monopolista habría degenerado en un modelo de crecimiento profundamente desigualitario, caracterizado por un crecimiento especulativo y desprogramado que motivaría la hipertrofia de algunas ramas de la producción. Además, la perseverancia de un modelo de crecimiento agrícola de raíz esencialmente especulativo, auspiciado por la posición hegemónica de la burguesía agraria dentro del *bloque de poder*, se habría unido al carácter preferencial alcanzado por el capital comercial y financiero, configurado así un capitalismo agrícola *precario*, lastrado por la avidez de ganancias de unas oligarquías insaciables a la vez que vilipendiado por la miseria y la sobreexplotación del campesinado y la clase jornalera. La única salida a esta situación, que colocaba la mayor parte de la riqueza generada por la clase obrera y el campesinado en manos de los integrantes de una auténtica plutocracia financiera, industrial y agrícola, no era otra que la potenciación de la conflictividad huelguística y laboral, para asegurar un equilibrado reparto de los beneficios y la renta.

A tenor de lo anteriormente expuesto, resulta muy esclarecedor comprobar cómo las principales reivindicaciones –latentes en la protesta cotidiana de las principales comunidades rurales del mediodía español desde los años sesenta– sostenidas por las incipientes plataformas de movilización y sensibilización puestas en marcha por los comunistas, estuvieron en muy buena medida encaminadas a la constitución de un amplio frente campesino y popular, que lograse suscitar el interés entre jornaleros, pequeños propietarios y arrendatarios por la movilización política frente al franquismo. El referido frente se sostendría sobre la defensa de propuestas tales como la reforma agraria –recuérdese el famoso lema *la tierra para quien la trabaja*–, el establecimiento de un sistema tributario más equitativo, la contención de las fabulosas ganancias obtenidas desde los circuitos capitalistas de la distribución, la reclamación del acceso, en condiciones de equidad y justicia, de los arrendatarios, colonos y aparceros a la propiedad de las tierras que venían cultivando y la exigencia de precios remuneradores para los productos agrícolas vendidos en el mercado.

La condensación, plasmada de manera magistral en la presente obra, de todas las propuestas interpretativas de los móviles que suscitaron la protesta rural y ayudaron a la emergencia de actitudes democráticas en el seno de los colectivos jornaleros del mediodía español, ilumina esclarecedoramente una cuestión historiográfica que, a día de hoy, podemos considerar casi definitivamente resuelta. Nos encontramos, en definitiva, ante una brillante investigación sobre los actores anónimos, entrelazados en densas redes de sociabilidad y experimentación compartida, que ayudaron a forjar los fundamentos democratizadores y de socavamiento de la dictadura franquista, allanando el camino hacia la configuración del actual sistema político que hoy disfrutamos.

Granada, octubre de 2023

En la dilatada lucha por el restablecimiento de la democracia en España, los comunistas estuvieron allí donde tuvieron lugar la mayoría de las movilizaciones sociales y populares en confrontación abierta contra la dictadura durante la larga noche del franquismo. Buena parte de estos movimientos sociales fueron dirigidos políticamente por los comunistas del Partido Comunista de España (PCE), o bien participaron con una notable presencia social. Si por algo se ha caracterizado la historiografía de las últimas décadas ha sido por reconocer, en amplio consenso, que el PCE fue la organización que hegemonizó la lucha antifranquista durante casi cuarenta años. A lo largo de sus cien años de existencia, la relevancia del comunismo español y su influencia en la vida política, social y cultural ha sido más que notable a pesar de las duras y difíciles etapas por las que pasó[1].

En los últimos años, y gracias al impulso que la celebración del centenario del PCE ha supuesto para las investigaciones, han aparecido numerosas obras que han enriquecido considerablemente el panorama historiográfico sobre el estudio de la organización política que hegemonizó la oposición a la dictadura[2]. Este libro viene a completar el mencionado y notable avance y en el que se pretende poner de relieve el aporte de los comunistas en los procesos locales de movilización social, para así enriquecer el estado actual de nuestros conocimientos sobre los factores que precipitaron la crisis final del régimen dictatorial franquista. En este estudio sostenemos que, como agente social, el PCE logró poner en valor durante décadas un laborioso trabajo, que hubo de ser político y cultural, para, desde la clandestinidad, elaborar valiosísimas interpretaciones simbolizadas de la realidad política y social impuesta por el franquismo. En tan abigarrada labor de oposición,

[1] Erice Sebares, Francisco (dir.), *Un siglo de comunismo en España I. Historia de una lucha*, Ediciones Akal, Madrid, 2021.
[2] Erice Sebares, Francisco, (dir.), *Un siglo de comunismo en España II. Presencia social y experiencias militantes*, Ediciones Akal, Madrid, 2022.

difundió poderosamente las realidades político-sociales mediante discursos y narrativas impregnadas con cargas significativas de "cuestiones de identidad" que lograron reunir todo un acervo cultural con variados mecanismos de trasmisión, los mismos que contribuyeron poderosamente al desencadenamiento de innumerables procesos de micromovilización social con un alto potencial movilizador. Gracias a ello, suscribieron compromisos políticos con su adhesión plena al PCE, numerosas personas que lograron tener una considerable influencia política y social en su contexto más próximo.

La presente investigación pretende poner de relieve el aporte de los comunistas en los procesos locales de movilización social recuperando la historia de los comunistas, no solo "la de una organización, sino la del conjunto de hombres y mujeres que con su esfuerzo hicieron posible su existencia"[3]. Para lograr este propósito, se ha abordado el estudio con el enfoque de la perspectiva local, y cuya narrativa ha sido construida por medio de la memoria oral de la militancia. En la zona norte de los pueblos de la Vega de Granada, el PCE logró un éxito considerable en las primeras elecciones municipales de 1979, lo que popularmente se llamó el Cinturón Rojo, espacio donde los comunistas granadinos alimentaron, especialmente durante las décadas finales de la dictadura, el horizonte de expectativas sobre el presente y el futuro de una parte de la sociedad del momento, a semejanza de otras zonas del país, en las que la presencia social y política de los comunistas fortaleció el proceso de desgaste de la dictadura.

Mediante esta lógica social, los comunistas desplegaron acciones políticas que estuvieron fundamentadas por una especie de proceso de diferenciación de estatus esforzándose para diferenciarse de otros buscando un "nosotros los comunistas" experimentando sensibilidades y/o sentimientos de libertad, de ambición, de elección, pero sobre todo de diferenciación. Esta obra dará cuenta de la diversidad social de la militancia, de la coincidencia de ámbitos de socialización, de la adquisición de un modelo identitario de compromiso intenso suministrado por una cultura política cuya adhesión tenía un gran poder

[3] Josep Fontana, "Los comunistas en el final de la dictadura", en Manuel Bueno Lluch y Sergio Gálvez Biesca (eds.), *Nosotros los comunistas, Memoria, identidad e historia social*, Fundación de Investigaciones Marxistas, Madrid, 2009, pp. 405-418.

de atracción y que, durante la transición a la democracia, otorgó la posibilidad de tener cierto protagonismo social en su entorno cercano a numerosas personas que vivían dentro de un régimen político que los ignoraba. Estas y otras connotaciones, atrajeron a amplios sectores de la población a tomar partido militando en el PCE. En unos tiempos en los que había que actuar en muchos frentes para combatir una dictadura, fueron los comunistas los que intentaron con más intensidad sacar de la pasividad a los españoles, y fieles al estilo leninista, estuvieron allí donde hubo motivos y objetivos comunes que se escapaban de la realidad oficial del régimen.

Con estos presupuestos, este estudio empeña su esfuerzo en añadir nuevos planteamientos que configuran al PCE como aglutinador, canalizador y principal impulsor en la construcción de característicos marcos de acción individual y colectiva que aceleraron el tránsito hacia la propagación de una extendida conciencia democrática que aceleró el derrumbe de la dictadura. Una de estas aportaciones es tratar de demostrar, auxiliados en las experiencias de los militantes, el destacado papel de la cultura política comunista y sus manifestaciones expresivas para la incorporación de parte de la sociedad civil al proceso de democratización de la vida social y política durante la etapa de la dictadura y la transición. En este sentido, se han recopilado numerosas experiencias individuales y compartidas cuyos horizontes políticos coincidían, para darle a estas rigor histórico recogiendo la actividad de la militancia, perspectiva que permite la posibilidad de poder explicar de otro modo la etapa final de la dictadura y la transición.

El análisis de las citadas experiencias, ha puesto en valor la militancia política en la clandestinidad, un momento de vida que les procuró a los comunistas la adquisición de ciertas competencias sociales para estimular y comprometer una reproducción social que hizo posible crear un capital social de grupo. Al reforzar la red de vínculos, estas actitudes sociales les procuraron un sentido de pertenencia muy intenso, que fue cimiento de la solidaridad que las hizo posibles, producto del trabajo de instauración y mantenimiento de vínculos sociales durables y útiles para producir y reproducir relaciones sociales que les procuraron beneficios afectivos, morales o simbólicos.

Las experiencias y encarnaciones locales del comunismo expuestas en este libro, sirvieron de hilo conductor para la construcción de una identidad colectiva que entrecruzó lo privado, lo político y lo colectivo o comunitario, sembrando ciertas actitudes sociales que se forjaron en procesos de socialización identitarios.

Se ha trasladado a discusión histórica aquellas experiencias que las y los militantes comunistas de una zona de Granada conservan en la memoria y dar cuenta de la incidencia social que lograron con sus acciones. A partir de sus testimonios, se ha intentado reconstruir el pasado del PCE y de CCOO para así analizar las dificultades a las que se enfrentaban, y cómo fueron capaces de poner en práctica su modo de hacer política en las décadas de los sesenta y setenta. El discurso que proponemos se articula en los registros documentales orgánicos del PCE y la prensa del partido, tomando como base los testimonios de memoria de la militancia de los propios protagonistas. Estos últimos, entendidos como aquellas experiencias del pasado que han quedado marcadas en la memoria de sus protagonistas y que han sabido trasmitir en el presente. Partiendo del reconocimiento necesario que hay que otorgar al incuestionable valor social que supuso el compromiso de la militancia clandestina, así como la importancia de reivindicarlo, se ha pretendido analizar las razones que llevaron a ciertos individuos o grupos de individuos a ser inspirados e infundidos con nuevas perspectivas de vida gracias al PCE.

Las numerosas manifestaciones que lograron activar los comunistas durante la última fase de la dictadura, que respondían a fines tanto políticos como laborales, fueron acompañadas por determinadas actitudes por parte de la militancia que colocaron al PCE como la principal fuerza de oposición al régimen. Para alcanzar esta posición, su éxito estribó en la voluntad y en la capacidad de encontrar fórmulas de acción colectiva adecuadas para conseguir cambiar la realidad respondiendo a las necesidades del momento con unos objetivos plausibles que pudieran conectar con amplios e importantes sectores de la población. Fue la activación de dichos objetivos y la interpretación y puesta en práctica de sus planteamientos por la militancia activa, lo que gradualmente fue erosionando las estructuras del régimen dictatorial.

La historia de la militancia no coincide necesariamente con la historia de los dirigentes, ya que responden a otras lógicas basadas en las urgencias de la vida cotidiana y a su categoría socio-profesional dentro de un proyecto común institucionalizado, por lo que para los análisis de la identidad y de la cultura política se necesitan precisamente las experiencias compartidas de los y de las que lo protagonizaron. Un sujeto colectivo que formaba parte de la organización política y que a pesar de las variables generacionales conservó unas señas de identidad permanentes participando en el renacimiento cultural y asociativo acaecido en España a todos los niveles[4]. En la confrontación que sostuvieron por el restablecimiento de la democracia en España, los comunistas estuvieron en las asociaciones populares, en la creación de CCOO y en todos y cada uno de los conflictos laborales que provocaban las desiguales relaciones socioprofesionales que tuvieron los trabajadores durante la dictadura. Estuvieron en la mayoría de las manifestaciones que exigían un régimen de libertades en España, y también tuvieron una presencia fundamental en las organizaciones juveniles de disidencia enfrentadas al régimen dictatorial. Tuvieron, igualmente una incidencia decisiva en la mayor huelga convocada en Granada desde la Segunda República, en 1970, y desde ese papel director como mascarón de proa de los movimientos sociales, organizaron el movimiento obrero, el estudiantil, el vecinal y el feminista de la provincia de Granada. Estas condiciones son las que nos impulsan a encarar el estudio de aquellas décadas decisivas y que explican la instauración de un modelo político democrático en España.

A tal fin, incorporamos las experiencias de las mujeres y de los hombres que protagonizaron aquellos momentos, utilizando principalmente la metodología de las fuentes orales, recuperando así una dinámica de investigación histórica que quizás continúa siendo "la más nueva y la más antigua forma de hacer historia"[5]. Para recuperar

---

[4] Carlos Fernández Rodríguez, Mauricio Valiente Ors y Santiago Vega Sombría, *Comunistas contra Franco. La fuerza de un compromiso,* Los Libros de La Catarata, Madrid, 2021.

[5] Paul Thompson, *La voz del pasado. Historia Oral,* Valencia, Institució Alfons el Magnànim, 1988.

las experiencias de los actores sociales del pasado, se han incorporado nuevas propuestas de análisis, así como presupuestos teóricos y metodológicos encaminados a paliar el déficit epistemológico aún existente. El mencionado déficit ha sido provocado por la escasa importancia otorgada por la historiografía tradicional al carácter determinante que adquirieron, durante la fase final de la dictadura y a lo largo de la etapa inicial de la democracia, las nuevas agencias definidoras de discursos interpretativos de la realidad que modelaron las distintas expresiones de la acción colectiva, impulsaron la creación de activas plataformas de organización política o sindical y definieron los marcos interpretativos de carácter cultural que allanaron el camino a la democracia.

Para lograr este propósito, se ha tratado de explicar, cómo la militancia, especialmente durante la etapa de clandestinidad, fue capaz de reforzar como colectivo sus connotaciones identitarias y convertir estas en clave de propagación de ideas cargadas notablemente de componentes cívicos y democráticos. También se ha atendido a nuevos espacios de interrelación estrictamente explotados y asociados al PCE, los cuales nos han proporcionado elementos de análisis para explicar el éxito de los comunistas en algunas poblaciones del área metropolitana granadina. Los testimonios orales de los y las comunistas han permitido la aproximación a los alcances y a los límites de la memoria común de los comunistas, basada en la pluralidad de experiencias y en las dificultades para proporcionar homogeneidad a la trayectoria del partido comunista por las peculiaridades del comunismo español. Para entender dichas dificultades y acercarnos a la parte más social de los individuos que encarnaron su militancia en el PCE, es necesario analizar los contextos micro, en los cuales se producen y se reproducen, con más facilidad para su estudio, la sedimentación de actitudes prodemocráticas. Semejante análisis ha permitido constatar cómo los contextos locales pueden alterar los ritmos y las percepciones de la lucha antifranquista y acercarnos a la incidencia política y a la presencia social de las y los comunistas en la clandestinidad. Además, este enfoque ha ofrecido la posibilidad de escenificar el diálogo entre lo local y lo estatal, sopesar las variables que condicionaron el desarrollo de las distintas plataformas de oposición a la dictadura, y, en definitiva, valorar la aportación directa de las mujeres y los hombres que las hicieron posibles.

A lo largo de este estudio se ha prestado atención a las condiciones que hicieron posible que un buen número de personas considerasen que la mejor opción para mejorar sus vidas y la de los demás era a través de la oposición política. A la grave crisis que atravesó la práctica totalidad del campo andaluz, de la que no fueron ajenas las consignas del PCE, a la desarticulación del mercado laboral y a las desigualdades existentes del sistema capitalista, proteccionista y monopolista del régimen dictatorial, los militantes del PCE granadino respondieron con mecanismos propios. Las diversas convocatorias de movilización que a nivel nacional alentó el partido comunista, tuvieron unas dificultades de realización inherentes a su propio contexto, que fueron interpretadas por una dirección alejada de la realidad que sin embargo hizo encomiables esfuerzos para interpretarla. Los pilares en los que descansaba la práctica política preconizada por el partido de establecer una amplia unidad antifranquista se cumplieron, y el PCE impulsó decididamente, el movimiento social y político más importante de cuantos habían surgido hasta ese momento, convirtiéndose en su mejor interlocutor y haciendo más atractiva la pertenencia a CCOO para aquellos y aquellas que estaban dispuestos no solo a acabar con la dictadura, sino también a los que ansiaban y necesitaban mejorar sus condiciones laborales.

Los comunistas granadinos fueron capaces de intervenir efectivamente en la creación de situaciones sociales nuevas que sustituían a situaciones sociales tradicionales que se encontraban en avanzado estado de descomposición, asociándolas con la situación del régimen político dictatorial imperante. Auxiliados por una amplia gama de recursos, la percepción de pertenecer a una cultura política identitaria de compromiso intenso capaz de moldear sus vidas, les hizo sentir parte de un todo donde lo político y lo cotidiano formaban parte integral de su actitud social. Estos elementos, junto a otros, les otorgaron a los comunistas la posibilidad de ocupar un puesto privilegiado en el nuevo escenario de la movilización antifranquista.

1.
MILITANCIA CLANDESTINA EN EL FRANQUISMO

MOVIMIENTOS SOCIALES E IDENTIDADES COLECTIVAS

Para la puesta en valor y el análisis de la influencia del PCE en distintos pueblos de Granada durante el franquismo y el proceso de transición política a la democracia, hemos considerado indispensable tanto el estudio como la tipificación de las distintas expresiones de protesta opositora que articuló el partido mediante el análisis pormenorizado de mecanismos de interrelación individual y colectiva con el objeto de señalar espacios y acciones de movilización social. También hemos atendido al estudio del concepto de democracia desde las perspectivas social, política y antropológica, enfatizando en el estudio de la democracia como forma de vida insertado en áreas tan diversas como el mundo de la política, el del trabajo, el de los movimientos sociales, el de las actividades colectivas, el del mundo del ocio, el de la vida cotidiana y, especialmente, en el de las relaciones estrechas que se fomentan y articulan en los ámbitos locales, regionales y/o esrurales[1]. La indagación y profundización en la evolución de las estrategias, consignas y experiencias que los comunistas desarrollaron durante el período, nos ha conducido al convencimiento de que la reproducción y/o transformación de la conciencia democrática que distintos sectores de la población granadina alcanzaron, fue debido al grado de sedimentación de las prácticas colectivas e individuales que los cuerpos y sujetos del PCE fueron capaces de instalar en la vida cotidiana de la comunidad.

De este modo, la investigación y cuantificación de la participación política de miembros del partido en la clandestinidad y la incorporación

[1] Antonio Herrera González de Molina, Manuel González de Molina Navarro, Salvador Cruz Artacho y Francisco Acosta Ramírez, "Propuesta para una reinterpretación de la historia de Andalucía: recuperando la historia democrática", *Ayer*, 85, (2012), pp. 73-96.

de las mujeres a la militancia, nos ha proporcionado el aporte necesario para completar los objetivos, metodología con la que se ha intentado trazar la trayectoria política, social y cultural del capital humano que los miembros del PCE lograron articular para que en localidades de la comarca de la Vega granadina, el éxito en la elecciones a partir de 1979 estuviese sustentado en el trabajo previo de unas mujeres y unos hombres que adquirieron un compromiso con la llegada de la democracia labrado anteriormente durante al menos dos décadas.

Asistiendo a estos últimos preceptos, añadimos que la adquisición de actitudes pro-democráticas en los contextos rurales está también íntimamente asociado a la apropiación por parte de numerosos individuos y colectivos, de ciertas sensibilidades y actitudes de marcado carácter identitario. Para estudiar la prolongada etapa clandestina de los militantes del PCE, consideramos que hay que prestarle toda la atención posible a las relaciones que se generan y fomentan dentro de la pequeña comunidad. La participación en las redes interpersonales, más adelante tratadas, es muy importante en todas las fases de implicación de la clandestinidad, estableciéndose una serie de lazos personales en las que los conceptos de parentesco, de vecindad y de amistad, en cuanto a los vínculos que generan, actúan como fermento de cohesión frente a cualquiera de los elementos que lo rodean. Los mencionados lazos producen relaciones más densas entre sujetos que son miembros de grupos informales, y más concretas y firmes si cabe entre individuos de los grupos formales existentes[2].

Atendiendo a esto, del mismo modo que las cambiantes circunstancias económicas conducen a una reconsideración de las reglas políticas, los procesos culturales reconfiguran constantemente el concepto de democracia reflejados en distintos marcos. Uno de los principales marcos, y precisamente el que aquí nos ocupa, es del sentido de pertenencia a un grupo, la sensación de que ese grupo sufre agravios particulares que es preciso expresar[3], con la intención

---

[2] Della Porta, Donatella, "Las motivaciones individuales en las organizaciones políticas clandestinas", en Pedro Ibarra y Benjamín Tejerina, *Los movimientos sociales. Transformaciones políticas y cambio cultural,* Editorial Trotta, Madrid, 1998, pp. 219-242.

[3] John Markoff, *Olas de Democracia. Movimientos Sociales y cambio político*, Tecnos, Madrid, 1999, p. 176.

por parte de los sujetos de hacerlos extensibles al resto de la comunidad. Agravados por decisiones políticas, parte de la ciudadanía de los sesenta y setenta que se sentía excluida y perjudicada procuró encontrar sensibilidades en agencias políticas y culturales cuya cohesión y potencial movilizador se articulaba en reforzar el sentimiento de pertenencia. En nuestro caso, el PCE actuó como una suerte de partido-comunidad predispuesto a convertirse en agente aglutinador de este tipo de identidades construidas en base a un compromiso intenso.

Para la propuesta sobre las aportaciones en la construcción de la Democracia de los militantes y las personas de los municipios que estudiamos nos valemos de las propuestas de sociólogos como Charles Tilly, que teorizó sobre el conflicto político y el concepto de "identidades en conflicto". En cuanto al conflicto político, para nuestro caso encaja una de las principales ontologías de la ciencia social, y para dar cuenta de ello nos referimos a las del presupuesto elaborado por Tilly en cuanto al *análisis relacional*, muy interesante porque le otorga vestimenta teórica a numerosos procesos sociales, y que por consiguiente encaja de forma precisa en este estudio. Tilly afirma que "los cambios en las conexiones entre actores potenciales conforman las identidades sociales, las definiciones compartidas de lo que es posible y deseable, los costes y los beneficios colectivos de la acción conjunta, y los compromisos mutuos; en definitiva, los actores moldean la confrontación". Así, de este modo, podemos preguntarnos por el surgimiento de una amplia variedad de motivaciones y actividades humanas para preguntarnos el por qué las personas entran en conflicto de distintas maneras y con distintas intensidades, para alejarnos de la propensión habitual de buscar modelos universales de conflicto. Los estudios del conflicto político se han basado en las variantes tradicionales de los conflictos laborales, de las revoluciones o de los movimientos sociales y han dejado de lado la interactuación de las tradiciones legales-culturales con las causas generales o más tradicionales. Por consiguiente, creemos que el marco relacional que estudiamos nos ofrece señales que van más allá del conflicto social y político, ya que la supuesta presencia de las identidades como experiencias compartidas, en tanto que culturales, determinan las relaciones sociales[4]. Pensamos que al ser estas expresiones parte fundamental de las manifestaciones más visibles de las representaciones sociales, necesariamente completan y articulan como un elemento más, las relaciones del conflicto político, del cambio social y por tanto de las identidades en conflicto.

Desde este punto de partida también cimentamos nuestra proposición teórica, acogidos a la definición de las condiciones bajo las cuales el conflicto pone en juego diferentes tipos de identidad, en nuestro caso la identidad cultural y política comunista de la que estaban investidos los militantes, que hicieron posible la construcción de un modelo específico del concepto e interpretación de la democracia. Hemos pretendido en este estudio aunar y conjugar elementos conceptuales de identidades, experiencias, relaciones y representaciones, ya que creemos que el marco teórico que cobija la explicación histórico-sociológica de la importancia del Partido Comunista en muchos pueblos de la Vega granadina está fundamentado en la línea apuntada por Charles Tilly de las "Identidades en Conflicto", en cuanto la identidad de los comunistas se adquiría con la experiencia compartida de las relaciones que mantenían entre ellos, pero sobre todo se reforzaba en las representaciones que hacían de su propio colectivo en relación a la proyección hacia los demás y que hacían de los comunistas el resto de la población.

Creemos que militar en el PCE durante la etapa final de la dictadura en la escala local y en los pueblos de la Vega reforzaban el sentimiento y en muchos casos el orgullo de pertenecer a un Partido-Comunidad. Es decir, vamos a hablar de personas que buscaban el reforzamiento colectivo de ciertos lazos sociales a costa de organizar y reforzar su identidad colectiva en las relaciones sociales y así de este modo representarse como categoría social y cultural frente al resto de la comunidad. Las relaciones personales estrechas que se tejen en el mundo rural crean el escenario perfecto para nuestra proposición en cuanto al concepto de identidad, en las que individuos organizaron y reforzaron una identidad colectiva propia forjada en las relaciones

---

[4] Charles Tilly, "Conflicto político y cambio social", en Pedro Ibarra y Benjamín Tejerina, *Los movimientos sociales. Transformaciones políticas y cambio cultural,* Trotta, Madrid, 1998, pp. 32-33.

sociales cotidianas llevando a la práctica un estilo de vida específico. De esta forma, pensamos que tuvo singular relevancia los valores sociales conseguidos gracias a los lazos sociales entretejidos durante varias décadas. Dichos mecanismos fomentarían una especie de categoría de "ciudadano" como un modelo de intermediación entre poder estatal, regional y municipal por un lado, frente al de ciudadanía local por otro. Unas relaciones locales en las que los comunistas tenían activados una serie de atributos individuales pre-existentes vinculados a la colaboración interpersonal arraigada culturalmente, la cual hubo que aplicar de acuerdo al contexto reforzada por el conflicto, la organización interna y/o la obtención de privilegios teniendo como fuente principal las relaciones sociales cotidianas en una época en la que las categorías sociales gobernaban una parte significativa de la cotidianeidad.

Los marcos de la acción colectiva y de solidaridad identitaria se completan con las ideas del filósofo político canadiense James Tully. A tal fin, Tully propone que una de las características de las políticas de identidad es la proyección de la identidad misma, ya que "no se trata de una identidad teórica, de lo que uno *es* según los datos científicos o la razón teórica", al contrario, sino "una identidad práctica, una forma de conducta, una forma de estar en el mundo con los demás". Dicho de otra forma, este autor afirma que "una identidad práctica es una forma de autoconciencia y auto-creación frente a los demás y con ellos", tratándose la conducta a la que nos referimos como una "estructura fuertemente valorativa en base a la cual los seres humanos se valoran a sí mismos encontrando que su vida es digna de ser vivida y que sus acciones merecen la pena". Estos individuos buscan constantemente una "descripción de sí mismos que exige que los Otros (tanto si reconocen su identidad como si no) la reconozcan y respeten, porque es la base de su propia autoestima"[5]. Es muy posible que los comunistas estuviesen buscando este tipo o esta característica de la identidad. Los métodos que en la práctica proponía el partido a la militancia promocionaban modelos de conducta a sus integrantes,

[5] James Tully, "Políticas de identidad", en Terence Ball y Richard Bellamy, *Historia del pensamiento político del siglo XX*, Akal, Madrid, 2013, pp. 529-530.

y hablamos de conducta no solo en referencia a las acciones, sino a estados mentales y rasgos clasificatorios en sistemas más amplios.

La reorganización casi integral que posteriormente sufrió el estado español y que condujo a modificaciones en distintos ámbitos, se había conseguido en parte gracias al encauzamiento del proceso de cambio social y cultural que buena parte de la ciudadanía estaba protagonizando desde hacía décadas. Tal consideración nos conduce irremediablemente a la colocación adecuada que merecen los comportamientos sociales y a la capacidad mediadora del imaginario colectivo. Los casos aquí apuntados más adelante, revelan buenos ejemplos de espacios en los que los comunistas gestaron recreaciones simbólicas y codificadas de la realidad, en las que no solo los actores se identificaron a sí mismos, sino que, a través de ellas, revistieron de significado su participación cívica con la idea de demostrar la viabilidad de una sociabilidad que actuó como instrumento fundamental para alcanzar la democracia[6].

El proceso de transformación social e incluso de modernización que tuvo lugar en España durante la década de los setenta le debe mucho a la capacidad de incidencia que tuvieron diversas plataformas políticas y sindicales en el hecho de crear controversia respecto a un estado de cosas o de la situación, cuyo sentido normativo se daba por hecho antes de que surgiese el movimiento[7]. El PCE y CCOO fueron las principales plataformas de activación de la movilización social que emprendieron acciones de envergadura en virtud de modificar la realidad social que imponía la dictadura.

La cuestión que nos trae aquí es precisamente resaltar y poner en valor el papel que jugó el PCE como plataforma política de organización de distintos movimientos sociales y la importancia que alcanzó como cultura política de oposición al régimen. Ambas

[6] Esta perspectiva la trata de forma amplia, concisa y acertada Francisco Cobo Romero, "Movimientos sociales y construcción de la democracia en Andalucía, 1956-1983. Propuestas para un debate", en Rafael Quirosa-Cheyrouze, Rafael (ed.), *La sociedad española en la Transición: los movimientos sociales en el proceso democratizador,* Biblioteca Nueva, Madrid, 2011, pp. 331-343.

[7] Joseph Gunsfield, "The reflexity of social Movement: Collective Behavior and Mass Society Revisited", en Enrique Laraña, Hank Johnston y Joseph Gunsfield, (eds), *New Social Movements: From Ideology to Identity,* Filadelfia, Temple University Press, 1994.

concepciones serían determinantes en la consecución, por amplias capas de la población, de unas sensibilidades muy cercanas al despliegue de comportamientos democráticos, que hicieron efectivas, y que generaron una identidad colectiva específica. Asumimos por tanto la consideración, de que el PCE fue capaz, como plataforma política y social determinante de oposición al régimen dictatorial, de crear espacios organizados donde tuvieron lugar amplias interacciones sociales entre individuos de toda índole. Para dotarse de la mencionada presencia social, junto a CCOO, ambas plataformas crearon y desarrollaron una amplia gama de repertorios discursivos y narrativos susceptibles de generar un vasto campo de creencias, símbolos e imaginarios colectivos que tenían como objetivo subordinar y como mínimo sensibilizar, a muchas personas a un proyecto colectivo aún a costa del sacrificio de la vida personal de estas personas.

La identidad comunista, construida en marcos previos de identidades obreras, campesinas y populares, arropada por signos de identidad colectiva cargados de referentes, representaciones y sistemas de valores suministrados por una fuerza histórica, fue, en la España franquista, una opción vital[8]. Esta opción de vida como estímulo ético y moral, les era proporcionada a los militantes por el hecho de pertenecer y formar parte del principal órgano de disidencia y de protesta contra la dictadura, actuando este sentido de pertenencia como el motor que movía y soportaba la propia existencia del partido. Unido a la identidad antifranquista, el PCE ejerció como un intenso vector aglutinante susceptible de atraer apoyos sociales para focalizar iniciativas de proyectos individuales y colectivos. El espíritu democrático del que estaban investidos los comunistas les confería una identidad propia que los situaba como la principal agencia de propagación de conciencia democrática. La edificación de esta identidad colectiva iba aparejada a los conceptos de solidaridad identitaria y comunitarismo democrático. El compromiso tan intenso, construido a raíz de un sentido de pertenencia a una

[8] Xavier Domenech Sampere, "Cenizas que ardían todavía. La identidad comunista en el tardofranquismo y la transición", en Manuel Bueno Lluch y Sergio Gálvez Biesca, Sergio (eds.), *Nosotros los comunistas, Memoria, identidad e historia social,* FIM, Madrid, 2009, p. 122.

identidad colectiva con rasgos distintivos, hizo que militar en un partido comunista tuviese unas connotaciones diferentes y mucho más singulares que hacerlo en otros partidos políticos, generando por tanto sentimientos antagónicos[9].

CULTURAS POLÍTICAS Y ENCARNACIONES LOCALES DEL COMUNISMO

Otro de los aspectos en el que hay que enfatizar es el de la perspectiva local del estudio de la Transición, fundamental para dar cuenta de las permanencias y cambios del proceso hacia la consecución del cambio político auspiciado paralelamente por el cambio de mentalidad, las nuevas conductas, las ansias de libertad y el descontento hacia la dictadura que tenían parte de los ciudadanos y ciudadanas en este país. Este libro trata de poner de manifiesto las distintas fórmulas con las que el PCE se dotó para reproducir una amplia gama de recursos para autodefinir a sus militantes a partir de la capacidad que tuvo para transmitir una serie de recreaciones discursivas y representaciones mentales o simbólicas que dotaron de sentido a la realidad y el mundo en que se desenvolvían los actores potenciales de la cultura política comunista, haciendo efectivas sus aspiraciones individuales o colectivas.

La identidad colectiva que generaron los comunistas, que fielmente representaba el PCE, logró la implicación identificativa de los individuos con propuestas específicas de transformación o sustitución de la realidad. De este modo, el PCE se erigió en una verdadera agencia de representación de la realidad, confiriendo de esta manera sentido y legitimidad a un sistema de valores y de imaginarios compartido, cuyos mecanismos fueron colectivamente edificados por el partido y por los militantes[10]. Los años de la militancia en la clandestinidad que van de mediados de los sesenta hasta la legalización, estuvieron

[9] David Ginard i Ferón, "La investigación histórica sobre el PCE...", pp. 19-49.

[10] Francesca Polleta y James M. Jasper, "Collective Identity and Social Movements", *Annual Review of Sociology*, 27, (2001), pp.288-289 y 298-300. Alberto Melucci, *Challenging codes. Collective action in the information age,* Cambridge University Press, Cambridge, 1996, pp. 68-73.

marcados por un tiempo político magnético en el que la participación política pasaba a ser un atractivo para jóvenes que asumían como campo de fuerzas propio a "lo joven". En un proceso de transformaciones sociales y culturales de conquista de la autonomía corporal, la generación "sesenta y ochista" reproduce en los ámbitos sociales de los setenta amplísimos repertorios de protesta en espacios pluridimensionales; en las facultades, en el barrio, en los pueblos, en los institutos, en las organizaciones políticas de izquierda, en la música, en el cine, en la literatura o en la sexualidad y el gusto[11]. Influenciados por el ciclo de protesta a nivel global, la militancia en la era de la politización intensiva empujó a numerosos jóvenes a asumir compromisos políticos que contenían aspiraciones transformadoras del mundo. Los militantes comunistas, aparecidos del marxismo-leninismo, asumieron la ideología como instrumento para conseguir la trascendencia de un mundo mejor, personal y colectivamente mejor y en condiciones de ser cada vez mejor a costa de personas que debían establecerse moralmente para producir y reproducir constantemente la razón colectiva y la pulsión de futuro para anular la angustia del yo individual y la ansiedad por el presente[12].

En Granada, el PCE tuvo que empezar de nuevo varias veces por las constantes desarticulaciones de sus comités consecuencia de las caídas, que era como se conocían las detenciones múltiples que sufrieron. Sería la voluntad férrea de utilizar mecanismos de socialización política como empeño diario de una tarea que no acababa nunca, lo que permitió empezar de cero varias veces. Parte de la conciencia y del sentido de la responsabilidad de la militancia proviene de los códigos de comportamiento engendrados en las relaciones internas de los partidos comunistas, que llegaron a desbordar lo político. Los principios morales de los buenos comunistas debían basarse en los valores éticos propios de la cultura marxista, como la sinceridad y la honradez con el partido, o la lealtad y solidaridad

[11] Germán Labrador, *Culpables por la literatura. Imaginación política y contracultura en la transición española (1968-1986)*, Akal, Madrid, 2017, p.71.

[12] Manuel Vázquez Montalbán, *Fulgor y crepúsculo del romanticismo militante*, El Viejo Topo, Madrid, 1995, pp.51-53

con los camaradas y trabajadores[13]. Pero la cualidad más importante que tenían que tener los comunistas era la disciplina, considerada como el factor fundamental de la capacidad, fuerza y prestigio del partido. La razón de la disciplina pasaba por la aceptación consciente y voluntaria del programa, de los estatutos vigentes, y sobre todo cumplir a rajatabla las tareas asignadas a cada militante por el partido, asignando a cada uno una tarea específica, como describen los "apuntes" proporcionados a los militantes, "escritos a mano" por el Comité local de Maracena en 1975:

> ... los militantes del Partido se preparan para asumir correctamente su tarea de dirigir, no dominar, la lucha, para actuar correctamente el son de las masas y de sus organizaciones: sindicatos, asociaciones de vecinos etc. Cada organismo de base debe tender a que el número de sus componentes no sea tan grande que impida asigna un trabajo concreto a cada militante. En el Partido Comunista, cada militante debe tener una tarea concreta que realizar, y si no se convierte en un partido socialdemócrata de votantes"..."el partido de la clase obrera debe organizarse según métodos científicos del trabajo. No se pueden usar métodos artesanales, donde todos pueden hacer de todo sin que nadie haga bien nada. La división del trabajo en el seno del Partido permite aprovechar mejor las fuerzas y los recursos potenciales con los que se cuenta, y permite a cada persona un trabajo acorde a sus características[14].

El manual de Marta Harnecker *Los conceptos elementales del materialismo histórico*[15] fue, en la década de los setenta, un libro de referencia para la formación de la militancia. Se hicieron notables esfuerzos para dotarlo de comprensión con síntesis elaboradas, sobre todo por parte de estudiantes, que en el caso de Granada traspasaron su espacio de actividad conectando al ámbito obrero con cursillos de formación

[13] "El estudio del marxismo-leninismo. Guión sobre la lucha de clases y la Política de Reconciliación Nacional", *Nuestra Bandera*, marzo de 1958.

[14] "El Partido: la organización (Síntesis de Marta Harnecker y Gabriela Uribe", Archivo personal de Luis López García, pp .1-5.

[15] Marta Harnecker, *Los conceptos elementales del materialismo histórico*, Siglo XXI, México, primera edición abril 1969.

que se realizaron durante unos años, como veremos más adelante. A nivel general, hasta bien entrados los setenta, el medio de masas más importante fue la REI, donde la programación didáctica y la posibilidad que ofrecía de potenciar lazos entre los oyentes hizo que se convirtiera en la principal fuente de difusión, jugando un papel fundamental como difusora de "la política del partido, de la formación de los militantes y ante la posible pérdida de contacto con el resto de la organización", como señalaban en 1970[16].

La prensa del partido, con *Mundo Obrero, La Voz del Campo* y *Nuestra Bandera,* cubrían las discusiones políticas e ideológicas de la militancia, de ahí que esta obra se haya dotado de estos materiales para elaborar parte de la narrativa. Los actos de expresión más fortalecedores fueron las asambleas, y los de cohesión colectiva para poder crear y perfilar los elementos definidores de la cultura política comunista fueron los actos políticos ritualizados promovidos por el partido. Si la lealtad se calibraba cuando eran detenidos mediante la capacidad de resistencia para no delatar a ningún compañero, la lealtad al movimiento se aseguraba en actividades como las grandes manifestaciones, las huelgas o las celebraciones de fechas y aniversarios, congresos y las fiestas de organización. Desde el punto de vista individual, la compra de la prensa editada en muchas ocasiones era un acto de fe, pero era la propagación de las ideas comunistas y la captación de militantes las labores más importantes de la militancia. A partir de la legalización, las fiestas del PCE fueron la máxima expresión política y cultural del partido, independientemente que tuvieran estas unos fines recaudatorios. De carácter secundario, pero no de menos importancia, era la participación de los integrantes del partido en las fiestas populares, en las ferias, o en las reuniones de vecinos. Otro lugar donde solían socializar los obreros era el bar, con más énfasis sin duda en los bares del PCE[17]. Centros todos ellos en

---

[16] "Perspectivas del movimiento estudiantil", Organización universitaria del Partido Comunista de España, Archivo Historia del Trabajo, Fundación 1º de Mayo, Colección Propaganda, Sig. 03/14/001, Madrid, septiembre de 1969, p. 5.

[17] La mayoría de estos bares se llamaban "La Pecera" o "Pecera" en franca alusión a recoger las siglas del partido de forma camuflada ya que, al menos en Andalucía y en Granada estos bares empezaron a funcionar en los setenta antes de la legalización del PCE.

los que se fomentaría el debate político e ideológico permanente y donde se velaba por difundir las ideas del socialismo y el comunismo, la aspiración de libertad, la solidaridad y la igualdad. Eran los lugares desde donde se combatía a las clases dominantes[18]. A través de todos estos medios, el PCE trasmitió a sus militantes los principios propios de la doctrina marxista, no solo en su dimensión política, sino en los aspectos morales, culturales y de género[19]. Los comunistas pusieron todo su esfuerzo en culturizar a las masas, ya que eran conscientes de la debilidad teórica, sobre todo de la clase obrera[20].

Del mismo modo, la adopción de un determinado lenguaje común se constituyó en una pieza fundamental. La introducción de una serie de términos lingüísticos como expresión de la metamorfosis ideológica hacia el comunismo fue uno de los elementos para la integración y conformación cultura política. El código lingüístico del partido quedó implantado en los militantes mediante la recepción de los discursos a través de la prensa, congresos, cursillos de formación, libros de adoctrinamiento, círculos de discusión y conversación entre militantes. Expresiones como "saludos comunistas", "camarada" como apelativo, creaban un vínculo identitario a través del uso de un vocabulario común distintivo y con alta carga ideológica. El código lingüístico utilizado en la prensa del partido tenía la intención de homogeneizar identidades, al hablar de los colectivos en forma singular: "la mujer", "el pueblo", "el obrero", "la clase trabajadora", "clase social", "clase obrera", "estructura", "burguesía" o "coyuntura", que engrosaban en el vocabulario de los militantes con un carácter vehemente de lucha y confrontación que intentaba provocar una reacción de la sociedad civil y del sistema que criticaba. El lenguaje se adecuó primero a la clandestinidad con un marcado aspecto reivindicativo, para después pasar a amoldarse a la progresiva moderación del partido. Aunque el lenguaje comunista no solucionaba las desigualdades educativas entre

---

[18] Laura Cruz Chamizo, "Ser militante en la transición: el ideal del buen comunista", en *Actas del XII Congreso de la Asociación de Historia Contemporánea*, Madrid, 2014, pp. 3693-3712.

[19] Santiago Álvarez, "El Partido. Sobre la educación teórica", *Nuestra Bandera*, Nº59, 1 de julio de 1968, pp. 54-62.

[20] Santiago Carrillo, "Redoblar la lucha en el terreno ideológico", *Mundo Obrero*, Nº1, enero de 1957, p.3.

los intelectuales y el resto del partido, sí cementaba la unión entre ellos y ofrecía, al menos en perspectiva, la posibilidad de colmar esta diferencia en el camino para alcanzar el socialismo. La adecuación de un vocabulario propio fue una acción teórico-lingüística que estaba muy consolidada entre las bases y ayudó para afianzar la identidad comunista. Como bien ha estudiado y señalado Giame Pala para el caso del PSUC, el militante afianzó su acción y pensamiento con la adopción de un lenguaje comunista que le otorgó el instrumento de comprensión para relacionarse con el mundo que le rodeaba y así asumir un poderoso elemento de autoconciencia política[21].

También fue importante para la identidad comunista la dimensión internacionalista, una cuestión que estaba muy presente en su doctrina, y que a través de su propaganda y prensa se hacía constante referencia tanto a las expresiones que desde el exterior se realizaban en favor de la democracia, de la amnistía o de la mejora de los derechos civiles en España, como la situación de otros países comunistas, con constantes alusiones a países como Cuba o China o con los continuos mensajes de apoyo a los conflictos de Vietnam o Nicaragua. En este sentido fue muy importante el despliegue efectuado en la prensa sobre el Golpe Militar de Chile que derribó el gobierno de Allende: "la vía democrática al socialismo sigue siendo tan válida como lo era antes"[22]. Los militantes del PCE debían mantenerse informados de la situación del movimiento obrero no solo dentro de España, sino también del resto del mundo[23].

En el período anterior a las primeras elecciones y con la legalización del partido, el giro hacia la "política del consenso" conllevó el intento de presentar una imagen más acorde con el presente y el futuro, fundamentado en la superación colectiva del conflicto suavizando un discurso que pretendía romper con la etapa anterior neutralizando la memoria colectiva de los vencidos. Era, como

---

[21] Giaime Pala, "El militante total. Identidad, trabajo y moral de los comunistas catalanes bajo el franquismo", en *Cahiers de civilisation espagnole contemporaine,* 11 (2013).

[22] "La causa del pueblo de Chile es nuestra propia causa", *Mundo Obrero,* nº17, 3 de otubre de 1973, Portada.

[23] "Solidaridad con los obreros y demócratas chilenos", *Nuestra Bandera,* Nº72, cuarto trimestre de 1973.

Rueda Laffond lo ha llamado, un "olvido selectivo instrumental"[24], que ansiaba conseguir el mayor número de afiliados posible. El giro pretendía que los militantes mudaran la piel hacia un nuevo tipo de activista político, en el que convivían nuevas consignas como la convivencia democrática o la reconciliación nacional, volcando todo su esfuerzo en el concepto de amnistía, apostando desde la dirección por el ideal del manifestante pacifico:

> Muchas veces, a lo largo de estos años, hemos advertido que la violencia individual no es el camino. De siempre hemos expresado nuestra oposición de principio al terrorismo como práctica de la lucha revolucionaria (...). La clase obrera, con el despliegue de luchas sin precedente, da fe de su alto sentido de responsabilidad y de su papel determinante en el desarrollo social. Los millones de hombres y de mujeres que, en los últimos meses han desfilado por las calles de las ciudades, demandando amnistía y libertades, ofrecen un ejemplo de disciplina, decisión y unidad.[25]

Es precisamente, a través del estudio de la identidad, del tipo de moral y del estilo de trabajo de los comunistas, lo que nos conduce a comprender el supuesto éxito de la militancia, su aportación en la labor de desgaste de la dictadura y su inclusión en la cultura política comunista. Dicho de otra forma, era la dimensión cultural del ideal identitario, la cual contenía una serie de obligaciones, ya que se les pedía a los y a las militantes elevar su propio nivel teórico, político y cultural, lo que diferenciaba a los comunistas. El buen militante comunista debía tener inquietudes intelectuales y una preocupación por la cultura como medio de emancipación personal por considerarla como un instrumento para el compromiso de producir un ser humano superior, con iniciativas para transformar, rehacer y perfeccionar a la población de su entorno para poder así emancipar

[24] José Carlos Rueda Laffond, "¿Un pasado que no cesa? Discurso patrimonial y memoria publica comunista en el franquismo y la transición española", *Revista de Estudios Sociales.* Nª47, Bogotá, p. 21.

[25] "A propósito de la violencia. Los recientes atentados no ayudan a la conquista de las libertades", *Mundo Obrero,* 18 de febrero de 1976, p. 2.

a toda la humanidad. El ejemplo supremo de esta consideración fue la creación en 1978 de la Fundación de Investigaciones Marxistas (FIM) acordada por el Comité Central, y que reflejaba el deseo por parte del Partido de ofrecer un espacio de encuentro y de debate en lo referente a la cultura en sus distintas áreas[26].

La evolución prototípica del militante y el consumo de productos culturales estuvieron asociados al interés que el PCE mantenía en la práctica de una cultura del ocio que enriqueciera a los militantes culturalmente y les separara de quienes no contaran con inquietudes intelectuales. Desde 1978, tanto *Mundo Obrero* como *Nuestra Bandera* empezarían a prestar más atención al ámbito cultural ofreciendo entre sus páginas un espacio dedicado a recomendaciones culturales de disponibilidad común al conjunto social, pero centrándose en aquellas que conectaban con los valores del partido. A las secciones de cultura se le añadieron las recomendaciones de libros, tanto clásicos del marxismo como libros recién publicados[27]. Ese mismo año, el 21 de noviembre, *Mundo Obrero* empezó a publicarse diariamente lo que abrió la posibilidad de adquirirse en los quioscos, algo que parece anecdótico pero que fue interpretado con orgullo por la militancia después de 40 años de venta ilegal y en mano.

Durante la Transición, el PCE trató de hacer llegar un discurso a sus militantes que los uniera bajo una misma identidad mediante la repetición de una serie de símbolos, rituales, normas de comportamiento y valores comunes. No era suficiente contar con afiliados que solamente les dieran el voto, sino que buscaban militantes activos que se ocuparan de tareas diversas como la captación de nuevos miembros. Con estas mimbres, el valor de la disciplina era una parte integral de su identidad, y a partir de la importancia de esta actitud, el comité definía a sus militantes con una serie de obligaciones y derechos para con el partido, de tal manera que su compromiso político trascendía la vida pública y se convertía en un elemento vertebrador de su vida privada. El militante comunista debía ser alguien capaz de emanciparse del poder y de crear una nueva sociedad bajo los

[26] Laura Cruz Chamizo, "Ser militante en la transición...", pp. 3693-3712.
[27] "Cultura, Libros", *Nuestra Bandera*, Nº96, octubre de 1978, p. 69.

principios del marxismo, por tanto, debían tener las inquietudes intelectuales e iniciativas para transformar, rehacer y perfeccionar la población para poder así emancipar a toda la humanidad. Como parte de la moralidad militante, tenía gran importancia el culto al trabajo bien hecho, la sinceridad y la honradez con el partido y la lealtad y solidaridad con los camaradas y trabajadores. Con este fin, debía cultivarse culturalmente a través del consumo de una serie de productos culturales que compartieran estos valores y les instaran a cuestionar el sistema político, económico y social en el que vivían[28].

La militancia logró utilizar como herramienta política la posibilidad de poner en práctica un estilo de vida propio, directamente relacionado con la costumbre de vivir en clandestinidad moral. Eran sujetos que se encontraban inmersos en el conflicto abierto entre una realidad oficial que empeñaba todo su esfuerzo en hacerse fuerte, aunque empezara a desmoronarse, y una realidad emancipadora en construcción. Una buena porción de esta población eran personas que formaban parte de un cambio cultural que relataban con sus formas de vida y con los intentos de tejer unas vidas democráticas. Los espacios en los que desarrollaron sus actividades individuos militantes o afines al partido comunista, consiguieron articular unas prácticas sociales que estaban asociadas, sino fundamentadas, en la constatación de un nuevo tiempo político y social que alumbraba a algunos individuos, y estos eran, precisamente, los mismos que deseaban y anhelaban otras formas de vida.

Ser comunista en la transición provocaba un cambio de mentalidad que a todas luces llevaba aparejado una revolución de la vida cotidiana que abría otros horizontes morales para construir vidas más allá de los destinos prefijados. Del mismo modo, lograron desarrollar prácticas político-sociales diversas en diferentes espacios, las cuales articularon durante la dictadura para convertir, en auténticos laboratorios de conciencia democrática, los tajos, las fábricas, las facultades, las barriadas y la mayoría de los espacios relacionados con el mundo del ocio. La articulación de estos espacios supuso referenciar sus propios signos de pertenencia con la intención de que

---

[28] Laura Cruz Chamizo, "Ser militante en la transición…", pp. 3693-3712.

el activismo antifranquista y el comunismo como tal, no estuvieran fuera de la esfera pública.

Pensamos, por tanto, que son las trayectorias de los hombres y las mujeres de aquel tiempo las que nos permiten aproximarnos a la reconstrucción de la sociabilidad y a la cultura política que desarrollaba este colectivo social, así como a la naturaleza de la disidencia. Existen retazos en la memoria individual y en la colectiva a los que se ha evitado registrar y que permiten sin embargo acercarnos a ese tiempo pasado. La necesidad de recuperar las experiencias de la memoria de esos sujetos sociales para encontrar espacios comunes ayuda a ampliar e incluir una mayor variedad de aspectos relacionados con la actividad personal, profesional y política de trayectorias vitales afines. El relato de la memoria común de los comunistas en la clandestinidad está basado en la pluralidad de experiencias y en las dificultades existentes para proporcionar homogeneidad a la narrativa por las peculiaridades del comunismo español, por el contexto de la España rural y por los espacios de interrelación donde articularon sus actividades.

La cultura política comunista incluía elementos que iban más allá de la ideología. Para entender las experiencias militantes es necesario analizar cómo se va gestando esa identidad que engloba una construcción de la subjetividad del individuo que atraviesa por completo su personalidad. El comunista y la comunista lo era de manera muy global y esto afectaba a todos los aspectos de su vida. Las prácticas propias trasmitidas, sean estas discursivas, lingüísticas, simbólicas o literarias son las que los identificaba y los diferenciaba a la vez, al representar todo un universo propio para interpretar el mundo expresado mediante un discurso codificado[29]. Por tanto, los vínculos entre vida cotidiana y actividad ética suponían uno de los rasgos distintivos de los comunistas. Herederos de aquella generación que se unió a la lucha colectiva contra los vencedores de la Guerra Civil primero, y contra la deshumanización nazi poco después, la cultura política de los comunistas dotaba a las personas de un sentido

[29] Serge Berstein, "Introduction. Nature e fonction des cultures politiques", en Berstein, Serge (dir.), *Les cultures politiques en France,* Paris, Editions du Seuil, 1999, pp. 7-31.

de lo comunitario, objetivos históricos y sostén moral en un proceso transformador que hubo de ser cultural, y cuya densidad organizativa la sustentó en España el PCE. En base a estas consideraciones, los comunistas españoles construyeron consciente y deliberadamente un nuevo imaginario colectivo dirigido a la parte del sector de la sociedad comprometido con romper con los vínculos morales de la dictadura. De esta manera, los y las comunistas añadieron cuestiones morales a sus discursos con implicaciones políticas, económicas, sociales y culturales. Veamos, como en una zona de Granada, susceptible para generar este tipo de condiciones sociales, el PCE, logró, con muchas dificultades, permear notablemente en la vida de amplios sectores de la sociedad especialmente en los últimos años del franquismo.

2
MILITANCIA CLANDESTINA Y ACTITUDES SOCIALES INCOMPATIBLES CON LA DICTADURA, 1956-1961

En este capítulo trataremos de aproximarnos a las razones por las que grupos de jóvenes inician su andadura militante a mediados de la década de los cincuenta en el contexto de los pueblos del cinturón metropolitano de Granada con el objeto de explicar las condiciones sociopolíticas que contribuyeron para que la organización clandestina local de Maracena arraigara de tal forma como para influir con posterioridad de un modo decisivo. Describiremos cómo ciertos individuos se sensibilizaron con el Partido Comunista para pasar a formar parte de la militancia efectiva, otorgando así de una coherente consistencia a la plataforma política en la clandestinidad en una zona concreta de la provincia de Granada. Un trabajo previo que se tradujo años después, no solo en la posibilidad de dirigir desde el poder los Ayuntamientos de estas localidades, sino que mejoró ostensiblemente la vida de los ciudadanos de estos municipios. El origen y las causas de este éxito, expresado en términos de respaldo electoral al proyecto del PCE, suponen la escenificación efectiva del apoyo prestado por buena parte de la población a las plataformas del PCE y de CCOO.

Con tales pretensiones e intenciones, creemos de suma importancia los esfuerzos llevados a cabo por la historiografía más reciente para desvelar el fructífero campo de estudio que supone abordar, tanto los apoyos sociales con los que contó la dictadura, como las actitudes sociales de las mujeres y los hombres que vivieron en un periodo histórico marcado por la falta de derechos para la ciudadanía[1]. Partiendo

[1] Francisco Cobo Romero y Teresa María Ortega López, "No solo Franco. La heterogeneidad de los apoyos sociales al régimen franquista y la composición de los poderes locales. Andalucía, 1936-1948", *Historia Social,* 51 (2005), pp. 49-72; Manuel Ortiz Heras, "Historia social en la dictadura franquista: apoyos sociales y actitudes de los españoles", *Spagna Contemporánea,* 28 (2008), pp. 169-185; Julián Sanz Hoya "Jerarcas, caciques y otros camaradas. El estudio de los poderes locales en el primer

de esta base historiográfica, nos adentramos en el estudio de la vida local[2]. Particularmente, en aquellas zonas donde comienzan a desincrustarse con alguna visibilidad las actitudes contrarias la dictadura[3]; los espacios donde se desatan actitudes que suponen los primeros compases de comportamientos comunes contrarias al régimen por parte de sujetos sociales con sus correspondientes mecanismos de interrelación individual y colectiva. Daremos cuenta de una parte del paisaje moral en el que por fin cabían individuos portadores de una serie de aspiraciones diferentes a las de la mayoría de su comunidad; los mismos que se convertirían en variable sociocultural efectiva, y que, incorporando a otros sujetos que gradualmente se habían adaptado al contexto de inflexible conservadurismo, lograron que un grupo más extenso asimilara expectativas de cambio que determinaron su compromiso.

De este modo, tejiendo las líneas que examinen o atiendan la dimensión social y cultural de la formación política de sujetos sociales vinculados al PCE, en un momento en el que la organización más importante del anti-franquismo trataba de reconfigurarse con la Política de Reconciliación Nacional, podemos reflexionar acerca de un amplio campo de estudio en el que cabe cualquier tipo de

franquismo". *Historia del Presente,* 15 (2010), pp. 9-26; Claudio Hernández Burgos y Carlos Fuertes Muñoz, "Conviviendo con la dictadura. La evolución de las actitudes sociales durante el franquismo (1936-1975)", *Historia Social, 81* (2015), pp.49-65; Miguel Ángel Del Arco Blanco, Carlos Fuertes Muñoz, Claudio Hernández Burgos y Jorge Marco Carretero, (eds.), *"No solo al miedo. Actitudes políticas y opinión popular bajo la dictadura franquista (1936-1977")*, Comares, Granada, 2013, y Manuel Ortiz Heras, ¿Qué sabemos del franquismo? Estudios para comprender la España de Franco, Comares, Granada, 2018.

[2] Oscar Rodríguez Barreira, *"Migas con miedo. Prácticas de resistencia en el primer franquismo, Almería 1939-1952",* Universidad de Almería, Almería 2008; Claudio Hernández Burgos, *Franquismo a ras de suelo. Zonas grises, apoyos sociales y actitudes durante la dictadura (1936-1976)*, Universidad de Granada Granada, 2013; Ana Cabana Iglesia, *La derrota de lo épico*, Publicacions de la Universitat de Valencia, Valencia, 2013.

[3] Para Andalucía tenemos el exhaustivo balance historiográfico y la propuesta teórico-metodológica para el análisis de la protesta durante el tardofranquismo, en el que se pone de manifiesto, a pesar de los últimos avances, el apego predominante a las interpretaciones clásicas, y que ha realizado recientemente Teresa María Ortega López, "El tardofranquismo en Andalucía. Una propuesta teórico-metodológica para el análisis de la protesta de la sociedad civil a la dictadura", pp. 55-74, en Teresa María Ortega López (coord.), *La sociedad civil andaluza. Punta de lanza de la democracia y la autonomía,* Centro de estudios andaluces, Junta de Andalucía, Sevilla, 2019.

interacción entre poder y sociedad, del mismo modo que permite expandir el enfoque. De lo que estamos seguros es del potencial de la perspectiva local, ya que posibilita valorar la capacidad que tienen las personas y grupos de participar en la constitución de relaciones que actúan como generadoras de actitudes individuales o colectivas sensibles para entender la democracia local[4], y la capacidad de aquellos como agentes sociales al intentar, y en muchas ocasiones conseguir, trascender para construir un nosotros colectivo. Reducir el tamaño del objeto de estudio es lo que conduce precisamente a la diversidad de situaciones que caben bajo el epígrafe de "actitudes sociales" dentro de un contexto dictatorial bajo la lupa de lo micro o lo local[5].

A este enfoque lo llamaremos "encarnaciones regionales del comunismo", un conjunto de cosmovisiones compartidas que actuaban como marcos emocionales poco visibles y que operaban en espacios de micro-movilización, donde la mayoría de las personas de los pueblos en los que habitaban no tenían actividad política alguna. ¿Qué era ser comunista o pertenecer al PCE para una generación que no había vivido la Guerra Civil?, o lo que es lo mismo, ¿cómo un grupo de jóvenes decidieron militar en una organización o adscribirse a una ideología a la que el régimen consideraba como los máximos enemigos de la España que construyeron con la victoria en la Guerra Civil? El análisis de la militancia comunista, situando el foco en lo local, articulado tanto en el arraigo como en la implantación del PCE

[4] El estudio realizado por Francisco Cobo Romero y María Candelaria Fuentes Navarro sobre el papel decisivo que juega el Partido Comunista en la sociedad rural andaluza en el proceso histórico de gestación de identidades colectivas, es el más importante hasta ahora: María Candelaria Fuentes Navarro y Francisco Cobo Romero, *La tierra para quien la trabaja. Los comunistas, la sociedad rural andaluza y la conquista de la democracia (1956-1983),* Granada, Editorial Universidad de Granada, 2016.

[5] Ana Cabana ha hecho un denodado esfuerzo para sintetizar los mejores estudios sobre las actitudes sociales de la población con un recorrido pertinente por los mejores trabajos sobre la cuestión. En dicho estudio, Cabana señala que términos como aceptación, afinidad, consenso, aquiescencia, indiferencia, pasividad, rechazo, resistencia, reticencia, oposición, etc. serían conceptos repletos de matices y diferencias cuyo empleo ha supuesto todo un avance en el estudio de las actitudes sociales, pues remiten a niveles de compromiso diferentes y a grados de afinidad dispares con el poder. En Ana Cabana Iglesia, "Una mirada fugaz ante el espejo. El estudio de las actitudes sociales durante el franquismo", en Manuel Ortiz Heras, ¿Qué sabemos del franquismo? Estudios para comprender la España de Franco, Comares, Granada, 2018, pp. 69-94.

desde la perspectiva micro, ha sido trabajado para varias zonas de la geografía española, en las que coinciden el esfuerzo de los militantes para reconstruir los comités y células locales, la intensificación del discurso agrarista del partido y su influencia en las comarcas agrícolas con fuerte presencia de la gran propiedad como en Andalucía[6].

A estas y a otras muchas cuestiones complejas intentaremos dar respuesta, apoyados en testimonios orales de los protagonistas y en la documentación de carácter orgánico para indagar en el carácter del partido y los sujetos que se adhieren en un tiempo en el que unos pocos pasaron a tener una actitud común frente a la dictadura, muy al contrario de la mayoría de sus vecinos. Por consiguiente, este capítulo tratará de cambios, de actitudes comunes[7], de readaptaciones individuales y colectivas, de asignación de voluntades, de reconfiguraciones de estrategias políticas, de historias mínimas de individuos, de redes interpersonales, de sentimientos de pertenencia y una larga lista de actitudes que se presuponían incompatibles con el sistema político en el que se desarrollaban. Por consiguiente, actitudes de agentes vinculados al partido político cuya organización mejor

[6] A destacar desde esta perspectiva "*El PCE y la reconstrucción del obrerismo militante en la Margen Izquierda del Nervión (1947-1962)*" de José Antonio Pérez. "*El partido Comunista de España y la cuestión agraria en Andalucía durante el Tardofranquismo y la Transición Política a la Democracia, 1956-1977*", de Francisco Cobo Romero y Teresa María Ortega López. "*La política sindical del PCE en los orígenes de las Comisiones Obreras: Las confusiones entorno a la OSO*", de Francisco Erice Sebares, todos recogidos en Manuel Bueno, José Hinojosa y Carmen García (coords.), *Historia del PCE, I Congreso 1920-1977*, Vol. 2. Fundación de Investigaciones Marxistas, Madrid 2007. Para el caso de la provincia de Albacete contamos con Damián González Madrid, "La organización de los partidos políticos en provincias. PCE, PSOE y UCD en Albacete durante la transición democrática", en Cristian Cerrón Torreblanca (coord.), *Los límites del estado, La cara oculta del poder local.* Málaga, Universidad de Málaga, 2018. Pp. 193-222. Para Andalucía durante el período del primer franquismo tenemos Encarnación Lemus Puente, "Permanencia y reconstrucción del PCE de Andalucía durante la posguerra (1939-1949)", *Espacio, Tiempo y Forma V,* Historia Contemporánea, nº11, 1998, pp. 483-506. Para la provincia de Jaén tenemos a Luis Segura Peñas, *Comunistas en tierras de olivos: Historia del PCE en la provincia de Jaén, 1921-1986*, Editorial Universidad de Jaén, Jaén, 2019.

[7] Los términos más empleados y que han permitido un avance en el estudio de las actitudes sociales y que prefiguran niveles de compromiso y grados de afinidad son múltiples: aceptación, afinidad, consenso, consentimiento, aquiescencia, indiferencia, rechazo, resistencia, resistencia u oposición. En Ana Cabana Iglesia, "Una mirada fugaz ante el espejo. El estudio de las actitudes sociales durante el franquismo", en Manuel Ortiz Heras, ¿Qué sabemos del franquismo? Estudios para comprender la España de Franco, Comares, Granada, 2018, p. 90.

había sobrevivido a la Guerra Civil y al exilio. Es decir, dar cuenta y analizar, o como poco cuantificar, el espacio sociopolítico copado por el PCE en unos pueblos de Granada en los que no se entiende el cambio político posterior sin el trabajo previo de buena parte de la sociedad civil. Desde una perspectiva local y en la periferia del desarrollismo franquista, creemos que analizar el entramado político-social del franquismo mediante experiencias y dinámicas formales e informales de micromovilización, constituye un buen indicador para entender la base potencial del cambio político.

COMUNISTAS Y CLANDESTINIDAD. EL PCE EN MARACENA: DESPLAZAMIENTO DE LO POLÍTICO HACIA LO COLECTIVO

Un grupo de jóvenes en Maracena se convierten para las autoridades y para la Brigada Político Social (BPS) en sospechosos de los peor a finales de la década de los cincuenta. El comité local del PCE de esta localidad granadina venía desarrollando en la clandestinidad unas prácticas y unos mecanismos de protesta que colocaron a su pequeña, pero no por ello menos importante organización, en el epicentro comunista de la zona, con una precisión que alcanzó, a nivel micro, niveles tan considerables que provocaron el desplazamiento de lo político hacia lo colectivo en un tiempo de estrecha vigilancia contra todo aquello que no encajara con el encuadramiento social, político y cultural impuesto por el régimen; y por extensión, a todo aquello que atentara contra la moral, contra la política y contra lo socialmente establecido por la dictadura. Aprovechando los espacios de oportunidad a los que no daban alcance los mecanismos de control de la España franquista, los comunistas se iniciaron en el aprendizaje político y en el asociacionismo con la creación de una peña recreativa que enmascaraba la organización local del PCE, y que antes de ser desmantelada por la policía, había conseguido altos índices de organización y de participación. A este espacio de movilización lúdico-cultural y político lo denominaron Peña de los Celtas.

Los informes de la policía nos muestran que las fuerzas del orden franquistas trataban por todos los medios de acabar con cualquier atisbo de protesta, y con cualquier comportamiento que no encajara en los preceptos del régimen. Los comunistas de Maracena abrieron nuevos espacios de interrelación que dinamizaron experiencias democráticas para que jóvenes inquietos y con nuevas aspiraciones, representantes de sectores populares de la sociedad rural, lograran iniciarse en el asociacionismo y en el aprendizaje político. Analizando el conjunto de historias mínimas de individuos que a nuestro entender son máximas, podemos aproximarnos a la grandeza de la militancia y a la demostración del "ser vivo" que era el PCE en aquellos momentos.

Uno de estos espacios de movilización fue el de las asociaciones de amigos, espacio de confluencia que actuó como dinamizador de la conciencia política y social de jóvenes que se vieron representados en lo colectivo mediante elementos y mecanismos de interrelación en los cuales se fusionaban el sentido de pertenencia a un grupo y el afianzamiento de la personalidad por medio de la representación ante un colectivo. Utilizando elementos y mecanismos articulados en dinámicas encauzadas en las formas de hablar, de vestirse, de comunicarse, de relacionarse y en último término, como elemento más importante, en las formas de comportarse, y arropados en una cultura política que añadía cuestiones morales a sus prácticas y discursos, lograron investir de una identidad alternativa a un grupo de jóvenes que buscaban espacios de libertad específicos. Esta cuestión de identidad implica primariamente la pertenencia a un territorio y a una cultura comunitaria que es la que define y otorga entidad específica al colectivo. Esta identidad colectiva presenta, no obstante, matices de clase, de género, de parentesco o de oficio, pero es esta común pertenencia al colectivo lo que estructura la identidad que se comparte. Esta noción de identidad tiene entre sus rasgos principales el sentido de pertenencia a una sociedad y el reconocimiento de una serie de tradiciones, creencias, valores y actitudes que encuentran su representación en una gama de actitudes diversas. Pensamos que en las comunidades locales se tejen una serie de actitudes comunes en base a lazos personales, en los que los conceptos de parentesco, vecindad y amistad generan unos vínculos que actúan como fermento de cohesión frente a cualquiera de los elementos de cohesión social que los rodean.

La articulación del PCE en Granada durante la posguerra estuvo determinada, tanto por la acusada dispersión de los núcleos de trabajadores, como por el escaso número de estos, consecuencia del mencionado minifundismo industrial, dificultando no solo la acción abierta, sino la captación de militantes e incluso las tareas de información. La oposición al franquismo en la provincia había tenido una importancia singular ya que fue una de las zonas donde se desarrollaron más acciones guerrilleras por la gravedad del problema social, la dureza de la represión y la orografía del territorio, muy montañoso, que facilitaba la acción de los guerrilleros complicando más su persecución y aniquilamiento. En las provincias de Málaga y Granada la acción y presencia de la guerrilla fue de las más numerosas. Además de operar una de las agrupaciones más importantes de la península, la ciudad de Granada tuvo una particularidad de guerrilla urbana con los hermanos Quero, guerrilleros que mantuvieron la atención de las autoridades y las fuerzas represivas, hasta tal punto que Franco hizo un informe a mediados de los cuarenta en el que mencionaba su peligrosidad como una preocupación. Sus acciones quedaron grabadas en el imaginario colectivo de la ciudad y los Quero se convirtieron en una leyenda[8].

Es a partir de 1946, con la recomposición de la dirección general del PCE en Andalucía, cuando la dirección del partido en Francia comienza a enviar emisarios con la intención de reorganizar los comités provinciales y locales. La mayoría de estos cuadros son excombatientes que ingresan a través del Norte de África, entre los que destaca Ricardo Beneyto Sapena[9], que será detenido en 1947 y fusilado en 1956. Un acto de subversión sobre su tumba, consistente en la colocación de una corona de flores el 14 de abril de 1961, supondrá el detonante para la casi total desarticulación del comité

[8] El proyecto hegemonista del PCE en cuanto a politizar la guerrilla pretendiendo romper los sistemas de solidaridad interna en modo de enlaces y redes familiares implantando un modelo de lealtades exclusivamente políticas, debilitó el movimiento guerrillero. Véase especialmente Jorge Marco Carretero, *Hijos de una guerra. Los Hermanos Quero y la resistencia antifranquista*, Comares, Granada, 2010.

[9] "El Comité Regional (Granada) toma contacto con esta Agrupación a principios de 1947 como consecuencia del contacto del camarada Beneyto con el camarada López Castro, a la sazón jefe de estas fuerzas", Nacionalidades y regiones, Andalucía, AHPCE. Jacq.1022.

provincial de Granada. De este modo relataba el partido la caída de Ricardo Beneyto:

> Beneyto se hace cargo de la dirección política del Comité Regional, y aunque en los primeros meses de 1947 se efectúan en Granada muchas detenciones, algunas de camaradas y la mayoría de antifascistas que tenían organizada la Agrupación y un pequeño grupo de intelectuales. Los camaradas detenidos en Granada componían el grupo de la dirección Provincial. Estos camaradas eran Beneyto, Armada Rus, Nicolás García, y algunos compañeros que con ellos trabajaban[10].

La misma misiva recoge lo que a esas alturas significaba ser un auténtico comunista, soportando todas las torturas y no delatando a los compañeros: "El comportamiento de estos camaradas ante la policía fue digno de auténticos comunistas, a pesar de las torturas"[11]. En 1947 la virulencia contra la guerrilla fue especialmente intensa por los asesinatos del empresario Emilio Romero de la Cruz y del Coronel Milans del Bosch, cometidos por los Quero y por la banda de los Clares, respectivamente. En el caso del primero, la opinión pública granadina cambió su percepción contra el maquis, y en el caso de Milans, enfureció aún más a las fuerzas del orden:

> En toda la provincia se efectuaron detenciones en masa de camaradas y patriotas. Al mismo tiempo cayeron en poder del enemigo varios guerrilleros de la capital, uno de ellos fue cogido con varios tiros en las piernas. El enemigo buscaba al Partido por todos los conductos que tenía a su alcance, reforzando con fuerzas de Madrid. Las causas fundamentales de esta actividad policiaca eran que los guerrilleros habían liquidado al Coronel Milán del Bosch"[12]

En los años 1947-48 Granada se convierte en una ciudad en guerra contra la guerrilla y contra cualquier tipo de oposición, en la que las

---

[10] Ibídem.
[11] Nacionalidades y regiones, Andalucía, AHPCE, Jacq. 1024.
[12] Nacionalidades y regiones, Andalucía, AHPCE, Jacq. 1025.

fuerzas represivas del régimen volcarán toda su fuerza y virulencia para exterminar a los hermanos Quero y a la totalidad del movimiento guerrillero de la provincia, y por extensión a los cuadros del PCE. El endurecimiento del control policial en Granada contra la oposición se recrudeció en esta fase debido a las acciones urbanas de la guerrilla. Los asesinatos y secuestros de personas públicas provocaron la persecución contra todo individuo sospechoso de perturbar lo más mínimo el orden, dejando las fuerzas policiales y del orden pocos resquicios sueltos para apresar y eliminar a todo aquello que supusiera una pequeña amenaza para el régimen.

El PCE fue la sombra de la guerrilla granadina en lo positivo y en lo negativo, ya que sus intentos de organizarla y dirigirla, la influencia de jefes como "Roberto"[13] o Beneyto, las continuas delaciones, el constante asedio y la persecución, la inexperiencia en un contexto tan irregular, la huida a Francia de algunos guerrilleros, o la inadecuación de los métodos de trabajo motivaron una pléyade de detenciones, procesos, ejecuciones y huidas que provocarán los continuos fracasos de las reorganizaciones basadas en cuadros veteranos de la guerra, y a la llegada de enviados del exterior, que terminaron con la total desarticulación de la guerrilla y con la posibilidad de mantener una organización estable del PCE[14]. Los militantes que pasaron al interior, enviados por el PCE, traían consigo proyectos demasiado centrados en el partido, que impidieron integrar a la mayoría en unos grupos de resistencia que habían operado de forma independiente desde el final de la Guerra Civil. A pesar de los múltiples inconvenientes y la intensidad de la represión franquista, los latidos de la muy debilitada organización comunista replegada en la clandestinidad no cesaron nunca[15].

---

[13] Véase para el caso de "Roberto" a Francisco Ruiz Esteban, *Vivir entre tinieblas. Los últimos guerrilleros de Andalucía. La Agrupación Roberto.* Granada, Editorial Caja Granada, 2013.

[14] Para el caso de la guerrilla granadina y andaluza, tenemos el estudio de Jorge Marco Carretero, *Guerrilleros y vecinos en armas. Identidades y culturas de la resistencia antifranquista.* Granada, Comares 2012. Para el territorio peninsular, Fernando Hernández Sánchez, *Los años de plomo. La reconstrucción del PCE bajo el primer franquismo (1939-1953).* Barcelona, Crítica, 2015, p. 327.

[15] Encarnación Lemus López, "Permanencia y reconstrucción del PCE en Andalucía durante la Postguerra (1939-1949), *Espacio, Tiempo y Forma, Serie V, Hª Contemporánea, t. 11,* 1998, pp. 483-506.

Con todas las dificultades, en 1948, desarticulado el comité de la capital, algunos municipios lograron mantener la militancia y continuaron con sus organizaciones, como expresan los informes del PCE sobre Granada, "sabemos que el partido existe en muchos pueblos de la provincia y en cuanto a la capital sabemos que hay actividad del Socorro Popular Antifranquista"[16]. Hasta ocho pueblos mantienen la organización en 1952:

> En la capital el P. (partido) es inexistente, aunque existen unos puntos de apoyo; en la provincia controlamos ya ocho pueblos y las perspectivas son muy buenas. La característica de las organizaciones que se van controlando es su estado pasivo y su falta de ligazón con las masas, situación que desde el Comité se trata de modificar habiendo conseguido algunos resultados positivos[17].

Como vemos, los enviados por el partido insistían en el aislamiento, en el estado pasivo, y en la necesidad de conectar con el resto de la población mediante otros procedimientos. Los instructores tenían la misión y el encargo de reorganizar el partido, crear direcciones provinciales o sectoriales, y transmitir las orientaciones políticas elementales sobre la estrategia de la organización, y articular las condiciones del reparto de propaganda. El instructor de referencia en la década de los cincuenta en Granada será Félix Cardador, que tendrá un papel importante en la articulación de los comités locales, y de los dirigentes obreros de empresas como RENFE o la Compañía de Tranvías de Granada[18].

El envío de nuevos cuadros al interior del país respondía a las nuevas directrices que el Buró Político del PCE, en palabras de Pasionaria, pretendía poner en marcha para no incurrir en errores del pasado

[16] *Nacionalidades y regiones,* Andalucía, AHPCE, Jacq. 1016.

[17] *Nacionalidades y regiones,* Andalucía, AHPCE, Jacq, 1014. Situación Orgánica del Partido en Andalucía. Situación para Granada. En mayo de 1952 el partido ordena "organizar la visita legal del hermano Armando Castillo a Granada que parece ser está organizando, y puede dar información de algo de lo que hay en esta ciudad", en Nacionalidades y regiones, Andalucía, AHPCE, Jacq. 1117. Fechado el 15 de mayo de 1952.

[18] Archivo Histórico Nacional: Fondos Contemporáneos, Dirección General de la Policía, Exp. 53102, R. S. núm. 6644/XIV, 13 de junio de 1961.

en base a la idea de pasar al interior militantes más discretos que se establecieran legalmente sin integrarse como activistas en el partido y sin aparecer como comunistas, con el objeto de recabar información de diferentes estratos sociales para obtener una interpretación más ajustada de la sociedad española. Exploradores anónimos sin pasado ni huella para la policía con la misión de cartografiar territorios incognitos que consiguieran puntos de apoyo sólidos en todas las provincias para no sobrecargar de tareas a los cuadros del partido; se ponía en marcha la idea de comenzar a trabajar lentamente, paso a paso, asegurando cada movimiento[19], una operación que se ha denominado como “guerra de posiciones”[20].

La presencia de una célula del PCE en la delegación de RENFE en Granada va a resultar fundamental ya que controlarán los envíos del material clandestino que llegaba a la ciudad por esta vía. Añadido a esto, en la compañía de Tranvías operaba Juan Baena, a la sazón secretario provincial del partido, encargado de la célula en esta empresa y quien hacía llegar los materiales a los distintos pueblos[21]. El círculo se completaba con la actividad sindical que se venía desarrollando, la misma que hizo que militantes del PCE ocuparan cargos en el sindicato vertical, captando nuevos militantes y extendiendo la organización sectorialmente[22]. En la comarca de la Vega granadina, se encontraba el núcleo fabril del Centro de Fermentación del Tabaco, ambos con numerosos trabajadores de Maracena, estaban operando desde finales de los cincuenta algunas células comunistas que lograron infiltrar a alguno de sus militantes en el Sindicato Vertical, como José Ávila González[23].

El contexto de extrema represión que sufrió el *maquis* granadino durante los últimos años de la guerrilla cambió el panorama de la oposición hasta que su testigo lo recogió el movimiento obrero

[19] *“De Dolores, al camarada Uribe, a todos los camaradas del Buró Político”.* Dirigentes, AHPCE, Dolores Ibárruri, Informes, carpeta 31, 13/2.
[20] Fernando Hernández Sánchez, *Los años de plomo*... p. 318
[21] Sentencia del Consejo de Guerra Ordinario, Causa 418/61, 9ª Región Militar. Juzgado permanente Nº1, Granada. Archivo personal de la familia de Manuel Castro Castellano.
[22] Ibídem.
[23] Entrevistas a José Ávila González, Francisco Ávila González y Miguel Ruz Rodríguez, Maracena, agosto de 2020 y noviembre de 2021.

organizado; pero hubo que esperar hasta bien entrados los sesenta. Estos nuevos cauces pretenderían reconstruir la cultura obrera de protesta y las reivindicaciones democráticas en un escenario aparentemente poco proclive por la atomización industrial. La implantación de la nueva política del cambio de táctica, articulada en consignas que buscaran alternativas de desbordamiento popular para la integración de amplios sectores sociales, tenía el inconveniente y la dificultad de transformar en un tiempo corto a unos cuadros con poca experiencia en la militancia activa. Fueron los enviados por el partido a mediados de los cincuenta los que cambiaron esta dinámica en la mencionada operación de "pasar al interior" con el objetivo de captar nuevas actitudes que engarzaran con las clases trabajadoras y con otros sectores sociales[24]; una misión que tenía como objetivo máximo que otros actores irrumpieran en la escena opositora. Se enfrentaban al escollo, prácticamente insalvable, del carácter anti-obrero del franquismo, que en su proceso de institucionalización reforzó, y en muchos casos aumentó, su posición antiobrerista, mediante la creación del Sindicato Vertical y mediante la subordinación y explotación de los trabajadores; el franquismo articuló, además, desde sus orígenes, una policía política, la Brigada Político Social, de naturaleza militar que tuvo el objetivo de desarticular al movimiento obrero, y a cualquier otro intento de organización disidente. Su obsesión por borrar el pasado obrerista lo llevaría a sustituir el término trabajador por el de productor[25].

No obstante, a mediados de los cincuenta, comenzarán a aflorar las células de los distintos comités de la provincia, influenciadas por la llegada de los instructores para propagar la nueva táctica. Uno de los cometidos más interesantes de los instructores será su labor como informantes de la situación en la que se encontraba la organización, y trasmitir al partido las condiciones en las que estaban los comités y las células locales. De este modo recogía *Mundo Obrero* el trabajo de los instructores en marzo de 1953 en un artículo titulado *"Sobre algunos aspectos del trabajo de los instructores"*:

---

[24] "Resolución del Buró Político del Comité Central", *Mundo Obrero*, Nº6, mayo-junio de 1956, pp. 2-3.

[25] Javier Tébar Hurtado y Rosa Toran Belver, *Vivir en dictadura. La desmemoria del franquismo*, El Viejo Topo, Barcelona, 2021, p. 218.

> En condiciones de clandestinidad como las presentes en que la dirección del Partido no puede ponerse en contacto directo con las organizaciones de base, el papel de los instructores que realizan ese contacto adquiere una importancia extraordinaria. Ellos trasmiten las opiniones y los juicios políticos de los órganos de dirección, a la vez que se hacen cargo de cuál es la situación de la organización que visitan y cómo aplica la política del Partido[26].

En Granada la persona que con mayor esfuerzo desarrolla este cometido es Félix Cardador, conocido como "Jaime", un individuo acorde con las nuevas exigencias programadas por el partido y que hará la labor de captación de los cuadros dirigentes a nivel local, poniendo en contacto a los secretarios de cada localidad una vez constituidos los comités. Este instructor será el encargado para Granada de entregar la propaganda, "adiestrar" a los secretarios y administrar las finanzas[27]. Para estos cuadros, el partido proponía que se preocupasen sobre todo del desarrollo de la vida de la organización. El instructor debía ser un hombre que se interese por los cuadros: "el instructor debe prestar una especial atención a comprobar en cada lugar si la organización del Partido está o no, ligada a las masas, y debe ser capaz de ayudarla en caso necesario a encontrar la forma de ligarse con ellas [...] la fuerza y la invencibilidad del Partido residen en sus lazos irrompibles con las masas populares"[28].

Además de insistir en esa ligazón prioritaria entre obreros, campesinos e intelectuales, las consideradas "masas populares", el partido ponía todo el énfasis en la formación comunista. Esta labor que llevarán a cabo instructores enviados desde Francia, será fundamental no solo para la propagación pedagógica de la política del partido o de la rearticulación de la organización, si no para crear la sensación ejemplarizante de la vida en clandestinidad y la conexión

[26] "Sobre algunos aspectos del trabajo de los instructores" *Mundo Obrero*, marzo de 1953, Nº 9, p. 5.

[27] Las cuotas de los afiliados eran de 5 pesetas al mes, una cantidad que era recogida en Maracena por Castro y que le era entregada a Cardador. 9ª Región Militar, Juzgado permanente Nº1, Granada. Archivo de la familia de Manuel Castro Castellano.

[28] "Sobre algunos aspectos del trabajo de los instructores del partido", *Mundo Obrero*, marzo de 1953, Nº9, p. 5

humana con el partido. De esta forma relata Luis López García una reunión clandestina con Cardador y con otro de los instructores a finales de 1960 en Granada:

> Nos convocaban al encuentro en un lugar apartado cerca de Cenes de la Vega, allí estaríamos unas veinte personas que acudíamos por separado y aprovechando las últimas horas de luz nos sentábamos alrededor de dos enviados del partido[...] ni sabíamos cómo se llamaban ni de dónde venían [...] yo suponía que vendrían de lejos, ya que al estar sentados me di cuenta de los agujeros que tenían en los zapatos, por lo que pensé que esta gente viene de Francia andando[...] nos hablaban de Pasionaria, de lo que hizo el PCE en la Guerra Civil, de la lucha de los comunistas en la Segunda Guerra Mundial, de convencer uno a uno a los compañeros de trabajo y a tus vecinos sin que nadie se entere, de la inminencia del final de la dictadura, de la necesidad de formarse y entender la ideología del partido, de comprender lo que significaba ser un buen comunista[29].

Entre los instructores y los militantes de las células estaban los enlaces que, en el caso de Granada, tendrán en la persona de Juan Baena Martínez al elemento clave. Según palabras recogidas en la causa contra Baena, la policía describía su labor como enlace. En realidad, Baena era el "liberado" por el partido para la provincia:

> Antiguo voluntario del Ejército Rojo en la Brigada 97 capitaneada por Beneyto [...], en febrero de 1960 se comprometió a formar y trabajar por el partido comunista y al fin que se dedicará de lleno y pudiera dejar una colocación que atendía durante la mañana [...] el partido comunista por mediación de Jaime (Cardador) le pagó mensualmente cuatrocientas pesetas igual al jornal

[29] Luis López García empezó a militar en el PCE en 1956, detenido en 1961 por formar parte de Los Celtas, pasó por la cárcel varias veces y fue activo militante del PCE y de CC.OO el resto de su vida. Una importante trayectoria que arranca en la década de los 50 y que le llevará posteriormente a ser alcalde de Maracena durante el periodo 1979-1991. Entrevista a Luis López García, Maracena, 8 de marzo de 2021.

> que percibía en su ocupación y que recibió periódicamente hasta diciembre del año sesenta [...] captó a varios elementos para el partido entre los trabajadores que se desplazaban en el tranvía desde Granada a Pinos Puente en el que desempeñaba el cargo de cobrador, y a los que repartió propaganda comunista consistente en ejemplares del Mundo Obrero y La Voz del Campo de los que además recibía cotizaciones[30].

Baena era, además de enlace con el comité de Maracena, el secretario general del partido en Granada. Por él pasaban principalmente los envíos de material; "recibía desde Barcelona, utilizando una maleta de doble fondo en la que con ropa usada se le mandaban unos 200 ejemplares de periódicos comunistas (*Mundo Obrero* y *La Voz del Campo*), los cuales después repartía a los comités locales. Era el instructor que conectaba con Cardador para hacer las reuniones, y su trabajo de cobrador en la compañía de Tranvías Eléctricos de Granada le permitía moverse con relativa libertad para captar militantes, cobrar las cuotas de cotización (5 pesetas al mes) y de paso entregar *Mundo Obrero* y otras publicaciones. Baena recibirá la orden directa del partido de comprar la corona de flores y colocarla junto a la bandera republicana en el nicho de Beneyto con la leyenda "tus camaradas no te olvidan". Incluso era el responsable de organizar las reuniones de formación de los secretarios locales[31]. Por lo que se extrae del consejo de guerra, Baena era un auténtico profesional, era el liberado del partido, estaba a sueldo, haciendo la labor de conexión, agitación y propaganda, y de finanzas en la clandestinidad. Salvando las distancias, encajaba perfectamente con el revolucionario profesional que el partido necesitaba para cubrir las necesidades de ensanchar la militancia en las distintas zonas del país. La tarea más difícil que recibió fue, en esos momentos de extrema precaución debido a la persecución a la que estaban sometidos los comunistas, el de la formación de los militantes, fundamental para

---

[30] Sentencia del Consejo de Guerra Ordinario, Causa 418/61...

[31] En el momento de la detención, a Juan Baena le intervienen "270 ejemplares de Mundo Obrero, 160 de la Voz del Campo, varios ejemplares de los Estatutos del Partido Comunista y una lata cilíndrica", Ibídem.

la trasmisión de las consignas y para la captación de cuadros que ingresaran en el partido.

Para la cultura comunista la formación de los cuadros era fundamental. En sus propuestas para estudiar la memoria comunista, Lavabre enfatizaba en la "socialización operada por el partido, la homogenización de las representaciones del presente y del pasado a la cual tiende la pedagogía de la organización"[32]. Las formulaciones pasado y presente como instrumento de socialización implicaban colocar en el mismo plano la épica del pasado del partido como plataforma de lucha antifascista, el culto a Dolores y la aplicación táctica de fundirse con el resto, y no solo con los trabajadores. Por ejemplo, en el V Congreso del partido, Pasionaria asumía como imprescindible tal tarea al rechazar que el partido pudiera ser un mero club de discusión, recalcando la necesidad de otorgarle unidad ideológica y reconociendo lo mucho que faltaba aún para ello, tanto desde el punto de vista ideológico y organizativo como desde el punto de vista de la cultura comunista[33]. A pesar de las dificultades de la clandestinidad, los esfuerzos para socializar la cultura fueron considerables, y aunque afectaba negativamente al trabajo de la militancia interior, en el exilio, al ser sus miembros más reducidos, se aproximaba al modelo de contra-sociedad, cerrada y endogámica, tradicionalmente asociado al PCF[34].

Eran precisamente estos instructores los que intentaban formar mini grupos de sociedad a la contra en los contextos locales. Además de encargarse de la trasmisión de las consignas del partido, de informar sobre las condiciones de los comités locales, también eran los que se encargaban de hacer llegar la propaganda a las distintas células, bien entregándola al responsable provincial de agitación y propaganda, o bien, a algún miembro de las células como recuerda José Aranda:

---

[32] Marie Claire Lavabre, *Le fil rouge. Sociologie de la mémoire communiste*, Presses de la Fondation Nationale des Sciences Politiques, Paris, 1994, pp. 281.

[33] "Informe del Comité Central presentado por Dolores Ibárruri al V Congreso", AHP-CE, Actas del V Congreso, 1954, Vol, 1, pp. 153-167.

[34] Francisco Erice Sebares, "El orgullo de ser comunista. Imagen, representación, memoria e identidad colectiva de los comunistas españoles", en Manuel Bueno Lluch y Sergio Gálvez Biesca (eds.), *Nosotros los comunistas, Memoria, identidad e historia social*, FIM, Madrid, 2010, pp. 170-171.

> Yo quedaba siempre en Granada para pasar desapercibido. La primera vez me dio el contacto Manuel Castro Castellano y quedé con esa persona en Haza Grande. Su nombre real era Félix, pero el de guerra era Jaime. En esos tiempos una persona de esas no podía decir nada, porque no se fiaba ni del él mismo. Una vez se me ocurrió preguntarle cómo se llamaba y me dijo que no me lo podía decir. Más adelante se me confió y me dijo que se llamaba Félix. Él me decía siempre el día y la hora en que nos volveríamos a ver en la próxima ocasión. Unas veces se hacía el cojo, otras el manco y otras venía con peluca. Yo lo vi unas diez veces [...] otro hombre que venía con él, nunca supe cómo se llamaba[35].

A través de estos enviados también se canalizaba la difusión de las octavillas de protesta, un método que empezó a ser muy común a finales de los cincuenta. A Maracena llegaban a Manuel Castro Castellano por medio de los instructores. Luis López recuerda cómo descubre qué significaban las siglas PCE cuando se encuentra una octavilla en plena calle en 1957[36]: "No sabía lo que significaba PCE hasta que recogí una octavilla del suelo y me lo explicó Manuel Castro". En *Mundo Obrero* se daban las instrucciones de los contenidos de dichas misivas, "Fuera Franco y Falange del poder", "Por una España libre y democrática", "Fuera de España los yanquis"[37]. Parecidas consignas eran trasladadas a las tapias que flanqueaban las carreteras del municipio, con frases como "Franco Vete, Amnistía" o "Franco, queremos libertad", pintadas que suponían actos de subversión envueltos en el anonimato y que eran auténticos dardos contra la dictadura[38]. La acción subversiva de las pintadas de color rojo como símbolo del descontento atraía a jóvenes audaces, que dedicaban el silencio y la oscuridad de la noche a sellar con palabras en la pared

[35] José Aranda López empezó a militar en el PCE en 1960, detenido en 1961, pasará seis meses en la cárcel por pertenecer a la Peña de los Celtas. Entrevista a José Aranda López, en AHCCOO-A.

[36] Entrevista a Luis López García. Maracena, 3 de marzo de 2021.

[37] *Mundo Obrero*, noviembre 1953 y febrero 1954.

[38] En el informe de la policía, procedente del archivo personal de Manuel Castro Castellano facilitado por su familia, aparece que las pintadas recogían frases y palabras como "Franco traidor", "Amnistía" y "Paz y Justicia". Sentencia del Consejo de Guerra Ordinario, Causa 418/61...

sus inquietudes y descontento, a pesar de los riesgos que conllevaba. De este modo relata Alfonso Sánchez Castro la incompatibilidad que suponía a finales de los cincuenta pintar una frase de protesta contra Franco y lanzar octavillas subversivas en un contexto tan represivo:

> Yo ya tenía moto antes de los sesenta y debido a esto venían dos o tres más conmigo y yo me dedicaba a vigilar y recorría los alrededores para avisar si estaban los civiles o la policía y para después salir pitando[...] Nos traían la pintura desde Irún, una pintura especial roja que era muy difícil de borrar, venía en tren gracias a los compañeros que teníamos trabajando en RENFE [...] las octavillas o pasquines como las llamábamos eran naranjas de color butano con las letras negras y las tirábamos de madrugada por todo el pueblo [...] un día llegamos incluso a echar pasquines en la puerta del cuartel de la Guardia Civil[39].

Durante el período 1956-1961 hasta la caída de los Celtas fue común que las octavillas y las pintadas formaran parte de la iconografía de protesta no solo de Maracena, sino que miembros de este comité fueron a otros municipios a lanzar y a estampar este tipo de propaganda subversiva[40]. Esta cuestión muestra, tanto la importancia, como la sofisticación a la que había llegado la organización a las alturas de 1960, ya que se había convertido en algo habitual que el municipio amaneciera poblado de pasquines. Tal menester era llevado a cabo por los miembros más jóvenes, los recién llegados, que pasaban su prueba de fuego con este tipo de actos tan arriesgados, que se ejecutaban siempre de madrugada. Durante los años previos

[39] Alfonso Sánchez Castro empezó a militar en el PCE en 1956, formó parte de la Peña de los Celtas y fue detenido en dos ocasiones, 1961 y en 1970. En la primera pasó 6 meses en prisión. Entrevista a Alfonso Sánchez Castro. Maracena, 18 de mayo de 2021.

[40] Testimonios de José Cámara Legaza, militante del PCE desde 1956 y de la Peña de los Celtas. Detenido en 1961, pasó 45 días en prisión, y de Antonio Reyes Jiménez, militante del PCE desde 1958. Pasó a Francia en 1960 y allí estuvo realizando labores para el partido. Fue uno de los encargados de pasar material a España desde Perpignan durante 3 años y llegó a ser enviado por el partido a reorganizar comités en Castuera (Badajoz) y en Murcia. Entrevista con José Cámara Legaza, Maracena, 20 de mayo de 2021 y entrevista a Antonio Reyes Jiménez, Maracena, 20 de mayo de 2021.

a 1961 en Maracena, los pasquines de protesta contra la dictadura y las pintadas subversivas se convirtieron en algo común[41].

La insistencia del PCE en la formación de los militantes contenía buenas dosis de realismo. *"Éramos marxistas sin saber lo que era el marxismo* "[42], decían; la falta de materiales y la escasez de trasmisión teórica eran producto de la carencia de medios. La formación de los cuadros estaba considerada como el primer mecanismo que utilizaba el partido para difundir su ideología. Debido a las dificultades de la clandestinidad y a la escasez de materiales, a mediados de la década de los cincuenta, a pesar de que la actividad era importante, "la sustancia política es aún muy débil"[43], según afirmaba el Buró Político, por lo que se insistió en reforzar las tareas formativas, tanto en el V Congreso como en el VI. Se mencionaba el papel que podría cumplir la futura obra *Historia del PCE,* libro que se recomendaba luego en el *Curso de estudio elemental,* editado en 1964, más los textos de Carrillo y Dolores o materiales de *Nuestra Bandera* y la *Revista Internacional* [44]. En la Peña de los Celtas de Maracena, uno de los libros que más se comentaba era *La religión al alcance de todos,* de R.H. Ibarreña, un texto considerado con el primer escrito ateo de la literatura española[45], pero eran los poemas de Antonio Machado, de Miguel Hernández, Rafael Alberti y de García Lorca los que más se leían en común y se discutían. El componente anti-religioso era común en la mayoría de los integrantes de la asociación, actuando esta actitud como otro de los elementos de cohesión. Por mediación de Castro Castellano, las células recibieron este tipo de materiales junto a *Mundo Obrero, La Voz del Campo* y también a veces *Nuestra Bandera,* así como los *Estatutos del Partido Comunista,* tal y como

[41] Las razones para que en Maracena las acciones de propaganda fueran tanto en cantidad como en calidad diferentes al resto vienen avaladas por las declaraciones de los entrevistados, por la relativa facilidad con la que llegaba Mundo Obrero y las octavillas, y por el buen número de jóvenes que estuvieron durante un período de al menos 5 años realizando este tipo de prácticas. Testimonios de José Cámara Legaza, Antonio Reyes Jiménez, Alfonso Sánchez Castro y Luis López García.

[42] Entrevista a Luis López García, 3 de marzo de 2021.

[43] *"Reunión del Buró Político",* AHPCE, Documentos, carpeta 36, 29 de abril de 1955.

[44] Erice, Francisco, "El orgullo de ser comunista...", pp. 172-173.

[45] Entrevista a Alfonso Sánchez Castro, Maracena 18 de mayo de 2021.

recoge la policía una vez se los incautan a Castro[46]. Estas últimas eran las lecturas que más calaban entre sus miembros, ya que se hacían lecturas colectivas y discusiones en el salón privado que se había habilitado en el local alquilado del Bar Zurita[47]. Un espacio que aprovecharon como oportunidad debido a su carácter simbólico. Dotado de una enorme fama en la época por su café, era frecuentado no solo por trabajadores al inicio de las jornadas de trabajo, sino que en sus salones se reunía lo más granado del poder económico y social del municipio. En esa época, las mujeres no frecuentaban los bares, era cosa de hombres, por lo que incluir a las mujeres en los bailes que organizaban les otorgaba la posibilidad de interrelación en un espacio tradicionalmente masculino y vetado para ellas. Buena parte de la vida social de la localidad se desarrollaba en este espacio.

La mayor dificultad consistía, debido al carácter clandestino del partido y a la persecución a la que estaba sometido, en articular las organizaciones locales o regionales, y así emprender iniciativas más amplias. Tal y como venimos apuntando, la fuente de información principal sobre la política del partido era la prensa, en la que *Mundo Obrero* tenía un papel fundamental, ya que combinaba noticias con la difusión de documentos del partido, homenajes, textos doctrinales y orientaciones político-organizativas. Las células de Maracena comienzan a recibir *Mundo Obrero* a finales de 1956, gracias a la labor de Manuel Castro Castellano[48], el hombre del partido en Maracena. Las escuchas de las emisiones radiofónicas de la REI se hacen más frecuentes una vez la emisión fue creciendo a medida que su audiencia y popularidad aumentaban, convirtiéndose en la principal herramienta de difusión[49]. La sintonización de la emisora ya era un acto de resistencia y de protesta, y algunos de los jóvenes de Maracena que van a formar parte de la Peña de los Celtas, normalizarían tanto la escucha sigilosa de "la Pirenaica"[50] que algunos

---

[46] Sentencia del Consejo de Guerra Ordinario, Causa 418/61...
[47] Entrevistas con Luis López García, Antonio Reyes Jiménez y José Cámara Legaza.
[48] Entrevistas a Luis López García y José Cámara Legaza.
[49] Armand Balsebre y Rosario Fontova, *Las cartas de la Pirenaica. Memoria del antifranquismo*, Cátedra, Madrid, 2014.
[50] Entrevistas a Luis López García, José Cámara Legaza, Luis Sánchez Castellano, Viuda e hijas de Manuel Castro Castellano, Alfonso Sánchez Castro, Antonio Reyes Jiménez

llegaron a hacerlo hasta en grupo, con el riesgo que suponía. Las reuniones secretas de las células tuvieron también este cometido. Los principales instrumentos de orientación política de los que el PCE disponía fueron su prensa y su radio, y desde *Mundo Obrero* se insistía constantemente en la necesidad de reforzar la difusión de estos mecanismos[51].

El desarrollo de la organización mediante el procedimiento de las "células" tuvo en Maracena una articulación precisa. La nueva estrategia del PCE de fundirse con las masas o "ligarse con las masas" como señalaba *Mundo Obrero*, suponía asimilar la consigna de penetrar en otros ámbitos para centrarse en la captación de militantes; esta consigna tenía su máxima expresión en el movimiento de células. Julián Grimau describía en mayo de 1954, la importancia de esta dinámica en un artículo titulado "Las células del partido escuelas de comunistas", texto en el que subrayaba también la conveniencia de la formación y la adquisición de conocimientos políticos e ideológicos de los militantes:

> ¿Y dónde pueden adquirir los militantes del Partido los conocimientos políticos e ideológicos que les permitan cumplir satisfactoriamente su misión como dirigentes de las masas con las que conviven? [...] A los hombres que ingresan en el partido hay que ayudarles con su formación comunista y a que se desprendan de los residuos ideológicos de su anterior educación [...] Las células son los órganos fundamentales del Partido. A través de sus miembros, el Partido se liga con las masas, con los obreros, con los campesinos, con los intelectuales, con todo el pueblo. Ese lazo que las organizaciones básicas del Partido establecen con las masas, une a estas con la Dirección[52].

Unos meses antes, en una reunión del Buró Político del PCE en Francia, a la que acudieron Santiago Carrillo, Fernando Claudín, Julián Grimau, Ignacio Gallego y Simón Sánchez Montero entre

y entrevista a José Aranda en Archivo Histórico de CC.OO. de Andalucía.

51 "¿A qué esperamos?", *Mundo Obrero*, 31 de mayo de 1953.

52 "Las células del partido escuelas de comunistas", *Mundo Obrero*, mayo de 1954, p.5.

otros, se insistió en el trabajo de los comunistas, aprovechando el tratado de España con EEUU. El componente crítico anti-imperialista siempre formó parte de las tácticas del PCE, combinado con la acción estratégica, argumentando que "La canalización de todo este sentimiento antiamericano y antifranquista depende de la acción de cada militante, de todas las organizaciones del Partido y de cómo sepamos fundirnos con las masas", tratando que la situación de España con el tratado sirva para la activación de la militancia, puesto que "en ningún momento un comunista debe permanecer pasivo, en este situación hay que recordárselo con fuerza a los que se encuentran así". En la misma sesión Julián Grimau proponía que se hiciera una carta abierta para hacer comprender a los militantes cuál es su responsabilidad: "Para que la línea política del Partido haga carne en las masas es necesario ligarse a ellas [...] mediante la tarea de dar consciencia al Partido y a las masas del peligro que entraña el pacto yanqui franquista y explicar a los militantes cómo tienen que trabajar los comunistas a la cabeza de nuestro pueblo". Lo que Grimau pretendía era democratizar el discurso de los comunistas y, mediante la tarea de fusión con el resto, tener todas las precauciones posibles a la hora de trasmitir la pedagogía del partido, haciendo especial mención a la formación de la militancia: "No debemos perder de vista en nuestro trabajo de agitación, que lo que está claro para los comunistas puede no estarlo para las masas"[53].

Estas consignas en forma casi de misivas emitidas por el PCE desde Francia, la mayoría recogidas en *Mundo Obrero* y en *Nuestra Bandera*, fueron recogidas por el Comité de Maracena, a la que llegaban en forma de material de propaganda con relativa regularidad a su secretario de organización. Las células en Marcena estaban articuladas por Manuel Castro Castellano, responsable de la organización comarcal. Castro hizo un trabajo previo fundamental; además de Secretario de Organización, mantenía y cruzaba correspondencia con Francia, según la DGS "remitía a una estafeta de París noticias sobre hechos y aspectos de la vida en Granada"[54], y por lo que se extrae

[53] AHPCE, Caja 92 carpeta 65, activistas.
[54] AHN, Fondos Contemporáneos, Dirección General de la Polícía, Exp. 53102...

del Consejo de Guerra al que fue sometido, "era el informante de La Pirenaica para Granada"[55]. Con una formación intelectual que le había hecho dominar varios idiomas también era estudiante de Ingeniería Industrial. Hasta la desarticulación del PCE en 1961 nucleó en su persona la organización del partido ya que tenía los contactos con los instructores que llegaban a Granada. De este modo relatan los jueces militares que le juzgaron en 1961, sobre él recayó una condena de seis años de prisión, el perfil de Manuel Castro:

> Entró a formar parte y trabajar para el partido Comunista en el mes de enero de 1956, a su regreso de Francia donde permaneció desde agosto a noviembre, siendo captado para dicho partido por elementos españoles comunistas exiliados, con los que tuvo contacto en Burdeos. En principio tuvo como misión servir de corresponsal a la emisora clandestina Radio España Independiente a la que facilitaba noticias deformadas que servían para criticar al régimen y Gobierno Español [...] se relacionó con tan mencionado Jaime (Cardador) del que recibió encargo de constituir el comité local de Maracena en el que se le asignó el cargo de secretario general, emprendiendo una labor de captación entre sus amistades repartiendo propaganda comunista, consistiendo en ejemplares de Mundo Obrero y La Voz del Campo, y los Estatutos del Partido Comunista [...] En Maracena creó y dirigió un Centro comunista llamado Los Celtas[56].

Castro irá tejiendo una red de células locales desconectadas entre sí que hicieron una labor casi perfecta. Aunque el informe de la DGS de junio de 1961 tras las detenciones afirmaba que había cuatro células[57], cada una con su propio responsable, los testimonios aumentan esa cantidad a unas diez. Es a través de este mecanismo de organización, y de cómo aprovechan sus integrantes los espacios de oportunidad,

---

[55] Sentencia del Consejo de Guerra Ordinario, Causa 418/61...

[56] Ibídem.

[57] La DGS informaba para el momento de la caída que los responsables eran entre otros Serafín Gómez Ballesta, Alfonso Sánchez Castro, Antonio Carmona Castellanos y José Cámara Legaza.

donde el comité de Maracena va a reunir al mismo tiempo todas las herramientas básicas para desarrollar la articulación del partido.

Hasta la caída de 1961, Manuel Castro y militantes como Alfonso Sánchez Castro, José Aranda o José Medina González fueron capaces de captar para el partido a cualquier joven con condiciones y que previamente pasaba por una especie de selección, aunque la predisposición de algunos jóvenes facilitara el trabajo: "tengo que decirte algo de lo que no puedes hablar con nadie, estamos organizándonos para cambiar las cosas, y necesitamos gente como tú. Antes que terminara de hablar le dije que sí"[58]. El ingreso en el partido en aquel tiempo y en los contextos locales tenía unos procedimientos de disciplina casi militares. Normalmente Castro seleccionaba a alguien por mostrase inquieto y por su actitud disconforme. Así relata Luis López su ingreso en el partido cuya fecha recuerda perfectamente, como la mayoría de los entrevistados, que fue el 16 de julio de 1958:

> Me citaron a una reunión en el " Bar Las Delicias" con Castro, dos más del partido y un hombre que venía vendiendo básculas con la intención de captarme utilizando al vendedor como pantalla [...] lo presionaron a posta hasta que le dijeron que se fuera del bar a ver cómo yo reaccionaba, como me opuse a ese tipo de comportamientos, dejaron de hablar conmigo un tiempo [...] pasaron unos meses y tuvo que ser en Granada cuando me topé con Castro [...] me dijo tú eres ya del PCE, y estarás en la célula tal con fulano y otro más [...] no puedes hablar de esto con nadie [...] ya contactarán contigo [...] después de un tiempo comprendí que mi captación estaba preparada [...] y que lo del vendedor y que fuera mi entrada en el partido en Granada era para evitar sospechas[59].

Otro espacio de captación eran las clases particulares de francés que Castro Castellano impartía en el negocio de la familia, en la vaquería que regentaba su padre. Antonio Reyes era un joven de 17 años cuando acudía a estas clases y fue captado por Castro. Para estos casos

[58] Miguel Cámara Legaza relata cómo fue captado por José Aranda a las afueras de Maracena. Entrevista con Miguel Cámara Legaza, Maracena, 9 de diciembre de 2021.
[59] Entrevista con Luis López García, Maracena, 20 de septiembre de 2016.

y por la juventud del candidato, la prueba para entrar en el partido suponía aceptar el reto de tirar pasquines de madrugada. Castro le ofreció a Reyes realizar este acto que simbolizaba la predisposición a formar parte de la organización mediante la catadura de la actitud valiente de los candidatos, la cual probaba hasta dónde era capaz de llegar para militar en el partido:

> Antes de marcharme a Francia entré en el partido porque me ficha Castro en sus clases de francés que daba en la vaquería [...] me ofreció lanzar pasquines para entrar en el partido [...] nos dividíamos el pueblo entre dos o tres y partíamos de madrugada y sembrábamos el pueblo de papeles [...] empezaba por la Fábrica del Tabaco hasta que llegaba a mi casa en los Aljibes [...] cuando me fui a Francia a trabajar llevaba una carta de Castro y una dirección para tomar contacto con el PCE de Burdeos, donde estaba uno de Maracena, Carranza, y empecé a hacer trabajos para el partido hasta el punto que a los seis meses me envían a París a hacer un curso de preparación en la escuela del partido para volver a España[60].

Este tipo de mecanismos de relación clandestinos se desarrollaban con un carácter de prudencia extrema; factores como las habilidades personales y los lazos afectivos facilitaban, en un sentido, u otro, la implantación y desarrollo de las células. Cada responsable de célula tenía su propio espacio donde organizar las reuniones, en las que se utilizaba un lenguaje específico codificado para evitar levantar sospechas. Intentar convencer a otros jóvenes para que militaran era el objetivo principal, y para definir sus tácticas cada grupo tenía su espacio previo de reunión. Es en este momento cuando la barbería de Serafín Gómez Ballesta y el Bar el Pájaro se convierten en los nichos de proselitismo silencioso, además del Bar Las Delicias, cuya parte superior con salón privado se utiliza para las reuniones. En estos espacios es donde se desarrolla un tipo de lenguaje específico codificado y en donde esporádicamente confluyen los militantes de las células. Estaban tan bien organizados que los responsables de cada

[60] Entrevista a Antonio Reyes Jiménez, Maracena, 20 de mayo de 2021.

célula tenían un campo de actuación específico relacionado con el trabajo que desempeñaban. Si como apuntábamos anteriormente, Serafín Gómez Ballesta articulaba su célula desde la Peluquería que regentaba, Sánchez Castro lo hacía desde la tienda de comestibles donde trabajaba; Antonio Carmona Castellanos, desarrollaba su actividad en el campo, y José Medina González, José Aranda López el Félix y José Cámara Legaza lo hacían en el sector de la construcción, articulando su labor en las obras donde trabajaban. El comité de Maracena controló espacios pluridimensionales, interviniendo de modo directo en la vida cotidiana de la población con elevados índices de incidencia. Por los testimonios recogidos, por el informe de la Dirección General de la Policía y por el número de detenciones, lo más probable es que el PCE en Maracena contara en 1961, antes de la detención masiva de la organización comunista, entre 80-90 militantes activos[61].

Los comunistas de Maracena eran personas comunes que trabajaban por unas ideas y en base a unos principios para los que se estaban formando y durante un tiempo se esforzaron para mantenerlos a flote. Estaban experimentando e iniciándose en el aprendizaje político. El lenguaje y las actitudes de aquel tiempo que han permanecido en su memoria recrean la tensión entre la acción política y el peso de las estructuras de control y de poder mediante la conexión entre tiempo histórico y tiempo vivencial. Las relaciones que fomentaron y articularon formaban parte de la fusión entre vida personal y compromiso político, y en los vínculos existentes entre individuo y comunidad. Ante un escenario casi inmóvil desde el punto de vista social, los comunistas locales trataron de reforzar sus aspiraciones desplegando prácticas, estrategias e iniciativas con la intención de gestionar un tiempo político que también lo era de vida.

Las dinámicas de las células conectaban con las consignas que escribía Julián Grimau en Mundo Obrero, en las que ponía todo su empeño, para trasmitir que eran este tipo de articulaciones las que servían como auténticas escuelas de comunistas para que los

[61] Entrevistas a Alfonso Sánchez Castro, José Cámara Legaza, Luis López García, Miguel Cámara Legaza y José Aibar Ávila, realizadas todas en Maracena. Entrevista a José Aranda López en Archivo CCOO-A.

miembros del partido se disciplinen, conozcan y se comprometan con la línea política del partido:

> Un miembro del Partido para cumplir con su deber de comunista necesita conocer y comprometerse con la línea política del Partido. Pero esto no es suficiente. Tiene el deber de aplicarla. Siendo el Partido una unión de voluntad de todos sus miembros, sus decisiones, la aplicación de las mismas, son obligatorias para todos. La pasividad frente a las decisiones del Partido, es ajena a la condición de comunista. No puede haber ligazón con las masas si los comunistas no aplican su política[62].

Con un núcleo organizado en células y sometido siempre al acoso policial, estos grupos comienzan a darle forma a la idea de crear una asociación con el objetivo de reunir a los jóvenes y organizar los domingos una especie de baile o verbena en el que gradualmente se concienciase al resto sobre las ideas, las prácticas y los mecanismos de militancia que estaban llevando a cabo desde algún tiempo. Los vehículos de trasmisión que habían articulado habían tenido un relativo éxito con la conformación del comité local y teniendo como primera fuente de propagación de los valores comunistas el entorno comunitario inmediato. Este ambiente próximo se presupone como el factor de socialización política clave de estos contextos rurales, donde existía cierto espacio de oportunidad que favorecía esta modalidad de trasmisión en la que el sentido de pertenencia actuaba como vehículo y escudo de protección de forma paralela. Unas marcas de pertenencia que se habían imprimido de manera invisible en los contextos rurales mediante una suerte de endogamia afectiva popular relacionada con el parentesco y la vecindad; y labradas en el acento del habla o la actitud ante la vida de una comunidad específica como signos externos visibles, además del componente de clase inherente a la clase trabajadora.

Los desplazamientos de lo político a lo colectivo que hicieron los militantes del PCE en Maracena comienzan a hacerse efectivos con

62 "Las células del partido escuelas de comunistas", *Mundo Obrero*, mayo de 1954, p. 5.

la creación de la Peña de los Celtas, en la que no solo aumentaron la visibilidad que requerían para ser vislumbrados por las autoridades como "los incompatibles" del régimen, sino donde también empezaron a propagar prácticas de acciones pro-democráticas, consiguiendo gradualmente que una parte del resto de la población asimilara sus procedimientos. Mediante mecanismos articulados e incluidos en una cultura política específica pretendieron revertir esas incompatibilidades para convertirlas en aceptables colectivamente. Solamente con los testimonios y las historias de vida de los que participaron en estas acciones de micro-movilización podemos acercarnos a las actitudes sociales que aquellos individuos desarrollaron en un contexto local para lograr ir desplazando gradualmente lo político hacia lo colectivo con el fin último de mejorar sus vidas y las de los demás.

ENCARNACIONES LOCALES DEL COMUNISMO CLANDESTINO

CONSTRUYENDO DEMOCRACIA DESDE LO LOCAL

A principios de 1959, el Comité local del PCE de Maracena crea una asociación lúdico cultural a la que bautizan como Peña de los Celtas. Unos años antes, el sacerdote del pueblo había aglutinado a los jóvenes en una especie de club parroquial donde un grupo de jóvenes crearon una orquesta y hacían actuaciones semanales con el objetivo de dinamizar culturalmente la monótona vida local. Ante las peticiones económicas constantes por parte del párroco, estos jóvenes deciden continuar con sus actuaciones y ensayos de forma independiente. Este es el momento en el que las células del PCE aprovechan la ocasión para organizar una asociación propia y de paso intentar hacer crecer su pequeña organización. Para muchos de ellos la pertenencia a la asociación será anterior a la actividad de su militancia partidaria. Son los militantes del PCE los que impulsan sus actividades con el objetivo máximo de captar a nuevos militantes que engrosen el comité. Una de las habilidades que tuvieron fue la de separar su actividad militante partidaria de las actividades comunes con el objetivo de ir seleccionando a aquellos jóvenes que mostraban más inquietudes sociales. Un proceso de selección que comenzaba en las propias células y que se extendía con la captación en las verbenas. Era tal la precisión de la organización que incluso pretendieron revestir de legalidad las reuniones; el secretario del Comité intentó varias veces legalizar en el Ayuntamiento la Peña, y según la DGS, "la autoridad local no lo consideró necesario por creer que se trataba de una simple tertulia de amigos"[63]. Estaban tan seguros de sus fines que se hicieron hasta tres intentos en el ayuntamiento para revestir de legalidad a la asociación.

A partir de la creación de la Peña, comienza el desplazamiento de casi todos los jóvenes que estaban en el club parroquial, con la orquesta incluida, junto a los miembros del PCE ,y la mayoría de los jóvenes de Maracena, para iniciar desde la autoorganización el camino hacia el asociacionismo, logrando activar una serie de actitudes articuladas en la manifestación de prácticas sociales en ese momento pro-democráticas, que convierten a este espacio de confluencia en un auténtico laboratorio de conciencia democrática que supuso referenciar sus propios signos de pertenencia con la intención de que el activismo antifranquista y el comunismo militante no estuvieran fuera de la esfera pública. La junta directiva, formada en su totalidad por comunistas, comienza a edificar la estructura de la Peña con el compromiso de afiliación y fidelidad de sus componentes, mediante la implantación de una cuota para comprar bebidas y comida para los bailes y para el pago del alquiler del local. Una vez acudían a los bailes, hacían la cuenta de los gastos y el montante total era sufragado en su totalidad por todos los que acudían a la verbena. Los bailes empezaron a mediados de 1959 y al principio acudían unas cien personas,

Las demostraciones de compromiso, igualdad, honestidad y formalidad se reflejaban todos los domingos cuando una vez finalizado el baile algún miembro de la junta directiva demandaba sufragar los gastos del evento: "Hemos participado tantos y tocamos de gastos a

[63] Manuel Castro Castellano fue en repetidas ocasiones al Ayuntamiento a solicitar legalmente la creación de la actividad. Archivo Histórico Nacional: Fondos Contemporáneos, Dirección General de la Policía, Exp. 53102, y entrevistas a José Aranda López en AHCCOO-A, y entrevistas a Luis López García, Alfonso Sánchez Castro y José Cámara González.

tanto cada uno [...] detrás de la puerta hay una caja de cartón, allí podéis poner el dinero. Cuando se iban todos, la cuenta cuadraba perfectamente y lo mejor es que nadie había controlado nada"[64]. Allí confluyeron mujeres y hombres que, aún no sabiendo en su totalidad que los organizadores eran comunistas, comprobaron en primer término su capacidad organizativa basada en igualar en la participación colectiva mediante el compromiso y la fidelización. Además de surtir y poner a disposición de todos los integrantes, bebida, comida, orquesta, baile y hasta ropero sin elementos intermedios como camareros o personal asistente. Todo era dinamizado por los asistentes, no había ningún elemento de control ni individuo que ejerciese como tal[65].

Paralelamente, los Celtas, que se nombraron de este modo porque la mayoría de sus integrantes fumaban esa conocida marca de tabaco de la época, y cuyo nombre no estaba relacionado con el PCE como creía la BPS, al relacionar las siglas Peña con Partido y Celtas con Comunista de España: "Nada que ver las iniciales del PCE, como tantas veces se ha dicho, y como la BPS intuía, la relación de la PE [ña] y la CE [ltas] fue pura coincidencia"[66]. Los estatutos de creación hablan, salvando las condiciones de seguridad mínimas, de que el nombre de Celtas respondía al carácter que el imaginario colectivo había asignado históricamente a los antiguos pobladores: "Este nombre le ha sido impuesto porque los jóvenes componentes de la misma quieren imitar a los primitivos y valerosos pobladores que tuvo la Península Ibérica denominados celtas. Queriendo esto significar que los afiliados a la Peña también serán valientes y los primeros en iniciar un movimiento original en nuestro pueblo"[67].

Lo que sí hicieron los integrantes del PCE de Maracena fueron excursiones de disidencia y de captación partidaria al pantano del Cubillas. Estas excursiones fueron comunes hasta que tuvieron que abandonarlas por las continuas visitas de la Guardia Civil una vez

[64] Entrevista a Luis López García, Maracena, 3 de marzo de 2021.

[65] Entrevistas con Alfonso Sánchez Castro, Luis López García y José Cámara Legaza, Maracena, marzo y mayo de 2021.

[66] Entrevista a José Aranda López, en AHCCOO-A.

[67] *¿Por qué se ha elegido el nombre de los Celtas?"*, Nacionalidades y Regiones, Andalucía y Extremadura, AHPCE, Jacq.156.

instalados en el campo. Más de una vez tuvieron que salir corriendo escapando de las autoridades. Estas reuniones las hacían solo los hombres y en ellas aprovechaban para hablar del partido, de la situación de España y de los planes para ir ensanchando la organización. Crearon un nuevo espacio de libertad con las excursiones que sirvió de esparcimiento y de modelo de captación en el que nuevos militantes entraron en el comité[68]. La dictadura había diseñado unas estrategias que favorecieron la fragmentación y la atomización de la sociedad desde el final de la guerra civil, suplantando la conciencia social por una conciencia individual, y es en la década de los cincuenta cuando culmina este proceso. La formación de conciencia social de los integrantes de la peña respondía al desplazamiento de lo social hacia lo colectivo con la intención de sustituir la conciencia privada, que tanto había fomentado el régimen[69], por una conciencia colectiva. También, buscaban sustraerse de la atmósfera irrespirable impuesta por la moral católica para abrir microespacios en los que disfrutar de cierta relajación moral[70].

Con las actividades de la Peña sus integrantes querían educarse para ser ciudadanos, "aprender a estar"[71], aprender a comportarse en igualdad y en comunidad. Según los testimonios de las personas que participaron en estas actividades, todos recalcan que lo más interesante era que nadie controlaba nada, ni el tema económico ni los comportamientos que allí se daban, por lo que el compromiso individual y colectivo respondían a unos perfiles de comunitarismo democrático que se ponían de manifiesto mediante la subordinación de lo individual a lo colectivo. Que alrededor de 50 personas de las que acudían a los bailes de la asociación fuesen comunistas, que de ellas unas 10 fuesen los organizadores, y que lograran tener más de 200 socios, entre las que se contaban unas 90 mujeres, demuestra que

[68] Jóvenes como José Manuel Espigares Romero y José Aibar Ávila empiezan a militar a partir de estas excursiones. Entrevistas con Espigares Romero y Aibar Ávila en Maracena, diciembre de 2021.

[69] Michael Richards, *Un tiempo de silencio. La Guerra Civil y la cultura de la represión en la España de Franco, 1936-1945*, Crítica, Barcelona, 1999, pp. 29-30.

[70] Gloria Román Ruiz,"¿El baile agarrado es pecado? La burla del control social en los espacios de "inmoralidad" del campo alto-andaluz durante el franquismo", *Cuadernos de Historia Contemporánea,* N°42, (2020), p. 338.

[71] Entrevista a Luis López García, Maracena, 3 de marzo de 2021.

la estructura partidaria incorporaba a luchadores del interior y que el partido comenzaba a abrirse a nuevas generaciones y a colectivos sociales entre los que prácticamente hasta entonces no había tenido proyección. Durante los dos años en que estuvo funcionando, se hicieron del PCE no menos de 40 afiliados[72]; una labor de reclutamiento que encajaba con las directrices del partido[73]. Desde lo local se estaba gestando el relevo generacional con la ruptura cultural y sentimental con la Guerra Civil, una cuestión que había dejado de funcionar como línea divisoria[74].

Las verbenas que organizaban los Celtas, camufladas para extender su organización, respondían a aquellas actuaciones que Scott denominaba "infrapolíticas", que incluyen todo un abanico de formas de resistencia, no actuación deliberada o critica individual o colectiva, en lo que lo cotidiano es político"[75]. Unas acciones que contribuyeron a la ampliación de espacios de socialización política con la incorporación de colectivos sociales y culturales que fortalecieron la sociedad civil mediante la interacción compleja de diferentes grupos que operaban en el espacio de lo público pero revestidos de un carácter privado al fidelizar la pertenencia y al añadir el componente asociativo a su dinámica. Los comunistas que organizaban la asociación no solo pretendían ampliar la militancia, sino que también pretendían propagar una identidad práctica, una forma de conducta, una forma de estar en el mundo con los demás, representando una forma de autoconciencia y auto-recreación frente a los demás y con ellos, tratándose esta conducta a la que nos referimos como una "estructura fuertemente valorativa" en base a la cual los seres humanos se valoran a sí mismos encontrando que su vida es digna de ser vivida y que sus acciones merecen la pena. Estos individuos buscan constantemente una "descripción de sí mismos que exige que los Otros (tanto si

---

72 Entrevistas a integrantes de la "Peña de los Celtas" como Alfonso Sánchez Castro, José Cámara Legaza y Luis López García, Maracena, marzo y abril de 2021.

73 Véase sobre el reclutamiento de nuevos militantes "Discurso de clausura de Santiago Carrillo en III Pleno del Comité Central del PCE, septiembre de 1957, p. 12. EN AHPCE, Documentos, carpeta 38.

74 Carme Molinero, "La política de reconciliación nacional. Su contenido durante el franquismo, su lectura en la Transición", *Ayer, 66,* 2007, p. 210.

75 James C. Scott, *Los dominados y el arte de la resistencia*, Txalaparta, Tafalla, 2003.

reconocen su identidad como si no) la reconozcan y respeten, porque es la base de su propia autoestima"[76]. Es muy posible que los comunistas estuviesen buscando este tipo o esta característica de la identidad. Los métodos que en la práctica proponía el partido a la militancia promocionaban modelos de conducta a sus integrantes, y hablamos de conducta no solo en referencia a las acciones, sino a estados mentales y rasgos clasificatorios en sistemas más amplios. Ser comunista a finales de los cincuenta empezaba a tener esta serie de rasgos diferenciadores en los que los militantes debían tener comportamientos ejemplarizadores para que los demás "buscaran al partido". Esta consigna era el más importante elemento de captación.

Estas formas de conducta insertas en el movimiento de células, las excursiones de disidencia, las pintadas, los pasquines, las reuniones en el salón de baile; en definitiva, la búsqueda de la socialización efectiva con el resto, estaban articulándose mediante la conformación de un estilo de vida específico en escenarios de experimentación democráticos. Lo más interesante es la visibilidad de la propagación de estas prácticas que llevan a cabo los comunistas de Maracena en la Peña de Los Celtas como escenario de experimentación. José Medina González, fue otro de los principales impulsores de la asociación y de la creación del PCE en Maracena; dirigía una célula y como presidente de la Peña fue llamado varias veces para explicar en el Ayuntamiento "lo que era aquello de los bailes". La organización de esa especie de verbenas semanales estaba llamando la atención de las autoridades locales y del resto de los vecinos, que también empezaron a tacharlos de ser sospechosos de lo peor:

> En una nochevieja hicimos una fiesta con champán, bocadillos de jamón y una orquesta tocando [...] las mujeres llevaban sus letreros de la peña en el pecho y colocaban los abrigos en el ropero [...] aquí es cuando las autoridades empezaron a percatarse de algo, según ellos eso ya tenía connotaciones comunistas, allí se reunía toda la juventud de Maracena [...] nos veían hablando en corrillos a unos y a otros, reunirse en este lado y en otro, contactando

[76] James Tully, "Políticas de...", pp. 529-530.

> con la juventud en secreto y conquistando cada vez a más gente [...] entonces llegaban desde el Ayuntamiento y se asomaban al baile y lo veían todo lleno de juventud y me llamaban para preguntarme ¿Sois comunistas?, y yo le respondía ¡Míreme usted a la cara!, ¿tengo yo cara de comunista?, no, nosotros somos una peña de amigos que nos gusta divertirnos y venimos a pedirle permiso a usted, pero si no nos lo dan, de todas formas lo vamos a hacer[77].

Como podemos comprobar, antes de la caída de abril de 1961, los Celtas estaban en el disparadero, avisando desde el consistorio a la BPS de un *"centro comunista llamado Los Celtas"*[78], además de los chivatazos de apercibimiento que venían dándose[79] por parte de personas que también veían en esas reuniones un atentado contra la moralidad impuesta desde arriba, dado que las concepciones morales en ese tiempo estaban infectadas por prejuicios de clase, en las cuales el trabajador por ser pobre ya era sospechoso de lo peor, mientras que la realidad y la imagen de las élites eran tratadas de forma muy distinta: estas eran consideradas lo mejor, y además de forma natural[80]. Los bailes en la Peña estaban puestos en entredicho por el resto de la población y por el párroco del pueblo[81], que veía cómo mientras se celebraba la misa de los domingos "los demonios acudían a los bailes", en unos tiempos en los que la Iglesia consideraba el baile "como tortura de los confesores y virus" de las asociaciones más castas, y peaje "favorito del diablo", elementos que amenazaban la fibra moral de la nueva España[82]. El importante número de mujeres

---

[77] Francisco Ávila González, *¿Tú donde naciste? Historias de mesa camilla,* Vol. I, , Entorno Gráfico Ediciones, Granada, 2017, p .315.

[78] Sentencia del Consejo de Guerra Ordinario, Causa 418/61, 9ª Región Militar. Juzgado permanente Nº1, Granada. Archivo personal de la familia de Manuel Castro Castellano, p. 6.

[79] Entrevistas a Luis Sánchez Castellano, Alfonso Sánchez Castro, Luis López García y José Cámara Legaza.

[80] Antonio Cazorla, *Miedo y progreso. Los españoles de a pie bajo el franquismo, 1939-1975,* Alianza editorial, Madrid, 2016, p. 240.

[81] Entrevistas a José Cámara Legaza, Luis López García y Alfonso Sánchez Castro en Maracena, marzo y abril de 2021.

[82] Congreso de la Familia Española, *Síntesis de ponencias provinciales en torno a la familia española y la moralidad pública,* Madrid, Ediciones del Congreso de la Familia Española, 1959.

que acudían a los bailes con pareja o sin ella, las relaciones que allí se fomentaron haciendo a las mujeres participar en las dinámicas de forma igualitaria estaban poniendo en entredicho por un lado, los aspectos más misóginos y sexistas del discurso moral católico, y por otro lado, estaban protagonizando el proceso de cambio que desplazaba gradualmente al discurso que colocaba a la mujer dentro de las viejas exigencias de una mujer casta, pasiva y simple que fuera una mera trasmisora de la voluntad de la Iglesia, de la familia y del esposo[83]. Las mujeres que formaron parte de los Celtas acudieron y participaron en las actividades por contemplar dicho espacio como una puerta de acceso a la modernidad, otorgándoles la posibilidad de no estar vigiladas moralmente por el resto, y así sentirse más libres:

> Eran muy diferentes los bailes de los celtas a los de las fiestas populares por la cuestión de no sentirse tan vigiladas y porque participábamos en la organización [...] incluso íbamos con vestidos más modernos confeccionados por nosotras [...] la mayoría de las que no teníamos novio en ese momento íbamos a escondidas, ya que sobre todo los padres no podían enterarse [...] era lo más moderno y atrayente en una vida local marcada por las pocas cosas que había, no podíamos ir a los bares apenas, solo era el cine o dar un paseo[84].

Buena parte de las mujeres de Maracena demostrarán su compromiso con la organización de la Peña, no solo con la participación en los bailes, sino con el boicot que harán pocos meses después no acudiendo a las fiestas patronales en agosto y yendo a la cárcel a visitar a sus novios, compañeros y amigos[85]. También las mujeres que acudían a los bailes entraban dentro de ese espectro de incompatibilidad de lo que era el mensaje moral de las prácticas oficiales.

---

[83] Aurora G. Morcillo, *True Catholic Womanhood: Gender and Ideology in Franco's Spain,* Northern Illinois University Press, DeKalb, 2000.

[84] Entrevista con Encarnación Legaza López, que tenía 17 años en 1961 y acudía como muchas mujeres jóvenes solteras a las verbenas de la Peña. Marcena, 20 de marzo de 2021.

[85] Testimonios de Natividad Bullejos Cáliz y Encarnación Legaza López, Maracena, mayo-junio 2021.

Todas estas ideas se materializaron en los estatutos de la Peña de los Celtas que recogidos en su totalidad advierten del carácter innovador de la asociación:

> Le concierne la tarea de emprender nuevos derroteros que se orienten hacia horizontes constructivos y luminosos; le concierne la tarea de hacer, pues es imposible vivir, sobre todo en este período tan trascendente de su vida en completa inactividad y dispersión, ignorando completamente el potencial de sus posibilidades, aspiraciones y necesidades. La juventud emprendedora será algo, algo que se relacione con su entusiasmo juvenil, con su espontaneidad con el presente y con el futuro. Y se convencerá por sí misma siendo algo, de la necesidad y utilidad de que todos los jóvenes, todos, presentan el futuro y tengan conocimiento de esta responsabilidad y las puertas abiertas para su ingreso en la Peña. Debe ser ilusión de los actuales miembros de la misma poder agrupar en torno a ella a todas las generaciones juveniles futuras. El objetivo de la Peña debe ser un movimiento hacia adelante y tendente hacia la juventud que adquiera un hondo conocimiento de sí misma y de sus posibilidades, de su generosidad, sencillez, constancia y actividad. Un movimiento de gente emprendedora, enérgica, vigorosa y alegre. Un movimiento único que abrace a toda la juventud en un deseo sincero y altruista de buscar el bien común. El bien de la juventud. La Peña "Los Celtas" por lo tanto estará siempre en consonancia con el carácter joven de sus componentes[86].

Del análisis de los estatutos se desprenden numerosas lecturas, y más allá de la reiteración del término jóvenes o juveniles, sin duda el más utilizado, la redacción pretendía en primer término solventar el problema de la seguridad y del enmascaramiento de las tareas fundamentales. Eran unas normas que debían agradar a la totalidad. El carácter integrador y democratizante atraviesa todo el texto. En 1959, fecha en que se redactan las normas, recoger derechos como

[86] *¿Por qué se ha elegido el nombre de los Celtas?", "Nomas por las que se regirá",* Nacionalidades y Regiones, Andalucía y Extremadura, AHPCE, Jacq.156. p. 4.

que "sea considerada la opinión de todos los socios en general", o del mismo modo "exigir una explicación si la considera conveniente de los acuerdos tomados por la Directiva", hablan por sí mismos de las intenciones. Sus integrantes tenían derecho a participar y a intervenir en las decisiones en pie de igualdad; el componente de transparencia también se recogía como derecho, dado que era indispensable "saber cómo van las cuentas de la Peña, conociendo si así lo desea el saldo total y mensual que la misma posee. Estos saldos sin embargo, serán expuestos mensualmente en sitio visible para todos". La horizontalidad, aún de carácter representativo de la organización, también era un hecho, aunque no exenta de jerarquía, ya que los derechos de los socios recogían que podían "reunirse siempre que lo deseen para hacer acuerdos entre ellos y exponerlos a la Directiva por intermedio de su representante en la misma"[87].

La integración económica con la intención de alcanzar la igualdad era otro derecho: "exigir de la Directiva que todas las fiestas celebradas sean lo más baratas posibles para que *e*stas est*é*n siempre al alcance de todos los socios". Donde se refleja el carácter igualitario es con la inclusión de las mujeres:

> La Peña tendrá dos Directivas, una masculina y otra femenina, con funciones concernientes a su sexo, y el resto de los miembros. Cada Directiva constará de diez representantes, cada uno de los cuales tendrá un cargo y representará en las reuniones y acuerdos que tome el total de los afiliados. Para poder llevar esto a efecto se dividirán proporcionalmente el número de afiliados que posee la Peña y se distribuirán en esa proporción entre los miembros de la Directiva[88].

El componente democrático formaba parte esencial de la toma de decisiones: "para poder tomar acuerdos, la Directiva necesitará, que en sus sesiones haya una mayoría. Esta mayoría la formarán seis

---

[87] "Obligaciones de los socios", Nacionalidades y Regiones, Andalucía y Extremadura, AHPCE Jacq.156. p. 5.

[88] "Normas por las que se regirá", Nacionalidades y Regiones, Andalucía y Extremadura, AHPCE, Jacq.156.

componentes de la misma, es decir la mitad, más uno. Los acuerdos tomados por esta mayoría serán totalmente válidos". Uno de los puntos en los que se recoge la intencionalidad partidista pero disfrazada es en el de la defensa a ultranza del buen nombre de la asociación, "siempre que surja un caso que pueda perjudicar a la misma, lo mismo en el terreno material que moral, cada socio tiene la obligación de defender con todos los argumentos y fuerzas el punto de vista de la Peña". Así como la fortaleza de la organización que se extrapola a las normas imprimiendo su carácter, en franca similitud con las directrices de la militancia en el PCE: "procurar que la Peña adquiera tal solvencia y solidez que sea prácticamente imposible disolverla", o incluso obligando a la participación activa, "Cooperar con la Directiva de la misma en todo cuanto sea necesario, no renegar nunca a un encargo que le haga la misma salvo existir una fuerza mayor o justificación comprobada"[89]. Quizás estos últimos epígrafes albergan en su contenido los fundamentos claves del sentido de pertenencia al PCE con la demostración constante de la inquebrantable fortaleza y el sentido de la disciplina.

Aunque el concepto de juventud es muy amplio y complejo, los jóvenes que redactaron los estatutos de la Peña de los Celtas formaban parte iniciática de la juventud en movimiento, inmediatamente precedentes a las generaciones del ciclo de movilización social de los sesenta y los setenta, y que estaban recogieno en parte aquel otro ciclo del pasado que hacía referencia al producido en las décadas de los años veinte y treinta. El concepto de generación también influye en esta aparición en la cultura de protesta. La inmensa mayoría de sus componentes tenían entre 20-25 años. En el caso español, una generación que no había vivido la Guerra Civil y a los que se les presentaban otras visiones y aspiraciones diferentes a generaciones anteriores en cuanto a pasado, presente y futuro. Esta idea podemos conceptualizarla como Disponibilidad Biográfica en base a las proposiciones de Doug McAdam, incluso admitimos la consideración de que las emociones se fusionan y frecuentemente actúan y han actuado en conjunto como dinamizadoras e impulsoras de los procesos de

[89] Ibídem, pp. 6-9.

micro-movilización en los que los compromisos afectivos han servido como canalizadores de las destrezas adquiridas. Los activistas militantes del PCE, que participan junto al resto de no activistas de la Peña de los Celtas, se empiezan a formar así como líderes y cuadros políticos intermedios influyendo en sus organizaciones o en los movimientos en los que participan mediante procesos múltiples de sugestión, convencimiento y auto-representación[90].

El espacio político que lentamente ocupan los comunistas de Maracena, en el que los papeles de participación, representación y responsabilidad se adquieren velozmente, logra crear un marco de oportunidades para que otros jóvenes conozcan los vínculos morales, sociales y políticos que generan la participación, el compromiso, y la solidaridad como herramientas para adquirir conciencia social. La conciencia de identidad colectiva empieza a elevarse en un proceso social de asignación de significados en un campo de experiencias compartidas que, como se pude comprobar en los estatutos de la Peña, apuesta por el sujeto colectivo. El contenido de la ideología comunista, que imprimía un sentido profundo de participación al ser una cultura política de compromiso muy intenso, se refleja perfectamente en el texto que recogía las normas y derechos de los socios. Aunque de forma disfrazada por razones de seguridad, el citado compromiso intenso se percibe en los intentos de construcción de una identidad colectiva reforzada y transformada en acción política. En un contexto social y político tan restrictivo se pretendía involucrar moral, social y políticamente al individuo, representando que el comunismo era una cultura política que incluía elementos que iban más allá de la ideología. En esta fase de construcción, el entorno partidista de la Peña de los Celtas se articulaba a través de personalidades y líderes específicos que logran crear un ambiente local de politización extraordinaria.

La mayor parte de las acciones, aparentemente calladas y de algún modo secretas para el resto, que no incluían a los incompatibles,

---

[90] Doug McAdam, "Oportunities, Mobilizing Estructures, and Framing Processe. Toward and Synthetic, Comparative Perspective on Social Movements", en McAdam, Doug, McCarthy, John y Zald, Mayer (eds.), *Comparative Perspectives Social Movements,* CUP, Cambridge, 1995.

articuladas en elementos como la intimidad, la confianza y las relaciones estrechas que se dan cita en los contextos locales, preocuparon a las autoridades de la dictadura hasta el punto de convertir a sus integrantes en los enemigos del orden social de la dictadura. La policía política del régimen llevaba meses tras la caza y captura de los comunistas de Maracena, en una operación de la que sin duda ya estaban bien informados. "Venían al pueblo y entraban en las barberías y a los bares y se colaban diciendo dónde están los comunistas, intentando sacar información [...] ¿qué hacen en los bailes? [...] ¿dónde están los comunistas?"[91]. Por los testimonios recogidos y por los informes de la policía, la BPS tenía en el disparadero a la organización desde hacía tiempo. La intensificación de la protesta a comienzos de 1961 cuando la provincia se puebla de pintadas y pasquines bajo el lema *"Franco Vete"*, incrementadas en primavera con "Franco traidor", alerta a las autoridades, sobre todo cuando se acerca el mes de abril, ya que Franco tenía prevista una visita a la provincia a finales de este mes para inaugurar el pantano de Los Bermejales, los pueblos de colonización de Fuensanta, Loreto y Peñuelas y la Escuela Sindical de Formación Profesional Virgen de las Nieves[92], que muy pronto se va convertir en un espacio de articulación del PCE y de CCOO.

El punto de inflexión que desata el comienzo de la redada tuvo su origen en la colocación por individuos del PCE de una corona de flores y una estela con los colores republicanos en la tumba, situada en el cementerio de Granada, del dirigente comunista Ricardo Beneyto, con motivo del día de la República, el 14 de abril de 1961. A partir de ese momento, los comunistas de Granada y los de Maracena en especial, se convierten en piezas de caza para la BPS, que ya tenía suficientes informes sobre las actividades que estaban desarrollando. En particular, el informe policial sobre la caída hace mención al seguimiento al que venía siendo sometido el comité maracenero, de modo concreto a Castro Castellano, que informaba al comité central en París "sobre hechos y aspectos de la vida de Granada"[93].

---

[91] Testimonios de Luis López García, José Cámara Legaza, Alfonso Sánchez Castro y Miguel Cámara Legaza, Maracena, abril-mayo de 2021

[92] *ABC,* 30 de abril de 1961, p. 80.

[93] AHN, Fondos Contemporáneos, Dirección General de la Policía, Exp. 53102...

El secretario de organización del Comité de Granada, Juan Baena, había recibido la orden de colocar la corona a Beneyto, y le encarga la misión de comprarla a José Carmona Fernández, que era el responsable de agitación y propaganda. La inminente presencia del dictador en Granada hará que comiencen las redadas una vez colocan la corona de flores y la bandera en el nicho del guerrillero. Juan Baena "el Tranviario", José Carmona y el secretario de organización de Maracena, Manuel Castro Castellano "el Lechero, serán detenidos el 22 de abril de 1961, y, a lo largo de una semana, serán detenidos el resto de los militantes de los comités de la provincia hasta llegar al número de 204, de los que 73 se juzgarán por el Tribunal de Actividades Extremistas. Estos tres primeros detenidos pasarán algunos años en la cárcel, se les juzgará en un Consejo de Guerra y en total 39 miembros de la organización de Maracena pasarán por la prisión provincial con penas que van desde los 45 días a los militantes a los seis meses para los responsables de las células[94].

Así expresaba la policía, tras la caída de los comunistas de Granada en 1961, y según el informe de la Dirección General de la Policía, el aspecto novedoso de los Celtas, y que muestra la importancia que tenía la organización al ser "la primera vez que se pone en práctica esa fórmula de infiltración"[95]:

> Lo auténticamente nuevo, lo que dá [sic] a este asunto [la caída de 1961] calidad y tono es lo de Maracena, donde no solo funciona el Comité Comarcal, sino que, por los integrantes en él, se da [sic] vida a una asociación paracomunista que es la recreativa denominada Los Celtas. Desde que terminó la Cruzada, es ahora la primera vez que se pone en práctica esa fórmula de infiltración. Indudablemente, el Comarcal de Maracena es muy fuerte, pero la táctica de arrastre de masas preconizada por el partido, tiene aquí su máxima expresión, desde el momento en que los dirigentes apelan a un eficaz enmascaramiento de las tareas[96].

[94] Ibídem.
[95] Ibídem.
[96] Ibídem.

La policía fue consciente del alcance que tuvo la organización en Maracena con la detención de 39 de sus miembros[97]. La BPS ya venía catalogándolos como sospechosos de los peor y fue con las detenciones masivas en España en 1961 cuando vislumbraron la capacidad y empeño de los comunistas y la calidad de sus organizaciones. Así describían los boletines informativos de la DGS a los comunistas:

> Las intervenciones policiales en el orden político durante 1961 se centraron casi exclusivamente en asuntos de carácter comunista, debido al empeño que han puesto los dirigentes del exilio en hacer brotar, bajo nuevos y distintos procedimientos, alguna organización lo suficientemente sólida como para poder vivir largamente en la clandestinidad y poner desde allí en práctica esas consignas con las que el comunismo internacional persigue un solo y permanente objetivo en nuestro país: la subversión social con la consecuencia de un cambio de Régimen político que les resulte más propicio[98].

De este modo reafirmamos cómo estos militantes del PCE tuvieron la capacidad de aplicar perfectamente la táctica del partido en un proceso de articulación en el que participaron los militantes más jóvenes, quiénes con estrechas vinculaciones entre sí, lograron reafirmarse como sujetos sociales agentes de cambio reforzando la politización de lo íntimo, construyendo identidades alternativas en procesos de socialización que entrecruzaban lo privado, lo político y lo colectivo o comunitario. Las experiencias y encarnaciones del comunismo local y sus expresiones de protesta tienen como despertar político las acciones que se llevan a cabo en el espacio de aprendizaje político y por tanto democrático que lograron "Los Celtas". Es solo con la recuperación de los sujetos históricos locales, aquellos a los que habitualmente no se les ha registrado, y atendiendo a lo local,

---

[97] "El número de detenidos en abril", Nacionalidades y Regiones, Andalucía y Extremadura, AHPCE, Jacq. 158, p. 8.

[98] DGS, Boletín Informativo "Los servicios policiales en el orden político-social durante 1961", Nº 349, p. 2, en https://justiciaydictadura.com/. Archivo privado de Juan José del Águila.

como podemos reconstruir y otorgar de narrativa a aquellas imágenes olvidadas del pasado y su aportación a la memoria clandestina mediante el recurso de la memoria individual y la suma de dichas memorias. Dibujar actores y escenarios pasados, apostando por el sujeto y su incidencia individual y colectiva, permite solucionar esa visión otorgada a los contextos locales de escasa industrialización sobre su supuesta endeblez organizativa de oposición. El mismo informe de la BPS asentía de este modo sobre la perfección de la asociación de Maracena:

> Y en lo puramente orgánico, no puede pasarse por alto la perfecta estructura de las organizaciones comunistas establecidas en varias provincias andaluzas y la conexión entre ellas existente. Granada, sobre todo, ha servido de marco a un modelo de organización comunista casi perfecto. El Comité Provincial y los Comarcales y Locales subordinados entre sí, el establecimiento de una sociedad de carácter cultural y recreativo [Los Celtas] para ocultar sus auténticos fines, y los grupos orgánicos creados en diversas industrias, hablan por sí solos de la importancia de esa organización granadina[99].

El boletín de la DGS se refería a la organización de Granada en general y al comité de Maracena, tal y como venimos señalando, y a la "sociedad de carácter cultural y recreativo", la Peña de los Celtas, que había expandido su capacidad hasta límites hasta ese momento desconocidos, siendo capaz de tener a miembros que ya estaban influyendo en casi todos los terrenos de la vida local, sean estos políticos, culturales, sociales, laborales e incluso lúdico-festivos. La policía política del régimen se dedicaba al análisis, estudio, detención y tortura de los militantes antifranquistas, y estas motivaciones se reflejaban en los boletines, examinando la actividad de la oposición

[99] El año de 1961 se intensificaron las acciones contra los órganos de oposición, en las que fueron detenidos 795 comunistas en toda España, de estos, 204 pertenecen a Granada. DGS, Boletín Informativo. "Los servicios policiales en el orden político-social durante 1961", Nº349, p. 2, en https://justiciaydictadura.wordpress.com/, Archivo privado de Juan José del Águila.

mediante unos documentos que solo podían consultar los agentes o los miembros de la DGS, y que son fundamentales para entender el funcionamiento de parte de las fuerzas de orden público durante la dictadura[100].

La Peña de Los Celtas fue desmantelada con las detenciones de toda su cúpula dirigente y desapareció, pero fue tal la resonancia de la cantidad de comunistas detenidos de Maracena, que en el imaginario colectivo de la provincia y en el imaginario popular empezó a formularse y a extenderse el apelativo de la "Rusia chica" para denominar a Maracena. De las 39 personas que fueron encarceladas, fueron objeto de tortura los responsables de las células, y su secretario general sufriría un Consejo de Guerra por el que permaneció varios años en la cárcel. Incomunicados los cabecillas durante días, el proceso de captura de los comunistas fue una especie de tragicomedia. Era tal la sospecha paranoica de la BPS, que detuvieron a personas que simplemente habían comprado papeletas que vendía la asociación para el Socorro Rojo. A los menos sospechosos los tuvieron encerrados y retenidos en el Ayuntamiento, sobre todo a los que no alcanzaban la mayoría de edad; hecho que provocó una concentración en la plaza del consistorio de muchas de sus madres y de vecinos que no se explicaban tal demostración de fuerza. "Nuestras madres estuvieron en la plaza hasta que nos soltaron [...] dando voces [...] y cuando a unos se los llevaron a comisaría y a otros nos soltaron, los que allí había congregados no pararon de gritar cuando salimos en señal de protesta"[101]. En efecto, las mujeres, incluso los niños, se opusieron a lo inaceptable "rodeando los coches de la policía impidiendo más arrestos"[102], en una demostración auténtica de movilización popular contra la represión desproporcionada. Este es el momento en el que Maracena se da cuenta de cómo aplicaba la fuerza represiva el

---

[100] Pablo Alcántara Pérez, "El PCE en la lupa de la Brigada Político Social. Los comunistas en los boletines policiales (1938-1975)", *Hispania Nova*, 19, 2021, pp. 291-324.

[101] Luis Sánchez Castellano apenas tenía 16 años cuando lo retuvieron en el Ayuntamiento durante todo un día. Había acudido con sus amigos en numerosas ocasiones a los bailes "para divertirse". Entrevista a Luis Sánchez Castellano, Maracena 27 de abril de 2021.

[102] "El número de detenidos en abril", Nacionalidades y Regiones, Andalucía y Extremadura, AHPCE, Jacq. 158, p. 8.

régimen, de lo que suponía tener una actitud incompatible con la dictadura y lo que podía acarrear el oponerse a lo inaceptable. Es el momento en el que revierten su opinión contra la dictadura muchas personas. El pueblo fue una especie de batalla campal durante los últimos días de abril de 1961, causando una conmoción que ha llegado hasta nuestros días, confirmándose aquello de "pueblo chico, infierno grande".

Los responsables de las células pasaron seis meses en la prisión provincial. Jóvenes a los que su entrada en la cárcel marcará para siempre, algunos tendrán secuelas de por vida. De los golpes recibidos José Aranda quedará sordo de un oído y debido a la presión a la que será sometido tras su salida, marchará al destierro a un pueblo de la costa granadina. Serafín Gómez, cantante de aquella orquesta del club parroquial, con una esperanzadora carrera que 20 años después retomará, dejó de cantar. José Cámara nunca pudo marcharse a Francia a trabajar como muchos otros, ya que sus permisos fueron denegados una y otra vez hasta que abandonó la idea. A José Medina González le pegaron durante días para que hablase o a Alfonso Sánchez Castro, que le denegaron los permisos que necesitaba para poner en marcha su negocio de carnes hasta que tuvo que recurrir a jerarcas del régimen para su concesión. José Cámara Legaza y José Manuel Espigares Romero[103], que marcharon después de salir de prisión al servicio militar, no solo quedaron señalados en la mili como comunistas, sino que se les negaron permisos y hasta posibilidades de ascenso a cabo. Ambos tuvieron muchos problemas para obtener los permisos para emigrar en busca de un futuro mejor, cejando en el empeño en el caso de Cámara. El caso más curioso es el de Luis López, el pintor que después llegó a ser alcalde, al cual retuvieron unos días para que pintase los carteles de Franco en su visita a Granada. Luis pasó en pocos días de pintar "Franco Vete" a pintar "Viva Franco" por obligación y bajo coacción. Una vez los pintó, camino de comisaría vio, arrestado en el coche de la BPS, cómo las pancartas que había pintado esperaban a la multitud jubilosa, algo que por cierto era fomentado desde los ayuntamientos.

[103] Entrevista a José Manuel Espigares Romero, Maracena, 9 de diciembre de 2021.

El caso más evidente de represión y persecución hacia los comunistas y con el que se cebaron las autoridades, y que demuestra que la obsesión no acababa con su paso por la cárcel, fue el de Manuel Castro. Después de estar casi dos años en prisión, previo paso por el penal de Cáceres, no le dejaron casarse en su pueblo, "tus hijos nacerán con rabo y con cuernos"[104], haciéndolo de forma privada en la casa del cura para no hacer visible al resto de la comunidad que un comunista contrajera matrimonio en la Iglesia. Castro soportó visitas constantes de la policía en su domicilio quedando señalado hasta la entrada de la democracia como el comunista más incómodo del pueblo, por lo que tuvo que marchar a Madrid años después para quitarse de en medio. Las multas que recayeron sobre los detenidos fueron de 25 mil pesetas, a las que ninguno pudo hacer frente, lo que les obligó a pagarlas en prisión. Eran todos trabajadores. Albañiles, pintores, campesinos, barberos, obreros de fábrica o empleados de tienda. El proletariado rural. Las mujeres que participaron en las verbenas que organizaron se solidarizaron hasta tal punto que fueron con las parejas y madres de estos a la cárcel sistemáticamente a llevarles ropa y comida. La manifestación de protesta más pura fue el boicot a las fiestas populares de ese mismo verano, a las que se negaron a ir muchos jóvenes del pueblo en señal de protesta, solidarizándose con los compañeros y amigos que en ese momento estaban en la cárcel.

Los comunistas de Maracena rompieron casi todos los elementos de la cotidianeidad de aquel tiempo y en el espacio en el que vivían. La adopción de ciertas actitudes incompatibles y la iniciativa de los individuos por mostrarlas sutilmente al resto de la sociedad fue un elemento como poco igual de decisivo para la transformación social que las decisiones que se tomaban desde otras esferas para el cambio social que se venía vislumbrado o produciendo en España. El comunismo local resolvió las situaciones de debilidad a las que estaban expuestos con independencia de que la organización fuese

[104] Ángeles Ortega, viuda de Manuel Castro, se vio sometida a la misma presión durante el proceso de contraer matrimonio con su futuro marido. A partir de ese momento, tanto ella como sus tres hijas, verán sus vidas atravesadas e influenciadas por tener un padre comunista. Entrevistas con Ángeles Ortega, María Luz, María Ángeles y Ana Castro Ortega. Maracena, mayo-junio de 2021.

más o menos numerosa. Con muchas dificultades, el PCE de Maracena logró articular un comité en la localidad, gracias a unos jóvenes abnegados que compartían sensibilidades comunes que posibilitaron construir un espacio de micro-movilización social que los convirtió en "sospechosos de lo peor" para las autoridades, pero acercó su organización haciéndola más aceptable al resto de los vecinos. El haberlos incluido durante un tiempo bajo esa etiqueta de enemigos del régimen, el haber sido detenidos y pasar por la cárcel, trajo diversas consecuencias para la trayectoria vital y para la presencia del partido en el "cinturón rojo granadino", pero sobre todo marcó el futuro de unos jóvenes que representaban a una nueva generación que estaba dispuesta a adoptar otras actitudes, aunque fueran estas incompatibles, para enfrentarse al sistema político dictatorial. El decenio de 1960 trajo generaciones de jóvenes con necesidades y deseos diferentes que forjaron sus propias interpretaciones de la personalidad, la ciudadanía y el futuro[105].

La aportación de los comunistas de Maracena en su entorno local fue dar el primer paso para posibilitar el proceso de cambio que necesitaba España y los mecanismos que había que utilizar para que estos cambios llegaran al pueblo y que se hicieran más visibles con un elevado registro de inclusividad materializado en las actividades de la Peña de los Celtas. Lograron tímidamente, y con muchas dificultades, divulgar el concepto de democracia en áreas interrelacionadas como la política, el trabajo, el ocio y la vida cotidiana. Más allá de los espasmos de protesta, lograron posicionarse como rojos en medio de un panorama conservador y de control social que respondía a esa guerra de posiciones propugnada por el partido, construyendo solidaridades y estrechando lazos afectivos en su comunidad, consiguiendo que momentos puntuales tuvieran su aportación en la consecución del lento aprendizaje de la ciudadanía. A partir de ese momento en la provincia de Granada, y gradualmente fuera de sus contornos, se reconocerá a Maracena en el imaginario popular como la "Rusia chica", un apelativo basado en exageraciones

[105] Geoff Eley, *Historia de la izquierda europea, 1850-2000*, Crítica, Barcelona, 2002, pp. 487-499.

propias y ajenas, pero cuyos latidos han llegado hasta nuestros días. Los comunistas locales convirtieron las reuniones camufladas en un acto social, transformándolas en modelo de oposición y dotándolas de mecanismos de interrelación individual y colectiva específicos. En cuanto a la estrategia adoptada por el PCE, aquella que consistía en ir haciéndose presente en la vida cotidiana de las masas[106], a partir de pequeñas afrentas del día a día, los comunistas de Maracena, con su intento de salir progresivamente de las catacumbas, amparados en la Peña de los Celtas, y pese a ser considerados como sospechosos de lo peor, lograron desplazar lo político hacia lo colectivo partiendo de lo íntimo y aprovechando lo festivo. Las experiencias y encarnaciones locales del comunismo contempladas en ese momento como espacio de aprendizaje sirvieron de hilo conductor para la construcción de una identidad mediante el entrecruzamiento de lo privado, lo político y lo colectivo o comunitario, sembrando unas actitudes sociales forjadas en procesos de socialización identitarios que acompañarán durante décadas al PCE de esta localidad de la Vega granadina.

[106] "Trabajo de unidad", Nacionalidades y regiones, Andalucía y Extremadura, AHP-CE, Jacq, 37, diciembre de 1957.

3.
OPONERSE A LO INACEPTABLE SINDICALIZANDO LA ACCIÓN. PRÁCTICA POLÍTICA DE LOS COMUNISTAS ANDALUCES, 1961-1970

Consideramos que la constante referencia al papel desempeñado por los comunistas en el debilitamiento de las estructuras autoritarias del régimen franquista, es fundamental para entender el camino que condujo a la democracia. De la misma manera, apostamos en el estudio por el rescate de lo local auxiliados de las perspectivas de la microhistoria y de la historia social, propuestas que a su vez combinan a la perfección con la historia pública. De tal forma, sostenemos que determinadas categorías sociales se pueden traducir carnalmente a través de sus trayectorias y experiencias concretas con el objeto de evaluar el cambio político y social atendiendo a sus consecuencias en determinados lugares o comunidades[1].

Hasta mediados de los sesenta, las estrategias del PCE buscaron fórmulas para sortear un contexto social y político muy restrictivo en cuanto a libertades, pero no exento de expectativas de cambio. En esta década, los comunistas apuestan decididamente por la activación de los movimientos sociales con la plena inclusión en ellos. La consecución, como meta final, de la Huelga General Pacífica (HGP), con metas volantes previas tan importantes como lograr preparar las elecciones sindicales para incluir sus cuadros en los sindicatos, captar a las masas campesinas con el lema "la tierra para quien la trabaja", e insertarse definitivamente en la activación del movimiento estudiantil. Esta década asentó a los comunistas como principal plataforma de oposición antifranquista para seguir siendo la punta de lanza del movimiento obrero, y en este escenario hizo confluir sus causas y sus canales de información con CCOO, destinando la mayoría

[1] Anaclet Pons, "De la historia local a la historia pública: algún defecto y ciertas virtudes", *Hispania Nova*, Nº1 Extraordinario, 2020, pp. 52-80.

de sus planteamientos teóricos y programáticos con el objetivo de sindicalizar las acciones de protesta.

La reorganización del PCE tras la detención masiva de comunistas granadinos en 1961 puso de manifiesto las capacidades de reconfiguración que tenían tanto el partido como la militancia comunista. La considerable factura a la que tiene que hacer frente el comité granadino[2], retarda el ciclo expansivo que venía produciéndose desde mediados de los cincuenta, toda vez que los años que van de 1958 a 1961 supusieron el crecimiento vertiginoso de la militancia activa en la provincia. En algunas poblaciones los comités locales habían conseguido un ascendente importante tanto en cantidad como en calidad, ascenso que tuvo su materialización en el despliegue activista de las Jornadas de mayo de 1958, pero sobre todo en la campaña de propaganda clandestina que lograron para la convocatoria de la HNP de junio de 1959[3]. Su relativa y pronta recuperación en los contextos locales, estaba basada en mantener siempre los latidos de la organización mediante la doble operación del envío previo de "exploradores" e instructores y la introducción de liberados que normalmente ocupaban el cargo de secretarios provinciales. Tras la debacle represiva de 1961, el partido envía dos años después a Francisco Portillo, campesino de Moraleda emigrado en Francia conocedor de las dificultades por las que atraviesa la agricultura de la provincia. Ya a finales de la década de los cincuenta, la situación en el campo en la zona de la Vega granadina preocupa a los informadores del PCE, en este caso Félix Cardador, que comprobaban el abandono al que se veían sometidos los trabajadores del campo:

> ... el rasgo general del campo en aquella zona (Granada)... es de paro y éxodo cada vez más creciente. Hay faenas que no se realizan,

[2] En 1961 pasaron por las comisarías y por la cárcel 795 comunistas, de los que 377 fueron detenidos y enjuiciados en Andalucía. 204 pertenecen a la provincia de Granada, y de estos, 73 fueron juzgados por el Tribunal de Actividades Extremistas. Véase Juan José Del Águila, *El TOP. La represión de la libertad (1963-1977)*, Planeta, Barcelona, 2001, p. 44.

[3] Alfonso Martínez Foronda, *La lucha del movimiento obrero en granada. por las libertades y la democracia. Pepe Cid y Paco Portillo: dos líderes, dos puentes,* Fundación de estudios sindicales-Archivo Histórico de CCOO-A, Sevilla, 2012.

> existe mucha falta de arreglo de carreteras comarcales, algunos trozos están intratables, y nada se hace para repararlas, así ocurre con caminos vecinales, con traída de aguas, etc. La vida para los obreros agrícolas en esas zonas se hace cada vez más insoportable y el socorro de paro no se ve por parte alguna. En los medios campesinos, por medio de las propias instituciones oficiales, se observa un malestar creciente... en Granada se dice que en agosto se hallaban muchas patatas de la primera cosecha almacenadas y pudriéndose en los huertos sin salida. Los pequeños propietarios se vuelven locos sin hallar un mercado sin precios[4].

El derrumbe progresivo de la sociedad agraria tradicional se estaba materializando en la Vega granadina, como en otras zonas de Andalucía. El campo andaluz estaba experimentando una profunda y acelerada transformación impulsada por la industrialización de la agricultura. Una transformación que condujo a un fenómeno de descampesinización del sector, que había entrado en crisis debido a la capitalización de la agricultura, expresada en la mecanización y el éxodo rural como catalizadores del proceso[5]. Es a partir de los años cincuenta cuando la dictadura implanta modelos de intervención que abarcaban reformas de la agricultura con proyectos de preindustrialización y desarrollo industrial con la consecuencia de la reestructuración del empleo y la promoción de la emigración[6]. Unos años en los que comienza un proceso de mecanización de ciertas labores agrícolas afectando a la comarca de la Vega granadina como a la mayor parte de las de Andalucía: “con la incorporación de la nueva maquinaria, la mayor parte de los jornaleros nos quedamos sin trabajo, la única salida para el trabajador que vivía del campo era la

[4] Nacionalidades y Regiones, Andalucía y Extremadura, AHPCE, Jacq. 60, 30 de febrero de 1958.

[5] María Candelaria Fuentes Navarro, “El Partido Comunista de España en el campo andaluz. Movilización jornalera y empoderamiento democrático de la sociedad civil (1956-1979)”, *Nuestra Historia*, 3, 2017, pp 39-51.

[6] Grazia Sciacchitano, “Estructura del campo andaluz. Cambios y creación de nuevos jornaleros”, en VV. AA, *El campo andaluz durante el franquismo: de la represión a la lucha por la democracia*, Fundación de Estudios Sindicales y Cooperación de Andalucía, Sevilla, 2020, pp. 99-130.

emigración, o la construcción"[7]. Los trabajadores del campo andaluz se vieron afectados como nunca, pero vieron el faro que necesitaban en el mensaje de los comunistas, "estas clases campesinas, ya sean olivareros, cerealistas, ganaderos, ante el panorama tan negro, vemos algo nuevo, que salen a la lucha contra los monopolios. Eso nos abre muchas perspectivas de acción unida contra la dictadura"[8].

En buena parte de las provincias andaluzas se acentuó el carácter eminentemente agrario de su sistema productivo, incrementándose y afianzándose el componente de zona abastecedora de productos alimenticios y de materias primas, a pesar de la persistencia de explotaciones campesinas de carácter familiar. Un modelo que hizo frente a duras penas a una agricultura cada vez más industrializada e integrada en canales de comercialización nacionales e internacionales, pero no sin muestras de descontento[9]. En la zona de Atarfe, población en la que convivían cierto desarrollo industrial y trabajo agrícola por su fértil vega, los obreros del campo estaban a finales de la década de los cincuenta con motivo de la convocatoria del PCE de la Huelga Nacional Pacífica[10], en una situación de precariedad laboral, en tanto que "antes de la Huelga (mayo), a pesar de estar en plena recolección, se dejaba sentir en muchos la falta de empleo como consecuencia del uso que venían haciendo de las máquinas y los jornales que estaban un poco bajos"[11]. Las condiciones de trabajo materializadas principalmente en la falta de empleo, que se traducían en miseria y precariedad, eran sufridas por los sectores más pobres de los trabajadores del campo. Estas condiciones supusieron la baza fundamental de los comunistas a la hora de movilizar a las masas campesinas [12].

[7] Entrevista a Francisco Ávila González, Maracena, 25 de mayo de 2021.

[8] Nacionalidades y Regiones, Andalucía y Extremadura, AHPCE, Jacq. 103, 5 de septiembre de 1959.

[9] Francisco Cobo Romero y Teresa María Ortega López, "El Partido Comunista de España y la cuestión agraria en Andalucía durante el Tardofranquismo y la Transición, 1956-1983", *Historia Actual Online*, 7, primavera 2005, pp. 27-42.

[10] "Por una Huelga General Pacífica Nacional de 24 horas contra la dictadura", AHPCE, Documentos, carpeta 40, 1959. En adelante HNP.

[11] "Informe de Félix", Nacionalidades y Regiones, Andalucía y Extremadura, AHPCE, Jaqs. 102. p. 3.

[12] Fuentes Navarro, Mª Candelaria y Cobo Romero, Francisco, *La tierra para quien la trabaja...*, p. 96.

EL PCE había recurrido al *Jornadismo* en su anterior convocatoria a nivel nacional con la Jornada de Reconciliación Nacional, el 5 de mayo de 1958, y a pesar de la interpretación que hizo la dirección del PCE de "relativo poco éxito", al concentrar toda la protesta y la acción conjunta del pueblo en un solo día, preparó al año siguiente la HNP para el 18 de junio de 1959. Concebida con distintos matices por los comunistas como una acción que pretendía ser el medio para acabar con la dictadura en la que ya el proletariado no era el agente exclusivo, se pretendía contar con el apoyo y participación de los españoles de todas las capas sociales, por ello denominaba Huelga Nacional. El término Pacífica intentaba sobrepasar las líneas divisorias de vencedores y vencidos de la Guerra Civil[13]. A pesar de la llamada que hacía Mundo Obrero, "Que las direcciones de los partidos antifranquistas se pronuncien por la huelga nacional"[14], no encontraron aliados precisos y la adhesión fue seguida solo por sus militantes y en algunas zonas. Sin embargo, en Granada las consignas eran claras: "cada camarada se responsabilizará de discutir con un grupo de camaradas el objeto y la forma de organizar la huelga en el lugar donde trabaja, ya fuera empresa, cortijo, cuadrilla etc., pero de antemano, cada comunista se comprometerá a ir a la huelga de todas maneras, acompañado o solo"[15]. Para esas fechas, el comité granadino contaba con una estructura organizativa estable que lo situaba como principal y única agencia política movilizadora y canalizadora del descontento.

Como venimos señalando, el campo era el sector más perjudicado por las políticas económicas del régimen, y en donde más poder de convocatoria consigue el PCE, como en el caso de Píñar "donde no asistió ningún hombre a trabajar al campo", con el resultado de la detención de 60 trabajadores, el paro de los obreros de carga del puerto de Motril[16], pero sobre todo la impregnación de la huelga

[13] Emanuele Treglia, "El PCE y la huelga general (1958-1967)", *Espacio, Tiempo y Forma,* Serie V, Historia Contemporánea, t., 20, (2008), pp. 249-263.
[14] *Mundo Obrero*, 11 de abril de 1959.
[15] "Informe de Félix", Nacionalidades y Regiones, Andalucía y Extremadura, AHPCE, Jacq.103, 5 de septiembre de 1959, p. 4.
[16] Nacionalidades y Regiones, Andalucía, AHPCE, Jacq. 84.

en la comarca de la Vega, tal y como recoge en el Informe de Félix (Cardador) con los resultados de la HNP en Granada:

> La participación masiva de la huelga de toda la vega media y que llevó su centro más expresivo en (Pinos Puente) no podía por menos que inquietar a las autoridades... estas tomaron ciertas medidas preventivas expresadas en multas de cierta cantidad, para unos de 1000 pesetas y para otros de 4000 mil pesetas... ante al asombro de las autoridades convinieron que se desplazase el Gobernador y en un acto público acompañado de un GC (Guardia Civil), trató de averiguar quién era el cabeza dirigente de lo que había ocurrido en la huelga...el anunciado acto público pasó en el más estricto silencio y el gobernador se encontró con que las autoridades no estaban muy propicias a facilitar tal cometido y se limitaron a presionar a los multados a que hicieran efectivas las multas[17].

Aunque la movilización de julio de 1959, así como el precedente el año anterior con la Jornada de Reconciliación Nacional fueran consideradas por los dirigentes como una suerte de fracaso, al reproducirse problemas del pasado como el de no encontrar aliados, o el de centrar toda la acción a nivel nacional a día concreto. La dirección del PCE, asumió los resultados declarando que: "Este aparente fracaso ha sido un paso de siete leguas hacia la liquidación de la dictadura del general Franco"[18]. Las lógicas a las que respondían las interpretaciones sobre las convocatorias se sustentaban en la naturalización de los débiles resultados y describirlos como triunfos para infundir confianza en los activistas[19], pero sobre todo para continuar poniendo en tensión a la parte más dinámica del antifranquismo. Los rasgos que tuvieron ambas convocatorias confirmaban los errores de cálculo de movilizar a fecha fija, con pretendidas y manifiestas connotaciones unitarias y pacíficas con esquemas mínimos de reivindicaciones como la carestía

---

17 "Informe de Félix", Nacionalidades y Regiones, Andalucía, AHPCE, Jacq. 103.

18 "Declaración del Partido Comunista de España sobre la Huelga Nacional", Documentos, carpeta 40, AHPCE, julio de 1959, p. 1.

19 Emanuele Treglia, "El PCE y la huelga general..., p. 255.

de la vida, por la amnistía y por las libertades[20]. Sin embargo, a pesar de las lecturas que se hacían desde la dirección en el exilio, los resultados tuvieron muchas diferencias locales y regionales dada la desigual y heterogénea implantación del partido a finales de los cincuenta.

En lo que respecta a Andalucía, tanto la Jornada de Reconciliación Nacional como la convocatoria de HNP tuvieron buena acogida, especialmente en el espacio agrario, con una significativa muestra del avance en los objetivos del partido, logrando que el mensaje del PCE llegara a lugares donde desde la Guerra Civil no había llegado. Recogiendo y canalizando el descontento latente que había en buena parte de las zonas rurales andaluzas, la preparación de las "Jornadas" alcanzó el logro de conseguir que se comprendieran, por amplias capas de trabajadores del campo y de obreros de todo signo, las estrategias y consignas de oposición que trasmitía el partido. Con semejante despliegue, el PCE volvió a sentirse en contacto con las masas en cuanto a actividad política, dando entrada a un ciclo de luchas y protestas populares que empezó a tomar forma y que no decayó hasta finales de los años setenta. Lo más importante de las convocatorias fueron las experiencias y los aprendizajes para extender la labor organizativa del partido y así convertir a la plataforma comunista en altavoz de injusticias encauzando descontentos populares hacia la protesta[21]. Se enciende una luz que llevaba apagada dos décadas. Veamos algunos ejemplos.

A pesar de las lecturas poco satisfactorias que hizo el partido, el comité granadino del PCE logra tener éxitos relativos a pesar de las dificultades a las que se enfrentaban. Es el campo donde las movilizaciones son más intensas, y la zona de la Vega granadina de nuevo responde a la convocatoria, "el día 12 de junio circularon profusamente por la capital y por los pueblos de la provincia octavillas invitando al pueblo a sumarse a una huelga nacional pacifica de protesta"[22]. Aquellos días previos el comité de Maracena se encargó de poblar de octavillas y de pintadas el área metropolitana: "recibimos la orden de

---

[20] Francisco Erice Sebares, "El cambio de rumbo. El Partido de la... pp.141-200.

[21] Mª Candelaria Fuentes Navarro y Francisco Cobo Romero, *La tierra para quien la trabaja...*, pp. 120-152.

[22] "Información política", Nacionalidades y Regiones, AHPCE, Jaqs. 84, junio de 1959.

Castro de ir a Atarfe, Pinos Puente y Albolote, aquello lo sembramos de octavillas, y lo hicimos de madrugada, y dejábamos Maracena para la vuelta, cuando estaba casi amaneciendo"[23], en una operación en la que una especie de ejército de sombras llegó incluso a hacerlo en Granada[24]. Lo hicieron en los tajos del Camino del Ronda, y en las vegas medias de Atarfe y de Pinos Puente, donde incidieron en la sensibilización de las mujeres: "… para conseguir que las mujeres abordaran la discusión sobre la huelga en tajos y cuadrillas, los camaradas y simpatizantes se apoyaban en las más conocidas y de confianza a quien explicaban y estas realizaban el trabajo, que ha tenido las mismas características que en las cuadrillas de hombres, siendo su participación, proporcionalmente igual"[25]. El esfuerzo considerable por llevar a buen término la HNP, como vemos, no guardó proporción con los resultados cuantitativos, pero el comité granadino desplegó todas sus energías empleando las fuerzas con las que contaba, por lo que se debe valorar el trabajo desarrollado para que la campaña sirviera para visibilizar ante los ojos de los campesinos, de los obreros y de trabajadores en general, la presencia e influencia en el contexto rural del PCE. Las Jornadas contribuyeron a prestigiarlo entre sectores políticamente sensibilizados al atreverse a un desafío de estas magnitudes[26].

Los resultados de la HNP fueron interpretados por el Comité de Granada haciendo énfasis en el miedo y en la retracción que suponía quedar señalados como comunistas, y aunque ardiendo en deseos de visibilizar su compromiso, el miedo a la represión suponía un elemento fundamental a la hora de mostrarse, algo que era precisamente a lo que la Huelga comprometía, lastrando los impulsos contestatarios:

> … el miedo ha sido unos de los resultados de la huelga, y que unos camaradas dijeran que nos vamos a señalar … en la Fábrica del Tabaco quedó puesto de manifiesto que el principal obstáculo para el desarrollo del Partido en esta importante empresa es

---

[23] Entrevista a Antonio Reyes Jiménez, Maracena, 11 de agosto de 2021.
[24] Entrevista a Luis López García, Maracena, 3 de marzo de 2021.
[25] "Informe de Félix", Nacionalidades y Regiones, Andalucía, AHPCE, Jacqs. 102, p. 5.
[26] Francisco Erice Sebares, "El cambio de rumbo…", p. 158.

> la concepción estrecha para con hombres que sienten deseos de poder participar activamente, por medio a que conozcan a estos como comunistas. Salieron a la superficie serias incomprensiones sobre la línea política y los efectos del terror, insinuando que la vía pacífica no dará resultados y el terror había que anularlo también con la violencia[27].

Como vemos, a pesar de que la dirección del PCE reconoció los resultados de la convocatoria como una suerte de relativo fracaso en base a que también había proyectado los resultados a tenor de una globalidad nacional en la que todas las empresas y todos los sectores sociolaborales debían sumarse, las aparentes escasas personas que la siguieron determinó la interpretación de unos resultados que hay que interpretarlos respetando el contexto y las desorbitadas expectativas que la dirección de Paris proyectó como objetivo final. En zonas como Granada, hubo informes que la contemplaron como una especie de acción débil quedándose corta en sus procedimientos debido a ese temor de las masas, tanto al señalamiento de comunistas, como a la represión que conllevaba la participación. Los militantes de la Vega de Granada habían interpretado la posibilidad de dar un paso más, tal y como señalan los informes, ya que "algunos camaradas habían llegado a la conclusión de que por la vía pacífica no se podía derribar a la dictadura, apelando en su favor al ejemplo cubano"[28]. La realidad era que la implantación de las fuerzas antifranquistas era muy escasa en número y en extensión, no existiendo en la zona más plataforma que el PCE, y solo los abnegados militantes de Maracena, Atarfe, Guadahortuna, Píñar o Pinos Puente se "atrevieron" a este desafío que sin duda significaba una buena carta de presentación para el resto de personas sensibilizadas empezando a sembrar la semilla del prestigio que tanto el partido como el comité granadino tendrán en un futuro próximo a pesar de la represión. Los militantes de Maracena tuvieron su estrategia particular, "ese día no fuimos a

[27] "Informe de Félix", Nacionalidades y Regiones, Andalucía, AHPCE, Jacqs. 103, 5 de septiembre de 1959.

[28] "Informe de Félix", Nacionalidades y Regiones, Andalucía, AHPCE, Jacqs. 104, 5 de septiembre de 1959.

trabajar, estuvimos en la Plaza del Pueblo por la mañana para que nos viesen los demás y cada uno se buscó su excusa para no ir, ya que muchos tenían miedo a perder el trabajo"[29]. Lo más interesante fue el aprendizaje que los activistas lograron mediante la preparación de la huelga, e independientemente de los resultados, a partir de ese momento, el partido comunista creció de forma continuada en estas zonas rurales y en buena parte del área metropolitana de Granada.

La ampliación de la militancia en Granada supuso también la ampliación de la vigilancia, ya que las autoridades reforzaron los servicios de seguridad, en cuanto que "la orden del gobernador y el cambio del jefe de la Guardia Civil de Granada (Pelayo) por otro (Montoya), que ha cambiado de táctica, y a sus civiles los ha vestido de paisano para que vayan a espiar a todas partes"[30]. Este cambio de táctica se produce en octubre de 1960 cuando aparecieron "por la mañana en Granada y su provincia numerosas hojitas y pasquines pidiendo la libertad"[31]. Algunos de los militantes que participaron en aquella operación de 1960 la recuerdan como el mayor despliegue de medios e instrumental subversivo hasta ese momento[32]. Los informes del PCE hablaban bien a las claras de esta operación que fue considerada como todo un éxito; "esas hojitas se repartieron por más de 30 pueblos"[33]. El PCE granadino, a partir de su instructor, interpretó estas acciones como un éxito, en línea de lo que la organización demandaba y, aunque en términos basados en el optimismo, en zonas de Granada capital y en muchos pueblos del área metropolitana, sus habitantes se dieron cuenta de que había una plataforma de protesta,

---

[29] Traemos aquí algunos ejemplos de cómo vivieron su jornada particular. José Cámara no acudió a la obra diciendo que estaba enfermo, Luis López y sus compañeros se las apañaron para terminar un trabajo un día antes o Alfonso Sánchez que dijo que tenía que arreglar papeles en la capital. Entrevistas con José Cámara Legaza, Luis López García y Alfonso Sánchez Castro, Maracena, abril-mayo de 2021.

[30] "Informe de Granada", Nacionalidades y Regiones, Andalucía, AHPCE, Jacqs. 152, 4 de diciembre de 1960, p. 2.

[31] Ibídem, p. 3.

[32] José Cámara Legaza, Alfonso Sánchez Castro, Luis López García, José Aranda y compañeros de Peligros participaron en esa acción que cómo relatan la hicieron de madrugada en la moto de Sánchez Castro. Entrevistas realizadas en Maracena comprendidas entre marzo, abril y mayo de 2021.

[33] "Informe de Granada", Nacionalidades y Regiones, Andalucía, Jacqs. 152, 4 de diciembre de 1960, p. 3.

organizada y combativa, que estaba empezando a dar quebraderos de cabeza a las autoridades y captando la atención de los jóvenes. Los comunistas demuestran con estas acciones su pulsión opositora como nunca antes desde la Guerra Civil, convirtiéndose la HNP y las acciones posteriores en la carta de presentación de los comunistas granadinos para las autoridades y para los sectores más sensibilizados y afectados por las condiciones de vida:

> los camaradas confirman que la tónica general de los patrones ha sido de mucha discreción, con pocos deseos de indisponerse con los trabajadores ... los patronos no han dejado de barajar el argumento de que para despedir a unos por la huelga y tener que traer a otros que la han hecho en otros lugares ... en cuanto a la GC (Guardia Civil), solo se ha registrado una bofetada ... la conclusión a la que se llega oyendo a los camaradas, es ver el crecimiento político que han experimentado en el tiempo de preparación de la huelga y la gran capacidad política y organizativa de los jóvenes[34].

Quizás el aspecto más importante es que el PCE consigue el mencionado éxito relativo en el campo, un sector sociolaboral mayoritario en la Vega granadina y que no era ajeno a las transformaciones sufridas en el campo andaluz con el progresivo abandono del mercado de trabajo agrícola por la falta de productividad. Cambios que trajeron consigo como consecuencia fundamental el trasvase de una ingente mano de obra de trabajadores en dirección a otros sectores, especialmente al de la construcción. Progresivamente, el colectivo de jornaleros y asalariados del campo fue disminuyendo, pero al mismo tiempo, se mantuvo, con muchas dificultades, la pequeña explotación familiar y el campesinado independiente[35]. Al incrementar las inversiones en maquinaria y fertilizantes, los cortijos y explotaciones de la Vega granadina, que habían dado durante décadas trabajo a centenares

[34] "Informe de Félix", Nacionalidades y Regiones, Andalucía y Extremadura, AHPCE, Jacq. 103, 5 de septiembre de 1959.

[35] Francisco Cobo Romero y Teresa María Ortega López, "El Partido Comunista de España...", pp. 27-42.

de jornaleros, cada vez necesitaban menos mano de obra. Entre finales de los cincuenta y principios de los sesenta, la temporalidad laboral se torna natural, y muchos trabajadores de la Vega granadina combinan el trabajo en el campo con el de la construcción, ya que ambos mercados laborales se convierten en estacionales; "estuvimos unos años que lo mismo trabajábamos unos meses en el campo que otros en la obra, y éramos muchos a los que nos ocurría esto"[36]. Esta temporalidad e inestabilidad laboral fue la causante de una vertiginosa corriente migratoria que, para Andalucía Oriental se tradujo en saldos migratorios para la década de 1950 a 1960 de casi medio millón de personas[37]. La situación en el campo andaluz se agravó por las malas cosechas, siendo los jornaleros los más afectados, e influidos por los bajos salarios, convirtieron a la masa trabajadora agrícola en la más propensa a la emigración:

> casi en todas partes ha habido este año una cosecha mala, que además de repercutir en los labradores, ha tenido un reflejo negativo entre la masa de jornaleros que han tenido poco trabajo y no han logrado ganar jornales buenos... en la siega, la media ha sido de 70-80 pts, después de estos días, el paro es lo que más destaca en todos los lugares, y donde los jornales no rebasan las bases que van de 30 a 40 pts[38].

Los jóvenes que estrenaban su temprana edad laboral ante este panorama eran los más propensos a emigrar y convertir como norma la estacionalidad en el trabajo: "trabajábamos a finalización de obra unos meses, otros los dedicábamos a la recolección, otras veces semanas y semanas en el paro. Al final te llegaban noticias de vecinos o familiares que se habían ido a Francia y no te lo pensabas"[39]. Miles

[36] Entrevista a Francisco Ávila González, Maracena, 25 de mayo de 2021.
[37] Sáenz Lorite aporta para Andalucía Oriental el saldo de 426.892 personas que emigran entre 1950-1960, y para la siguiente década 408.747. En Manuel Sáenz Lorite, "Cambios estructurales en la población andaluza (1900-1970), en *Actas del I Congreso de Historia de Andalucía*, Publicaciones del Monte de Piedad y Caja de Ahorros, Córdoba, 1979, p. 388.
[38] "Informe de Edmundo", Nacionalidades y Regiones, Andalucía y Extremadura, AHPCE, Jacq. 162, 8 de agosto de 1961.
[39] Entrevista a Antonio Reyes Jiménez, Maracena, 20 de mayo de 2021.

de empleos se destruyeron por las hectáreas mecanizadas en el sector de la agricultura, por lo que muchos jornaleros tuvieron que recurrir a una migración forzosa. Los informes del PCE lo señalaban claramente: "la juventud se va, quedando en los pueblos mujeres, niños y viejos, creando una gran penuria de mano de obra"[40].

A finales de 1959 la situación de crisis en el campo y en la construcción era terreno abonado para el surgimiento de la protesta. Los informes del PCE hacían énfasis en las condiciones salariales a las que se sometían los obreros de la construcción, "aquí en (Maracena) se empieza a notar cierto malestar en los trabajos y principalmente en la construcción, empiezan a haber despidos, pero donde más se nota es en las pagas, las horas extraordinarias, las primas de los tajos van desapareciendo"[41]. Una masa de trabajadores de la Vega se encuentran un escenario cada vez más difícil, "hacíamos de todo por conseguir de inmediato unos cuantos jornales. Algunos hacían el "puerta a puerta" advirtiendo a los dueños de las fincas que ya estaba la tierra para escardar, el tabaco de escogotar o las orillas para limpiar"[42]. La situación del campo granadino fue motivo de denuncia para la mayoría de los escritores anónimos que enviaban sus cartas a Radio España Independiente:

> Los S.O.S. del campo granadino que desde hace años, para conocimientos e información pública se lanzaron desde estas columnas de Ideal son hoy tema de máxima actualidad, no ya en los diarios y revistas del Ambiente nacional, se vio también en las informaciones e informes de las Revistas profesionales de las finanzas y de la Banca. Así empezaba el "Ideal" de Granada un interesante artículo sobre la aguda crisis del campo granadino, sin embargo es justo constatar que el cotidiano periódico antes mencionado ha dado marcha atrás en su grito de alarma, por como si quisiera esconder los graves problemas de la agricultura granadina como el hombre esconde la vergüenza de una enfermedad

[40] Nacionalidades y Regiones, Andalucía, AHPCE, Jacqs. 207.

[41] "Informe de Félix", Nacionalidades y Regiones, Andalucía, AHPCE, Jacqs. 103, 6 de septiembre de 1959.

[42] Francisco Ávila, *El libro de Paco. Vida laboral y Política...*, p. 34.

maligna. ¿Consigna oficial? ¿O deseos de no nombrar la cuerda en casa de ahorcado? Pues la cosa esta tan caldeada en el campo que lo mismo de manera demagógica es peligroso escribir. Sea lo que sea la verdad es que el periódico habla menos de las cuestiones del campo a pesar que temas no faltan para escribir del campo granadino el cual está sangrando por los cuatro costados. Es el campo sin duda el espacio más afectado por las políticas económicas de la dictadura. Otro vecino de Granada escribía a la REI:

> El año 1963 fue un año de los mejores dadas las favorables circunstancias meteorológicas y otra multitud de coincidentes factores. Lo que puede llevar al pensamiento de los ingenios que el campesino salió gran beneficiado del buen año, nada más lejos de la realidad, el aprovechado fue el gobierno franquista que con su Política agraria que hace grandes negocios a espaldas y en contra del campesinado. Precios industriales sin ninguna relación con los precios de los productos del campo, todo esto ha contribuido a crear en el campesino un cierto espíritu descontento[43].

La política agraria franquista de los años cincuenta no había abandonado por completo el sistema autárquico de intervención y regulación de los mercados agrícolas, y sus consecuencias atravesaron las siguientes décadas. El modelo de agricultura tradicional persistía asentado en la supremacía de los cultivos mediterráneos[44]. El informe del Pleno del Consejo Económico Sindical en 1964 concluía que "la provincia de Granada posee esencialmente una economía rural: agrícola y ganadera. Sin embargo, tanto en el secano, que concentra el 84,9º % de la tierras cultivadas granadinas, como en el regadío, la productividad y los rendimientos no está de acuerdo con la condiciones medias del clima y del suelo"[45]. La Vega granadina asistió en esas décadas

[43] "Cartas a la REI", Andalucía, Granada, AHPCE, Carpeta 175/5.

[44] Ley de 1 de julio de 1951 y Decretos de 26 de noviembre de 1954, 2 de febrero de 1957 y de 7 de marzo de 1958.También el Decreto de 23 de noviembre de 1956 y las Órdenes de 8 y 9 de enero de 1957. Citado en Francisco Cobo Romero y Teresa María Ortega López, "El Partido Comunista de España...", p. 33

[45] *"Ponencias y Conclusiones del III Pleno del Consejo Económico Sindical de Granada"*, Consejo Económico Sindical Provincial, febrero de 1964, p. 46.

al auge del cultivo del tabaco, que el régimen apoyaba sin cesar en detrimento de otros cultivos. Un claro ejemplo de intervencionismo del mercado lo encontramos en Granada, donde había un gran centro estatal de fermentación que no solo daba trabajo a muchas trabajadoras y trabajadores, si no que los empleaba a base de bajos salarios especialmente para las mujeres. Incluso, los problemas en la agricultura que señalizaban tanto los campesinos como el PCE, empezaron a dar titulares de prensa. El periódico católico Ideal anunciaba en mayo de 1966 que "El campo plantea cada vez más problemas", en tanto que "en los terrenos sin posible mecanización agrícola habrá que abandonar pronto la profesión de labrador. Los que más ganan y cada vez más a prisa son los intermediarios"[46]. Fue común en la vega granadina abandonar pronto el colegio, empezar a trabajar en el campo en las faenas temporales, y tempranamente marchar a la construcción debido a la inestabilidad y la crisis que vivió el agro, "con diez años estaba ya recogiendo ajos en Santa Fe y con 14 entré de peón en la obra"[47]. Las faenas de recolección, al tener carácter temporal, facilitaban esta ingente mano de obra infantil que ponía en marcha el triple proceso de incorporación temprana al mundo del trabajo, disposición de mano de obra barata para los propietarios y aportación a las maltrechas economías familiares.

Para analizar la situación de Granada, en 1963, el PCE recaba una serie de informes realizados por los enviados del partido con la intención de infiltrar a varios instructores que preparen el terreno al nuevo secretario provincial para reorganizar el partido. Eran documentos que describían las condiciones sociales en las que se encontraba la provincia, cuyos informes trataban de prospectar las zonas de acción y así facilitar la captación y posterior implantación de las células comunistas. Los informes eran el instrumento de análisis del contexto socioeconómico de las zonas rurales y con ello pretendían interpretar las predisposiciones personales y políticas en las que se encontraban lo que la dirección definía como masas.

---

[46] *Ideal,* 9 de mayo de 1966, p. 19.

[47] Entrevista a José Jímenez Luján, nacido en 1950. Se afilia a CCOO de la construcción a partir de 1966 y posteriormente al PCE. Entrevista a José Jímenez Luján en Maracena, 29 de enero de 2022.

Escritos que son relatos de la realidad social informando cómo viven, que condiciones laborales soportan o que clima político se respira, en definitiva, cómo se relacionan las distintas capas sociales durante la primera parte de la década de los sesenta en los contextos rurales. Especialmente daban cuenta de las carencias e insuficiencias de la comarca de la Vega, en las que se insistía cada vez más en las condiciones en las que se encontraban los trabajadores del campo, haciendo énfasis en los bajos salarios, en la escasez de mano de obra debido a la emigración y al trasvase de trabajadores del campo a otros sectores, y de la desigual remuneración entre los salarios de hombres y mujeres, incluso en el trabajo infantil:

> ... en la época de las faenas del campo los terratenientes y los ricos campesinos del campo añoran aquellos tiempos de abundancia de brazos parados que les permitía pagar jornales de miseria trabajando de sol a sol ... en la zona de Motril y en la Vega, hay falta de brazos y se está ganando 150`pesetas los hombres y las mujeres han estado ganando de 75 a 80 pesetas y los niños de 12 años para arriba 60 pesetas ... tan grande es el malestar en esta zona que la prensa tuvo que hacerles eco[48].

La década de los sesenta comenzó para el régimen con el recién estrenado Plan de Estabilización augurando una etapa de desarrollismo económico, pero las condiciones a las que se enfrentaban los campesinos pobres y medios eran tan complicadas que se alejaban por completo de la visión económica optimista que intentaba difundir la dictadura. La situación de desigualdad era interpretada por los comunistas causa de la intervención monopolista y por el injusto reparto de tierras. Para encontrar remedio y sensibilizar a la masa campesina, los comunistas creían ciegamente en la imperiosa necesidad de implantar la ansiada Reforma Agraria, una demanda que procedía de los tiempos de la II República ahora adaptada consistente en la expropiación de tierras a los grandes latifundistas para

[48] "La situación de Granada", Nacionalidades y Regiones, Andalucía, AHPCE, Jacqs. 207, p 4.

entregarlas a jornaleros desposeídos. A tal fin, el PCE rehabilita y simboliza su propuesta con la vieja consigna "La tierra para el que la trabaja" impulsando la acción a partir del VII Congreso en 1960. Con esta operación, los comunistas intentaban movilizar a las masas de trabajadores del campo reajustando y confirmando su apoyo hacia la pequeña y mediana propiedad campesina. Como han señalado Francisco Cobo y Teresa Ortega la postura evocaba tiempos pasados en la que el partido era consciente del apego a la propiedad que tenían los campesinos medios y pobres, la necesidad de establecer un pacto con ellos y así neutralizar el poder de los monopolios. Era una propuesta que respondía a la necesidad vital de incorporar para la movilización contra la dictadura a las fuerzas del campo junto a la clase obrera[49]. La necesaria Reforma Agraria se convierte en la más ansiada necesidad de los trabajadores del campo:

> en una de mis cartas anteriores señalaba la importancia que iba a tener el problema de la Reforma Agraria. Esto lo habréis podido constatar en la prensa que viene aireándolo mucho y, tratando de presentar el problema como una necesidad imperiosa de realizar la Reforma Agraria...coinciden todos en que hay que hacerla ... lo más importante de esto, y ya es mucho, que oficialmente reconozcan esta necesidad que es tanto como reconocer ellos mismos que su política agraria hasta ahora no vale, es que en la conciencia de las masas rurales ha prendido con fuerza la necesidad de la Reforma Agraria ... este clamor de las masas no es ajeno a la campaña y planteamientos nuestros, a la de ser justos y representarlos como la mejor solución a los problemas que hoy padece el campo y principalmente el paro obrero, las masas los han hecho suyo y así lo manifiestan [50].

No le faltaba razón al partido cuando focalizaba como uno de los elementos clave del deterioro económico el que sufría la agricultura

---

[49] Francisco Cobo Romero y Teresa María Ortega López, "El Partido Comunista de España...", pp. 27-42.

[50] "Informe de Edmundo", Nacionalidades y Regiones, Andalucía y Extremadura, AHPCE, Jacq. 162, 8 de agosto de 1961.

a consecuencia de las políticas intervencionistas de la dictadura, y la necesidad de la Reforma Agraria, como reflejaba *La Voz del Campo* identificando plenamente su planteamiento democrático como identificación propia del partido, "... en nuestro programa democrático la reforma agraria está inscrita como la principal reforma de estructura que España necesita. El partido comunista es considerado a justo título por las gentes del campo como el Partido de la reforma agraria"[51]. En 1962 apareció en *Nuestra Bandera* un artículo de Ignacio Gallego explicando la consigna "la tierra para quien la trabaja" situando el foco en el reparto como argumento consustancial del PCE contra el gran latifundio y contra los intereses monopolistas en defensa de los campesinos pobres; "nuestra misión, respecto a los pequeños campesinos, consistirá, ante todo, en convertir su producción individual y productividad, no en forma violenta, sino con ejemplos y ofreciendo la ayuda social necesaria para ese fin"[52].

Un ejemplo de monopolio e intervencionismo en la Vega granadina fue el del cultivo del tabaco. El periódico Ideal recogía un amplio informe en mayo de 1963 explicando los procedimientos más adecuados del cultivo del tabaco y las amplias subvenciones que recibía con un titular a toda página; "Se han establecido subvenciones para el cultivo del tabaco en la actual campaña". El artículo daba cuenta de la importancia de dicho cultivo "que tanto interesa para la mejor economía de las vegas granadinas y cuya conservación en buenos rendimientos y calidades, tanto a nosotros, como al Estado". Una plaga denominada "moho azul" estaba ocasionando pérdidas de cosechas, por lo que esos meses la prensa granadina no escatimó esfuerzos en trasmitir a los ciudadanos el problema e incluso guías de divulgación para solucionarlo; "Divulgación Agrícola: desmeyado químico en las plantas de tabaco". El Centro de Fermentación del Tabaco era una empresa estatal en la que se localizaban las características económicas de la política agraria del Franquismo, intervención y monopolio, ya que como decía Ideal, "a la economía nacional le

[51] "Reforma agraria y democracia", en *La Voz del Campo*, Nº6, junio de 1961.

[52] Ignacio Gallego, "Consideraciones acerca de la consigna la tierra para el quien la trabaja", Nuestra Bandera. Revista teórica y política del Partido Comunista de España, Nº33, 1962, pp.3-23.

interesa el buen desarrollo de los tabacos"[53]. La Fábrica del Tabaco, como se la conocía en la Vega granadina, daba trabajo en esas fechas a cerca de 400 personas con índices variables según la temporada. Un centro fabril de primera magnitud para que el PCE lo abordara y en el que casi la mitad de sus trabajadores eran mujeres. Durante las décadas de los cincuenta y sesenta lograr un puesto de trabajo en dicha fábrica supuso para los granadinos de la comarca de la Vega su principal anhelo por su condición de empresa del estado con la consecuente asociación que hacían los trabajadores a la estabilidad laboral, y todo ello a pesar de las condiciones laborales ofrecidas y los bajos salarios.

José Ávila González (1930) empezó a trabajar en el Centro de Fermentación del Tabaco en 1953 sustituyendo a otro trabajador de Santa Fe que no puedo acudir a la Fábrica por una intensa nevada y que perdió el trabajo por esa ausencia. Llevaba dos años en una especie de "lista de espera" gracias a las buenas relaciones de su padre con el perito de la Fábrica. A mediados de los cincuenta su sueldo era de "140 pesetas menos 14 gordas" semanales, con la obligación indispensable de llevar esas "14 gordas" de vuelta el día de cobro *"porque si no, no cobrabas"*. Compartiendo un anhelo mayoritario por la mayoría de los trabajadores, José Ávila encontró con ese empleo "*parte de la estabilidad soñada, aunque ganara muy poco*[54]. Favorecidos por la implantación de la Ley de Convenios Colectivos en 1958, disposición que brindaba la posibilidad a los trabajadores de mejorar sus condiciones laborales otorgándoles un protagonismo en las negociaciones que, aunque limitado por el control efectivo que hacía el Sindicato Vertical, suponía a corto plazo un instrumento fundamental para la reorganizacion del movimiento obrero[55]. Configurada por la legislación del régimen como un nuevo mecanismo de negociación en el que empresarios y trabajadores podían alcanzar acuerdos sobre las condiciones de trabajo, al menos teóricamente,

[53] *Ideal*, 9 de mayo de 1963, p. 18.

[54] Entrevista a José Ávila González, Maracena, 19 de noviembre de 2021.

[55] Eloísa Baena Luque y Teresa María Ortega López "1962, el mayo andaluz. Andalucía ante las huelgas mineras de Asturias", en Rubén Vega García (coord..), *Las huelgas de 1962 en España y su repercusión internacional*, Ediciones Trea, Oviedo, 2002, pp. 143-160.

se daba por finiquitado el rígido dirigismo de las reglamentaciones impuestas a los agentes sociales, permitiendo un acercamiento entre sindicalistas y trabajadores. Lo más importante es que posibilitaba la activación de redes y apoyos entre trabajadores, creando un espacio nuevo para que mediante la táctica de la infiltración que promulgaba el PCE, facilitase la creación de operaciones organizadas de oposición al régimen[56].

José Ávila entró a formar parte del Comité de empresa de la Fábrica en 1958 elegido por sus compañeros y desde ese año "negociaba" los convenios con los representantes legales. A pesar de estar aplicada la ley, no tuvo apenas incidencia hasta bien entrados los años sesenta, debido a la poca preparación de las reivindicaciones dada la escasa predisposición de los trabajadores. A pesar de estar establecida una célula del PCE en la Fábrica desde 1958, será a partir de las elecciones sindicales de 1963, pero sobre todo en las de 1966, cuando tengan influencia directa en la negociación de los convenios. Una de las consignas clave del VI Congreso fue la insistencia de que los trabajadores entraran a formar parte de los Comités Unitarios, con el objetivo de negociar los convenios con el Vertical[57]. Ávila firmaba los convenios en Madrid y solo gradualmente se fueron consiguiendo mejoras laborales una vez que los trabajadores fueron perdiendo el miedo a reivindicar sus derechos al tener un delegado votado por ellos, "a partir de ese momento, las quejas se las hacían a un compañero". Ávila reconoce que hasta los primeros sesenta "no se presentaba nadie, sino que los elegidos como representantes los elegía la empresa … el cambio vino cuando a mí me dijeron los compañeros que me presentara"[58]. El hecho que marca a José Ávila para que sus compañeros se mentalicen y vean en él la persona mejor preparada para representarles fue cuando decide "no rezar". La empresa tenía una ermita, y todos los años para el primero de mayo venía un sacerdote a oficiar misa. Esos días se utilizaban "para dar

[56] Grazia Sciacchitano, "Estructura del campo andaluz…", p. 134.

[57] "Resolución Política del VI Congreso", *Mundo Obrero*, 15 de febrero de 1960, p. 2.

[58] José Ávila González había sido elegido como representante de los trabajadores junto a otros compañeros en 1963. Entrevista a José Ávila González, Maracena, 19 de noviembre de 2021.

gracias a Dios por el trabajo", parando la actividad durante unas horas obligando a las mujeres y hombres que allí trabajaban a ir a la misa. Era el día de San José Obrero, y fue el momento en el que Ávila dijo "no voy a rezar, prefiero seguir trabajando", y sus compañeros vieron que "no lo echaron a la calle", cuando empezaron a secundarle más trabajadores los años siguientes[59]. A partir de ese momento, se gana un prestigio que lo llevará a ser el delegado sindical de la fábrica hasta su jubilación, siempre en CCOO y militando en el PCE. En 1975, el Centro de Fermentación del Tabaco era la única fábrica de Granada que la Guardia Civil consideraba en un extenso informe donde aparecían todas las empresas como la única "potencialmente hostil" dentro de un catálogo de términos que iban desde "potencialmente conflictiva a conflictiva"[60]. Fueron numerosas las veces que la Guardia Civil hubo de intervenir para solucionar problemas entre trabajadores y patronos en esta fábrica.

Las elecciones sindicales previas habían preparado el terreno para que, inmersos en un contexto laboral donde los trabajadores compartían lugares de sociabilidad y experiencias de privación, traspasar y superar la barrera del miedo a ser despedidos supuso un avance considerable. Al compartir una serie de carencias económicas, la elección de representantes actuó como factor favorable para crear una conciencia de cierto grado de organización identificando la representación legal de compañeros de trabajo con la empresa como el canal perfecto donde dar salida a las reivindicaciones económicas y a la mejora de las condiciones laborales. En la resolución política del VI Congreso sintetizada en Mundo Obrero se insistía en esta práctica política de infiltración que será el germen para las futuras CCOO:

> los trabajadores deben organizar la lucha dentro y fuera de los sindicatos verticales, conjugando la acción legal y la extralegal ...

[59] Entrevista a José Ávila González. Entrevista a José Ávila Ruz (1933), el primero que lo secunda en negarse a rezar y que acompañará al primero como delegado desde su afiliación a CCOO en 1966. Los dos "Ávilas" liderarán el movimiento sindical en la fábrica hasta bien entrados los años ochenta. Entrevista a José Ávila Ruz, Maracena, 1 de febrero de 2022.

[60] Archivo del Gobierno Civil de Granada, Orden Público. Informe de la Comandancia de la Guardia Civil de Granada.

> sin renunciar a ninguna de las posibilidades de acción legal-por mínimas que estas sean-que ofrezcan los sindicatos verticales para plantear sus reivindicaciones, los trabajadores deben unirse y organizarse en las empresas, en la fábricas, en las minas, en los cortijos, en las plazas de los pueblos ... El Congreso llama a todas las organizaciones del Partido y a todos los militantes a estimular y organizar la acción de los campesinos, de la pequeña propiedad no monopolista contra la ofensiva de la dictadura y de los monopolios[61].

Las detenciones de 1961 en Granada provocaron que muchos de los militantes del PCE que habían comenzado su actividad política clandestina poco tiempo antes, pasen por la cárcel, y su despertar militante se vea coartado por la represión y la persecución. Los integrantes de los Celtas que salen de la cárcel admiten un período de "tensa espera" de al menos dos años debido al impacto que causan las detenciones masivas[62], aunque la organización de Maracena continuó funcionando a pesar de tener a la mayoría de sus militantes en la cárcel. El comité de la localidad se reorganiza rápidamente con aquellos que no son detenidos y con militantes que hasta ese momento aún no se habían decidido pero que estaban en la órbita de la organización. El caso más notable a estas alturas es el de José Cid de la Rosa, posterior secretario provincial de CCOO, que dada la magnitud de "la caída" rearticula las células de Maracena[63]. Un vacío que no es evidente ya que la semilla estaba sembrada; "lo más importante es que, si bien en los camaradas imperan aún los efectos de la última caída (1961), en general, en las masas hay un espíritu muy bueno de entusiasmo,

---

[61] "Resolución Política del VI Congreso", *Mundo Obrero*, número extraordinario, 15 de febrero de 1960.

[62] Entrevistas a Alfonso Sánchez Castro, José Cámara Legaza y Luis López García, Maracena, abril-mayo 2021.

[63] El comité granadino se reorganiza desde Maracena en 1962, ya que José Cid de la Rosa decide militar desde el momento mismo de las detenciones y así entrar en contacto con otros pueblos (Atarfe y Pinos Puente). En *Nacionalidades y Regiones*, Andalucía y Extremadura, AHPCE, Jacqs.399, y entrevista a José Cid de la Rosa en AHCCOO-A. Entrevista a Natividad Bullejos Cáliz, viuda de Cid de la Rosa, Maracena, mayo de 2021.

de coraje"[64]. El relevo será cubierto por la existente infiltración de enlaces sindicales en los principales centros de trabajo de la localidad que darán resultado en la próxima organización de CCOO y por la llegada del nuevo liberado enviado por el partido, Francisco Portillo Villena, que nuclea en su persona la reconfiguración de las células en distintos pueblos de la provincia. A finales de 1962, el informe del instructor daba cuenta de la necesidad de la sindicalización de los trabajadores, en ese momento en la Organización Sindical Obrera (OSO), de los contactos en distintas poblaciones, de la nueva organización que se pone en marcha en Maracena[65], y del envío del nuevo liberado a la localidad de Moraleda de Zafayona, por ser esta una "base de contacto que no ha estado en relación orgánica con la capital", lo que impedía "el riesgo de contagio con las detenciones pasadas"[66]. El PCE empieza a rearticularse en el campo. La lectura que de los resultados se hace tras la HNP ya situaban al campo granadino como el espacio más proclive para ensanchar la militancia, "las mayores dificultades se han presentado en los cortijos con los obreros fijos, incluso citando los casos, subrayando que fueron las cuadrillas eventuales de los trabajadores del campo en las que con mayor *éxito* se manifestó el paro convocado por la huelga[67].

Los informes previos del PCE ahondaban en las difíciles condiciones a las que se enfrentaba el campo granadino y las muestras de descontento traducidas en paros parciales y en huelgas:

> En Moraleda los trabajadores que trabajan en la vega, en la construcción de acequias, se declararon en huelga unos 30...exigían 150 pts...y después de hablar con la empresa esta se negó y fue a por personal al (pueblo de al lado), pero cuando esos obreros se enteraron de lo que ocurría abandonaron el trabajo y la empresa

[64] "Informe de Edmundo", Nacionalidades y Regiones, Andalucía y Extremadura, AHPCE, Jacq.162, 8 de agosto de 1961, p. 5.

[65] "Contacto con Maracena", Nacionalidades y Regiones, Andalucía y Extremadura, AHPCE, Jacqs.399.

[66] "Informe sobre su viaje a Granada", Nacionalidades y Regiones, Andalucía y Extremadura, AHPCE, Jacq. 400.

[67] "Informe de Edmundo", Nacionalidades y Regiones, Andalucía y Extremadura, AHPCE, Jacq. 162.

> tuvo que ceder y también los obreros, pues en vez de 150 pts. Consiguieron 27 duros, o sea 15 pts. menos[68].

Los comunistas creían ciegamente en que para derribar a la dictadura y construir un sistema político de libertades necesitaban la participación de campesinos y jornaleros debido a las todavía abigarradas e inalterables características casi feudales y monopolistas en las que continuaba la agricultura española. El partido apostaba claramente por un cambio de régimen asentado en la consecución plena de una Reforma Agraria con la puesta en marcha de un plan de expropiación que acabase con los latifundios y reintegrar de este modo las tierras a amplios colectivos de jornaleros[69]. Así lo contemplaban los informes para la zona de la Vega de Granada que emitían los enviados por el PCE:

> este problema de la lucha contra el paro conecta estrechamente con la lucha por la reforma agraria, la lucha por la tierra, la lucha por la entrega de tal o cual finca sin cultivar en cada pueblo ... creo que deberíamos hacer una mayor esfuerzo en favor de la lucha por la reforma agraria ... como la solución del paro en el campo, la lucha por la reforma agraria lleva implícita la lucha contra los monopolios en el campo[70].

A partir de 1960, con el VI Congreso del PCE celebrado a finales de enero en el que se modifica el programa anterior nombrando a Santiago Carrillo como nuevo secretario general eligiendo también nuevo comité central, el PCE activó un nuevo programa de actuación para el campo basado en el apoyo a la pequeña y mediana propiedad. Tal y como reflejan los informes y las cartas a la REI, la organización política creyó necesario movilizar a las masas sociales del campo, sector que el partido consideraba crucial para el cambio

[68] Informe del 23 de marzo al 17 de junio de 1963", Nacionalidades y Regiones, Andalucía y Extremadura, AHPCE, Jacq. 207. p. 7.

[69] María Candelaria Fuentes Navarro y Francisco Cobo Romero, *La tierra para quien la trabaja*..., p. 76.

[70] "El problema de la reforma agraria", Nacionalidades y Regiones, Andalucía y Extremadura, AHPCE, Jacq. 162, p. 11.

democrático en España, y que sin duda estaba muy afectado económica y socialmente. No en vano, y acudiendo al trabajo iniciado sobre los trabajadores del campo durante la Guerra Civil, en el VI Congreso se reforzó la idea del peso específico de la agricultura en la economía española: "los campesinos constituyen, después de la clase obrera, la fuerza social más importante de la revolución". El PCE era consciente del arraigo a la propiedad que tenían los campesinos medios y pobres y la necesidad de establecer alianzas capaces de movilizar a la amplia capa social que conformaban los trabajadores del campo más desfavorecidos y por tanto más susceptibles para engrosar en las filas del partido[71].

Las posiciones de los comunistas con respecto al campo recogían reivindicaciones del pasado en cuanto a la necesaria lucha conjunta entre las clases trabajadoras y campesinas contra la burguesía industrial y sobre la base de un detallado informe que Tomás García (Juan Gómez) elaboró para el Pleno del Comité Central. Este texto modernizaba el modelo de Reforma Agraria impulsado por el partido, aunque no estuviese acertado en el proceso de concentración de la tierra para Andalucía, donde se fortalece el sector de los pequeños propietarios y el de la explotación familiar[72]. Las resoluciones del VI Congreso fueron trasmitidas por Mundo Obrero en febrero de 1960 de forma concisa haciendo referencia de todos los sectores de la clase obrera en general con un claro contenido económico crítico contra el Plan de Estabilización. Para el problema del campo, la resolución contra el nuevo modelo económico iba dirigida a amplios sectores que incluían a la burguesía, pasando por la "repulsa nacional contra dicho Plan debe manifestarse a través de múltiples acciones de la clase obrera, de los campesinos, de la pequeña burguesía y de la burguesía no monopolista"[73]. El Comité Central creía en esos momentos que el régimen estaba agonizante, en un momento en que el PCE pasa por un período de auge, aún

[71] Documentos PCE, Congresos, AHPCE, VI Congreso del PCE, 1960.

[72] Tomás García, *La evolución de la cuestión agraria bajo el franquismo,* Documentos PCE, AHPCE, Actas del Pleno del Comité Central.

[73] *Mundo Obrero,* número extraordinario, 15 de febrero de 1960, p. 2.

con diferentes evoluciones locales en cuanto a la afiliación, cifradas entre 12 mil y 15 mil afiliados[74].

El mensaje, ya en este momento con unos claros componentes "interclasistas", estaba dirigido a las clases medias, precisamente las fuerzas a las que pretendía atraer hacia la militancia. La estrategia interclasista se trasmitía de forma evidente, a la vez que señalaba el fenómeno de la emigración como problema:

> las clases medias se debaten entre mil dificultades, el cerco de la ruina se estrecha cada día más, dando al traste con centenares de ellos ... siendo arrastrados por la gran riada migratoria que los conduce a los suburbios de las grandes capitales ... muchas de estas clases medias marchan a Alemania o a Francia iluminados por una falsa leyenda de fáciles ahorros con los cuales pocos podrán abrir sus negocios. Aunque no pocos vuelven derrotados en el orden económico, convencidos de que el cae no se levanta y que jamás podrán recuperar la posición independiente en sus antiguos negocios[75].

Juan Manuel Solier Urquízar (1949) era un campesino de Nigüelas (Granada) que ganaba entre 200 y 300 pesetas a la semana en el campo granadino. En las campañas de recogida de la aceituna acudía toda su familia, desde la madre hasta los más pequeños de un total de 8 componentes. Hacia 1966 se le acerca la llamada de la emigración por vecinos que habían migrado a Barcelona. En su localidad había tres o cuatro militantes del PCE que en repetidas ocasiones le habían propuesto la idea de militar en el partido. Juan Manuel no se decidió por miedo a señalarse en el pueblo. Marcha ese año y comienza a ganar haciendo labores de recolección de hortalizas unas 1000 pesetas a la semana en Vilassar de Mar: "hasta que no estuve unos meses en el campo catalán no me dí cuenta lo mal que estábamos en Granada.

[74] Según las estimaciones que ofrece Francisco Erice, *Militancia clandestina y represión. La dictadura franquista contra la subversión comunista (1956-1963)*. Ediciones Trea, Gijón 2017, pp. 86-87.

[75] "La situación en Granada. Las clases medias. La emigración", Nacionalidades y Regiones, Andalucía, AHPCE, Jacq. 207, 23 marzo a 17 de junio de 1963, p. 1.

Estaba harto de ganar poco y estar la mayoría de los meses del año en el paro". Solier empieza a acercarse al PSUC y una vez marcha a Suiza comienza a militar en el PCE, que estaba organizado en un grupo en Ginebra, "fuera de España estabas más tranquilo ya que al ser aquello una comunidad de españoles, te daba la seguridad que no tenías en mi pueblo, donde mandaban los tres de siempre, ya que en Nigüelas había mucho miedo de que se enteraran de que eras comunista"[76].

La situación económica del campo granadino la empeoró aún más las lluvias y riadas de 1963, los grandes temporales han "ocasionado grandes daños en la agricultura, más de 196 pueblos han sido damnificados...quedando miles de personas sin viviendas. En Granada, si quitamos la avenida Calvo Sotelo, Gran Vía, Puerta Real y la calle Recogidas y Mesones, las calles en general necesitan arreglo. La dejadez es la virtud de las autoridades granadinas[77]". Las cartas a REI se convierten en una de las pocas salidas por las cuales los vecinos de Granada canalizan su incertidumbre ante las desgracias que provocan las riadas de 1963, "el Genil desbordado como nunca, arrasando puentes y llevándose por delante todo lo que estorbaba su paso. Cuevas hundidas, algunas con sus moradores dentro, familias sin hogar, obreros sin trabajo, barro y desolación por doquier. Pero a los grandes, nada de eso"[78]. Un vecino de Albolote criticaba con unas letras enviadas a la REI la situación de este pueblo campesino de la Vega en 1964: "aquí los obreros nada más trabajan que unos meses al año y podían trabajar más y vivir mejor aparcelando la Finca del Marqués de Ibarra, conocida como el Chaparral. Efectivamente, esa finca se aparceló, pero muy justa y socialmente entre los fieles serviles del Régimen"[79]. Una y otra vez los vecinos de Granada se quejaban de la miseria ocasionada por los bajos salarios, de la emigración como salida ante las duras condiciones a las que enfrentaban

[76] Entrevista Juan Manuel Solier Urquízar, Madrid, 10 de agosto de 2021.

[77] "Los grandes temporales. Informe del 23 de marzo al 17 de junio de 1963", Nacionalidades y Regiones, Andalucía y Extremadura, AHPCE, Jacqs. 207-208, p. 2.

[78] Cartas a la REI, AHPCE, Andalucía, Granada, Carpeta 183/3. 13 de mayo de 1963

[79] Cartas a la REI, AHPCE, Andalucía, Granada, Carpeta 183/6. 8 de noviembre de 1964.

y de cómo estaban afectando a distintas capas sociales incluida la burguesía agraria:

> Los trabajadores granadinos de la ciudad y el campo vivimos pobremente en una tierra rica, nuestra renta anual por cabeza es la más baja de todas las provincias españolas, la miseria hace que los obreros tengan que emigrar al extranjero convirtiéndose esta emigración forzosa en la salida de hombres y esto sucede en una provincia donde todo es abandono, donde todo está por hacer. Decenas de miles de personas viven de los dineros que los hijos o el marido envía cada mes desde el extranjero, da profunda pena ver las colas de mujeres en Correos para cobrar el dinero, muchas de ellas no saben firmar y lo hacen con el dedo, la incertidumbre y el malestar cunde por todas partes, las críticas a la dictadura franquista se extiende cada día más, su contenido político salta a la vista, el fracaso total de este régimen es tan palpable que pocos son los abogaduchos franquistas con moral para defenderle de ganar, el ambiente que se respira es eléctrico. Implorando en él desde el obrero hasta una serie de capas que va desde el comerciante e industrial modesto hasta los campesinos ricos y no pocos terratenientes, sin hablar del campesino pobre culla resistencia es tan fuerte como el propio obrero agrícola. La burguesía agraria que vivía bien, que fue un fuerte puntal de la dictadura, ha convertido los casinos de cada pueblo en centros de fuertes críticas al gobierno franquista[80].

Asumiendo tales condiciones socioeconómicas desfavorables, la reorganización de la estructura del PCE granadino a finales de los cincuenta y hasta la primera mitad de la siguiente década partió, a pesar de la represión a la que fue sometida, de las zonas más apegadas a la agricultura cuyas poblaciones buscaban otras salidas laborales o la emigración, y en las que la inestabilidad laboral era una norma. El nuevo impulso estuvo jalonado por las experiencias positivas en la preparación de las jornadas de movilización catalizando e incluso

[80] "Granada, 1 de julio de 1965", Cartas a la REI, AHPCE, Andalucía, Granada, Carpeta 186/10. 1 de julio de 1965.

recuperando el descontento de amplias capas de trabajadores, especialmente en los obreros agrícolas, los mismos que padecían como víctimas un proceso de precarización del sector en todas las zonas de Andalucía, y que los predispuso para la protesta y para la militancia o acercamiento al PCE. Las "Jornadas" sirvieron para encauzar el descontento popular hacia la protesta. La reactivación tras las detenciones de 1961 en Granada tuvo respuesta en poblaciones en las que progresivamente, se estaba desarticulando el mercado laboral del campo y cuya masa obrera comenzaba a reorientarse hacia otros sectores laborales o a la emigración, pero que continuaban teniendo como principal masa laboral a los trabajadores del campo. Son los casos de "Moraleda de Zafayona, Huétor Tájar, Chauchina, Atarfe, Maracena y alguno que otro en la propia ciudad"[81], tal y como reflejan los informes del partido en 1963.

Las estrategias del PCE para este periodo se basaron en ensayos de prueba-error, y fue poco después cuando estas tácticas comienzan a darle la razón en cuanto a la aplicación de la acción política. Lo más importante es la adopción y puesta en práctica del modelo de oposición que quedará fijado hasta la legalización del partido, en el que se articulaba la voluntad de acabar con el franquismo mediante la posibilidad de hacerlo poniendo la sociedad de su parte. A partir de los sesenta, el PCE va creando espacios de relación con fuerzas emergentes con el objeto de generar una acción colectiva amplia con la huelga como instrumento para encauzar el descontento, pero sobre todo con la labor diaria de concienciación y de propagación de valores democráticos. Si las condiciones para tener éxitos relativos no estaban aún sólidas en los cincuenta, será la década siguiente cuando la acción política se inscriba en un marco más propicio por los cambios sociales, demográficos y culturales que se dan cita en los sesenta. La propia transformación del marco fue la que ayudó al afloramiento de la protesta y al crecimiento del PCE. Los comunistas empezaran a apostar por los movimientos sociales en el marco de las fábricas, de las facultades y de cualquier sector socioeconómico

---

[81] "Informe del 23 de marzo al 17 de julio de 1963", Nacionalidades *y* Regiones, Andalucía, AHPCE, Jacq. 207.

proclive a adoptar actitudes contrarias a la inercia inmovilista imperante. La voluntad insobornable de luchar contra el régimen atraía cada vez a más jóvenes por el incansable trabajo del partido. A partir de este momento, muchas personas estarían dispuestas a movilizarse a pesar de las consecuencias que podía acarrear pertenecer al partido comunista o ser señalados como comunistas. Diversos sectores de la población, empiezan a perder, progresivamente, el miedo.

"SINDICALIZANDO LA ACCIÓN". LAS ELECCIONES SINDICALES DE 1966 Y LA HUELGA GENERAL COMO HORIZONTE DE FUTURO.

Además de la insistencia en trasmitir a las masas jornaleras y de trabajadores del campo la necesidad de la Reforma Agraria, los comunistas se centraron, durante los años centrales de la década de los sesenta, en la ansiada consecución de la Huelga General Política, y en la preparación de las elecciones sindicales. El estado franquista había elaborado desde su fundación una legislación laboral que prohibía toda clase de organización de los trabajadores. Desde su origen, el régimen se dotó de aparatos de control y represión de la clase trabajadora imposibilitando legalmente cualquier intento de establecer organizaciones de tipo sindical. Abolidos los sindicatos por ley, y encuadrados trabajadores y trabajadoras en el Sindicato Vertical, los medios de control tanto sociales como laborales, instalados por la dictadura, institucionalizaron un estado de terror que limitaría la capacidad de respuesta de la población[82].

Para remediarlo, y prácticamente en solitario, el PCE continuará ensayando la táctica de penetración en las instituciones legales potenciando la crítica sobre la situación de los trabajadores para tratar de neutralizar actitudes de resignación y consentimiento, o en último término derrotistas, como las que nutrían el discurso del resto de la oposición. Los instructores seguían insistiendo en que la mejor forma de luchar contra el franquismo era "sindicalizando la acción", en el

[82] Mayka Muñoz Ruiz, *El legado de la solidaridad. Historia de CC.OO en los sectores de la construcción y los servicios*, Editorial Bomarzo, Albacete, 2017, p. 27.

intento de crear un marco general para la consecución de pequeños objetivos a corto plazo, de manera que la fuerza a la que representaban fuera creciendo paso a paso para ir ensanchando la organización. Las resoluciones del VI Congreso ratificarán la realización de la ansiada Huelga General renunciando al llamamiento a fecha fija y apostando por el modelo "mancha de aceite" en el que las acciones parciales deberían finalmente coincidir con un paro generalizado[83]. Las informaciones eran, en este sentido, clarificadoras para encaminar a todo el pueblo hacia grandes acciones de masas contra la dictadura, acciones que debían culminar en una gran huelga nacional pacífica[84]:

> Concebir la HGP, su iniciación, a base de intensificar las acciones de luchas reivindicativas destacando en dichas acciones las reivindicaciones políticas más esenciales. Esforzarnos que cada acción cobre la mayor amplitud posible teniendo el propósito firme de hacer todos los esfuerzos necesarios con vista a lograr, si es posible, que dicha acción se transforme en el comienzo inicial de la HGP[85].

Tras las experiencias anteriores, la huelga general se convierte en la práctica como el objetivo de futuro más que en una acción a realizar de inmediato, concentrando los militantes sus esfuerzos en la sindicalización de las acciones poniendo todo el énfasis en el trabajo dirigido a la mayoría social trabajadora. Los ecos y las voces de los acontecimientos de Asturias de 1962 se dejaron sentir especialmente en Granada, creando una coyuntura laboral favorable materializada en la consecución de numerosos convenios colectivos consiguiendo movilizar a numerosos trabajadores. Ese año se aprobaron 107 convenios colectivos, superando los 103 de una ciudad tan industrial como Barcelona. Evocando a sus compañeros asturianos, en el sector minero

---

[83] David Ruiz, "De la guerrilla a las fábricas. Oposición al franquismo del Partido Comunista de España (1948-1962), *Espacio, Tiempo y Forma,* Serie V, Hª Contemporánea, t. 13, (2000), pp. 105-124.

[84] Fernando Claudín, *Documentos de una divergencia comunista,* Madrid, El Viejo Topo, 1978, p. 80.

[85] "Sobre la preparación de la HGP incluidas las elecciones sindicales", Nacionalidades y Regiones, Andalucía y Extremadura, AHPCE, Jacq. 209.

de la zona de Alquife tuvieron lugar los conflictos más importantes, cuando la *Compañía Andaluza de Minas S.A* y *The Alquife Mines and Railways Company Limited*, una vez incumplieron su promesa de reunirse con los Jurados de Empresa elegidos, vieron como los trabajadores de ambas compañías redujeron su rendimiento laboral y como más de 100 mineros se negaron a incorporarse al trabajo mientras no se les asegurase una subida de sueldo. La repuesta fueron despidos y suspensiones de empleo y sueldo temporales, a lo que los compañeros respondieron solidariamente con la huelga hasta que no se readmitiera y suprimieran las sanciones a los compañeros. Como era habitual, la Guardia Civil intervino en el conflicto con el resultado de 32 detenidos y cuantiosas sanciones económicas, además de someter a 4 trabajadores a Consejo de Guerra[86]. Los informes del PCE acerca de los resultados de las huelgas mineras de Granada hablaban de que las huelgas de Asturias habían despertado un gran entusiasmo a pesar de que la prensa y la radio trataron de minimizarlas[87].

Aunque esta coyuntura laboral en Granada dependía de los escasos núcleos fabriles, el horizonte marcado por el VI Congreso traducía sus consignas en aprovechar la estructura del Sindicato Vertical penetrando en su organización para transformarlo en sindicato unitario e independiente capaz de luchar por mejoras inmediatas de los trabajadores[88]. Las elecciones sindicales de 1963 habían supuesto la toma de posiciones de militantes del partido en algunas empresas, con el establecimiento de células y con la infiltración en el sindicato oficial del régimen de elementos comunistas, los mismos que reconstruyen el Comité Provincial. Trabajadores de la construcción como José Cid de la Rosa y José López Ávila, ferroviarios como José Rica Castro, y José Ávila González en la Fábrica del Tabaco estaban ya posicionados para las elecciones sindicales de 1966 con un

[86] Archivo General Provincial de Trabajo de Granada. Expediente Conflicto Colectivo Minas de Alquife. Servicio de Información de la Guardia Civil de la 136ª Comandancia, nº 256 (21-5-1962), nº 641 (22-9-1962) y nº 665 (29-9-1962). El proceso también está recogido en el AGA, Sección Sindicatos, Informe del Delegado Provincial de Sindicatos, Bernardo Cuenca Cerveró, Granada, 2-10-1962, Legajo 4.043.

[87] "Las luchas de Asturias", Nacionalidades y Regiones, Andalucía y Extremadura, AHPCE, Jacq. 180, 2-9-1962, p. 1.

[88] "El futuro del movimiento sindical español", *Mundo Obrero*, 15 de julio de 1961, p. 2.

trabajo previo de concienciación importante y a esas alturas eran ya responsables de células comunistas que habían sido implantadas en sus respectivos centros laborales. El objetivo en esos momentos era conocer las normas del sindicato vertical para entrar abiertamente en las elecciones y que resultaran electos los comunistas infiltrados. En otras palabras, ligar reivindicaciones profesionales con objetivos políticos. José Ávila, enlace sindical de los trabajadores del Centro de Fermentación del Tabaco, se enfrentó durante la preparación de las elecciones a la presión de los capataces:

> nadie quería presentarse, los que lo hacían lo hacían forzados por la propia empresa, que era estatal. Los más viejos me metían miedo, todo estaba figurado para parecer que había representación sindical. Como Maracena estaba vigilada, cada vez que me desplazaba a Madrid a firmar el convenio tenía que avisar a la empresa. Al negarme, cada dos por tres me llamaban la atención y me hicieron tres expedientes. Sobre todo luchamos para que las listas para entrar a trabajar se respetasen y a partir de 1966 yo ya las podía consultar y eso hizo que se respetasen los turnos. Aprendí en las reuniones todo lo que sé, porque poco a poco conseguí hablarles cara a cara de lo que queríamos los obreros[89].

Presiones de este tipo eran enviadas por carta al ministro Solís, que, dirigidas al Ministerio del Trabajo, evidenciaban la situación de enlaces y jurados de empresas muy conocidas como Pegaso, RENFE, Perkins o Lanz Ibérica. Los trabajadores se veían acosados y con sus puestos de trabajo en peligro: "no existen garantías personales (para los enlaces y jurados) de ninguna clase. La aparente protección que-se dice– supone el tener que abrirles expediente, lejos de favorecerles, les sitúa en la práctica en posición aún peor que la del resto de trabajadores. Y no solo son despedidos con total impunidad cuando su patrono le viene en gana, sino que se les cierran las puestas de otras empresas"[90]. José Ávila recuerda que los primeros años de enlace fue-

[89] Entrevista a José Ávila González, Maracena, 14 de noviembre de 2021.

[90] "Sr. Solís, ¿hasta cuándo?", AGA, Ministerio del Trabajo, Correspondencia, Signatura 55/00067.

ron para él los peores en una empresa que "no estaba acostumbrada a que se contara con un trabajador en las cosas que se decidían"[91].

En la Fábrica del Tabaco trabajaban muchas mujeres, según distintas épocas llegaron a las 200 trabajadoras. La división sexual del trabajo también era sindical. A las mujeres, por las condiciones a las que habían sido relegadas por la dictadura, le costó entrar en el ciclo de protesta y en el de las reivindicaciones laborales porque socialmente ya estaban relegadas con respecto al hombre[92]. Hasta el punto que, a pesar de estar legislada la equiparación de empleo y sueldo desde 1961[93], fueron numerosas las cartas que recibió el Ministerio del Trabajo por parte de empresas que necesitaban aclarar esta disposición[94]. La existencia de la división sexual del trabajo como raíz principal de las desigualdades, estuvo originada por las medidas discriminatorias que postergaba a las mujeres en los ámbitos social y laboral al ámbito doméstico con una legislación de la que se desprendía una clara *virilización* del Estado proyectada a la sociedad mediante la exaltación del patriarcado y la maternidad[95].

Los valores estrictamente femeninos fueron reforzados por el régimen con la adscripción de la mujer al hogar con medidas que las discriminaban social y laboralmente, adquiriendo una segregación de la mujer con rango de ley prácticamente desde la implantación del nuevo estado desde la Guerra Civil. Sin embargo, las empresas

---

[91] Entrevista a José Ávila González, Maracena, 14 de noviembre de 2021.

[92] Entre 1938 y 1942 fueron suprimidos el matrimonio civil y el divorcio, y se penalizaron el aborto y el adulterio femenino, en Julio Pérez Serrano, "Los movimientos de mujeres y su contribución al proceso democrático en España, 1958-1975", en Marie Claude Chaput y Christine Lavail (eds.), "*Sur le chemin de la citoyenneté. Femmes et cultures politiques. Espagne XIXe-XXe siècles.* Paris, Université Paris Ouest Nanterre La Dêfense, 2009, pp. 241-254.

[93] De acuerdo con la Ley 56/1961 sobre derechos políticos, profesionales y de trabajo de la mujer, que reconocía los derechos de la mujer trabajadora. En su artículo 3 disponía que "la mujer disfrutará del mismo sueldo que el hombre a trabajo y rendimiento igual", materializada por Decreto el 1 de febrero de 1962 sobre equiparación de trabajadores de uno y otro sexo en sus derechos de orden laboral. https://www.boe.es/buscar/doc.php?id=BOE-A-1961-14132.

[94] AGA, Ministerio del Trabajo, Correspondencia, Sig. 55/00052, Carpeta 1008-62.

[95] Teresa María Ortega López, "Género e historia oral. La oralidad de las mujeres como fuente para el análisis histórico del franquismo, la transición y la democracia", en Claudio Hernández Burgos (Ed.), *Voces de un pasado gris. Las fuentes orales y la didáctica del franquismo*, Comares, Granada, 2021, pp. 65-88.

utilizaron métodos diferentes según el sexo de las personas que podían contratar creando puestos de trabajo feminizados utilizando el pretexto de que ciertas tareas específicas solo podían realizarlas las mujeres. Por tanto, en la práctica, la discriminación en lo referido a salarios y condiciones de trabajo continuó, de manera que la mayoría de los oficios estaban identificados por sexo fomentando la segregación de los empleos del mercado de trabajo y la discriminación salarial de las mujeres trabajadoras[96]. La Fábrica del Tabaco de Maracena recoge numerosos casos debido al elevado porcentaje de mujeres que allí trabajaron, la mayoría de ellas tuvieron su primera experiencia laboral en la adolescencia. Mercedes Jiménez Cámara (1945) empezó a trabajar con 14 años, por lo que los mismos directores de la fábrica le falsificaron la edad para que pudiera trabajar. Durante 7 años trabajó por un sueldo que era menos de la mitad que el de los hombres, aunque realizando tareas iguales que las del hombre: "las mujeres nos ocupábamos de recibir las plantas de tabaco y clasificarlas, cogíamos mucho peso. Era un trabajo que lo podían hacer los hombres, pero como era eventual, según el tiempo de las cosechas, metían mujeres para recibir las cargas"[97]. Encarna Contreras de la Rosa (1939) empezó a trabajar en la fábrica con 14 años, por lo que en una inspección la despidieron volviendo a su puesto a los 16[98]. En el momento en el que se casó con uno de los delegados sindicales de la fábrica, José Ávila Ruz, a principios de los sesenta, dejó de trabajar, "a ti no te explotan más"[99].

A pesar de estas desigualdades, unido a los bajos salarios de la fábrica, continuó el problema de los despidos inmediatos, que fue precisamente lo que pretendieron evitar los Ávila en la Fábrica del Tabaco. Una vez ganan los puestos en el Vertical, se acaban los despidos inmediatos, "el ya no vengas mañana"[100]. El proceso de integración con eficacia de los comunistas en los espacios laborales

[96] Heidi Hartmann, "Capitalismo, patriarcado y segregación de los empleos por sexos", en Cristina Borderías, Cristina Carrasco y Carmen Alemany, *Las mujeres y el trabajo. rupturas conceptuales*, Icaria, Barcelona, 1994, pp. 253-291.

[97] Entrevista a Mercedes Jiménez Cámara, Maracena, 24 de enero de 2022.

[98] Entrevista a Encarnación Contreras de la Rosa, Maracena 1 de febrero de 2022.

[99] Entrevista a José Ávila Ruz, Maracena 1 de febrero de 2022.

[100] Entrevista a José Ávila González, Maracena, 14 de noviembre de 2021.

que se iban abriendo en la estructura del Vertical como consecuencia del reformismo promovido por Solís fue lento hasta mediados de los sesenta. Debido a que los resultados de las anteriores convocatorias de huelga fueron más positivos desde el punto de vista cualitativo que cuantitativo, la tarea más necesaria continuaba siendo la creación de células de nueva planta en escenarios laborales amplios mediante la utilización de las posibilidades legales para adaptarse a las condiciones concretas. Además de la laboriosa tarea de darle continuidad al partido con el engrose de militantes para rearticular los desvencijados comités locales, el gran objetivo en Granada era la infiltración y toma de posición político-sindical en los centros de trabajo con el objetivo de plantear progresivamente reivindicaciones colectivas que fueran sustituyendo las reclamaciones individuales para que los enlaces sindicales se hicieran cada vez más influyentes. Tal y como venimos exponiendo, el éxito del PCE se medía en términos de experiencia y aprendizaje político expresado en que nuevos militantes se iniciaran en el activismo superando la inercia inmovilista general y la consecución, en términos visibles, por parte de la plataforma de protesta partidaria, de unos mínimos de exigencia participativa.

Con el refuerzo de los mecanismos de concienciación, se empezaban a superar los métodos de infiltración "estalinianos". A partir de 1963, el partido pretendió evitar el arranque espontáneo de la huelga, para que las convocatorias estuviesen precedidas de un trabajo previo de concienciación y propagación con unas estrategias claras de acción. Sobre todo, la preparación consistía en trabajar diariamente por las reivindicaciones: "No estaba claro preparar la huelga, habiendo quedado claro durante las discusiones que el mejor camino de la preparación a la huelga era la lucha diaria por mejorar salarios y por todas aquellas cuestiones específicas, de cada lugar dado, que puedan desarrollar la conciencia de los trabajadores"[101]. El trabajo de acumulación de efectivos pasa a ser un cuestión diaria y cotidiana en la que las conversaciones formales e informales tienen que reforzarse con la actitud decidida de los enlaces para llevar a cabo la labor

[101] "Informe del 23 de marzo al 17 de junio de 1963", Nacionalidades y Regiones, Andalucía y Extremadura AHPCE, Jacq.207, p. 3.

de concienciación. Uno de los objetivos para lograr embriones de conciencia sindical, era intentar prolongar el tiempo del trabajo y convertir ese tiempo en político-sindical con discusiones fuera del espacio laboral para de este modo extender el tiempo político. Para sindicalizar había que procurarse nuevas herramientas de atracción para unos jóvenes que no habían conocido el sindicalismo histórico, por tanto, más proclives a adoptar nuevas formas organizativas[102]. Mientras, en Granada, se celebraba el 25º aniversario del Fuero del Trabajador, anunciando a bombo y platillo el periódico *Ideal* que "España es una nación adelantada social en el mundo"[103].

Francisco Castillo López (1935), militante desde 1958 e integrante de la Peña de los Celtas, se marchó a Marruecos en abril de 1961 aprovechando una oferta de trabajo los días en los que se producían las detenciones en Maracena, evitando de este modo su captura. A su regreso, trabaja desde 1964 en los talleres que el Instituto Nacional de Colonización tenía en la Comarca de la Vega. Pronto se hace enlace sindical:

> por allí pasaban a por material los albañiles que iban a trabajar en cuadrillas a Peñuelas o Fuensanta. Mi misión era además de sindicalizar a los compañeros que allí trabajaban, de trasmitir las consignas e intentar concienciar a todo el que pasaba por allí, sobre todo a los de las cuadrillas, que ya trabajaban en forma de cooperativa, entregarles el Mundo Obrero y preguntarles como estaban aquellos pueblos donde iban. El problema llegó cuando ibas a una reunión del comité de empresa. No nos podían ni ver[104].

Castillo recuerda que al saber el resto de los compañeros que era de Maracena y presentarse a las elecciones sindicales de 1966 por CC.OO, el encargado empezó a hacerle la vida imposible hasta el punto de tener que marcharse, aunque ese espacio corto de tiempo hizo de enlace y en las reuniones del vertical se encontrará con todo

---

[102] Emanuele Treglia, *Fuera de las catacumbas. La política del PCE y el movimiento obrero,* Editorial Eneida, Madrid, 2012, p. 72.

[103] *Ideal,* 10 de marzo de 1963.

[104] Entrevista a Francisco Castillo López, Maracena, 23 de diciembre de 2021.

tipo de rechazos, al igual que Ávila en el Centro de Fermentación del Tabaco, "nuestra labor se extendía a una forma de ser, no solo era reunirse en el trabajo para pedir cosas e intentar mantener unidos a los compañeros y que se concienciasen, si no demostrar durante todo el día que eras un sindicalista"[105]. El informe para Andalucía informaba de las presiones y de los obstáculos a los que eran sometidos "por la presión de las jerarquías sindicales junto a los patronos han venido ejerciendo contra los trabajadores para que no establezcan un convenio colectivo"[106]. Ávila fue a Madrid como representante de Granada a firmar el convenio de Tabacalera, que en 1966 consiguió una reducción horaria, primas en días trabajados para tener dos días libres al año, y una subida de sueldo para todo el sector. Estas pequeñas, pero en ese momento grandes conquistas, qué por supuesto eran a nivel nacional, reforzaron como nunca la noción de los trabajadores de la necesidad de afiliarse y de permanecer unidos contra la patronal. La noticia fue recogida en *Ideal* en la que anunciaba que no repercutiría en el precio del tabaco y que la subida de salarios tendría carácter retroactivo desde enero de 1966[107].

En 1963 se crean varias cooperativas en Maracena en las que la mayoría de sus componentes son del PCE. No era fácil implantar desde el punto de vista económico la visión de igualdad económica del comunismo desde el terreno laboral. Una de ellas, fue la cooperativa de pintores que empezaron a integrarla tres militantes del PCE, tres de ellos había pasado por la cárcel en 1961, Luis López García, Miguel Cámara Legaza y Francisco Rojas Cámara: "surgió la idea nada más salir de la cárcel cuando nos ofrecieron pintar unas obras, empezamos a repartirlo todo, trabajo, ganancias y preocupaciones, llegamos a estar 18 trabajadores en la cooperativa. Todos éramos del partido comunista[108]. Era tal el compromiso, que a medida que fue creciendo la cooperativa, y cuando algunos pintores no trabajaban por cualquier circunstancia, se repartían los beneficios a partes iguales.

[105] Entrevista a José Ávila González, Maracena, 24 de noviembre de 2021.
[106] "Informe de (1)", Nacionalidades y Regiones, Andalucía y Extremadura, AHPCE, Jacq. 190, 31 de marzo de 1963, p. 1.
[107] "Convenio Colectivo de la Tabacalera", *Ideal*, 28 de junio de 1966.
[108] Entrevista a Miguel Cámara Legaza, Maracena, 9 de diciembre de 2021.

Estuvo funcionando hasta los años noventa, más de treinta años de duración[109]. Otra de las cooperativas formada por comunistas dedicada a la construcción, también desde 1963, operaba exactamente igual, beneficios y trabajo a partes iguales, entre camaradas albañiles que pasan a compartir absolutamente todo[110]. Otro caso de cooperativismo interesante es el que forman las cuadrillas de albañiles que se forman para construir los pueblos de colonización de la época. A Peñuelas y a Fuensanta fueron grupos de trabajadores organizados en cooperativas que compartían clase, conciencia y sensibilización política: "repartíamos las ganancias aún cuando alguno se ponía enfermo y no venía a trabajar"[111]. En las cooperativas los trabajadores utilizaban la asamblea para ponerse de acuerdo, lo que de esta manera sirvió como campo de entrenamiento para lo que promulgaba tanto el partido como posteriormente CCOO. Estos son algunos ejemplos. De este modo, en Maracena especialmente, el partido se sindicaliza compartiendo. El enjambre de comunistas que de nuevo es Maracena a mediados de los sesenta a pesar de las detenciones anteriores, colocan de nuevo a la población como epicentro del PCE en la provincia y al mismo tiempo, de la Brigada Político Social y de las fuerzas de orden público[112]. Debido a la identificación de Maracena con el comunismo y a la rápida activación del comité local tras las detenciones de 1961, la policía no dejó de vigilar expresamente la localidad, de forma tan intensa que la Guardia Civil estuvo toda la década "llamando gentes al cuartel constantemente"[113]. Natividad Bullejos Cáliz (1944) estuvo en el disparadero durante décadas, por

[109] Entrevista a Luis López García, Maracena, 8 de marzo de 2021.

[110] Entrevista a José Cámara Legaza, Maracena, 20 de mayo de 2021.

[111] Entrevista Antonio Ávila González, Maracena, 6 de agosto de 2021.

[112] Tanto los hermanos Cámara Legaza, como Luis López, Antonio Ávila González y la viuda de Manuel Castro Castellano, Ángeles Ortega, afirman que tras las detenciones de 1961, la vigilancia en Maracena se reforzó de tal manera que la BPS tenía informantes directos con la designación y traslado al pueblo de un nuevo número de la Guardia Civil y por parte del Juez de Paz, Francisco Pintor que instigó a los comunistas sin cesar, además de las visitas constantes de los policías Guisado y González, que no cejaran en su empeño de cazar a los comunistas de Maracena hasta la legalización en 1977. Entrevistas a los citados anteriormente realizadas por el autor entre los meses de marzo-agosto de 2021.

[113] Nacionalidades y Regiones, Andalucía y Extremadura, AHPCE, Jacq. 209, 10 de junio de 1963.

ser hija y esposa de comunistas, por ser mujer comunista, y por ser abanderada del feminismo un poco más tarde en un contexto en el que no se entendía esta actitud. Comenzó a ser instigada por el párroco local desde 1961 cuando no se arrodilló en la iglesia durante una misa. A partir de ese momento fue sistemáticamente llamada al cuartel de la Guardia Civil. Nati Bullejos llegó a Maracena en el verano de 1961 procedente de Sevilla donde trabajaba en el campo y nada más llegar se sumó a la negación colectiva juvenil de no acudir a las fiestas por las detenciones de los comunistas: "yo tengo que estar con mi clase, si los trabajadores han hecho el boicot, yo siempre estaré con mi clase porque yo soy una obrera. ¿Por qué no te has arrodillado en la iglesia?, me preguntó un Guardia Civil, y me dieron un guantazo en el cuartel sin responder siquiera"[114].

Adoptando nuevos modelos, los comunistas de Maracena vuelven a tener éxito con las cooperativas implantadas, ya que suponen la presencia y pervivencia de su organización arropados por este modelo de negocio qué dada su adaptabilidad y movilidad por el contacto con otros trabajadores, se convierte en una suerte de sub-comité móvil que trasmite y propaga las directrices del partido sobre todo en el sector de la construcción. Luis López afirma que la cooperativa de pintores les brindó la posibilidad de entrar en contacto con numerosos albañiles de la provincia: "al ser todos del PCE allá donde íbamos a trabajar déjabamos nuestro sello, con la intención de ir reclutando trabajadores insistiendo en la sindicalización en CCOO creando comités aunque fueran pequeños"[115]. Estos militantes actuaban según las directrices recibidas, que consistían en la preparación de asambleas y reuniones explicando la utilidad de contar con representantes sindicales en los comités de empresa, y sobre todo conseguir afiliados pagando la cuota del sindicato: "algunas veces estábamos en una obra y preparábamos las reuniones para esa misma noche, regresábamos a nuestras casas y después volvíamos a la obra de noche para no levantar sospechas. Durante el día convencíamos a los albañiles para que acudiesen"[116]. Esta fórmula otorgó la posibilidad de entrar en

[114] Entrevista Natividad Bullejos Cáliz, Maracena, 15 de octubre de 2021.
[115] Entrevista a Luis López García, Maracena, 3 de marzo de 2021.
[116] Entrevista Miguel Cámara Legaza, Maracena, 9 de diciembre de 2021.

contacto con poblaciones que no tenían comités establecidos, pero especialmente vincularon la propagación de ideas con la necesidad de elaborar listas electorales para las elecciones sindicales.

Por otra parte, la creación de comités unitarios en empresas de la construcción y afines, se convirtió a mediados de los años sesenta en el horizonte de las recién creadas CCOO, y los comunistas granadinos se emplearon a fondo en la necesidad de crear comités de empresa que estuviesen decididos en elaborar listas electorales lo más compartidas y unitarias posibles integrando candidatos obreros decididos, fueran o no comunistas[117]. El éxito relativamente rápido alcanzado por CCOO ampliaba las perspectivas optimistas del partido: "se están enterando de que hay huelgas, conflictos de todo tipo, manifestaciones obreras, estudiantiles y hasta de curas; se están enterando de que la cuestión al orden del día es la del régimen que va suceder a esto"[118]. Estas acciones ya contempladas como movilizaciones, preparaban el terreno a través de nuevos enlaces y jurados para presentar tanto a las empresas como a los órganos locales las numerosas reivindicaciones. Los salarios eran el principal foco de atención donde canalizar el descontento, pequeñas luchas económicas que movilizasen a las masas y que calasen en los obreros, como primer paso, para después incidir en la mejora de las condiciones de trabajo: "a todas la obras que íbamos nos informábamos preguntando a los albañiles previamente sobre sueldos, horas de trabajo, si estaban asegurados o no, etc...en cada obra intentábamos hacer reuniones...forzamos las acciones de forma clara a partir de 1965 para preparar las elecciones sindicales del año siguiente"[119]. El trabajo previo que supuso el inicio de la andadura de CCOO amplió una red de contactos con otros sectores sociales que a la larga resultó decisivo.

El movimiento obrero granadino llevaba unos años combinando en un solo proceso el activismo legal con el ilegal, como en otras zonas de España, pese a estar CCOO en fase embrionaria y de maduración[120].

---

[117] Emanuele Treglia, *Fuera de las catacumbas...*, p. 74.

[118] "Las CCOO y el movimiento obrero general", Nacionalidades y regiones, Andalucía y Extremadura, AHPCE, Jacq. 330, diciembre de 1966, p. 1.

[119] Entrevista a Luis López García, Maracena, 3 de marzo de 2021.

[120] Nicolás Sartorius y Javier Alfaya, *La memoria insumisa sobre la dictadura de Franco,* Madrid, Espasa, 1999, pp. 172-175.

Era una fase de definición de estrategias que llegará hasta 1966 con la preparación de las elecciones sindicales de ese año. El doble proceso de combinar lo legal con lo extralegal, articulado en la voluntad de acabar con el franquismo mejorando las condiciones sociolaborales de los trabajadores, acerca a numerosos trabajadores al sindicalismo y a la militancia consecuencia de la atracción que suponía pertenecer a un movimiento unitario como punto de referencia estable, expresando de este modo la "oposición sindical", que muy pronto será definida por los activistas y por el partido como "movimiento". El PCE se encargó desde pronto de asignar la categoría de "nuevo movimiento obrero"[121].

Los comunistas alentaron la participación convencidos de la utilización de los cargos sindicales como instrumento de expansión de la cultura obrera de protesta y como apuesta de futuro en el establecimiento de un sindicato de clase, independiente y democrático[122]. Las experiencias previas de lucha sirvieron para despertar el interés de los obreros sobre la utilidad que las posibilidades legales existentes en los sindicatos verticales concedían, otorgando la oportunidad de que los puestos de elección fueran ocupados por auténticos representantes de la clase obrera y cuyos escalones fueran regidos por aquellos hombres del trabajo que merezcan la confianza de los obreros[123]. Los comunistas pusieron en tensión toda la organización para que la participación en las elecciones de sindicales de 1966 fuera masiva. Los resultados fueron un rotundo éxito. La preparación fue muy intensa, ya que el PCE consideró que los cambios fundamentales debían construirse desde una acción colectiva organizada:

> … si los obreros votan a hombres dispuestos a luchar por sus reivindicaciones, a exigir derecho de huelga y libertad sindical, a

---

[121] "El triunfo del nuevo movimiento obrero", *Mundo Obrero*, 1ª quincena de octubre de 1966.

[122] Carme Molinero, "Antifranquismo, Democracia y Socialismo (1965-1975)", en Francisco Erice Sebares, (dir.), *Un siglo de comunismo en España I. Historia de una lucha*, Ediciones Akal, Madrid, 2021, pp. 203-256.

[123] Desde la década de los cincuenta el PCE había insistido sin descanso en esta fórmula de control y en la preparación de las elecciones sindicales. Véanse los artículos de Santiago Carrillo: "Como utilizar las llamadas elecciones sindicales", en *Mundo Obrero,* Nº6, 15 de febrero de 1954, o el de Vicente Uribe: "Actividades y resultados en torno a las elecciones sindicales", en *Nuestra Bandera,* nº20, marzo de 1958, pp. 38-43.

> desarrollar y fortalecer, frente al aparato burocrático sindical, las Comisiones Obreras, hombres dispuestos a organizar la acción de las masas, que a fin de cuentas es los decisivo ... en realidad se trata de un gran episodio de la lucha por la democracia. Cierto que con toda su importancia, las elecciones no lo son todo. Las posiciones que el movimiento obrero conquiste en ellas no pueden más que considerarse como instrumentos básicos, puntos de partida que pongan en pie un movimiento de masas capaz de salir a la calle a imponer –pacíficamente, pero con incontenible energía– los objetivos obreros y democráticos[124].

Durante la preparación de las elecciones sindicales cada acto de reunión, fue concebido como una acción sindical. Paso a paso, dadas las innumerables acciones, encuentros y asambleas que se desarrollaron en planos superpuestos como empresas, sectores y territorios, en muchas ocasiones en alianza con otros actores de la oposición, los representantes de CCOO encarnaron la solución, como objetivo, de los problemas económicos inmediatos de la clase obrera. La preparación de las elecciones proporcionó al PCE el "salto cualitativo" que necesitaba para ofrecer su cariz dialogante preservando la naturaleza plural de CCOO, plataforma ideal que preparaba el terreno para que otros grupos sociales y políticos establecieran relaciones con el partido.

> Centenares de asambleas y reuniones. En empresas y casas sindicales. En los locales más diversos y en plazas y parques públicos. Verdaderos mítines en los cuales los obreros han proclamado sus reivindicaciones y en muchos casos polemizado enérgicamente con los jerarcas verticales. Boletines sindicales clandestinos, centenares de octavillas exponiendo las plataformas obreras para las elecciones, planteándolas como el paso capital para la consecución de una organización sindical de clase, regida por los trabajadores, y llamados estos a votar masivamente a los mejores, a auténticos representantes obreros. La preparación de las elecciones ha

[124] "Las elecciones sindicales. Por qué se debe votar", *Mundo Obrero,* 1ª quincena agosto de 1966, pp. 1-2.

> constituido una ingente movilización de la clase obrera. Movilización que por sí sola, ha sido ya una manifestación de la fuerza y la madurez crecientes del nuevo movimiento obrero, de su realidad efectiva frente a la fantasmagoría de los sindicatos verticales[125].

En Granada, a partir de 1965, principalmente en el sector de la construcción, y partiendo de reclamaciones salariales y de dignos subsidios por desempleo, es cuando se enlaza la preparación de las elecciones con el rechazo a los convenios colectivos vigentes[126]. Ese período corto supuso una especie de pretemporada de acción que fortaleció al PCE ya que cada acción, a menudo considerada como microscópica, concienció día a día a numerosos trabajadores que, superada la barrera del miedo al poder elegir libremente a sus representantes sindicales en una acción revestida ya de legalidad, la clase obrera toma conciencia del derecho a reclamar los derechos que otras clases ostentaban. Luis López lo recuerda como período fundamental:

> … ya que permitió entrar en contacto con trabajadores que normalmente no habían mostrado actitudes políticas ni de reivindicación. A las comisiones las veían como algo más legal por lo que el miedo a señalarse iba desapareciendo. Tuvimos un éxito que ni nosotros lo esperábamos. Pepe Cid hizo una gran labor ahí, la mayoría de los trabajadores no sabía que eran del PCE, nos llamaban sindicalistas, y eso amortiguaba mucho. Hicimos centenares de reuniones en obras y empresas por toda Granada…[127].

Los años centrales de la década de los sesenta suponen el punto de inflexión del movimiento obrero al entrar en escena oficialmente CCOO presentándose como la organización que protegía y defendía los derechos de clase ante los medios capitalistas de opresión[128]. Los

---

[125] "La preparación de las elecciones sindicales", *Mundo Obrero,* 2ª quincena septiembre de 1966, p. 4.

[126] Alfonso Martínez Foronda, Alfonso (coord.), *La conquista de la libertad. Historia de las Comisiones Obreras de Andalucía (1962-2000)*, Cádiz, Fundación de Estudios Sindicales, 2003, pp.202-204.

[127] Entrevista a Luis López García, Maracena, 8 de marzo de 2021.

[128] Carme Molinero, "Antifranquismo, Democracia…", p. 210.

resultados de las elecciones sindicales fueron interpretados por el PCE como un auténtico triunfo, consideradas como un "plebiscito contra el sindicato vertical". Los comunistas contemplan al vertical como "un tinglado burocrático sin base", al quedar reducidos sus cargos ahora que "los puestos de jurados y enlaces han sido conquistados arrolladoramente por el nuevo movimiento obrero"[129]. En muchas empresas granadinas donde ya estaban organizadas las CCOO se ganaron las elecciones, resultados que fueron una sorpresa para los patronos y para el Sindicato Vertical. En Granada, los informes del PCE describieron los resultados y el estado de pasividad del resto de fuerzas sindicales, a los que, a pesar de tenderles la mano, consideraban que no había preparación suficiente, aunque quizás lo que no había era decisión ni participación efectiva por su parte: "está creada la (comisión) de la Construcción y la de RENFE, hay condiciones y se crearán pronto la del Metal, la de derivados del Cemento y la de los barrios de Chana y Zaidín. Se tienen relaciones en ellas con anarquistas y católicos. Estos están ahora muy indecisos...dicen que lo que hace falta es prepararse, a las que hay que sumarle la de las Cámaras de Agrarias de Iznalloz y la vicepresidencia del Sindicato de la Madera "[130].

Antonio Ávila González logro la vicepresidencia de la Sección Social de la construcción cuyo presidente electo fue Emilio Cervilla, el militante comunista al que mecánicamente perseguían las fuerzas represivas y al que atribuían todos los males de la organización granadina junto a Manolo Castro:

> Ganamos esos puestos no por ser comunistas, sino porque dábamos la cara en unos tiempos en los no era habitual decirle al patrón esto o lo otro. Yo al estar ya por mi cuenta entendí perfectamente lo que necesitaban los albañiles, estabilidad, mejores sueldos, un seguro y sobre todo decir que no a algunas cosas, como el tema de estar todo el día trabajando y no ver ni un duro.

---

[129] "El triunfo del nuevo movimiento obrero", *Mundo Obrero,* 2ª quincena de octubre de 1966, p. 1.

[130] "La última reunión del Comité P.", Nacionalidades y Regiones, Andalucía, AHPCE, Jacq. 438.

Antonio Ávila se refiere especialmente a los destajos, trabajar hasta terminar una faena concreta y no recibir una remuneración extra, trabajar ajustado, "hasta que no terminabas, no cobrabas"[131]. La lucha por eliminar los destajos se convirtió en uno de los elementos clave de las reivindicaciones obreras hasta 1970 con la negociación del convenio colectivo de la construcción.

El otro mecanismo relacionado con la construcción que favoreció para crear la unión de los albañiles granadinos fue el trabajo "a torna peón", que en determinadas zonas supuso la creación de unos niveles de compromiso basados en la solidaridad que reforzaron como nunca la conciencia de clase. La unión del colectivo de la construcción tuvo en ese elemento uno de los pilares que reforzaron las CCOO granadinas a funcionar como una especie de laboratorio de pruebas de compromiso. Francisco Ávila González lo recuerda como una época que marcó a toda una generación de trabajadores, que con la consigna "yo te ayudo a ti y después tú a mí", fortaleció tanto la creación como la necesidad de sindicalizarse y de unirse como algo obligatorio:

> tanto en fábricas como en empresas particulares, se establecía una disciplina a seguir por el trabajador que nadie era capaz de saltarse a la torera en su comportamiento: *La unión hace la fuerza*, era el slogan empleado en ese tiempo. Pocas veces en la vida social trabajadora se da una corriente de solidaridad como la de estos años calientes que jamás se han vuelto a repetir. Cualquiera que tenía un problema de trabajo, de vivienda o de otras necesidades, allí estábamos todos dispuestos a resolverlo; un compañerismo altruista al cien por cien. Cada cual se hacía su vivienda sin tener que pagar jornales ni peritajes. Todo se hacía a "torna peón", como cuando en el campo la tierra no tenía espera y se le pedía ayuda urgente al vecino: "yo te ayudo a ti y después tú a mí"[132].

---

131 Entrevista a Antonio Ávila González, Maracena, 16 de septiembre de 2021. Antonio fue en 1966, junto a Emilio Cervilla, el primer representante de la rama de la construcción en Granada por CCOO. Tanto Antonio como Emilio eran destacados militantes del PCE.

132 Francisco Ávila González, *El libro de Paco. Vida Laboral y política. Recuerdos de una vida, Maracena (1940-1988),* Ayuntamiento de Maracena, Concejalía de Cultura, 2007, p. 63.

A partir de la segunda mitad de la década de los sesenta, y coincidiendo con el asentamiento de CCOO, los trabajos "a torna peón", en los que numerosos albañiles construyen sus casas mediante este método, se convierten en un nicho social donde se funden trabajo solidario y política de compromiso. Habitualmente se hacía los domingos aprovechando el descanso de sus respectivos trabajos. El propietario del solar de la futura vivienda compraba los materiales y sus compañeros le ayudaban en las faenas con la condición de que había que devolver ese favor solidario. No había nada por escrito. Esa ayuda se basaba en la fidelidad del compromiso, y en un contexto local donde las relaciones se basaban en la capacidad que tienen las personas de "cumplir" con formalidad con el resto, el "yo te ayudo a ti y después tú a mí" suponía un contrato social sin escrito alguno, que era más importante que uno laboral en una empresa cualquiera. El no cumplimiento de la condición de ayuda, suponía poder entrar en una lista negra que podía resquebrajar el prestigio personal. El cumplimiento sistemático del "torna peón" convertía al trabajador en un elemento cada vez más fuerte de cara al resto y por tanto más fiable en cuanto a conciencia obrera. La mayoría de los albañiles de Maracena que dedicaron los días descanso, e incluso las tardes largas del sol del verano para ayudar a sus compañeros, eran del PCE y de CCOO, pero también hubo que no lo eran, aunque los menos.

Tanto el PCE como CCOO autodenominaron al fenómeno de comisiones como *nuevo movimiento*, configurando de este modo un lugar de encuentro ideal para descubrir un mundo de valores compartidos articulados en actitudes de solidaridad y de compromiso que actuaron como vectores de atracción para numerosos trabajadores. El documento presentado en 1966 con el título "Ante el futuro del sindicalismo", entregado al ministro Solís, reflejaba claramente las motivaciones específicas del sindicato. Adquiría, por sí mismo, la condición de manifiesto ya que exponía de manera sistemática y orgánica sus principios de base[133].

Dividido en diez apartados, recogía en su primer punto el componente clave de la determinación del movimiento como sindicato

[133] Emanuele Treglia, *Fuera de las catacumbas...*, p. 152.

de clase, inherente a la creación de CCOO, en la que "no pueden admitirse más organizaciones sindicales que aquellas que partan de la realidad del sistema capitalista como generador y condicionador de la lucha de clases", en cuanto en esa realidad solo tienen cabida "los sindicatos horizontales, los sindicatos de clase". El segundo punto subrayaba la necesidad de la lucha por la "conquista del derecho de Asociación Obrera universalmente aceptado, al estar los trabajadores españoles obligados al encuadramiento en unos sindicatos estatales que no les permiten defenderse eficazmente en la ininterrumpida lucha de clases", presentando el sindicato como mecanismo de defensa de los trabajadores en la lucha de clases. Les recodaban a Solís de paso que "los trabajadores a lo largo de la historia del movimiento obrero han comprobado que su fuerza procede de la unidad de clase". También, que "sumando pobreza, esfuerzos, experiencia y organización, han conquistado el sistema capitalista avances sociales. Pero cuando la unidad se rompe, al igual que cuando faltan las bases de libertad e independencia, la acción de los trabajadores es ineficaz y no puede desarrollarse. De ahí la importancia fundamental, la trascendencia indiscutible de la unidad, al igual que la independencia y la libertad del Movimiento Obrero". Afirmaban que "la organización del Sindicalismo Obrero debe ser independiente de todos los partidos políticos. Reconocemos, sin embargo, la posibilidad de existencia de partidos políticos identificados con las aspiraciones e intereses de la clase obrera"[134]. La precisión fundamental de esta especie de acta fundacional consistía en la definición con carácter independiente del sindicato para que los trabajadores determinaran las condiciones sociales y económicas en las que debía desenvolverse su vida laboral organizando su propio movimiento, no negando la posibilidad o existencia real con una identificación partidaria, tal y como poco después reflejará el acta de CCOO con la mítica reunión en Barcelona[135].

El escrito reforzaba la condición a la que estaban expuestos los trabajadores por la dominación capitalista del franquismo: "los

[134] "Ante el futuro del sindicalismo", Fondo Movimiento Obrero, AHPCE, Caja 83, Carpeta 2, p.1. Madrid, 31 de enero de 1966.

[135] "Acta de la reunión de las CCOO de Cataluña", Fondo Movimiento Obrero, AHPCE, Caja 85, Carpeta 5. 27 de agosto de 1967.

trabajadores deben comprender claramente que forman un mundo marginado por la sociedad capitalista. Ellos son los desposeídos, los que reciben las migajas de un sistema socio-económico injusto, no solo en dinero sino también en cultura, en responsabilidad y en participación". Este reconocimiento era imprescindible que lo hiciera suyo la clase obrera para tener derecho a reclamarlo[136]. Además de afirmar la conveniencia del sindicalismo unitario una vez "aceptada la necesidad de la unidad del Movimiento Obrero y de su independencia", reclamando para sí el derecho de una Central Sindical Única. Las reivindicaciones en clave de "libertad de asociación, derecho de huelga, máxima libertad de acción, de palabra, de escritura, de reunión", recogían el histórico y auténtico Sindicalismo, pero su carácter novedoso radicaba en su evidente pluralidad ideológica con la afirmación de "respeto para las diversas tendencias que en su seno puedan manifestarse". Demostraba por tanto su deseo de contribuir a formar "asambleas constituyentes de los Sindicatos [que] deberán acordar la fórmula que evite la dictadura del grupo más fuerte por el de mejor organizado, compatible con el respeto a los acuerdos de democráticos de las mayorías"[137]. Las asambleas para constituir CCOO y para preparar las elecciones sindicales abogaron desde el primer momento por la confluencia de sectores ideológicos que, para el caso de Granada tuvieron su máximo ejemplo en la influencia de los cristianos de acción católica, tanto la HOAC como la JOC[138].

El documento era clarificador en cuanto a las obligaciones de clase del trabajador en cuanto "ningún trabajador puede, moralmente, eludir la parte que le corresponde en la lucha de la clase obrera por su liberación y por la construcción de una nueva sociedad para todos". Un decálogo en forma de manifiesto para todos los militantes del movimiento obrero, a los que alentaban en la necesidad de colaborar para difundir unos ideales que hiciesen frente a los intentos redoblados que la burguesía capitalista ejercía para frustrar la oportunidad que tenían en ese momento las clases trabajadora con la organización

[136] Carme Molinero, "Antifranquismo, Democracia y...", p. 210
[137] "Ante el futuro del sindicalismo", Fondo Movimiento Obrero, AHPCE, Caja 83, Carpeta 2, p.2. Madrid, 31 de enero de 1966.
[138] Alfonso Martínez Foronda, Alfonso (coord.), *La conquista de la libertad...*, p. 204.

de la unidad de los trabajadores. Con estas condiciones, instaba a la constitución de comisiones, de enlaces y jurados, así como de militantes obreros, en los diversos sectores de trabajo, con el interés de abrirse a todos los obreros de clase y condición para luchar de forma unitaria, por las reivindicaciones inmediatas de derechos y la maduración del movimiento obrero. El documento dejaba claro que las comisiones obreras eran un movimiento independiente, sin subordinación a ninguna tendencia ideológica, y que su intención era cooperar a la coordinación de esfuerzos y de entendimientos entre cuantas entidades y personas luchaban en ese momento activamente en el seno del movimiento obrero[139]. Sin lugar a dudas, la movilización de clase estaba avanzando significativamente en su autoorganización con la activación de un modelo de organización que se estaba consolidando en los centros de trabajos y empezaba a ser reconocido en la calle.

Las estrategias que había diseñado el PCE en los años anteriores demostraron que eran acertadas. Gracias a la acumulación de experiencias y a la existencia de unas determinadas condiciones mínimas que aparecen en los años sesenta, la acción política expresada en el modelo de oposición a través de la movilización social con el reforzamiento de las nuevas CCOO, movimiento que aunaba a segmentos sociales más amplios de la sociedad española, se crearon espacios de relación con fuerzas emergentes a los que el PCE había tendido la mano desde 1956. Los cambios sociales acaecidos en España en esta década ayudaron a inscribir la acción política del PCE en un marco de cambios extraordinarios, demográficos, económicos, sociales y culturales, favorables para la extensión de la movilización social. Estos cambios ayudaron a que en el marco de la fabricas prioritariamente, pero también en los trabajadores de sectores de la construcción y afines, y en el campo, el PCE consiguiera, con sus características estratégicas flexibles, calar y atraer hacía la militancia a individuos dispuestos a movilizarse convirtiendo al PCE en sujeto político imprescindible en el escenario de la dictadura.

139 "Ante el futuro del sindicalismo", Fondo Movimiento obrero, AHPCE, Caja 83, Carpeta 2, p. 2, Madrid, 31 de enero de 1966.

Con muchas dificultades, en aquellos espacios laborales donde operan dirigentes de CCOO, culmina un proceso iniciado en 1958 en el que la negociación sustituye a la imposición. A partir de 1966, las estrategias teóricas y las acciones concretas de dos sujetos políticos directa y estrechamente ligados entre sí, se integran de pleno en el contexto sociopolítico y laboral de la España de los sesenta abriendo unos espacios de libertad que respondían a exigencias de modernización y apertura que se multiplicaron exponencialmente con reuniones y asambleas, las mismas que significaron una práctica militante de referencia. El activismo cotidiano cobra pulso al extender la práctica política al lugar de trabajo convirtiendo los comunistas las asambleas en instrumentos donde estimular la participación y en mecanismos de información y de concienciación al mismo tiempo. Los años centrales de la década de los sesenta suponen le escenificación efectiva de la "militancia a destajo", en la cual los militantes entraban a trabajar siendo de CCOO, salían del trabajo siendo del PCE, y volvían a sus casas como comunistas:

> Salíamos de trabajar y nos íbamos a algún pueblo a crear las comisiones, donde quedábamos citados de un día para otro con trabajadores de distintas empresas. Íbamos como representantes de comisiones y la verdad que la preparación de las elecciones sindicales nos dió cierta capacidad de acción al estar mejor vistos ser de comisiones. Las reuniones que hicimos en ese tiempo nos dieron la fuerza que necesitaba el partido además de crear las comisiones en lugares alejados de la capital[140].

Fueron las reuniones y asambleas de preparación donde se entrenan en política sindical con la información trasmitida a trabajadores explicando que las huelgas eran posibles y que las mejoras de salarios y condiciones de trabajo se obtenían participando en el movimiento obrero organizado[141]. La línea de actuación de los comunistas fue intentar que los trabajadores rechazaran las tentaciones fáciles y que

[140] Entrevista a Luis López García, Maracena, 8 de marzo de 2021.
[141] Carme Molinero, "Antifranquismo, Democracia...", p. 211.

lucharan por los objetivos tradicionales y actuales de ese movimiento obrero nuevo que los alumbraba, y que unidos y desde posiciones claras, los acercara al triunfo final. El discurso que sostenían era anticapitalista. Creían, tal y como propugnaba el PCE, que el capitalismo nunca había regalado nada a los trabajadores, y que solo con la unión de las clases trabajadoras se podía alcanzar el éxito. Las actitudes de consentimiento eran consideradas las más peligrosas, tal y como señalaban, "si nos prestamos a las maniobras enemigas solo nosotros seremos culpables del mantenimiento de nuestra esclavitud"[142].

La oportunidad que se les presenta a los militantes del PCE con la posibilidad de actuar bajo la protección de CCOO hasta la ilegalización del sindicato expandió la organización al aprovechar todas las formas legales de lucha y lograr una participación de los trabajadores hasta ese momento nunca vista. La celebración de asambleas, principal instrumento y laboratorio donde experimentar las acciones de lucha, fueron fundamentales para orientar, movilizar, dirigir y crear el ambiente necesario para que numerosos trabajadores empezaran a tomar partido por la mejora de sus condiciones laborales. Ponerse de acuerdo y pedir la celebración de asambleas para hablar de la situación de los trabajadores para después organizar acciones unidas que modificaran las condiciones adversas a las que eran sometidos por empresarios y patronal, se convirtió en la enseña del movimiento obrero. Marcelino Camacho explicó bien el tránsito del proceso desde la fase espontánea al de comisión permanente. En un primer momento, los trabajadores, cuando tenían alguna reivindicación que plantear, ya fuera mejora salarial o condiciones de trabajo, designaban o elegían previa asamblea o consulta una comisión que planteaba el problema o reivindicación a la empresa o al patrón y después daban cuenta de los resultados, por lo que la comisión nacía y moría con la reivindicación. De esta forma los trabajadores crearon el embrión del nuevo movimiento obrero mediante la necesidad de defender intereses en las nuevas condiciones. El nuevo equilibrio se inició con la creación de comisiones permanentes, que a partir de

[142] "Ante el futuro del sindicalismo", Fondo Movimiento obrero, AHPCE, Caja 83, Carpeta 2, p.2, 31 de enero de 1966.

una autocreación constante van coordinando, elaborando luchas y mínimos de organización de bases sociopolíticas para cumplir su papel en el presente y en el futuro. La base del movimiento consistía en la constitución permanente de asambleas de trabajadores, afiliados a CCOO y representados en el comité de empresa mediante la doble tarea de recepción y reelaboración de los estímulos de índole económica y política de los trabajadores, y de forma permanente con una representación oficial[143].

El periodo que va de 1962 a 1966 constituye el cambio de un simple movimiento a un movimiento organizado. La táctica del *entrismo* dio resultado una vez que la ocupación de cargos electivos legales se hizo efectiva materializando el objetivo que el partido perseguía desde la década anterior. A mediados de los sesenta, el PCE y las recién creadas CC.OO, configuran un lugar de encuentro entre trabajadores de distintas tendencias ideológicas para trabajar conjuntamente reforzando más lo que les unía que lo que les separaba[144]. Se modificaron las reglas sociales, para, consecuentemente, entablar nuevas relaciones laborales entre los trabajadores y sobre todo entre estos y los patronos por la negociación de los convenios. Los representantes de los trabajadores a instancias de las condiciones que sufrían, con los paros forzosos por terminación de obra en muchos casos sin derecho a cobrar subsidio de desempleo[145], con los salarios tan bajos ante la subida de la carestía de la vida y el problema del paro[146], lograron en algunos casos mejorar las condiciones para aprobar convenios colectivos sectoriales acordes a las demandas establecidas en comisiones permanentes. Ese concepto de permanencia fue la clave del definitivo asentamiento de CC.OO, junto a la consecución efectiva de resultados con la mejora de los convenios.

---

[143] Marcelino Camacho, *Tiene la palabra Marcelino Camacho,* Madrid, Editorial CCOO, 2010, p. 45.

[144] Véase Nicolás Sartorius, *El sindicalismo de nuevo tipo,* Barcelona, Laia, 1976 y Marcelino Camacho, *Charlas en la prisión. El movimiento obrero sindical,* Barcelona, Laia, 1976.

[145] "Paro, salario y otros problemas", AGA, Ministerio del Trabajo, 55/53, Sig. 55/00053, 18 de diciembre de 1967.

[146] "Congelación de salarios", Nacionalidades y Regiones, Andalucía y Extremadura, AHPCE, Jacq. 438, diciembre de 1967.

A la toma de posiciones sindicales y al "ponerse de acuerdo", se le sumó la utilización como instrumento político, de la Huelga General Política (HGP), concepto que empieza a atravesar el horizonte de presente y de futuro de la militancia. La consecución de la HGP se convierte durante los años centrales de los sesenta en la máxima aspiración del PCE, y en los contextos locales los militantes estuvieron esperando siempre a que llegara el gran día en el que viesen paralizado el país y a los trabajadores tomando las calles. El imaginario político de la oposición en general se arropó de esta percepción, pero fueron los comunistas los que más apuestan por la instrumentación de la huelga general como meta política como marca característica del movimiento obrero estando siempre presente en las perspectivas y en las acciones de la oposición antifranquista hasta el final de la dictadura[147]. Desde comienzos de los sesenta, sobre todo desde las experiencias y el ejemplo de Asturias, los comunistas andaluces plantean una y otra vez la consecución del "parón general" que provoque la caída de la dictadura, "hace falta comenzar una agitación en favor de la huelga general política, con argumentos sencillos y claros...lo trabajadores estamos hartos del régimen político de dictadura que nos condena a la miseria y nos niega todo tipo de derechos. Podemos hacer una huelga general política la misma que en abril y mayo hicieron los mineros de Asturias"[148]. Aquellas movilizaciones tuvieron tanta resonancia que las posibilidades de una huelga general se fijan en el horizonte tanto del partido como de los militantes nutriendo el imaginario colectivo de los estímulos positivos que suponía organizar un parón de estas magnitudes. El debate sobre la HGP fue muy intenso durante los años centrales de la década de los sesenta. Los comunistas andaluces en 1963 hablaban abiertamente de las posibilidades reales, además de insistir en consignas clave de la reforma agraria:

> una de las cuestiones que más debatimos fue la HGP. Todos coincidieron en que existe un buen ambiente y que la idea se extiende ... había cierta distancia entre ese ambiente y la organización

---

[147] Pere Ysás, "Huelga laboral y...", p. 1.

[148] "La agitación en favor de la HGP", Nacionalidades y Regiones, Andalucía y Extremadura, AHPCE, Jacq.181, 3 de octubre de 1963.

> concreta de la huelga, mediante la creación de grupos que popularicen, preparen y organicen la huelga en los tajos, en los cortijos, en las plazas … que promuevan acciones de lucha por mejores salarios, por las libertades democráticas y porque se convierta en un clamor la consigna "la tierra para el que la trabaja" … se equivocan los que decían que el campo esta quieto[149].

En la mayoría de las reuniones, la preparación de la HGP era el principal tema de discusión, "los camaradas están convencidos de la justeza y la posibilidad de ir a la huelga general política, elevando el contenido político de la actividad del partido, especialmente extendiéndola a los más jóvenes"[150]. En 1963, los comunistas granadinos dan un paso adelante, y el 1º de Mayo de ese año convocan una concentración en la Plaza del Triunfo, algunos de ellos acuden en repuesta a la ejecución de Julián Grimau, fusilado unos días antes. Es de sobra conocido la repercusión que tuvo su fusilamiento en cuanto a la toma de partido, sobre todo por parte de jóvenes que interpretaron el crimen como la mayor injusticia perpetrada por el franquismo hasta ese momento; "nos afectó mucho la muerte de Grimau, casi la radiaron en la Pirenaica, un crimen que a los más comprometidos nos reforzó más nuestros ideales, tanto que fuimos al Triunfo (Plaza) unos días después"[151]…"era una orden del partido aunque muchos fuimos por lo de Grimau aunque era una concentración por el día del trabajo, tardaron pocos minutos en espantarnos"[152]. Los informes a la muerte de Grimau para Andalucía recalcaban una y otra vez la "justa e indignada cólera contra los asesinos de Julián"[153]. A la concentración del 1º de mayo de 1963 fueron unos 30-40 comunistas, los mismos que precisamente estaban dando forma a CCOO y que supondrán el núcleo con el que empezará a organizarse el

[149] "Carta de Pedro", Nacionalidades y Regiones, Andalucía, AHPCE, Jaqs. 213, 1 de julio de 1963, p. 2.
[150] "Informe", Nacionalidades y Regiones, Andalucía y Extremadura, AHPCE, Jacq. 210, 3 de junio de 1963.
[151] Entrevista a Luis López García, Maracena, 3 de marzo de 2021.
[152] Entrevista a Miguel Cámara Legaza, Maracena, 9 de diciembre de 2021.
[153] Nacionalidades y Regiones, Andalucía y Extremadura, AHPCE, Jacq.203, mayo de 1963.

movimiento[154]. Aquella manifestación era el acto de presentación tras las detenciones masivas de los comunistas granadinos de 1961, a los que las autoridades no habían dejado de hostigar, "llamando gentes al cuartel constantemente"[155], con los casos de Emilio Cervilla, al que mecánicamente detienen cada vez que hay un caso relacionado con comunistas, o en Maracena a Manuel Castro Castellano[156], o José Aranda, a los que continúan persiguiendo y haciéndoles la vida imposible, hasta el punto que Aranda se marcha para empezar una nueva vida en la costa granadina. Las motivaciones de los aproximadamente 40 comunistas que hacen esta micromovilización como acto de visibilidad de la oposición granadina a la dictadura en acto a la luz pública, eran varias. Por un lado, los ecos de las huelgas de Asturias habían reverdecido el interés por la movilización a pesar de la reciente represión. En segundo lugar, las incipientes reuniones y asambleas para crear comisiones de trabajadores que representasen al resto en las elecciones y así defender dentro del vertical a los suyos, habían reactivado ese "nuevo" movimiento obrero, como lo llamaban en el PCE. Y en tercer lugar, y no menos importante, la ejecución de Julián Grimau había creado un sentimiento de rabia entre muchos de los militantes, que les hace tomar conciencia de la necesidad de oponerse a lo inaceptable.

Los informes del PCE ya venían señalando que había que aprovechar el surgimiento y desarrollo de ese "nuevo" movimiento obrero con sus características peculiares, que "ya está actuando como una palanca para mover a las masas, para acercarnos a la huelga general, el crecimiento de la autoridad y el prestigio de la nueva Comisión Obrera va en aumento. Es necesario redoblar los esfuerzos del Partido para el 1º de Mayo"[157]. El éxito de la preparación de las elecciones sindicales había significado un empuje decisivo para el que insistentemente llamaban "nuevo" movimiento obrero y al que constantemente

---

[154] Entrevista a José Cid de la Rosa, en AHCCOO-A.

[155] Nacionalidades y Regiones, Andalucía y Extremadura, AHPCE, Jacq.209, 1 de junio de 1963.

[156] Cartas a la REI, AHPCE, Andalucía, Granada, Carp. 3/2 y testimonio de su viuda Ángeles Ortega Ávila.

[157] "La necesidad de doblar efectivos del Partido para el 1º de Mayo", Nacionalidades y Regiones, Andalucía y Extremadura, AHPCE, Jacq.268, marzo de 1965.

hacían alusión, se plantearan acciones concretas. Insistían en atraer, aprovechando el contexto, a trabajadores decididos para preparar las concentraciones, en las que como laboratorio de ensayo se utilizan los 1º de Mayo en los que preparar, en efecto, la ansiada huelga general:

> la necesidad de doblar los efectivos del partido para el 1º de Mayo y no de una manera formal, sino observando para descubrir a los hombres que se destaquen en las asambleas, en las fábricas, en las concentraciones de obreros cada vez más frecuentes y numerosas, descubrir a los hombres que destaquen en la propia lucha y sentir con más ahínco que hasta ahora la necesidad de ganarlos, de traerlos a nuestras filas para poner el acento en la creación de comisiones obreras de fábrica y en la organización de esos grupos activistas jóvenes[158].

Los primeros de mayo fueron en los sesenta pequeños ensayos de la huelga general con la que los militantes del PCE soñaban. Desafiando a las autoridades y a las fuerzas represivas ya que en cada concentración hasta 1967, los comunistas granadinos acudían sabiendo de antemano que iban a ser detenidos. Para el espacio propio que estaban creando, cobraba importancia que acudiesen militantes jóvenes que desearan formar parte de la organización. Bernardo Sánchez Muñoz (1944) acudió a la Plaza del Triunfo en Granada a la concentración del 1º de Mayo de 1963, "tú ya eres del partido con solo venir aquí, me dijo Pepe (Cid de la Rosa)", un acto simbólico que equivale sino más que a la entrega de carnets posterior, adquiriendo un significado de reforzamiento de la personalidad para los militantes de nuevo cuño que suponía la adopción oficial de una identidad: "He estado en el Triunfo y ya soy del PCE, le dije a mi mujer cuando volví, parecía que era otra persona"[159]. Un nuevo impulso cobra la entrada efectiva en la militancia a mediados de los sesenta en el contexto granadino debido a varios factores. El primero y más importante fue que el instrumento utilizado por los comunistas a partir de 1962,

[158] "Carta manuscrita", Nacionalidades y Regiones, Andalucía, AHPCE, Jacq.201, 30 de junio de 1963.

[159] Entrevista a Bernardo Sánchez Muñoz, Maracena, 15 de diciembre de 2021.

las asambleas y las reuniones, dieron como resultado que individuos menos decididos hasta ese momento, concibieran la entrada en el partido como la forma más conveniente para mejorar sus condiciones laborales amortiguada dicha inclusión por el nuevo sindicalismo creado tras la aparición de CCOO en la escena opositora. El caso de Bernardo Sánchez encaja en este modelo, como el de Miguel Ruz Gutiérrez (1942), que entran a formar parte de la militancia activa solo y exclusivamente a través de la sindicación y de las experiencias asamblearias adquiridas en esos años.

"mi padre me presentó al Abuelito (José López Ávila), y después de hablar una hora con él, me entregó los estatutos del partido comunista y me dijo tú ya eres del partido. Llevaba un tiempo acudiendo a las reuniones que hacían en la vaquería. Allí se hablaba de los derechos de los trabajadores y de la necesidad de unirse para mejorar. Trabajaba en una carpintería y como jugaba al fútbol, nadie sospechaba de mí. En esas reuniones es cuando dices esto es lo que a mí me gusta. En ese momento (1966) esa gente (CCOO) eran con los que te sentías mejor y más identificado"[160].

Otro factor de atracción era la inestabilidad laboral. El desempleo por épocas del año era habitual por su carácter estacional. El paro continuaba siendo el elemento más importante para encauzar el descontento: "el paro es actualmente el problema más grave que tienen casi todos los pueblos…este año (1965) la recolección ha durado muy pocos días...el malestar y el descontento es grande en muchos sitios, pensamos dedicar nuestro mayor esfuerzo de movilizar a los obreros parados"[161]. Aunque la construcción estaba en auge en el cinturón metropolitano de Granada, a mediados de los sesenta el problema estaba en que los numerosos maestros de obra que "pasan de un día para otro de ser albañiles a contratar albañiles"[162], trabajan por el método de ajuste. Se trataba de que un empresario de la construcción le traspasaba unas obras por un tiempo y por un dinero determinado. El "nuevo empresario" tenía que contratar

[160] Entrevista Miguel Ruz Rodríguez, Maracena, 25 de mayo de 2021.
[161] "El problema es el paro", Nacionalidades y Regiones, Andalucía, AHPCE, Jacq.267, 3 de marzo de 1965.
[162] Entrevista a Francisco Ávila González, Maracena, 25 de mayo de 2021.

albañiles con los que previamente trataba ese tiempo y ese dinero. En lenguaje popular se llamaba "trabajar por metros, cuantos más metros trabajabas, más ganabas, era una forma de auto-explotarse"[163]. Esta fórmula fomentaba la inestabilidad laboral y desarticulaba el mercado de trabajo: "el inconveniente de esta profesión era que había que estar por terminación de obra, saltando de aquí para allá y adaptándose a cada patrón, que rara vez quedaban conformes con lo que se les hacía: unos querían más y pagar menos, y otros, simplemente, porque no tenían el dinero suficiente para pagar al albañil"[164]. Tales circunstancias ayudaron a darle fuerza y cuerpo a las CCOO granadinas, ya que numerosos albañiles, con una ocupación tan inestable, invirtieron ese tiempo y ese descontento en organizarse y acudir a reuniones y asambleas fuera del espacio laboral.

> La construcción se encontraba supeditaba a la finalización de obras: cada vez son menos los obreros que encuentran trabajo en este ramo (construcción) y cada vez son más los que son despedidos de las empresas al finalizar las obras donde trabajan por falta de emprender otras ... la verdad es que el ambiente de trabajo que reinaba hace dos años en la construcción ha desaparecido casi en su totalidad y los que antes era una afluencia de obreros de este ramo y sus derivados, ahora es una centrífuga huida de estos obreros[165].

Se abre un período que será fundamental para entender la incorporación a la militancia de una nueva generación de jóvenes que verán en el activismo político el encauzamiento de sus vidas. La consigna "a igual trabajo igual salario" se va a convertir en un foco de atracción para unos jóvenes que se incorporan en edad temprana al trabajo, que sufrirán en sus propias carnes la explotación laboral, las desigualdades inherentes al sistema capitalista y el aprovechamiento de los empresarios de la mano de obra barata. La emigración interior

---

[163] Entrevista a Francisco Megías González, Maracena, 28 de enero de 2022.

[164] Entrevista Francisco Ávila González, Maracena, 25 de mayo de 2021.

[165] "La Construcción", Nacionalidades y Regiones, Andalucía, AHPCE, Jacq. 301, diciembre de 1965, p. 3.

en la provincia de Granada se intensifica a mediados de los sesenta con la llegada de población a los pueblos del cinturón. Los jóvenes recién llegados, se convierten en la carne de cañón perfecta al huir de sus poblaciones de origen por falta de empleo y "porque llega un momento en que aceptabas cualquier tipo de trabajo", o bien por las falsas esperanzas, "en los primeros empleos te daban lo que les daba la gana aprovechándose de la falta de trabajo y de nuestra juventud"[166]. Francisco Megías González (1951) comienza a militar en el PCE en 1966, al estar trabajando ya en la obra y ser protagonista de las injusticias que se cometen cuando los jóvenes empiezan a trabajar de peones nada más abandonar el colegio, "estaba trabajando a destajo y ganando una miseria. Cuando llegan y te dicen que para mejorar las condiciones hay que estar en el partido y en comisiones y te lo dicen personas como Pepe (Cid de la Rosa) o el Luis (López García), o vas a las asambleas del Pantano (Cubillas) te das cuenta de aquello de que había que unirse y estar con los tuyos"[167]. Una vez se gana el sindicato de la construcción, en todas las reuniones y asambleas, la posibilidad de la huelga general será el punto principal de debate, y son los jóvenes precisamente los que se muestran más receptivos a "la idea de conseguir las cosas si hay un parón general"[168]. Pero el paso previo consistía en hacer huelgas parciales "por obra o tajo", una dinámica que los albañiles granadinos van implantar desde 1966. José López Martínez (1948) se afilia a CCOO en 1966, "decíamos mañana no venimos a trabajar ninguno, luego venimos al día siguiente, y así de obra en obra". Unos mecanismos que sin duda desarticulan el proceso de entrega de las obras, y que obligan inmediatamente al constructor a escuchar al trabajador, "*¿porqué no trabajá*is hoy?, a la próxima vais a la calle todos. Al día siguiente íbamos, y así retrasábamos momentáneamente el trabajo y lo obligábamos a escucharnos y pedir más dineros o por ejemplo monos de trabajo y algunas veces salir antes de trabajar los sábados"[169].

---

[166] Entrevista a Bernardo Sánchez Muñoz, Maracena, 15 de diciembre de 2021.
[167] Entrevista a Francisco Megías González, Maracena, 7 de enero de 2022.
[168] Entrevista a Luis López García, Maracena, 3 de marzo de 2021.
[169] Entrevista a José López Martínez, Maracena, 31 de enero de 2022.

A partir de la toma de cargos del vertical, los delegados de la construcción de comisiones y militantes del PCE, como Emilio Cervilla o Antonio Ávila fomentan estas dinámicas. En este sentido, los informes del partido intensifican la estrategia de alcanzar la huelga general, "después de las elecciones sindicales, como es sabido, consideramos que lo principal era la HGP"[170], pero con la estrategia de hacerlas parciales o sectoriales. La consigna para la consecución de la ansiada huelga nacional aparecía una y otra vez en la prensa comunista:

> Hay que ir resueltamente a la preparación de la huelga nacional política, la huelga nacional que acelerará el cambio político en nuestro país. Esa preparación debe hacerse a través del desarrollo y la multiplicación de las acciones parciales de las masas, de su creciente organización y del establecimiento de inteligencias políticas entre los más amplios sectores a fin de que el cambio se produzca de la manera más pacífica posible[171].

La táctica consistía en alcanzar la ansiada huelga general con ensayos previos de paros parciales traducidos en huelgas en cualquier tipo de actividad sectorial para que con el tiempo confluyeran en una sola acción de paro general de todos los sectores: "La Huelga General y la Huelga Nacional que se están preparando, en la que restan acuerdo cuando las condiciones para llegar a ellas por convencimiento y organizar a las masas, es lo atormenta a los ultras, y con estas medidas tratan de favorecer las detenciones"[172]. Los comunistas promovieron la participación utilizando los cargos sindicales recién conquistados con los objetivos fundamentales de la expansión del movimiento obrero y el reforzamiento de CCCOO como un sindicato de clase, promoviendo la huelga como instrumento de movilización con la intención de politizar todos los conflictos y que estos adquiriesen

[170] "Carta manuscrita", Nacionalidades y Regiones, Andalucía, AHPCE, Jacq. 341, diciembre de 1966.

[171] "Declaración del Partido Comunista de España sobre la farsa electoral del 10 de octubre", *Mundo Obrero,* 2ª quincena octubre de 1967, p. 1.

[172] "Huelga general y huelga nacional", Nacionalidades y Regiones, Andalucía y Extremadura, AHPCE, Jacq. 529, febrero de 1969.

una dimensión política que se recrudeció por la temprana ilegalización del sindicato. La movilización ya no respondía a fechas fijas preestablecidas: "No hay que esperar al 1º de mayo, y salir a la calle, además de la lucha se tiene que dar la unidad, en saber combinar las reivindicaciones económicas y laborales con las protestas contra el estado de excepción"[173].

La paralización parcial de actividades laborales como instrumento esencial de lucha continuó siendo la herramienta para dinamizar las perspectivas de futuro de la clase obrera, concepción que se mantuvo prácticamente inalterable hasta 1977, aunque la innovación a partir de 1966 consistió en la autonomía y el carácter parcial con la promoción de llevarlas a cabo de forma local y sectorial: "nuestro camino es la huelga general. La concebimos como la generalización de una serie de conflictos parciales, que pueden empezar por una empresa, rama o localidad e ir extendiéndose como una mancha de aceite en todo el país"[174]. A partir de ese momento las energías del comité granadino se destinarán, desde el punto de vista político y organizativo, a concentrar sus esfuerzos estimulando la convocatoria de huelgas parciales que permitieran conseguir victorias puntuales que fortalecieran al movimiento obrero. Esta politización de los conflictos respondía a un modelo de activismo que dirigía su mirada al futuro. Un horizonte final que tuviera como punto culminante la movilización de trabajadores y de otras capas sociales, planteando cada una de las acciones de paralización laboral temporal en un preludio del resultado final.

La ilegalización de CCOO en 1967 por el Tribunal de Orden Público agravó las acciones represivas en el intento de frenar el auge del movimiento obrero, control que se refuerza con el Estado de Excepción de 1969, que no hizo más que reavivar la acción de las huelgas locales y parciales. Al pasar el sindicato a la ilegalidad en período corto de tiempo, las huelgas, siempre parciales, se convocaron esperando siempre el día después contemplando cada acción por parte de la militancia como si fuese la última. El acto de presentación

[173] "La importancia de la H.G y la H.N", Nacionalidades y Regiones, Andalucía y Extremadura, AHPCE, Jacq. 539, 20 de febrero de 1969.
[174] "Movimiento Obrero", AHPCE, Caja 83, Carpeta 3/3-2.

público del movimiento obrero granadino tuvo lugar en la reedición del jornadismo convocada por el PCE para el 27 de octubre de 1967 a nivel nacional, en el que más de 200 obreros se manifiestan en la Plaza del Triunfo marchando hasta la sede del Sindicato Vertical, movilización que supuso la gran prueba de fortaleza tanto de CCOO como del PCE en ese momento. La llamada a la *Jornada Nacional de Lucha,* en Granada convocada por CCOO, se organizó por el comité granadino aplicando un modelo que perdurará en el movimiento obrero granadino basado en la estrategia del "puerta a puerta"[175] y en la de "obra a obra"[176]. Un trabajo descomunal que tendrá su culminación, como modelo de organización, con la huelga de la construcción de julio de 1970.

Aquella manifestación, que tuvo momento clave con la ocupación del Salón de Actos de la sede del Sindicato Vertical y la lectura de las reivindicaciones al delegado provincial de sindicatos, supuso la mayor movilización hasta ese momento desde el final de la guerra civil y la demostración ante las autoridades tanto del nivel de coordinación como la extensión del nuevo movimiento sindical en Granada. La campaña "obra a obra" orquestada por el PCE y CCOO resulto un éxito, "creamos compromiso yendo a por los trabajadores uno por uno y después hacíamos asambleas para crear la necesidad de ir ese día (27 de otubre de 1967) al sindicato todos juntos, cuantos más mejor"[177]. Ante la magnitud de la concentración, los trabajadores estuvieron vigilados y cercados por la policía en su marcha pacífica hacía el sindicato, "no dábamos crédito a que no nos detuvieran, no nos lo creíamos"[178]. La policía se sorprendió ante tal demostración y desafío, y "escoltó" una movilización que sorprendió a todos los protagonistas haciendo lectura pública ante el delegado de sindicatos de Granada del manifiesto en forma de comunicado en el que no figuraba nombre alguno, pero firmado por las CCOO de Granada. El escrito fue leído en voz alta por Cándido Capilla y reivindicaba

[175] "Puerta a puerta", *Mundo Obrero*, Nº42, 24 de noviembre de 1976, p. 1.
[176] Testimonios de Antonio Ávila González y Luis López García, que acudieron el 27 de octubre de 1967.
[177] Entrevista a Luis López García, Maracena, 8 de marzo de 2021.
[178] Entrevista a Antonio Ávila Gonzalez, Maracena, 2 de febrero de 2022.

el rechazo a la ilegalización de CCOO, la disolución de la BPS y la reclamación de la libertad sindical, el derecho de reunión, de expresión, de asociación, y lo más osado, les demandaban un espacio donde reunirse[179]. Tanto la concentración como la posterior lectura de las reivindicaciones políticas y sociales de los trabajadores granadinos ante las autoridades sindicales ponían de manifiesto que los comunistas contaban con un elemento nuevo que a la postre tuvo una importancia decisiva demostrando en ese momento la capacidad de movilización ahora reforzada por los resultados de las elecciones sindicales. La sindicalización promovida por CCOO desde 1963, y la movilización organizada y realizada contemporáneamente por el PCE a nivel nacional, demostró, a la vista de los resultados, que las movilizaciones parciales podían transformarse efectivamente en la tan deseada huelga general, independientemente de los desiguales resultados en el conjunto de la geografía del país[180].

La particularidad de los comunistas granadinos residió en que la sindicalización de los sectores obreros no respondió a criterios de representatividad laboral, sino más bien de liderazgo y de capacidad organizativa que algunos de los militantes del PCE supieron imprimir en esta fase embrionaria de oposición sindical. En 1977, diez años después, la cartilla de afiliación a CCOO recordaba que el sindicato de la construcción lo dirigían "compañeros que todos conocéis"[181]. A su modelo lo llamaron "interlocal" e "intersindical", un espacio de inversión social consciente donde los militantes individualmente instituyeron relaciones de utilidad directa encaminadas hacia la transformación de las relaciones laborales contingentes. En los pueblos del área metropolitana de Granada, no adquirieron naturaleza las ramas de producción, sino la responsabilidad sectorial y territorial, organizando las comisiones por barrios y pueblos[182],

[179] Entrevista a Cándido Capilla en AHCCOO-A.

[180] Véase especialmente, para los resultados en diferentes zonas de España a: Enmanuele Treglia, *Fuera de las catacumbas...*, pp. 204-218

[181] Los nombres eran Juan Gálvez, Pedro Girón, José Ávila "Abuelito", Luis López García, Juan Verdejo y José Cid de la Rosa, en *"Afíliate y afilia a tus compañeros"*, Sindicato de Comisiones Obreras de la Construcción, Granada, 1977, Archivo Personal de Luis López García.

[182] "La última reunión del Comité Provincial (Granada)", Nacionalidades y regiones, Andalucía y Extremadura, AHPCE, Jacq. 438, diciembre de 1967.

creando un instrumento denominado la comisión "permanente" formado por militantes comunistas integrados especialmente en el sector de la construcción[183]. Con todo, al igual que en muchas partes de España, la implantación de CCOO inició el camino para entender la necesidad de establecer formas alternativas de representación sindical que desprestigiaron al sindicato vertical franquista, a la vez que colmaban el déficit histórico que tenía el PCE al no haber conseguido una representación real en el mundo sindical desde su creación. Las condiciones en las que se desarrolló la acción de las *Jornadas* de octubre en Granada, alimentadas por el trabajo previo de una serie de cuadros comunistas que lograron conectar diversos focos de conflictividad y descontento entre sí, impusieron una serie mecanismos de delegación y representación que individualizaron el capital social colectivo.

"ACTUAR A LA LUZ DEL DÍA". ACTIVISMO JUVENIL Y ASOCIACIONISMO VECINAL DE LOS COMUNISTAS GRANADINOS

La incorporación de los jóvenes al ciclo de protesta se convierte a finales de los sesenta en un fenómeno transnacional. Dentro de un marco general de expansión de la cultura de protesta, diversas franjas crecientes de jóvenes se vieron afectadas por los cambios asociados al crecimiento económico, los procesos de urbanización y la crisis del espacio laboral agrícola. En los informes del PCE para Granada, el desempleo y la inestabilidad laboral seguían siendo los motivos principales del descontento, sobre todo en la construcción y en el campo, afectados por un mercado laboral que no lograba absorber

[183] Los militantes de "La Permanente" fueron José Cid de la Rosa, José López Ávila, Pedro Girón, Juan Verdejo, Antonio Ávila González y Luis López García en el sector de la construcción, Cándido Capilla en el sector de la madera, José Rica Castro y Francisco Saavedra en transportes (RENFE), aparte del control efectivo de las relaciones laborales que ejercían desde hacía tiempo en el Centro de Fermentación del Tabaco José Ávila González y José Ávila Ruz. Testimonios personales de Natividad Bullejos Cáliz (viuda de Cid de la Rosa), José López Martínez (hijo de López Ávila), y entrevistas personales a Antonio Ávila González, Luis López García, José Ávila González y José Ávila Ruz, realizadas todas en Maracena entre los meses de marzo y diciembre de 2021.

a la ingente masa de trabajadores que abandonaban o recurrían alternativamente a ambos sectores laborales. El problema seguía siendo el paro, los bajos salarios y la represión, a los que se le unen las resonancias internacionales como el mayo francés y la crisis de Checoslovaquia[184]. Si bien la perspectiva internacionalista del partido no se había dejado de lado desde su creación, los acontecimientos de finales de los sesenta, sean Vietnam, Checoslovaquia y las movilizaciones estudiantiles en Francia, se vuelven temas de discusión recurrente desde todos los sectores de la organización, incluida la militancia. El referente soviético, tras la primavera de 1968, aunque conservaba el carácter simbólico de centro productor de una cosmovisión ideológica común, pasa al mismo tiempo, a convertirse en elemento de conflictividad y tensión al ser criticada su intervención en Praga y pasar a ser reclamo de futuras disidencias[185]. Jóvenes y nuevas generaciones empiezan a preocuparse, si no a inquietarse, por lo global.

Las condiciones de vida de la clase trabajadora continuaban sembradas por la situación de desprotección y en muchos casos de explotación resultantes de la inestabilidad laboral por los frecuentes despidos, problemáticas que fueron las constantes que a finales de los sesenta alimentan la rebeldía de unos jóvenes que padecían dichas desigualdades atentando contra sus expectativas de futuro. La creación de la Unión de Juventudes Comunistas (UJC) por el PCE tras el III Pleno del Comité Central en octubre de 1961 respondía a la necesidad de reconocer el papel jugado por la juventud e instaba a todos los comités a impulsar espacios autónomos de organización para la juventud comunista con el objetivo de potenciar el antifranquismo como movimiento social y no exclusivamente político[186]. Los jóvenes ya venían militando a edad temprana procedentes en un principio de sectores laborales especialmente sujetos a la inestabilidad

[184] "Informe", Nacionalidades y Regiones, Andalucía y Extremadura, AHPCE, Jacq. 467, junio de 1968.

[185] Eduardo Abad Garcia, "Viento del Este. La URSS en la cultura militante de los comunistas españoles (1917-968)", *Hispania Nova,* 19, (2021), pp. 196-228.

[186] "Carta a todos los comités del Partido sobre las medidas para acelerar la reconstrucción de la Unión de las Juventudes Comunistas de España", Ministerio de Información y Turismo, AGA, Caja 42/9099, carpeta 8, 25 de julio de 1962.

como la construcción y el campo, ámbitos a los que se le van a sumar el sector estudiantil de forma relevante desde mediados de la década, a partir de una "decidida acción política encaminada a perturbar el orden académico con fines de trascendencia política"[187]. Estos últimos, alentados por los movimientos a escala mundial que protagoniza el sector, conforman y confirman la multiplicación de espacios de oposición contra el franquismo conjugando la existencia de un proyecto político compartido que supuso el aumento y la diversificación contestataria exacerbando el optimismo característico de la dirección comunista. El activismo juvenil cambia el clima militante ya que interiorizan colectivamente su pertenencia e identidad asociando problemas concretos a una franja de edad y de tiempo vivencial con objetivos de naturaleza política. Si en el mundo del trabajo se establece la confrontación e identificación patrón franquista contra obrero rojo, en el sector estudiantil ocurre algo parecido bajo la fórmula universidad franquista contra estudiante rojo. El largo 1968 sacudió el mundo occidental con contestaciones vinculadas a fenómenos políticos, sociales y culturales que fueron traducidos por las jóvenes generaciones como el momento de la "subversión social". No en vano, la declaración del Comité Central del PCE en la que se reconstituían las Juventudes Comunistas, apelaba a la juventud más dispuesta a subvertir el orden social:

"la juventud revolucionaria de nuestro país, en estos momentos de extrema gravedad para el mundo y para España, siente la imperiosa necesidad de tener su propia organización para la lucha por la paz, la democracia y el socialismo. Recogiendo estos sentimientos, el Partido comunista de España ha decidido reconstruir la unión de juventudes comunistas y llama a los jóvenes campesinos, estudiantes e intelectuales, a hacer de ella con su esfuerzo, con su audacia, con su iniciativa, una poderosa organización de masas de la juventud española"[188].

---

[187] "Informe sobre la situación de la Universidad", AGA, Presidencia, Consejo Nacional del Movimiento, Caja 9.922, 26 de febrero de 1968.

[188] "Declaración del Comité Central del Partido Comunista de España. Reconstitución de las Juventudes Comunistas de España", Fondo Organizaciones Juveniles, AHPCE, Caja 151, Carpeta 3/4, octubre de 1961.

Las Juventudes Comunistas en Granada se crean en 1965 con la constitución de una célula en el Barrio de La Virgencica, escenario perfecto donde se manifiesta la marginación de una comunidad que provenía de barrios populares granadinos en condiciones de marginalidad cuyos vecinos habitaban en cuevas, y tras su realojamiento, esta comunidad es sometida al abandono por parte de las autoridades, circunstancia que motiva el surgimiento de un potente tejido asociativo. En este espacio coinciden militantes veteranos comunistas con importante bagaje como Emilio Cervilla y Juan Verdejo, que crean una célula del PCE en 1965, y al año siguiente, recogiendo las directrices del partido y aprovechando la predisposición de sus propios hijos y de jóvenes recién llegados que se estrenan en la reivindicación laboral a temprana edad como Manuel Sánchez Díaz (1951-2022), "recuerdo que nos pagaron una semana, se paró la obra y nos fuimos al Sindicato Vertical que estaba en la Gran Vía...allí con Juan Verdejo encabezando, se puso una denuncia, éramos muchos, 14 o 15, Juan se plantó y dijo que o nos pagaban o la obra no continuaba. Al final pagaron. Fui mi primer contacto con la lucha obrera"[189]. Era el año 1965. Con 14 años, Manuel llevaba trabajando desde los 9 años y había pasado dos de ellos trabajando en la piscina municipal de Granada. A finales de ese año, constituye junto a varios compañeros las Juventudes Comunistas de Granada, atendiendo a las directrices del partido:

> La organización de la J.C. (Juventudes Comunistas) existe porque la juventud necesita una organización de vanguardia capaz, combativa, audaz, que la oriente y dirija en su lucha. pero para jugar ese papel de vanguardia, la J.C. necesita estar ligada estrechamente a las masas juveniles ... La J.C. se organiza allí donde se agrupan de forma natural la juventud obrera, campesina, estudiantil, en las barriadas Obreras, en torno a una actividad juvenil concreta: club de barriada, Peña, billar, actividad deportiva, cultural o recreativa. Si esta actividad no existe, el círculo o grupo de la J.C. debe intentar crearla, para agrupar a un gran número de jóvenes y

[189] Entrevista a Manuel Sánchez Díaz en AHCCOO-A.

> realizar a través de esa actividad de masas su trabajo político: reivindicaciones propias del barrio, acciones sobre cuestiones locales, educación política de los jóvenes, etc.[190].

El circulo se incrementa con la llegada al barrio como párroco de Antonio Quitián, que aprovecha, previa petición, la estructura metálica utilizada por unas misiones jesuitas anteriores para con ella reconfigurar una capilla y una sala de reuniones. La actitud de Quitián respondía a la adopción, por parte de determinados párrocos jóvenes, de actitudes de defensa y aplicación de una doctrina más social cercana a las personas más humildes. Parte de la Iglesia estaba desde los sesenta atendiendo a la parte más social y humanista de su evangelio: "Los presbíteros, juntamente con toda la Iglesia, están obligados en la medida de sus posibilidades, a adoptar una línea clara de actuación cuando se trata de defender los derechos humanos, de promover integralmente la persona y de trabajar por la causa de la paz y de la justicia, con medios siempre conformes al Evangelio"[191]. Como en otras partes de España, a párrocos como Quitián se le unen poco después otros como los hermanos Ganivet y José Godoy, que, trabajando codo con codo con los vecinos, intentaron ayudar a descubrir y comprender las causas profundas de la situación de explotación, desigualdad e injusticia social que padecían las familias del barrio[192]. Al mismo tiempo, recalan en el barrio militantes de la HOAC procedentes de Bilbao para crear la organización católica en Granada[193], por lo que en el mismo espacio se unen personalidades proclives a desarrollar e implantar elementos democratizadores de

---

[190] "La juventud comunista", Fondo Propaganda, AHPCE, Caja 153, Carpeta 5/5.

[191] "La iglesia y la comunidad política", Archivo Historia del Trabajo, Fundación 1º de Mayo, Colección Propaganda, 01/24/ 002, p. 3.

[192] Oscar Martín García y Damián González Madrid, "Movimientos católicos, ciudadanía y construcción de enclaves democráticos en la provincia de Albacete", *Ayer*, 91/2013 (3): 195-218.

[193] Eran emigrantes andaluces procedentes del País Vasco: Juan Fernández, Mari Paz Millán y Mari Ángeles Manterola, también jesuitas como Francisco Lara Palma e hijas de la Caridad como Sor Encarnación Olmedo. En Antonio Ramos Espejo, *Crónica de un sueño. Memoria de la Transición Democrática en Granada (1973-1983)*, Caja General de Granada, Granada 2002. Véase para una explicación amplia de la creación del barrio: Antonio Quitián González, *Curas obreros: la cruz y el martillo*, Zumaque, Jaén, 2009.

crítica social amparados en los valores populares y el desarrollo comunitario con el objetivo de solventar la tan manifiesta desatención oficial.

El caso del barrio de la Virgencica, evidencia la escasa capacidad de respuesta en aplicar la justicia social para los más necesitados cuando cerca de 12 mil personas perdieron su hogar en Granada por las intensas lluvias de los años 1962 y 1963. La solución fue la construcción en una zona de la periferia de un conjunto de casas prefabricadas que solucionaron parcialmente la reubicación de la cerca de 5000 familias damnificadas. Esta respuesta demostró la deficitaria política social del régimen al mantener el carácter transitorio hasta 1982, persistiendo una situación prolongada de abandono de un área de desigualdad extrema, materializándose en este espacio la dejadez con la que eran tratados los problemas sociales de los más pobres[194]. Lejos de amedrentarse, y de forma autónoma, los vecinos de este barrio establecen sinergias sociales mediante la confluencia triple entre conciencia obrera, influencia religiosa y militancia juvenil comunista, reforzando y construyendo un modelo asociativo de barrio particular colocando a este suburbio como uno de los bastiones del movimiento obrero granadino, del PCE y del asociacionismo vecinal[195].

Dado su carácter periférico y marginal, y por la numerosa población gitana que va incorporándose, el barrio fue una especie de zona de seguridad para la clandestinidad, al operar en su seno los grupos sociales más desfavorecidos arropados tanto por su familiarización con las relaciones apegadas a la semilegalidad, como a la influencia que el movimiento apostólico católico ejerce sobre el barrio. Dentro de los amplios mecanismos de formación de identidades y de los comportamientos sociales, cultuales y políticos de la población, la expulsión o desplazamiento de colectivos considerados como elementos potencialmente desafectos hacia zonas suburbiales activó su sentimiento de pertenencia de clase[196]. La interacción entre los grupos provocó la creación de un club juvenil que dinamizó las relaciones e

[194] Para la descripción de las casas prefabricadas véase "Cartas a la REI", Carta de Granada, AHPCE, Carpeta de Granada, 27 de julio de 1964.
[195] Alfonso Martínez Foronda, *La lucha del movimiento* obrero…, pp. 138-146.
[196] Xavier Domènech Sampere, "La clase obrera…", pp. 201-225.

inquietudes intergeneracionales al participar también otros grupos de edad. Compartiendo causas como la pobreza, la marginación, la explotación laboral y sobre todo el paro, en este espacio, se construye y desarrolla el concepto de *enclaves democráticos,* espacios autónomos de la injerencia del Estado, en los que se desarrollan hábitos refractarios a la hegemonía social de los valores autoritarios. La creación de una célula específica de juventudes comunistas respondía a estas premisas. Fraguadas en redes de solidaridad en torno a problemas comunes, crearon una identidad colectiva en el barrio a la que le añadieron la alternativa de la organización autónoma de un grupo juvenil más politizado[197].

Las dinámicas políticas y sociales que se articulan en este barrio marginal encajan en el proceso que tuvo lugar en las zonas suburbiales de muchas ciudades donde la exclusión social se convierte en el escenario ideal donde desarrollar el trabajo político. En este caso, se forma un espacio en el que participan diversos grupos, sean de corte político, apostólico o social, que cierran el círculo para darle forma al movimiento vecinal. La emergencia de crear espacios autónomos fuera del alcance de la injerencia del régimen añadiendo la cobertura y protección de la Iglesia resultó clave, cuyo sector más renovador, se estaba distanciando del edifico franquista, en lo que supuso un doble acercamiento de posturas entre cristianos y comunistas que ya se había planteado en el mensaje de reconciliación nacional. Los comunistas fueron conscientes de la necesidad de liberar la lucha política de interferencias religiosas para crear el nuevo clima político que propugnaban, al considerar que además de la Iglesia portadora de una religión alienante con el régimen en todos sus preceptos, había surgido otra que denunciaba vigorosamente la situación. El Concilio Vaticano tuvo unas consecuencias favorables para el acercamiento entre comunistas y católicos[198].

Las razones de este interés hay que buscarlas en la creciente actividad de las organizadas CCOO, de la que el PCE es consciente,

---

[197] Bruce Gilley, "Democratic enclaves in authoritarian regimes", *Democratization,* 17 (2010), pp. 389-415, p. 402.

[198] Jesús Sánchez Rodríguez, *Teoría y práctica democrática en el PCE (1956-1982),* Madrid, FIM, 2004, pp. 122-125.

pidiendo expresamente la colaboración al convertirse el sindicato en el nexo de unión al albergar ambas militancias[199]. El diálogo contribuye a que, en ciertos espacios sociales específicos, cuaje la composición de figuras proasociativas diversas que logran impulsar la creación de movimientos vecinales que resultaron fundamentales en el proceso de cambio social y de resistencia al régimen, al asociar la lucha por la mejora de las condiciones materiales con el activismo cívico, crítico y cultural[200]. En 1967 se crea la asociación de Vecinos de la Virgencica, una de las primeras de España, a la que pronto se le suman la de otras barriadas próximas como el Cerrillo de Maracena y la del Polígono de Cartuja. El enclave prodemocrático de la barriada tomó cuerpo legal y moral con los "Estatutos de la Asociación", que recogía en sus numerosos artículos las aspiraciones de ciudadanía y de libertad política que, adelantándose al proceso democratizador, constituían la relación activa entre pueblo, estado y ciudadanía con la puesta en marcha de mecanismos plurales de integración social en abierta respuesta a la desatención oficial que sufrían; "la asociación respetará la libertad de conciencia de sus asociados en materia de religión y política ... la Asamblea General es el órgano supremo de la Asociación, y está compuesta por todos los socios"[201].

Del mismo modo que ocurrió en el ámbito laboral con la *Ley de Convenios Colectivos,* la aprobación por parte del régimen franquista de la *Ley de Asociaciones* el 24 de diciembre de 1964 sirvió de marco legal para el surgimiento en España de uno de los movimientos sociales más representativos e importantes del Tardofranquismo y la Transición Política a la Democracia: el movimiento vecinal. Un movimiento que tempranamente acaparó gran atención e interés entre

---

[199] Federico Melchor, "Comunistas y católicos", *Nuestra Bandera,* Nº56, 4º trimestre de 1967.

[200] Véase para la zona de Cataluña a Cristian Ferrer González, "Ya estábamos en los tiempos de la transición. El cambio social bajo los pies del franquismo: espacios, socialización y desafíos en la Cataluña rural (1960-1976)", en Alberto Reig Tapia y Jesús Sánchez Cervelló, *Franquismo en el mundo contemporáneo,* URV/UNAM, Tarragona/Ciudad de México, 2016, pp. 261-290.

[201] "Asociación de Vecinos del Barrio de la Virgencica. Estatutos de la Asociación", Granada, 17 de marzo de 1969, artículos 9º y 15º, Archivo personal de Luis López García.

los especialistas[202]. La nueva ley de 1964 reconocía por vez primera el derecho de asociación, convirtiéndose en un revulsivo para el afloramiento de la protesta social y para la organización de plataformas opuestas a la naturaleza dictatorial franquista[203], posibilitando nuevos espacios de sociabilidad. En ellos, la población tomó conciencia de las contradicciones políticas generadas por la dictadura, así como de las deficiencias producidas por el desarrollo económico impulsado por el propio franquismo[204].

La asociación de vecinos de la Virgencica dará cobijo y protección a las Juventudes Comunistas en sus comienzos, celebrándose allí las primeras reuniones de unos jóvenes que ansiaban organizarse de forma autónoma creando un espacio propio, "en ese barrio (Virgencica) nos sentíamos seguros por lo del cura (Quitian) y porque parecía que allí no iba nadie (policía). Estábamos como en una espacie de zona alejada de peligro"[205]. Arropados por párrocos, el alba del movimiento vecinal surge de la necesidad de los intereses y necesidades, tanto vitales y materiales, de la gran mayoría de vecinos que empezó a residir, a partir de los años cincuenta, en los nuevos barrios y distritos periféricos: "en lo social optamos por los pobres, distanciándonos de los ricos, como una consecuencia de la profundización vivencial Evangélica"[206]. Aunque los jóvenes trabajadores, los curas obreros y los vecinos libraban batallas distintas, profesaron actitudes de solidaridad mutua con reivindicaciones similares, pero con acciones políticas distintas: "en las barriadas Obreras, en torno a una actividad juvenil concreta...para agrupar a un gran número de jóvenes y realizar a través de esa actividad de masas su trabajo político con reivindicaciones propias del barrio, acciones sobre cuestiones

[202] Manuel Castells, *Ciudad, democracia y socialismo: la experiencia de las asociaciones vecinales madrileñas*, Siglo XXI, Madrid, 1977.

[203] Los casos de Madrid y Barcelona en Vicente Pérez Quintana y Pablo Sánchez León, (eds.), *Memoria ciudadana y movimiento vecinal. Madrid 1968-2008*, La Catarata, Madrid 2009; y Carme Molinero y Pere Ysás (coords.), *Construint la ciutat democràtica. El moviment veïnal durant el tardofranquisme i la transició*, Icaria, Barcelona, 2010.

[204] Pamela Radcliff, "Las asociaciones y los orígenes sociales de la transición en el segundo franquismo", en Nigel Towmson, *España en cambio. El segundo franquismo, 1959-1975*, Siglo XXI, Madrid, 2009, pp. 129-158.

[205] Entrevista a Francisco Megías Rodríguez, Maracena, 7 de enero de 2022.

[206] Antonio Quitián González, "Memorias", p. 47.

locales, educación política de los jóvenes…"[207]. Lo interesante es que la formación de las Juventudes Comunistas de Granada surge de la iniciativa de los hijos de los militantes del PCE del barrio de la Virgencica a instancias del secretario de organización de Granada José Carmona:

> Pepe (Carmona)me animó a que impulsáramos las Juventudes Comunistas de Granada, con un grupo de jóvenes que la mayoría eran hijos de militantes del partido…el día 2 de enero de 1966, con más gente del barrio hicimos una reunión, constituyendo la primea célula de las Juventudes Comunistas de Granada desde la guerra ... Fui nombrado responsable político con 15 años y medio. Ahí empezamos a trabajar[208].

Un sector de la población, viéndose desplazada a los márgenes y a la periferia de la ciudad, con escasa proyección y nula pujanza económica, desarrollan su etapa juvenil en barrios y distritos desprovistos de infraestructuras y servicios básicos, carencias que impedían el disfrute de unas condiciones de vida dignas a sus ocupantes. Estos jóvenes ocuparon un espacio suburbano inmundo por las condiciones, hilvanado por las precarias construcciones y el carácter suburbial de la Virgencica, cuyo espacio desbordaba el cinturón urbano por la miseria y por las necesidades apremiantes en cuanto a dotación de infraestructuras que mínimamente requerían. La desatención oficial que sufrió el barrio favoreció para que, en el plazo de un par de años, allí se reuniesen los jóvenes comunistas en sus respectivas organizaciones, fundidas a partir de 1968 principalmente en las CCOOJJ, "aquello (Virgencica) lo vimos como una zona de seguridad al estar al margen de todo"[209]. Reuniones que las asumían como una especie de exploración o de inmersión en lo oculto, en lo marginal, en lo que parecía en aquel momento un mundo diferente, "daba miedo entrar allí, por eso no iba ni la policía. Al poco tiempo, salimos de allí

[207] "Llamamiento a la juventud", Fondo organizaciones juveniles, AHPCE, Caja 153, p. 2.
[208] Entrevista a Manuel Sánchez Diaz en AHCCCOO-A.
[209] Entrevista a Francisco Megías Rodríguez, Maracena, 28 de enero de 2022.

cuando logramos reunir a un grupo grande de jóvenes, y empezamos a reunirnos en la casa de mis padres en Maracena aprovechando que estaban en Alemania"[210].

Muy próximos entre sí, pronto se le unen los barrios del Polígono de Cartuja y del Cerrillo de Maracena. A partir de un informe de la asociación de vecinos del primero podemos constatar el deterioro y la degradación que llegaron a mostrar aquellas barriadas de las áreas urbanas del país, que se extendieron por muchas de las capitales de provincia:

> El Polígono de Cartuja es un barrio nuevo. El más nuevo de Granada. Pero es un barrio viejo. Viejo en cuanto a los problemas que padecen sus habitantes:
>
> 1. Luces: el Barrio tiene las calles asfaltadas y las farolas puestas, pero no hay luces en la mayor parte de las calles o se encienden y apagan a destiempo. Desde que se pone el sol, se ven muchas personas que suben con linternas desde el autobús a la casa.
>
> 2. Autobuses: A partir de las 10 de la noche, no llegan hasta el final del trayecto, se quedan en la parte de abajo. Esto supone dos cosas para los que viven arriba: o cogerlo a las nueve y media, aunque queden cosas por hacer a esa hora, o tener que andar después medio kilómetro a oscuras y prácticamente por descampado.
>
> 3. Señales de Tráfico: el barrio no tiene un mal paso de cebra ni una señalización vertical. Hay escuelas, niños que salen corriendo, personas que tienen que atravesar la carretera y las calles.
>
> 4. Servicios Comerciales: salvo en una zona del barrio (la parte baja de la carretera), no hay un solo sitio donde comprar una barra de pan, una botella de leche o un kilo de tomates. Una mujer para hacer la compra tiene que ir a la plaza y andarse un kilómetro cargada a la vuelta.
>
> 5. Médicos: este problema es más general. El barrio tiene miles de habitantes y no hay más que un médico privado para atender en caso de urgencia. Es decir, estamos vendidos. Y cuando la cosa no es urgente, hay que perder horas y horas en ir, venir,

[210] Entrevista a Manuel Moreno Linares, Maracena 3 de febrero de 2022.

> esperar y aguantar. No hay en el barrio un solo servicio para poner inyecciones.
>
> 6. Teléfonos: la Telefónica nos considera extrarradio y nos trae los avisos de conferencias. Solo una zona del barrio está atendida con una o dos cabinas. Otra zona no tiene ni un solo teléfono. Ya un grupo de mujeres se planteó este problema e ir en comisión a Telefónica[211].

La Asociación de Vecinos del Cerrillo de Maracena, que se crea a finales 1969, impulsada por el párroco de la barriada y por un grupo de vecinas y vecinos al que llegan pronto militantes del PCE y de CCOO, se articula con demandas parecidas debido a las carencias del barrio motivadas por una ignorancia y olvido de los gobernantes de Granada hacia una barriada que pertenecía a su término municipal. La desatención oficial que sufrían los vecinos del Cerrillo fue el condicionante principal para que, al abrigo del párroco, vecinos y vecinas se reunieran en la iglesia para demandar los servicios básicos que pudiesen, mínimamente, mejorar la vida comunitaria de sus habitantes. La llegada a principios de los años setenta de Miguel Ruz Rodríguez, de Nicolás Cañavate Sánchez y Emilio Rodríguez Ávila, los dos primeros militantes del PCE y el segundo de CCOO, significa un impulso para la asociación de vecinos, al implantar métodos estrictamente democráticos y de inclusión como mecanismos de organización comunitaria desempeñando un papel social y político activo que el franquismo les negaba. Cumplían, los dos primeros, con la estrategia del PCE de dirigir los movimientos sociales, el papel director del partido de la movilización social:

> ... el cura del Cerrillo había hecho un gran trabajo junto a varios vecinos antes de llegar nosotros (1969). Nuestra aportación comienza con hacer y decidir todo en asambleas, como en comisiones (CCOO), y así es como empezaron a venir a las reuniones cada vez más gente. Hacemos comunes las carencias de aguas, de

---

[211] Archivo de la Hermandad de Obreros de Acción Católica. Hoja Informativa, marzo de 1973. Caja 32, Carpeta 4.

> calles de barro y sin luz, de falta de médico, de escuelas. Como el ayuntamiento (Granada) no nos hacían caso, lo que hacemos es poner una cuota y hacer las fiestas para recaudar dinero para hacer las cosas nosotros sin depender de nadie[212].

La génesis del movimiento vecinal en España y el motivo principal de su arraigo fue el impulso de la participación política de la ciudadanía. La articulación del método asambleario como instrumento decisorio provocó que cualquier vecino se sintiera partícipe y protagonista de la gestión social de su comunidad. Los dos ejemplos granadinos nos muestran que en ambos espacios confluyeron las convergencias y sinergias político-sociales que diversificaron las actitudes democráticas para lograr integrar a sectores y fuerzas que dinamizaron el desarrollo social. La convergencia en estos barrios periféricos de párrocos progresistas, de militantes comunistas y de comisiones, de miembros de la HOAC, y de jóvenes en proceso político formativo, acomodan enclaves proclives a la democratización en respuesta a la desatención oficial fundamentados por el carácter suburbial de dichos espacios vertebrando unas dinámicas organizativas que nutren a las asociaciones allí creadas con funciones de una suerte de ayuntamientos paralelos.

Durante el periodo embrionario de CCOO, los comunistas se arroparon de un sentimiento compartido de pertenencia a una comunidad de trabajadores y de valores, que no provino exclusivamente de las heterogéneas relaciones de producción vividas por cada oficio, sector y localidad, sino por la aceptación y el uso de leguajes, discursos, acciones protesta y actitudes sociales que los propios militantes implantaron en su vida cotidiana[213]. A pesar de ser el sector de la construcción el predominante dado el doble fenómeno que sufrió durante estos años de expansión e inestabilidad para sindicalizar la acción política, los militantes supieron partir desde esa rama profesional con los apoyos fundamentales de los sectores del campo y de los transportes, para desplegarse hacia otros presuntamente menos proclives como el de la Banca o el del Comercio.

[212] Entrevista a Emilio Rodríguez Ávila, Cerrillo de Maracena, 7 de marzo de 2022.
[213] Rafael Cruz, *Protestar en España. 1900-2013*. Madrid, Alianza Editorial, 2015.

Para propiciar conciencia de formación política, en esta fase, fue fundamental la creación de CCOO, ya que modificó las relaciones laborales, sociales y políticas de cientos de trabajadores que no habían experimentado el sindicalismo histórico, y que contemplaron esta "nueva" pertenencia como baluarte para la emancipación de la clase trabajadora, tal y como propugnaban las actas fundacionales del sindicato. Una nueva identidad sobrevolaba en la España de los sesenta, que era totalmente simultánea, pero no excluyente con otras fuerzas políticas y sociales, a la noción e identidad de ser comunista: "soy de comisiones y del partido comunista"[214]. Las experiencias recogidas en este estudio son una muestra de que en la noción del pasado como "historia", se han de distinguir los recuerdos individuales para la construcción de la imagen del pasado de las prácticas oficiales y de los documentos escritos, ya que las evocaciones personales y las fuentes orales son "memoria viva" que puede responder en sentido positivo o negativo a la elaboración intencionada del partido, es decir, a la "historia oficial"[215].

Tanto los militantes del PCE como los de CCOO, adquirieron las competencias internas adecuadas que generaba la sindicalización de la acción política, para estimular y comprometer la acumulación que hizo posible un capital social de grupo, como teoriza Pierre Bordieu en sus reflexiones sobre la reproducción social. La red de vínculos que establecieron les procuró un sentido de pertenencia de grupo que fue cimiento de la solidaridad que las hizo posibles, siendo este un dato natural no medible producto del trabajo de la instauración y del mantenimiento necesario para producir y reproducir vínculos durables y útiles, adecuados para procurar beneficios materiales o simbólicos. Las redes de vínculos respondían a estrategias de inversión social conscientes que, orientadas hacia la institución o reproducción de relaciones sociales de utilidad directa, transformaban las relaciones contingentes entre vecinos, entre compañeros de trabajo y entre familiares. Este tipo de vínculos y relaciones, simultáneamente necesarias y electivas, implicaban obligaciones durables subjetivamente percibidas

[214] Entrevista a Luis López García, Maracena, 8 de marzo de 2021.
[215] Marie Claire Lavabre, *Le fil rouge*...pp.23-34

como comunicaciones que suponían y producían el conocimiento y el reconocimiento mutuos[216].

Basadas estas relaciones en resonancias emotivas, en intensos sentidos de pertenencia, o en la red de vínculos que se establecen de forma inherente en las zonas más desfavorecidas y en la necesidad de respuesta de los sujetos sociales, los militantes comunistas lograron en esta etapa crear un capital social colectivo, un poder que no se concentraba en un solo agente, participando cada agente como capital colectivo en la militancia del PCE y más tarde en la de CCOO, y que en la mayoría de los casos suponía una doble pertenencia que se traducía en una sola identidad. En unos tiempos que parecen olvidar el papel que históricamente ha jugado el sindicalismo como protagonista evidente de la democracia y de la igualdad universal, el pasado casi épico del movimiento socio-político más genuino de la historia de España se tiene que revalorizar atendiendo a los sujetos sociales que lo hicieron posible. Ponerse de acuerdo politizando el trabajo se convirtió en un mecanismo de reproducción social que se fue asentando en la sociedad española como instrumento de oposición en el proceso de cambio que se estaba produciendo en España.

216 Pierre Bordieu, *Las estrategias de la reproducción social*, Buenos Aires, Siglo XXI, 2011.

4.
LA ERA DE LA POLITIZACIÓN INTENSIVA Y LOS COMUNISTAS GRANADINOS. ACCIÓN POLÍTICA, ESPACIOS DE OPOSICIÓN Y JUVENTUD COMO AGENTE SOCIAL, 1968-1977

En el presente capítulo abordaremos el período en el que se revalorizan e intensifican las acciones políticas de los militantes del PCE, coincidente con un ciclo expansivo de movilización social extraordinario que se extendió por buena parte de Europa y de América. Un tiempo político al que no fue ajena España, y que supuso la entrada en la escena opositora de distintas fuerzas y movimientos sociales que convergerían orientando sus acciones y estrategias con el fin de derrumbar al régimen dictatorial. Desde comienzos de la década de los sesenta, a una nueva generación de militantes obreros se les unen militantes estudiantiles en la oposición comunista contra el régimen, a los que pronto se le sumarían católicos y activistas del movimiento vecinal, en un período que abarca hasta la llegada de la Democracia y que consideramos fundamental, ya que la incorporación de jóvenes activistas como impulsores del cambio social se incrementará hasta el punto de atribuirse de manera colectiva la responsabilidad de cambiar el mundo. La movilización social durante esta fase, alcanzó una nueva y considerable intensidad, posicionando al PCE definitivamente como el principal ariete del antifranquismo a pesar de la aparición de otras fuerzas opositoras.

La cultura obrera de protesta había tenido para el caso español una evolución diferente que a la del resto de sociedades occidentales, afectadas mucho antes por el proceso de formación de una nueva clase obrera industrial, por lo que este proceso en España se produce de forma más tardía en esa segunda mitad del siglo XX. Una de las características centrales de la formación de la clase obrera en España en este período, es el de la aceleración con la que se produce, mezclándose el proceso con la formación de la sociedad de consumo de masas, una articulación que compite estrechamente con la cultura de protesta de clase, por lo que la crisis de las formaciones políticas de clase llega antes que su maduración. Esta cuestión empezará a vislumbrarse al final del período tratado mediante un proceso complejo y de difícil comprensión, durante el cual el tiempo histórico de formación de conciencia de clase funciona parejo, al mismo tiempo, que al de su disolución[1].

Los cambios sociales y culturales acaecidos en la década de los sesenta fueron resultado de una lógica consecuencia de tendencias en marcha impulsadas por apetencias y sentimientos de gran parte de los españoles. A la alteración fundamental en el modo de pensar y de opinar, hay que sumarle el cambio de actitudes que se venían gestando principalmente en numerosas capas de la población civil. Un cambio de actitudes que visibilizaban nuevas formas de vida, en las que algunos modelos del pasado se hacían irreversibles demostrado su caducidad, confluyendo con la posibilidad de que se podían vivir otras vidas. Muchos españoles crecieron en ámbitos de transformaciones constantes que implicaban fascinarse con un futuro donde todo podía darse. En este sentido, estos mismos españoles habían sido excluidos por buena parte de la sociedad, lo cual al mismo tiempo supuso que fueran los artífices del agotamiento y falta de credibilidad del edificio franquista. En el apartado anterior, se ha puesto de manifiesto como la red sindical que logra tejer y dinamizar CCOO como organización sociolaboral, permitió la conexión entre el PCE y la clase social que representaba, encontrando una fórmula común para que muchas personas se movilizasen a pesar de las consecuencias que podían acarrearles.

Estos mismos sujetos, amparados en la militancia e insertos en los movimientos sociales, estuvieron en condiciones de poner al descubierto las injusticias del gobierno franquista, analizar las acciones de acuerdo a sus causas y motivos, y facultarlas con el fin de conseguir la libertad política que proporcionase la libertad de expresión conducente a la democratización del país. Tanto la unidad como la amplitud del frente de oposición a la dictadura se solidifica con la irrupción a todos los efectos del movimiento estudiantil, forjado en

[1] Xavier Domènech Sampere, "La clase obrera...", pp. 201-225.

los cursos de mediados de los sesenta, cuestión que permitió, en ese marco, que la política represiva del régimen favoreciera la politización de la mayoría estudiantil. Un ciclo de movilización, partiendo de la universidad y del movimiento obrero, en el que los militantes comunistas desempeñan un papel protagonista, consiguiendo adentrarse en el espacio público de forma progresiva y continuada auxiliados del modelo asambleario como principal instrumento de acción política[2]. Desde este marco, se abrieron espacios de libertad que contribuyeron de forma decisiva en la evolución de los valores y las actitudes de los españoles hasta hacerlos incompatibles con los de un estado autoritario.

Del mismo modo, proponemos que para desgranar los factores y los móviles que inspiraron e impulsaron la aparición de los movimientos sociales dentro de la vasta y variada oposición en defensa de las libertades y derechos democráticos contrarios al régimen dictatorial, señalamos la emergencia fundamental de la expansión de las oportunidades políticas, como circunstancia idónea para el despliegue de amplios movimientos sociales, para la movilización colectiva y para la aparición de un ciclo de protesta[3]. Los factores que concurrían e interactuaban simultáneamente sirvieron tanto para la toma de conciencia y el reclutamiento, como para finalmente la actuación abierta. Tal y como venimos proponiendo, los contextos de micromovilización que fueron capaces de activar los militantes comunistas superaron el espectro de la organización clandestina del PCE ya que, reforzados por sus ligaduras afectivas y por las redes visibles e invisibles de amigos, familiares, vecinos, compañeros de trabajo y de curso o facultad, lograron fundamentar diversos mecanismos justificadores, alimentando el marco relacional para superar las desarticulaciones policiales, la represión y la ausencia de espacios de libertad. Las tensiones políticas, los cambios sociales y el tránsito hacia el diálogo con otras culturas políticas de los sectores religiosos, atravesaron un contexto determinado por la progresiva pérdida sobre

[2] Jordi Sancho, “Nuestro 68 fue el 66. El movimiento estudiantil antifranquista en el marco global de los sesentayochos. Barcelona, 1965-1969”, *Historia del Presente* 34, (2019), p. 173.

[3] Doug McAdam, “Micromobilization, Contexts and Recruitment...”, pp. 125-154.

el control social que había dominado la estrategia política franquista desde su instauración. La pérdida de credibilidad del régimen estuvo relacionada con la creación de voluntades colectivas de cambio y por el impulso decidido que los comunistas tensionaron para tener presencia en todo aquel movimiento susceptible de plantear reivindicaciones tanto sociales como políticas.

Mediante un proceso creativo que hubo de ser cultural, el papel de las nuevas generaciones, sobre todo estudiantiles, fue la de crear una nueva realidad que por encima de todo pudiera romper el silencio extendiendo la transformación de la universidad como institución social al servicio de las imperantes necesidades sociales. Considerables sectores de estos estudiantes encontraron en la política la solución al problema de la transformación de la sociedad entendiendo que el paso adelante para su consecución era la militancia política. La organización comunista del ámbito estudiantil ofrecía la plataforma idónea para dar ese paso, para estar en contacto con la clase obrera y para que el compromiso que se adquiría tuviera un espacio propio. El despliegue de la movilización se hizo efectivo porque en cada espacio de actuación, los comunistas tuvieron la voluntad de ensanchar la presencia social del partido estimulando acciones de contenido reivindicativo que impulsaban propuestas de democratización social. Las actitudes y acciones de obreros, estudiantes y vecinos conformaron un cúmulo de experiencias comunes reflejados en el logro de sólidas conciencias de comunidad creando en determinadas zonas, atmósferas de afirmación identitaria.

Si bien a comienzos de los años sesenta, cuando la comunista italiana fue enviada a España para informar de la situación de la oposición antifranquista, no encontró ni una clase trabajadora organizada ni un poder monolítico o fascista visible, encontrando una oposición menor y dispersa inmersa en un régimen camaleónico "que ni se veía"[4], a mediados de esa década la situación cambió ostensiblemente. La presión de la movilización social, en la que la ocupación de las estructuras sindicales fue fundamental, se le suma la incorporación

[4] Rossana Rossanda interpretó para ese viaje que "si alguien hablaba, no sería el pueblo", Rossana Rossanda, *La muchacha del siglo pasado,* Foca, Madrid, 2008, p. 277.

de un ciclo de protesta juvenil con fuertes componentes culturales y en menor medida, contraculturales[5]. El aumento de la protesta se amplió significativamente recogiendo el testigo de años anteriores y de antiguas batallas culturales y políticas que se expandían socialmente con un marco interpretativo conjunto de consecución democrática a través de la movilización pública y colectiva. El sentido último de estas manifestaciones populares y políticas, era el de participar en la esfera pública con el cauce de la ocupación democrática de la calle[6].

Como tendremos oportunidad de comprobar a lo largo de este capítulo, los comunistas granadinos fueron capaces de intervenir efectivamente en la creación de situaciones sociales nuevas que sustituían a situaciones sociales tradicionales que se encontraban en avanzado estado de descomposición, asociándolas con la situación del régimen político dictatorial imperante. Auxiliados por una amplia gama de recursos, la percepción de pertenecer a una cultura política identitaria de compromiso intenso capaz de moldear sus vidas, les hizo sentir parte de un todo donde lo político y lo cotidiano formaban parte integral de su actitud social. Estos elementos, junto a otros, les otorgarán a los comunistas la posibilidad de ocupar un puesto privilegiado en el nuevo escenario de la movilización antifranquista.

"CONTAMOS CONTIGO". ACCIONES Y NO PALABRAS DE LOS JÓVENES COMUNISTAS GRANADINOS

La organización juvenil que va tener éxito en Granada serán las Comisiones Obreras Juveniles (CCOOJJ). Fruto de la progresiva influencia de CCOO en la provincia, una de las reuniones a las afueras de Granada da como resultado la conveniencia de crear un grupo estrictamente juvenil que desarrollase acciones distintas a las de los mayores, con la intención de que estas fueron más visibles, o cómo se denominaban en aquel momento, más abiertas. La intención era articular un movimiento amplio de jóvenes aprovechando

[5] Alberto Carrillo Linares, *Subversivos y malditos en la universidad de Sevilla (1965-1977)*, Centro de estudios andaluces, Sevilla, 2008, p. 22.

[6] Rafael Cruz, *Protestar en España...*, pp. 177-185.

, la situación cada vez más difícil de la juventud obrera, que estaba aproximándose al sindicato habida cuenta de los problemas a los que se enfrentaban los jóvenes. Surgidas en Madrid, en la segunda mitad de los sesenta, sus manifiestos advertían de la explotación y falta de expectativas de la juventud obrera. La interpretación de las CCOOJJ sobre la situación del joven en el mundo laboral estaba directamente relacionada con la falta de derechos y con el momento político, entrecruzando por tanto la falta de libertades políticas con la falta de oportunidades respondiendo a la voluntad de ensanchar la presencia social del partido entre los más jóvenes:

> Injusticia y la explotación de que es objeto a la juventud obrera en las fábricas, en los talleres y en el comercio. Hoy, de nuevo, ante la grave crisis que atraviesa nuestro país, ante la falta de libertades: Sindical, de asociación, de reunión y de manifestación, ante la negación del derecho de huelga, las CC.OO.JJ., parte integrante del movimiento de Comisiones Obreras y vanguardia de la juventud trabajadora madrileña, denuncian la situación en que nos encontramos a todos los niveles debido a la incapacidad de unas arcaicas estructuras[7].

La participación política de la juventud obrera se diferenciaba con esta ramificación, como la alternativa juvenil de las comisiones, con el objetivo de ir creando una tupida red de jóvenes dispuestos a organizarse específicamente con reivindicaciones propias dirigidas especialmente a la situación del joven en la empresa, que "en nuestro país está creada para la explotación de los obreros y el lucro de una minoría, los tiburones de la sociedad capitalista"[8]. Manuel Moreno Linares (1949) y su hermana Ángeles empezaron a militar en las CCOOJJ nada más regresar en 1969 a Maracena desde Alemania, "allí (Alemania) vimos una situación muy diferente en el trato que se le daba a los trabajadores", donde se habían marchado con sus padres unos años antes. Comprobaron en primera persona lo que

[7] "La juventud comunista", Fondo Organizaciones Juveniles, AHPCE, Caja 153, Carpeta 5/5. p. 1.
[8] Ibídem.

significaba sindicalizarse en un país democrático y cómo a los jóvenes se les preparaba en escuelas de formación profesional, "en la mayoría de los casos, los jóvenes entran en el taller, en la fábrica o el comercio, antes de tiempo y sin preparación cultural suficiente, por la falta de medios económicos de sus familias"[9]. A las afueras de Granada y cerca de la Virgencica se encontraba el Centro de Formación Profesional "Virgen de las Nieves", espacio de aprendizaje al que el régimen había pedido colaboración económica a los ayuntamientos de Maracena y Albolote, y en donde se encuentran algunos jóvenes que comparten formación, inquietudes y expectativas de futuro: "allí nos encontramos siete u ocho jóvenes, además muy activos, con muchas ganas, con mucho entusiasmo, la verdad es que había pocos sitios donde hubiera esa entrega"[10]. De este encuentro nacerá la primera célula de comunistas de Albolote, jóvenes entre 15 y 17 años que empiezan a reunirse en un almacén de electrodomésticos y que a través de Antonio Pérez Bolívar mantienen el contacto con el responsable de las CCOOJJ. La creación de la rama juvenil supone para los jóvenes una entrada en la militancia más cómoda y más identitaria al pertenecer a un espacio creado para el desarrollo partidario en un grupo específico:

> En Albolote había surgido un núcleo de compañeros que habían tenido conexión, a través de sus estudios en la escuela de formación profesional Virgen de las Nieves, en lo que era entonces el barrio de la Virgencica, con gente de Granada, con otros militantes del Partido y de las Juventudes Comunistas, los que disimulaban su militancia diciéndose ser de Comisiones Obreras Juveniles, siendo verdad y real su participación en las actividades de Comisiones además de las del Partido; pero claro no era lo mismo que la policía ser militante comunista que ser de Comisiones[11].

---

[9] Ibídem.

[10] Manuel Sánchez Díaz fue el responsable político de las primeras COOJJ de Granada. Entrevista a Manuel Sánchez Díaz en Historia del PCE de Albolote. Archivo PCE/PCA Albolote, 2016.

[11] Entrevista a José Antonio Ramírez Milena, Albolote, 24 de junio de 2019.

Al espacio propio que van conformando los jóvenes lo dotan de su propio programa reivindicativo, acudiendo junto a los demás militantes a las jornadas de lucha del 30 de abril y del 1º de mayo de 1968, donde se perfilan como organización autónoma de la juventud representando y escenificando la acción con consignas de protesta específicas, en esos abril y mayo "sesenta y ochistas", que es cuando las CCOOJJ de Granada hacen acto de presencia lanzando sus propias octavillas donde recogen los anhelos y carencias del segmento de edad al que representaban, y que reproducimos al completo dada su importancia:

¡¡JÓVENES TRABAJADORES DE GRANADA!!

Durante los días 30 de abril y 1º de mayo, la clase trabajadora se unirá en la lucha contra la ineficacia del Sindicato Vertical. Nosotros tenemos conciencia de que se nos niegan los más elementales derechos, tales como:

a. La falta de escuelas de formación profesional, donde podamos aprender un oficio.

b. Un puesto de trabajo fijo, con un salario suficiente para poder montar un hogar.

c. Que los jóvenes que trabajamos como especialistas y se nos paga como aprendiz, se nos abone con arreglo al trabajo que realizamos.

d. La edad legislada para comenzar a trabajar es la de 14 años. Sin embargo, muchos de nosotros tenemos que hacerlo antes para ayudar a nuestras familias.

e. No tenemos organismos que nos representen y nos defiendan.

f. La imposibilidad de cursar estudios superiores.

g. La imposibilidad de contraer matrimonio a causa de la carestía de la vivienda.

h. Carecemos de campos de deporte donde practicar. Siendo tan necesario para el desarrollo físico.

¿A QUIÉN VA DIRIGIDO EL ESLOGAN "CONTAMOS CONTIGO"?

Ante esta serie de problemas, los jóvenes trabajadores hemos acordado participar junto con nuestros compañeros de las Comisiones.

¡POR UN SALARIO DIGNO, LIBERTAD SINDICAL, LEGALIZACIÓN DEL DERECHO DE HUELGA, AMNISTÍA GENERAL PARA LOS PRESOS Y EXILIADOS POLÍTICOS Y POR TODAS LAS LIBERTADES Y DERECHOS DE LOS TRABAJADORES!

Las Comisiones Obreras Juveniles de Granada. Abril/1968[12]

Aún dependiente del comité provincial del PCE, los jóvenes que ingresan en la rama juvenil de CCOO refuerzan su carácter distintivo con reuniones propias, en las que se va incrementando el deseo de realizar acciones específicas que perfilen su propia autonomía. A mediados de 1967 se habían constituido como grupo en una reunión a las afueras de Atarfe con la afluencia en torno a las 200 personas en una convocatoria rodeada de liturgia clandestina que contribuyó a que, la misma puesta en escena lograra atraer a muchos jóvenes para el ingreso en la vida militante. Mediante la táctica centenaria del "boca a boca", la avanzadilla de este movimiento logró que, a la caída de la tarde de un día caluroso del verano de 1967, más de doscientos jóvenes escuchasen a Manuel Sánchez Díaz, obrero, y a Antonio Cruz Jiménez, estudiante del Instituto Padre Suárez, de la conveniencia que requería, y de forma perentoria, la unión de las fuerzas del trabajo y de la cultura, tal y como trasmitía el PCE[13]. La aparición de las CCOOJJ respondía a la creación de una vanguardia que desarrollase acciones públicas más abiertas que, protagonizadas por los militantes más jóvenes, aseguraran el relevo generacional y la trasmisión de reivindicaciones propias de la juventud. Sus dos jóvenes responsables representaban al mundo del trabajo uno (Sánchez Díaz), y al mundo estudiantil de la enseñanza media el otro (Cruz

---

12 "Jóvenes trabajadores de Granada", Fondo Movimiento Obrero, AHPCE, Caja 83, Carpeta 4/3-1.

13 Entrevista a Manuel Sánchez Díaz en AHCCOO-A. Entrevistas a algunos de los allí presentes como José López Martínez, Manuel Moreno Linares, Francisco Megías Rodríguez, de 18, 17 y 16 años de edad, respectivamente, en aquel momento.

Jiménez). El Comité Ejecutivo del PCE en su resolución de 1969 las definía como un espacio con autonomía propia:

> Aspecto particularmente importante del movimiento obrero en los últimos tiempos es el surgimiento de las COJ que, ligadas a las CCOO, pero dotadas de una autonomía efectiva, están consiguiendo movilizar a sectores cada vez más amplios de la juventud trabajadora. Su aportación a la lucha será tanto mayor cuanto más concretamente elaboren las reivindicaciones específicas de los jóvenes obreros y obreras, en las empresas y en los lugares de trabajo. A la vez, su participación en los "comandos" –que son una emancipación de la lucha de masas– es una forma muy eficaz de contribuir al combate general por la democracia[14].

La estrategia promovida por el PCE adquiría la pretensión de captar nuevos militantes o bien ascender de nivel a jóvenes cuadros intermedios que vinieran mostrando pruebas de su capacidad con la misión ultima de relanzar el movimiento obrero. Era una de las medidas adoptadas para responder a la represión y de paso contrarrestar sus dificultades organizativas en una acción que en sentido amplio era propagandística y contrainformativa, que intentaba devolver el protagonismo público de CCOO tras la ilegalización[15]. La creación de estas ramificaciones supondría que el activismo cotidiano en el seno de los movimientos sociales impulsara los métodos democráticos, al dotarlas de una considerable autonomía operativa. Hasta mediados de los setenta, las decisiones impuestas en el partido fueron pocas en relación al conjunto de las que los militantes debían tomar para su actividad[16]. En Granada, el surgimiento tanto de CCOOJJ como de las UJC responde a esta autonomía. En un período corto de tiempo, además de fusionarse en la práctica ambas organizaciones, articulan progresivamente dinámicas propias tal como proponía el

[14] "Resolución del Comité Ejecutivo del Partido Comunista de España", Mundo Obrero, Nº10, 24 de mayo de 1969, p. 3.

[15] "Comisiones Obreras clandestinas", AHCCOO-A, Sig.9.3.

[16] Francisco Fernández Buey, "¿Qué democracia queríamos los comunistas? Recuerdos y reflexiones, en Manuel Bueno Lluch, Manuel y Sergio Gálvez Biesca, (eds.), *Nosotros los comunistas, Memoria, identidad e historia social,* FIM, Madrid, 2010, p. 400.

PCE, "actuando junto al Partido, compenetrada con su política e ideología, la Unión de Juventudes Comunistas será una organización independiente, con su propio estilo de trabajo"[17]. Los comunistas convocaban a las y a los jóvenes obreros, campesinos y estudiantes, a retomar la dinámica propia de las históricas Juventudes Socialistas Unificadas (JSU), con el fin de construir una organización formalmente independiente, aunque encuadrada en el partido. La función esencial consistía en transformar la creciente rebeldía juvenil antifranquista en una "Combatividad Consciente"[18].

Ese intento de canalizar la rebeldía con una organización de vanguardia combativa tendrá su expresión en los *Comandos*, pequeños grupos que se crearon a propósito para llevar a cabo acciones de "guerrilla cívica", un mecanismo surgido durante el estado de excepción con unas formas de agitación para mantener la visibilidad mientras no se pudieran organizar auténticas acciones de masas[19]. Con el objetivo de extender la influencia de las comisiones fuera del centro de trabajo, las operaciones de los Comandos estaban vinculadas orgánicamente a CCOO y sus integrantes pertenecían a las CCOOJJ, con la intención de conectar la realidad del mundo del trabajo con las nuevas realidades del asociacionismo juvenil: "en pleno estado de excepción, los comandos de las Comisiones Obreras Juveniles y de los estudiantes han llevado a cabo en Madrid, Barcelona, Sevilla, Valencia, Zaragoza, Vigo y otras ciudades, audaces acciones de agitación, de combate, ligadas a movimiento de masas"[20]. El orden represivo franquista, concebido como una concepción autoritaria del control y defensa absoluta del régimen establecido y de su ideología, recurrió a la proclamación de estados de excepción desde 1962 hasta 1975, y que ejecutaba ante momentos de empuje de la contestación popular en distintas zonas para en algunas ocasiones

---

[17] "Organizaciones juveniles", AHPCE, Caja 153, Carpeta 4/5.

[18] Francisco Erice Sebares, *Sobre la constitución de la Unión de Juventudes Comunistas, Otubre de 1961,* Documentos para un centenario (1921-2021), en https://www.mundoobrero.es/pl.php?id=11778.

[19] Emanuele Treglia, *Fuera de las catacumbas...*, pp. 252-253.

[20] "Resolución del Comité Ejecutivo del Partido Comunista de España", *Mundo Obrero*, Nº10, 24 de mayo de 1969, p. 2.

aplicarlo a toda la península[21]. El estado de excepción de enero de 1969, con CC.OO ilegalizadas, constituyó la coyuntura para que el PCE reactivara la labor que tenía encomendada a las organizaciones juveniles comunistas.

El PCE contempló las organizaciones juveniles como plataformas autónomas desde el principio, y esa característica fue precisamente la que otorgaba la posibilidad de que neófitos recién llegados lograran tener una autopercepción sobre la cultura de protesta con un protagonismo que le era negado por naturaleza por el régimen, por los patronos, por las familias o por las autoridades en general. El texto con el que se reconstituían las Juventudes Comunistas hablaba de ese carácter autónomo:

> No se trata de crear un segundo partido, un partido de jóvenes. La Juventud Comunista, pese a la dictadura, ha de ser una organización juvenil, amplia, de masas, que una a todos los jóvenes que aspiran al socialismo, que quieren luchar por sus derechos y reivindicaciones. Actuando junto al Partido, compenetrada con su política e ideología, la Unión de Juventudes Comunistas será una organización independiente, con su propio estilo de trabajo[22].

La naturaleza de la protesta incorporaba "un estilo propio" enmarcado generacionalmente otorgando cuotas de autonomía considerables, y abierto a sectores significativos de la sociedad en un momento en el que el mundo occidental se veía sacudido por contestaciones pluridimensionales vinculadas a fenómenos políticos, sociales y culturales. La coincidencia temporal de protestas estudiantiles y obreras, con esquemas interpretativos similares buscaba ante todo autoorganización, autonomía, unidad y democracia. Elementos comunes que utilizaban como instrumento la práctica asamblearia como centro de decisión y de actuación. Aunque las condiciones sociolaborales a las que se enfrentaban los jóvenes constituían las causas principales

---

[21] Sophie Baby, *El mito de la transición pacífica. Violencia y política en España (1975-1982)*, Akal, Madrid, 2018, pp. 346-347.

[22] "Programa y normas de organización. 2º Pleno de la U.J.C.E", Organizaciones Juveniles, Propaganda, AHPCE, caja 152.

para el desarrollo y unidad de las organizaciones juveniles, tal y como refleja el documento fundacional:

> Ante esta situación angustiosa para los jóvenes trabajadores, ante tanta explotación y humillación, la protesta se manifiesta y se convierte en una bandera de lucha. La juventud trabajadora se organiza en CC.OO.JJ. consiguiendo un extraordinario desarrollo en todo el país. Para que la protesta se convierta en una amenaza para las estructuras del país, la juventud debe marchar codo con codo, formando un amplio frente impetuoso, organizadamente y bajo un programa común. Por esto las CC.OO.JJ. agrupan a todos los jóvenes trabajadores sin distinción de ideologías o creencias religiosas. Las CC.OO.JJ. han encabezado la lucha de la Juventud trabajadora en todas las acciones llevadas a cabo por la clase obrera, lo que a forzado las condiciones necesarias para la celebración de esta reunión de representantes de CC.OO.JJ. que adquieren el firme compromiso de seguir encabezando la lucha de la Juventud por el derecho de asociación y reunión, derecho de huelga, libertad sindical, libertad de expresión, respeto a las características nacionales de Cataluña, País Vasco y Galicia, Amnistía General para presos y exiliados políticos y sociales, sufragio universal que permita al pueblo elegir libremente el sistema político que prefiera, realización de una profunda reforma agraria bajo el lema de "la tierra para quien la trabaja", salario mínimo de 300 Pts. con escala móvil y 44 h. de trabajo a la semana[23].

El sector juvenil de comisiones se posicionaba como representante de la juventud trabajadora, con unas reivindicaciones que recogían demandas propias basadas principalmente en mejoras laborales y de formación. Los representantes de las CCOOJJ recogían con este manifiesto las especificidades de la juventud trabajadora, con los que pretendían solucionar la tradicional brecha salarial entre jóvenes y adultos, uno de los principales anhelos y causa de profundo

[23] "Desarrollo y unidad de las comisiones obreras juveniles", Fondo Movimiento Obrero, AHPCE, Caja 83, Carpeta 4/3.

descontento entre la juventud obrera. Un amplio sector de la juventud de la comarca de la Vega granadina se consideró identificado sobre todo con las diferencias de salario a las que se enfrentaban por la condición de ser jóvenes y tener que esperar años para aspirar a un salario que les permitiese emanciparse, casarse, formar una familia y todo aquello que por derecho estimaban que les pertenecía como trabajadores. Manuel García Fernández (1954) era un joven peón del campo que trabajaba en un cortijo en el que sus padres eran "guardas" a las afueras de Granada, entre la barriada de La Chana y Maracena. Recuerda como desde los ocho años trabajaba en el cortijo "en todo lo relacionado con las faenas del campo y los animales, y hasta los 16 no cobré ni un duro, ni fui a la escuela. Con quince años salí un día y cogí un papelillo que decía que la gente joven teníamos que ganar lo mismo que los otros. Se lo dije al señorico al día siguiente"[24]. Manuel recogió una octavilla en Maracena de las CCOOJJ a finales de los sesenta que ha guardado toda su vida, con la que se vio identificado. José Jiménez Luján (1952) alternaba el trabajo en el campo con la construcción en esa época: "los jóvenes estábamos de peones mucho tiempo, y éramos los últimos en todo, en cobrar y en trabajar, aprovechando nuestra edad para pagarnos menos"[25]. José López Martínez (1953), trabajador de la construcción recuerda que otro de los problemas era "que no te aseguraban, no te daban de alta hasta que tenías más edad"[26]. José Pérez Martínez (1953) alternaba campo y construcción hasta que se fue a Francia en 1970, "hacíamos reuniones a las afueras solo los jóvenes en las que estábamos todos en la misma situación, unos días trabajabas y otros no, y siempre nos daban menos dineros"[27]. Estos cuatro jóvenes formaban parte de las CCOOJJ de Maracena desde 1968. Manuel Moreno Linares (1949) regresa de Alemania a Maracena en 1969 e ingresa, como los anteriores, en las CCOOJJ: "Tenía algunas relaciones con mi primo que estaba en la Universidad y hablamos con gente de Maracena. Yo tenía amistad con Pepe "el abuelito" y toda

[24] Entrevista a Manuel García Fernández, Maracena 10 de enero de 2022.
[25] Entrevista a José Jiménez Luján, Maracena, 12 de enero de 2022.
[26] Entrevista a José López Martínez, Maracena, 31 de enero de 2022.
[27] Entrevista a José Pérez Martínez, Maracena, 19 de enero de 2022.

esa gente que eran personajes de la historia sindicalista de aquí, y que ya tenían su peso a nivel provincial. Yo ahí empecé a hacer mis cosillas"[28]. Los jóvenes de Maracena se encuentran con un comité local asentado en el que la mayoría de sus militantes eran al mismo tiempo del PCE y de CCOO, con una sólida estructura desde 1956. La puesta en marcha de la organización juvenil supone el inicio del relevo generacional de los comunistas de Maracena que conectan sus vidas con las consignas de la rama juvenil de CCOO:

> 1) A trabajo igual salario igual sin distinción de sexo o edad.
>
> 2) Prohibición de contratos de trabajo a menores de 16 años.
>
> 3) Acceso a todos los jóvenes de ambos sexos aprendices y pinches a todas las categorías y reconocimiento por parte de la empresa de las categorías adquiridas en cursos y escuelas de formación profesional.
>
> 4) Reducción de la jornada de trabajo para todos los jóvenes que realicen estudios.
>
> 5) Riguroso cumplimiento de los legislado respecto a la prohibición de horas extra y trabajos en periodo de aprendizaje.
>
> 6) Abolición de la jornada nocturna para los jóvenes trabajadores menores de 21 años.
>
> 7) Hasta los 21 años 40 días de vacaciones para los jóvenes.
>
> 8) Pago del 60% del salario real para los jóvenes en periodo de servicio militar.
>
> 9) Derecho a elegir a los representantes sindicales desde que se comienza a trabajar y a ser elegidos desde los 18 años.
>
> 10) Enseñanza obligatoria hasta los 16 años y gratuita a todos los niveles.
>
> 11) Acceso de los trabajadores a la enseñanza superior.
>
> 12) Suficientes escuelas de formación profesional debidamente acondicionadas.
>
> 13) Centros recreativos y culturales en todas las grandes empresas y barriadas Obreras dirigidos por los jóvenes trabajadores[29].

[28] Entrevista a Manuel Moreno Linares, Maracena, 3 de febrero de 2022.

[29] "Desarrollo y unidad de las comisiones obreras juveniles", Fondo Movimiento Obrero, AHPCE, Caja 83, Carpeta 4/4. p. 1.

En 1969, jóvenes de Albolote crean las CCOOJJ en su localidad, lo que al mismo tiempo supone el comité local del PCE, ya que no estaban hasta ese momento organizados los comunistas. El grupo, formado por diez jóvenes que apenas pasan de los diecisiete años, crean células realizando reuniones con otros jóvenes en un antiguo cine reconvertido en almacén de electrodomésticos. Algunos de ellos apenas tienen catorce años. Francisco Milena Carvajal (1952) era el joven que trabajaba como mozo de almacén en el local donde empiezan a reunirse estos jóvenes. Aprovechando la oportunidad de reunirse allí fuera de las horas de trabajo, el almacén de electrodomésticos de Westinghouse se convierte en el escenario ideal para reuniones secretas, que acompañan con incursiones al barrio de la Virgencica debido al trabajo de uno de estos jóvenes, Antonio Pérez Bolívar que es el que tiene el contacto con el responsable político de las CCOOJJ, Manuel Sánchez Díaz. La "zona de seguridad" y de organización juvenil que se crea en el barrio marginal les proporciona a los comunistas de Albolote los elementos para formarse políticamente y estrechar relaciones con otros jóvenes de la organización, "a la sombra de la Iglesia, vamos allí (Virgencica) a prepararnos políticamente. Formamos una célula autónoma que no tenía ningún tipo de relación con el exterior salvo una persona, en aquellos entonces que era Antonio (Pérez Bolívar), y esa relación la mantenía con Manolo Sánchez que era el responsable de las comisiones obreras juveniles"[30]. José Antonio Ramírez Milena (1955) comienza a militar con catorce años. Su abuelo paterno fue concejal de Albolote por el PSOE durante la II República y desde pequeño escuchaba La Pirenaica junto a su padre. La incidencia de Ramírez Milena en aquel contexto se irá incrementando en poco tiempo hasta que en 1979 llega ser el primer alcalde democrático de Albolote por el PCE, iniciando su vida partidaria en las CCOOJJ:

"Comencé a militar en el partido comunista el 23 de diciembre de 1969, era muy joven, tenía catorce años. En Albolote había surgido un núcleo de compañeros que habían tenido conexión, a través de sus estudios en la escuela de formación profesional Virgen de las Nieves, con gente de Granada, con militantes del Partido y de las

---

[30] Entrevista a Francisco Milena Carvajal, Albolote, 16 de septiembre de 2021.

Juventudes Comunistas, los que disimulaban su militancia diciéndose ser de Comisiones Obreras Juveniles, siendo su participación real en las actividades de Comisiones; pero claro no era lo mismo que la policía te detuviera por militante comunista a que te lo hiciera por ser de Comisiones. Había cierta diferenciación en el tema de la pertenencia en lo militante por lo menos para los más jóvenes[31].

En Albolote se crean las CCOOJJ antes que el PCE, que pronto se funden en la misma organización a conveniencia de la coyuntura, poniendo de manifiesto la proposición de los comunistas de transformar las inquietudes, las carencias que padecían y por último la rebeldía de la juventud en lucha organizada. Una cuestión que desde la organización juvenil del PCE asumían como la forma más adecuada y eficaz porque definía a su sector como actores protagonistas del cambio que necesitaba el país: "la juventud se rebela contra esa situación. Su participación, cada día más activa, en la lucha contra el régimen de Franco lo demuestra. La juventud rechaza el pasado y el presente del franquismo, se niega a asumir su continuidad. El fracaso del régimen ante la juventud es evidente"[32]. Afectados principalmente por la situación laboral, asociaban esta condición con las expectativas de futuro conectado a las dificultades para continuar los estudios que la mayoría padecían al tener que contribuir con la economía familiar. La organización juvenil de CCOO les facilitaba el instrumento y la forma de vehicular la defensa y reivindicación de sus intereses. Aquellos jóvenes obreros corrían en las empresas muchas y muy diversas suertes, acondicionadas unas al patrón, otras a la legislación de contratos de aprendizaje y en todas a la mala administración gubernamental. Una buena parte de los entrevistados que en aquella época pertenecían a las CCOOJJ[33], coinciden en que tuvieron la necesidad de abandonar los estudios a temprana edad para así complementar los bajos salarios de los padres. Al condicionante económico y cultural se le une el despotismo patronal al que son

---

[31] Entrevista a José Antonio Ramírez Milena, Albolote, 24 de junio de 2019.

[32] "Programa y normas de organización. 2º Pleno de la U.J.C.E", Organizaciones Juveniles, Propaganda, AHPCE, caja 152.

[33] Entrevistas a José López Martínez, Manuel Moreno Linares y Francisco Milena Carvajal.

sometidos la mayoría de los jóvenes que se incorporan al mundo del trabajo en ese tiempo[34].

> En la convivencia con el patrón, este por su condición de capitalista, se esfuerza porque el joven obrero dé el mayor rendimiento, destinándolo a toda clase de trabajos como son: hacer recados, limpiar el taller, transportar, hacer horas extras (en muchos casos obligando y sin pagarlas), realizar tareas peligrosas, sin pagar el índice trabos de especialista y oficial (percibiendo el salario de aprendiz), y en fin, toda una serie de complementos en el trabajo, por lo cuales, el aprendiz se convierte en la máquina de los mil usos[35].

La organización de los jóvenes de Albolote, al igual que los de Maracena, respondía a la precariedad laboral a la que se enfrentaban y a la necesidad que tenían de unirse como agente social propio con autonomía organizativa y de decisión. Como jóvenes, se consideraban parte fundamental del cambio que necesitaba España y su organización los incluía, al menos, en una fuerza capaz de lograr ese cambio. En efecto, se desligaban de las interpretaciones que del sector juvenil hacía la prensa, que continuaba apelando al espíritu nacionalista de revolución nacional obviando las carencias elementales que sufrían:

> En el caso de España, la circunstancia contemporánea es especialmente propicia a una acción de Juventudes. Nuestro pueblo se ha planteado, ante la segunda mitad del siglo xx, el afán superador de una revolución nacional capaz de reconquistar el nivel histórico adecuado a nuestra personalidad colectiva. El servicio a este afán necesita de sucesivas promociones, enlazadas en una tarea decididamente constructiva...Vocación, trabajo y profesión, comunidad y justicia, son las referencias auténticas con que el modo de ser juvenil se enfrenta. Y, como colofón, la política capaz de movilizar a las Juventudes con su honestidad y su grandeza de miras[36].

[34] "La cultura en poder de una clase", Fondo Movimiento Obrero, AHPCE, Caja 83, Carpeta 4/4. p. 2.
[35] "La juventud obrera", Fondo Movimiento Obrero, AHPCE, Caja 83, Carpeta 6/4. P.1.
[36] "La juventud en la dinámica social", Ideal, 26 de marzo de 1970, p. 12.

El positivismo, el discurso vacío y la ausencia de análisis de la realidad era el común denominador de los textos que hablaban de los "horizontes de futuro" de la juventud. Evidentemente, la realidad de la juventud que perciben los jóvenes comunistas y el PCE es bien distinta, sobre todo en cuanto a la falta de oportunidades para estudiar; "La juventud trabajadora en la sociedad capitalista por falta de unos medios de formación y cultura popular ve cortada todas sus ansias de cultura y saber, así como sacrificados sus anhelos de superación y promoción"[37]. Los jóvenes organizados en las CCOOJJ y en las UJC coinciden en las necesidades económicas que atravesaban sus familias como razón principal para abandonar los estudios e incorporarse al mundo del trabajo a edad temprana por motivos económicos, como también achacan a razones materiales de falta de medios e infraestructuras que pudieran dotar de oportunidades más amplias a su generación para continuar con su formación. Pero quizás lo más importante es que estaban adquiriendo conciencia de que podían organizarse como ente autónomo con características propias de la juventud.

Los jóvenes comunistas de Albolote cambian de lugar de reunión abrazados por la llegada de un nuevo párroco más abierto, José Ferrer Cruz, que les permite reunirse en la parroquia, a la vez que sufre la vigilancia de la BPS al igual que otros curas de la provincia, "durante meses observé como en las misas de los domingos asistía algún hombre desconocido. Igual ocurría en otras parroquias. Supimos que eran agentes de la autoridad vestidos de paisano, que venían a ver si en las homilías hablábamos en contra del régimen"[38]. José Antonio Ramírez Milena, de catorce años en ese momento, recuerda como una vez organizados los jóvenes en la primera célula, el mercado laboral estaba condicionado por el paro y la inestabilidad. La creación de las expectativas generales para su generación que supusieron la creación del Polígono Industrial de Juncaril en la localidad insufló de esperanzas a la juventud, pero su larga concreción, ya que había sido anunciada

[37] "Llamamiento a la juventud", Fondo Organizaciones Juveniles, AHPCE, Caja 153, Carpeta 4/5, p. 2.

[38] Testimonio de José Ferrer Cruz en Vicente Ballesteros Alarcón, *Albolote, un siglo de historias,* Ayuntamiento de Albolote, Granada, 1999, p. 224.

su construcción desde mediados de los sesenta, alimentaba a la par falsas expectativas: "la situación sigue igual. En la construcción hay bastante paro y constantemente hay despidos. No para de hablarse de la construcción del Polígono Industrial, pero trabajo hay cada día menos y los patronos tratan de aprovecharse más"[39]. El retraso con que fue ejecutado el II Plan de Estabilización y la tardía puesta en marcha del Polígono de Juncaril alimentó la desesperanza en unos jóvenes, ellos sobre todo, que vieron como una luz la creación de ese polo industrial que "parece que nunca llegaba"[40], y que su futuro inmediato estaba supeditado a esa posible meta laboral que se demoró demasiado, tal y como reflejan los informes en el diario granadino *Patria*, que recogía un informe de José María Lozano Maldonado para la memoria económica de las Cámaras de Comercio, Industria v Navegación de Andalucía:

> Los Polos de Desarrollo han sido el segundo intento de resucitar la industria andaluza, pero la Administración no ha actuado en ningún caso con la celeridad que requería la preparación de una adecuada infraestructura. Este hecho ha determinado a numerosos inversores a ralentizar sus inversiones. El II Plan de Desarrollo creó los polos de la llamada segunda generación (Granada, Córdoba, Oviedo, Logroño y Villagarcia de Arosa). La concesión de esta segunda generación estuvo muy determinada por presiones, y el número de polos creados parecía exceder a todas luces las posibilidades existenciales del Estado. Este hecho, dice el informe, sería ratificado por la realidad posterior de polos como el de Granada el cual debe su evidente fracaso[41].

El sector de la construcción venía experimentado un auge en la Vega granadina sin precedentes ý actuaba como núcleo de absorción principal de la mano de obra que habitualmente había abastecido

---

[39] Información de Granada, Nacionalidades y regiones, AHPCE, Jacq. 473, 11 de septiembre de 1968.

[40] Entrevista a Francisco Milena Carvajal, Albolote, 16 de septiembre de 2021.

[41] "El polo de desarrollo de granada, sin futuro", *Diario Patria*, 12 de abril de 1974, pp. 1-12.

laboralmente al sector de la agricultura. A finales de los sesenta, esta situación perjudicaba a esa juventud con necesidades de expectativas de futuro por la precariedad de los bajos salarios, la inestabilidad laboral y lo que consideraban como una barrera cultural de clase que les impedía acceder en igualdad de condiciones por las desigualdades inherentes a la concepción de clase social:

> la clase capitalista para conservar todos los órganos de dirección del País en sus manos, para conservar sus privilegios, para poder seguir machacando y explotando al pueblo, construye sus universidades, sus escuelas, sus órganos de formación a los que solo pueden aspirar sus hijos, herederos del sentimiento capitalista. Desposee a la clase obrera y especialmente a la juventud trabajadora y campesina de unos medios de formación y cultura, ahoga todo intento de promoción y superación, roba al pueblo la cultura que le pertenece[42].

Estas carencias eran educativas y profesionales, colocando a una buena parte de la juventud en serias dificultades para lograr ascender social y profesionalmente por los excesivos años que debían prestar como aprendices o peones. Algunos diarios se hicieron eco de este problema subrayando la falta de promoción señalando a España como "El país del Peonaje":

> El productor, como ahora se dice para huir del marxismo en los vocablos, debe ganar lo suficiente para tener hogar, y lavadora. Con ello significamos que hay algo más que un techo para que el hombre se considere retribuido por la providencia. Pero el hombre ha de hacer algo por merecer ese trato: ha de prepararse, al menos, para producir un equivalente al jornal o sueldo que considera preciso. Y en esto es en lo que España flaquea. Por causas muy distintas, España es el país del "peón". El peón es un hombre que sin deletrear la cartilla, va envejeciendo sin saber realizar más función

[42] "Desarrollo y unidad de las comisiones obreras juveniles", Fondo Organizaciones Juveniles, AHPCE, Caja 152, Carpeta 7.

> que la que se deriva de su fortaleza física. Sus músculos abonan su trabajo. Lleva fardos, porta una esportilla, alcanza materiales, se convierte en un doméstico del obrero calificado. Y cuando la fuerza de la juventud pasa o una desgracia abate su fortaleza, no sirve para nada. Entonces solicita esto tan triste que es ser "guarda": El que vela noche y día para que no se lleven nada de lo que hay en una obra, en un lugar que otros trabajan. Que no es lo mismo que guardar otras cosas, ni que transformarse en ese hombre que lleva los recados en las oficinas públicas, personaje secundario y preciso para la buena marcha de los asuntos[43].

Los contratos de aprendizaje dejaban toda la iniciativa a los patrones estableciendo un período para el trabajador de formación profesional a base de años y de rutina, sin tener en cuenta el avance de la ciencia y el progreso de la técnica, aspecto del que se aprovechaba el patrón para llevar hasta el límite la explotación del joven obrero. El salario era dictado por la administración; 39 pts. de 14 a 16 años; 60 pts. de 16 a 18 años, y 96 pts. de 18 en adelante. En los ascensos de categoría, existen grandes estancamientos producidos por la mala planificación de la industria, e incluso muchos jóvenes con títulos de Oficiales y Maestros Industriales, veían toda su ilusión perdida por causa de esta mala planificación. Ante esto, las CCOOJJ proclamaban:

> El ascenso de pinches y aprendices a todas las categorías, sin distinción de sexo y edad, y el reconocimiento por parte de la empresa de las categorías adquiridas en la escuela y cursos de Formación Profesional. Igualmente existe el problema para estudiar después de la jornada de trabajo, por lo que pedimos: Modificación del horario laboral para que todos los trabajadores puedan estudiar después de la jornada de trabajo. No se reconoce en nosotros la necesidad de una formación física y es raro el joven obrero que puede hacer deporte, pese al engañoso slogan de "contamos contigo". Queremos centros deportivos y culturales en las grandes empresas

[43] "El país del peonaje", *Diario de Barcelona*, 30 de julio de 1967, en AGA, Ministerio del Trabajo.

> y en todas las barriadas obreras. Las vacaciones que disfrutamos vienen dadas por el Convenio, bien provincial o de fábrica, donde estemos encuadrados, no teniendo en cuenta nuestra edad de desarrollo y el derecho a más descanso. Proclamamos 40 días de vacaciones[44]

En efecto, los jóvenes comunistas organizados tenían como factor principal de movilización las condiciones de trabajo y la desatención pública de su sector interpretada por la notable falta de oportunidades, a lo que hay que añadir la posibilidad de autonomía propia. La transformación en rebeldía de la juventud en lucha organizada contra el régimen franquista respondía a las reivindicaciones más sentidas e inmediatas de los jóvenes. En materia laboral, a la demanda legal del derecho al trabajo, se le unían la liquidación del paro forzoso, el salario digno y el derecho a aprender un oficio exigiendo la creación de una red de centros de aprendizaje a cuenta del Estado. El acceso a la cultura suponía a todos los efectos que la educación fuera accesible en todos sus grados a la juventud trabajadora con enseñanza gratuita y obligatoria hasta los 16 años. El derecho al deporte lo relacionaban al estado del deporte de base, completamente abandonado por el gobierno, practicado en condiciones deficientes por la gran masa de jugadores aficionados, mientras se favorecía el desarrollo de un superprofesionalismo que no guardaba proporción con el nivel deportivo y económico del país. El verdadero deporte de masas por el que suspiraban requería la construcción de gimnasios, estadios, piscinas y otras instalaciones deportivas, con todo el material necesario y con facilidades de acceso y utilización para todos los jóvenes. También demandaban la organización de equipos deportivos en todas las fábricas y empresas. Según la organización juvenil comunista, la juventud española era la que contaba con menos posibilidades de descanso y recreo en toda Europa, por lo que estimaban que la creación de las condiciones necesarias para que los jóvenes puedan disfrutar el tiempo libre, pasaban por la necesidad de que las vacaciones fueran

---

[44] "Declaración de las Comisiones Obreras Juveniles", CCOO de Andalucía, AHPCE, Caja 85, carpeta 3/3.1.

pagadas y que estas fueran de duración superior a las de los adultos. Por último, demandaban las infraestructuras mínimas de las que España carecía en ese momento con la construcción de albergues de la juventud en la costa y la montaña abiertos a todos los jóvenes sin distinción[45].

Considerando estos factores, la vinculación de los jóvenes comunistas granadinos al PCE a partir de las CCOOJJ actúa con perfiles y características propias conformando una identidad predispuesta a la disidencia con unos códigos de comportamiento asociados a la rebeldía propia de la juventud y con unos referentes que les permitieron socializarse colectivamente en tanto que jóvenes en conexión con las experiencias de sus contemporáneos de otros países[46]. Para entender la politización intensiva del ciclo que comienza a finales de los sesenta desde el análisis de generaciones distintas pero de la misma clase social, deviene relevante la relación entre vieja y joven militancia y como muestran estos últimos la autonomía en el campo de fuerzas del antifranquismo en el intento de investirse con la energía social procedente del espacio juvenil que empezó a dotarse y a enunciarse como movimiento propio.

La primera acción de envergadura de las CCOOJJ de Granada tiene lugar en la Semana Santa de 1970, experiencia enmarcada en la negociación del Convenio Colectivo del sector de la construcción, conflicto que estallará en el verano de ese año con una las huelgas más importantes del período a nivel nacional. Las UJC granadinas deciden, aprovechando que ese año las cámaras de TVE iban a retrasmitir en directo las procesiones de la Semana Santa granadina[47], una acción subversiva que serviría para que los Comandos de las CCOOJJ se estrenasen visibilizándose públicamente. La acción, que consistía en un reparto masivo de octavillas perpetrado por un Comando de 25 jóvenes de las juventudes comunistas de Maracena y Albolote, principalmente, más algunos jóvenes de Peligros, Atarfe

[45] "Reivindicaciones inmediatas de la juventud", 2º Pleno de la U.J.C.E, Programa y normas de organización, Fondo Organizaciones juveniles, AHPCE, Caja 153, Carpeta 1, mayo de 1964.

[46] Germán Labrador, *Culpables por la literatura…*, p. 71.

[47] *Ideal,* 25 de marzo de 1970, p. 3.

y los activistas de la Virgencica, de donde partía el responsable político de las organizaciones juveniles comunistas, Manuel Sánchez Díaz. El PCE había lanzado recientemente la *Promoción Lenin*, una campaña de reclutamiento dirigida a captar nuevos militantes que contrarrestaran los efectos de la represión y se fomentara la creación de nuevos comités sobre todo en las zonas rurales "para fortalecer al Partido para que este pueda cumplir con éxito su histórica misión de vanguardia. Una de las tareas capitales de esta amplia campaña es la de atraer al Partido a millares de militantes. La Promoción Lenin inyectará en nuestras filas una nueva corriente de savia nueva juvenil"[48]. Sabiéndose herederos de la vertiente más revolucionaria del marxismo-leninismo, los jóvenes granadinos pretendían asignarse para sí mismos el papel de fuerza histórica en la que la su vanguardia debía ser la juventud exaltando en conciencias propias y ajenas la enorme diferencia que había entre ellos y la dictadura: "luchamos por nuestra Revolución, que es la forma real de contribuir a la victoria de la Revolución Mundial, a la defensa del Socialismo, al florecimiento de la gran causa del Comunismo[49]. En ese momento, los jóvenes comunistas concebían la política como una forma de hacer la revolución, en una época en la que los modelos que se le ofrecían a los jóvenes habían entrado en crisis hacía tiempo. En el mitín de París (Ivry) de abril de 1970, Carrillo apeló a la juventud revolucionaria dentro del discurso enmarado en la alianza de las fuerzas de la cultura y del trabajo como recogía la Agencia EFE:

> ... aliarse con las "fuerzas de la cultura", intelectuales y estudiantes, es la táctica explícita de penetración en España que ha preconizado recientemente en público Santiago Carrillo, secretario general del llamado "Partido Comunista Español"... la masa campesina española se encuentra en constante regresión, de hecho, en minoría, mientras que "para nosotros los comunistas es mucho más importante la alianza con las fuerzas de la cultura, intelectuales y estudiantes, que ya no son, ni mucho menos, la minoría de

[48] "Promoción Lenin", Mundo Obrero, 2 de septiembre de 1969, p. 5.

[49] "El partido de masas que necesitamos", *Mundo Obrero,* 30 de septiembre de 1970, p. 4.

antaño, sino que, además, están actuando como la fuerza motriz de la revolución"[50].

Los Comandos de las CCOOJJ, decididos a sembrar de panfletos reivindicativos las calles de Granada durante las procesiones, pretendían lanzar a los cuatro vientos unas octavillas que hablaban de los presos políticos que habían en las cárceles, en las que existían "gran cantidad de obreros, estudiantes, intelectuales", y que "ante esta situación de injusticia, hacemos un llamamiento a todos los granadinos para que a través de las más diversas formas: firmas de escritos, cartas a periódicos, manifestaciones etc. apoyen las peticiones de amnistía de presos políticos y sociales que a cabo llevan obreros, estudiantes en distintos puntos de nuestra patria". La octavilla llevaba el título de "Granadinos"[51]. Aquella acción, marcada por la intensa lluvia, suponía el alba subversiva de todos los jóvenes militantes, en una operación de alto riesgo que pretendía fuera captada por las cámaras de televisión para que toda España "viese lo que ocurría en Granada"[52]. La lluvia hizo que uno de los grupos entregara en mano los panfletos, "le dimos una octavilla a uno de la policía secreta en la mano, que iba vestido de paisano. Echamos a correr y al que le dio la octavilla lo metieron en un portal y lo detuvieron con ayuda de la gente que había por allí"[53]. Los jóvenes lograron repartir las octavillas y acudir al punto de reunión acordado, un conocido bar de la barriada de La Chana, al que faltó el detenido.

Las detenciones, que se producen desde esa misma noche del 26 de marzo de 1970, representan de nuevo un despliegue represivo de las fuerzas del régimen contra los comunistas. Maracena vuelve a recordar las redadas de 1961 con detenciones de madrugada: "vinieron a las 4 de la mañana a mi casa a por mí, yo no quería decir nada porque el lema era callar y aguantar en lo que se pudiera, era la lealtad, entonces había momentos que 7 u 8 policías dándote

[50] "El Partido Comunista Español quiere aliarse con las fuerzas de la cultura", Agencia EFE, *Diario Ideal*, 30 de abril de 1970, p. 20.

[51] Sumario 229/70 del Tribunal de Orden Público. Citado en Alfonso Martínez Foronda, *La lucha del movimiento obrero...*, p. 190.

[52] Entrevista a Francisco Megías Rodríguez, Maracena, 28 de enero de 2022.

[53] Entrevista a Manolo Moreno Linares, Maracena, 3 de febrero de 2022.

patadas, empujones, guantazos, hasta que ya tienes que hacer una declaración y tienes que decir todo o parte, algunas cosas sí y otras no"[54]. Como en 1961, aquella noche de marzo de 1970, la policía hizo una redada en Maracena en la que pretendían de nuevo hacer una demostración de fuerza, "cuando volvimos (Maracena), la BPS ya estaba esperándonos"[55]. Los registros, las amenazas y los interrogatorios sembraron de nuevo de pánico la localidad. Al domicilio de Manuel Castro Castellano fue al primero que visitaron "vinieron a nuestra casa, con las niñas que estaban chicas, y lo pusieron todo patas arriba"[56]. La detención de Francisco Megías Rodríguez fue de escena literaria al intentar escaparse desde una tercera planta donde vivía deslizándose por las canales: "cuando la policía tocó en mi casa para detenerme yo salté por el balcón y fui bajando por las canales hasta la calle, llegé abajo y como estaban otros policías me detuvieron. El disgusto que le dí a mi padre no se le quitó hasta que fue al juicio de Madrid porque fue la única vez que salió de Granada"[57].

En Albolote detienen a los jóvenes en plena discoteca en el concierto que daba un día después Fórmula V: "el domingo de esa Semana Santa, en Albolote tuvo lugar un concierto en directo de Fórmula V en la entonces sala de fiestas El Diamante, y ya estaba la brigada político social dentro y detuvo a varios camaradas, a Antonio Ruiz, a Paco Milena, a Félix, y a casi toda la Célula local y varios simpatizantes. También vinieron a mi casa y golpearon, pero no se les abrió ni se atendió a las llamadas de la policía". Algunos de los jóvenes comunistas de Maracena, que también iban a ese concierto, se informaron de las detenciones de sus compañeros al comprobar que no acudieron al concierto al estar ya detenidos, "llevaba unos meses tirando octavillas cuando iba a la obra y asistiendo a las reuniones con los juveniles de las comisiones (CCOOJJ), y no veíamos el peligro por ningún lao, y las octavillas las dimos en la mano, pero aquello de Semana Santa... cuando fuimos a ver a Fórmula V y no estaba Paco (Megías Rodríguez), que estaba detenido, y entonces

[54] Entrevista a Manolo Moreno Linares, Maracena, 3 de febrero de 2022.
[55] Entrevista a Natividad Bullejos Cáliz, Maracena, 16 de junio de 2021.
[56] Entrevista a Ángeles Ortega Ávila, Maracena, 24 de mayo de 2021.
[57] Entrevista a Francisco Megías Rodríguez, Maracena, 28 de enero de 2022.

fue cuando nos dimos cuenta de lo arriesgado que era aquello"[58]. Las detenciones fueron muy rápidas, lo mismo que las muestras de solidaridad y apoyo. Los familiares de los detenidos, sobre todo las madres y hermanas, organizadas por Natividad Bullejos Cáliz, que fue la única mujer que participó y en la operación y que no es detenida. Nati es la que organiza y promueve junto al secretario de CCOO José Cid de la Rosa la colecta económica y de alimentos en solidaridad con los jóvenes detenidos[59]. El PCE atribuía a estas acciones la consideración de que los jóvenes, organizados en movimientos juveniles, eran precisamente los portadores y herederos de la cultura subversiva comunista demostrando que estas acciones eran una confirmación contundente de la lozanía y juventud de la que gozaba el marxismo-leninismo[60].

La dirección del PCE local, que fue un tanto crítica con la actuación de los jóvenes a cielo abierto, no les eximió a los jóvenes militantes para que se expresaran dándose voz propia a los comandos de las CCOOJJ en el periódico *Nuestra Lucha*, mostrando su orgullo y asumiendo toda la responsabilidad:

> Miembros de las CCOOJJ repartieron la noche del Jueves Santo, entre el público asistente a las procesiones, unas octavillas que recordaban a los granadinos el significado humano del Día del Amor Fraterno y hacían un llamamiento al pueblo para que se identificara con todos los españoles que, de una manera reiterada vienen luchando por conseguir esas normas básicas que, por ser de derecho humano, son reconocidas en todos los países democráticos del mundo: amnistía, liberación de todos los presos políticos y sociales, cuyo único delito ha sido el defender los intereses del pueblo; Sindicato democrático, auténtico órgano representativo para los obreros y única institución válida para la defensa de sus intereses; y por último, un salario base de 350 ptas. Estas octavillas se repartieron lanzándolas entre la gente y dándolas en mano;

---

[58] Entrevista a Francisco Cucharero Crespo, Maracena, 28 de enero de 2022.

[59] Entrevista a Natividad Bullejos Cáliz, Maracena, 11 de junio de 2021.

[60] "En juventud", Nacionalidades y regiones, Andalucía y Extremadura, AHPCE, Jaq. 587, febrero de 1970.

> intervinieron las fuerzas de represión, comenzaron las detenciones que no cesaron hasta varios días después. Hasta aquí los hecho resumidos, desde "NUESTRA LUCHA" queremos analizar el procedimiento de la acción llevada a cabo por nosotros: en primer lugar, como únicos creadores y partícipes de ello, nos hacemos responsables de la misma y queremos desde aquí decir a todo el pueblo que nos sentimos orgullosos de haber realizado semejante acción; que, únicamente derrochando valentía y arrojo, cualidades natas de la juventud obrera española, lograremos abrir brecha en esa muralla de incomprensión y fiereza que forman esa alianza anti-obrera, anti-democrática y anti-humana. No queremos terminar esta declaración sin expresar nuestro dolor por los comentarios, orales y escritos, de algún sector que llamándose pro-obrero y cristiano, califica nuestra acción de imprudente y de ser ajena a nosotros en su creación. Desde aquí, y como siempre, a este sector decimos: son acciones y no palabras lo que la libertad exige en España[61].

La novedad de las acciones, supone la entrada en la escena opositora de la organización juvenil granadina a todos los efectos, algo que le permite al movimiento obrero realizar nuevas acciones de activismo ampliando su extensión facilitando la conexión y colaboración mutua entre espacios que hasta ese momento no habían trabajado unidos en estrecha colaboración. Nos referimos al ámbito universitario. Con pocos días de diferencia, son detenidos dos estudiantes, Joaquín Bosque Sendra y Pilar Bustamante Martínez, por repartir propaganda en un barrio periférico, obrero y marginal de Granada, Haza Grande, con lo que se desatan detenciones de más de una decena de militantes estudiantiles granadinos[62]. Lo más importante es que las muestras de solidaridad para prestarles ayuda en prisión y recaudar fondos para hacer frente a las sanciones, acercan y unen al movimiento obrero granadino con el estudiantil: "comienza

[61] "Acciones y no palabras. Declaración de las Comisiones Obreras Juveniles", *Nuestra Lucha*, Granada, abril de 1970, Nº 4, Archivo personal de José Antonio Ramírez Milena.
[62] Entrevista a Joaquín Bosque Sendra, Madrid, 24 de noviembre de 2021.

destacarse la conexión existente entre las CC.OO.JJ de esta capital y provincia, con los grupos activistas universitarios...constituyéndose como consecuencia células comunistas en la universidad"[63]. Las detenciones de jóvenes obreros y estudiantes, respondiendo al principio de acción y reacción, provocan movilizaciones del movimiento estudiantil granadino en el que se "desarrolla una intensa campaña de agitación en la universidad"[64]. Los jóvenes estudiantes detenidos, lanzaron octavillas en nombre de las CCOOJJ, lo que da muestra de la suma de esfuerzos y la adhesión de los estudiantes a la causa obra juvenil, tal y como recoge el sumario del TOP: "que en la noche del día uno de abril de 1970 por diversas calles del Barrio de Haza Grande de la ciudad de Granada, tuvo lugar la difusión de numerosísimas hojas ciclostiladas suscritas por las C.O.J (Comisiones Obreras Juveniles) [sic.], entidad patrocinada por el Partido Comunista de España y que como él persigue el objetivo de cambiar por la fuerza la vigente estructura estatal, no habiéndose acreditado"[65]. El sector juvenil de comisiones se posicionaba como representante de la juventud trabajadora, con unas reivindicaciones que recogían demandas propias basadas principalmente en mejoras laborales y de formación. Los representantes de las CCOOJJ recogían con sus manifiestos las especificidades de la juventud con los que pretendían solucionar la tradicional brecha salarial entre jóvenes y adultos, uno de los principales anhelos y causa de profundo descontento entre la juventud obrera. Estos jóvenes, la mayoría comunistas, intentaron socializarse colectivamente en tanto que jóvenes en conexión con las experiencias de sus contemporáneos en otros países, alimentando su autonomía moral, política y estética en tiempos de transformación en los que "cualquier cosa podía pasar", como diría Pau Malvido.

La novedad radicaba en tener, sobre todo, plena conciencia de que se podían hacer cosas que los mayores no hacían. Los jóvenes comunistas granadinos planteaban en sus informes problemáticas

[63] Archivo General de la Administración, *Memoria del Gobierno Civil de Granada de 1970*, marzo de 1971, p. 4.

[64] Sentencia 54/71 del Tribunal de Orden público, detención de Javier Terriente Quesada, en AHCCOO-A.

[65] Sumario 259/70 del Tribunal de Orden Público, detención de Joaquín Bosque Sendra, en AHCCOO-A.

relacionadas con problemas que iban más allá de las clásicas reivindicaciones laborales o sociales. En el informe de las juventudes comunistas granadinas de ese año, que describía lo que sucedía en Maracena, se le añaden demandas culturales señalando incluso problemas familiares como innovación, con lo que se abre otro frente, aunque menos hostil aparentemente; el de sus propios padres y familiares:

- Maracena tiene un "Salón Parroquial" en ruinas. Este local podríamos utilizarlo como centro cultural. En él se podría dar teatro, poesía, conferencias, etc. para el pueblo. La solución está, en arrancárselo al cura, ya que no es propiedad privada, sino del pueblo.
- Existe, por parte de la clase trabajadora, un interés de aprender no correspondido. Se podría pedir autorización al alcalde, y dar clases nocturnas, en las Escuelas Nacionales.
- Falta de Escuelas de Primera Enseñanza.
- CCOOJJ: Necesita una sólida formación teórica-práctica. Que sean conscientes de la enajenación en que viven. Es fundamental vencer estos problemas para crear una conciencia de clase, que nos defina y sepamos el porqué de nuestra lucha. Esta conciencia de clase, no está creada en su totalidad, solo desde el punto de vista laboral. Es decir, en la mayoría de nosotros falta un equilibrio entre teoría y práctica.

Problema familiar:

- Oposición de los padres ante nuestra lucha. Es un problema que casi todos chocamos. Podríamos llamarlo "problema de mentalidades", pero cuya solución no está precisamente atacando los razonamientos inconvencibles de los padres, sino mantenerlos en la mayor ignorancia de nuestra acción.
- Una clase jerárquica, que es nuestro mayor enemigo. Autoridades civiles y eclesiásticas. Junto a ella, los "jóvenes riquillos" propietarios de industrias o maestros de obras, que se han convertido en nuestros enemigos. Nuestra postura es la indiferencia y pasar por encima de todos los obstáculos que nos pongan.

Problemas sociales:

- El tranvía. Medio de locomoción a la ciudad. Es uno de los mayores abusos que estamos aceptando. Su mal servicio. Su precio, 4 ptas. Su falta de higiene, etc. Es un motivo, por el que deberíamos unirnos y pedir autobuses. Si es necesario, negarnos a utilizar el tranvía, etc.
- Las luces del pueblo. El Ayuntamiento no se debe permitir el lujo de dejarnos sin luz durante semanas enteras, cuando le da la gana, sin más explicación. Esto ocurre en algunas calles, que nos ramales de las principales.
- Un cine falto de higiene. Un programa de películas alienantes cien por cien. Siendo el cine un medio de cultura, debemos exigir buenas películas formativas.
- Maracena necesita un parque infantil, ya que este, es un medio pedagógico o higiénico. Debemos impedir que se haga en la Era Alta, no es el lugar adecuado, siendo más apropiado por ejemplo la "Cacería el Conde".
- Calles sin asfaltar. Ocasiona barro en los inviernos, polvo en los veranos, no siendo higiénico ambos extremos.
- El trabajador encargado de recoger las basuras del pueblo tiene a su disposición unos medios prejudiciales a su salud, dado este medio debemos exigir un camión especial para la recogida de basuras[66].

Los jóvenes comunistas de Maracena hacían propios, de este modo, los problemas que realmente les afectaban y que estaban, algunos, fuera del alcance, en mínimos de comprensión, de las visiones de los adultos. La autonomía de los cuerpos juveniles era una manifestación constatada al sufrir y dar visibilidad al mismo tiempo las especificidades propias de su grupo de edad.

Desde unos años antes el comité del PCE de la Universidad estaba funcionando tal y como indican los informes: "los pocos camaradas que están trabajando lo están haciendo bien, están aprovechando

[66] "Informe de las JC de Granada", Fondo Organizaciones Juveniles, AHPCE, Caja 154, Carpeta 5, 18 de junio de 1970.

todas sus amistades para tener relación con las demás facultades y preparar las próximas elecciones y la creación en las otras de un sindicato democrático. Hacen buena difusión de la propaganda por diferentes medios y están obtenido buenos resultados"[67]. Ese mismo curso 1968-69 había comenzado con buenas expectativas para el PCE en la Universidad de Granada:

> El futuro del presente curso 68-69 está en las manos de esas cien personas mínimamente concienciadas, y en dos o tres personas por facultad que sepan llevar una iniciativa clara de enfrentamiento del estudiante con el sistema económico y político en el que nos encontramos, a partir de la difícil existencia del estudiante si se enfrenta con su mísera situación. Ante las elecciones, no se ven por ahora, dificultades impuestas por las autoridades académicas. Con respecto a las minorías en las distintas facultades, ya hemos dicho que no son suficientes, aunque se prestara una atención primordial a la concienciación de los elementos más combativos que no adoptan una postura no acorde con el movimiento universitario[68].

La importancia que le atribuían los comunistas a los intelectuales como representantes avanzados de la burguesía situaba a los estudiantes como baza para actuar de puente entre esa capa social y la clase obrera. El PCE había promovido para el ámbito universitario una táctica parecida a la del mundo obrero a través de la infiltración en las elecciones del Sindicato Español Universitario (SEU) defendiendo el predominio de la acción pública y abierta sobre la clandestina que lograse el ensanchamiento del espacio social antifranquista. A pesar de la incidencia de CCOO en el mundo del trabajo, el sindicato promovido por los comunistas no logró en la práctica acabar con el Sindicato Vertical, una cuestión que sí logró el movimiento estudiantil, ya que la disolución del sindicalismo universitario franquista en 1965 puso de manifiesto que como movimiento de oposición, el

67 "Carta de Granada", Nacionalidades y Regiones, Andalucía y Extremadura, AHPCE, Jacq. 480, 4 de septiembre de 1968.

68 "Carta de Granada", Nacionalidades y Regiones, Andalucía y Extremadura, AHPCE, Jacq. 488, 23 de noviembre de 1968.

que obtuvo mayores resultados o al menos más visibles contra la dictadura por un sindicalismo libre, independiente y democrático, fue el movimiento estudiantil[69].

> Una perspectiva probable, a la que debemos atender, es que a la *Alianza de las Fuerzas del Trabajo y de la Cultura* devenga en el futuro la gran formación político-social que, una vez conquistada la democracia política, aborde la tarea de complementarla mediante la realización de la democracia económica [...] Más tarde [...] la alianza misma sería la formación llamada a pasar de esa democracia antimonopolista y antifeudal al establecimiento del sistema socialista[70].

En los comienzos del movimiento estudiantil, los estudiantes comunistas de la Universidad de Granada ansiaban, como en el resto de las universidades donde están organizados, la autoorganización democrática al margen del SEU, dentro de un ciclo de movilización que intentaba tomar el espacio público de forma continuada. La estrategia consistía en la toma de posiciones políticas a partir del modelo asambleario, pero desarrollando un activismo con gran poder de atracción que reclamaba organización propia con el objetivo final de consecución de una universidad alternativa. El espacio que se abre en la universidad atrae a los jóvenes estudiantes porque les permite debatir y actuar a la vez generando una zona de libertad propia al margen que los posiciona como la tercera fuerza a la que el PCE tiene que atraer para convertirse en un auténtico partido de masas. Los estudiantes granadinos del PCE habían pasado a la acción en 1969 durante la proyección de la película *Boinas Verdes,* en una "panfletada" mientras ponían la película en un conocido cine de la época, y que mostraba la crítica antimperialista tal y como recuerda uno de sus protagonistas, Jesús Carreño Tenorio (1948), que había

[69] Sergio Rodríguez Tejada, "Partido Comunista y movimiento estudiantil durante el franquismo", en Manuel Bueno Lluch y Sergio Gálvez Biesca (eds.), *Nosotros los comunistas, Memoria, identidad e historia social,* FIM, Madrid, 2010, pp. 285-307.

[70] Santiago Carrillo, *Nuevos enfoques a problemas de hoy*, Editions Sociales, París, 1967, p. 175.

sido educado en valores cristianos pero que de algún modo quería romper con aquella realidad de injusticias:

> un elemento muy importante fue la guerra de Vietnam, que a muchos nos impactó bastante, y en torno a eso se crea en ese momento en la juventud, no solo estadounidense, sino en la juventud europea del mundo occidental, como un sentimiento de rabia, había algunos que decían, yo para ser verdaderamente revolucionario tendría que irme allí al rio Mekong a matar americanos, muchas veces era la justificación del nihilismo, quiero decirte es que esto estaba también muy en el ambiente, a eso únele que a esas edades quieres romper con un pasado familiar de clase media, familia en la que nunca te ha faltado de nada en lo material, ni tampoco digamos en lo afectivo, pero que mi padre había sido falangista en el pueblo, ya que nos vinimos a la ciudad, pero allí había sido un personaje honesto. Yo siempre he dicho que podía ser socialista o comunista pero no me consideraba más honrado que mi padre, en el aspecto humano, por cosas que él me contaba, era un hombre que había intentado evitar los excesos. Pero eso no impide que tu vocación, tu inercia con lo de romper no con tu familia, sino con la cuna, con ese marco amable y cómodo de lo que era tu familia, era decir, yo estoy llamado a empresas más importantes que esa especie de bienestar[71].

En marzo de 1970, Santiago Carrillo pronunció un discurso con motivo del 50 aniversario del Partido y de la muerte de Lenin. En uno de sus apartados, en el que pretendía resolver la supuesta crisis de la organización debido a la fracturación del comunismo internacional, la cual podía extenderse al marco nacional, señalaba el reforzamiento del movimiento obrero y la ampliación del "frente de lucha" que situaba en la aportación de los trabajadores del campo unido al desarrollo de las fuerzas de la cultura, a las que colocaba la etiqueta de "segunda fuerza". Así se contemplaba desde la dirección los rasgos característicos de las "luchas" que en España se dirimían por parte

[71] Entrevista a Jesús Carreño Tenorio, Granada, 12 de enero de 2021.

del PCE, subrayando el evidente fortalecimiento que precisaba con la ampliación de las acciones en cuatro frentes:

> 1º. Por la extensión de las luchas obreras, en proporciones no logradas anteriormente, con un nivel más elevado de combatividad, de coordinación, de solidaridad, de organización, en una palabra, que nos acerca más hacia la perspectiva de la huelga general.
> 2º. Ampliación y extensión del Segundo Frente de lucha, es decir, de la acción de las masas trabajadoras del campo.
> 3º. Desarrollo de la lucha de estudiantes, intelectuales y profesionales.
> 4º. Participación de algunos sectores de la pequeña burguesía en las acciones[72].

Una de las claves para entender la importancia que tuvo el PCE tanto en los movimientos sociales como en su labor de máximo y principal órgano de disidencia antifranquista la tenemos localizada en los lugares en los cuales perdió su hegemonía el franquismo. Los más conocidos eran el del sector del trabajo y el mundo de la universidad, unido al ámbito agrícola. A estos sectores tradicionales se les debe unir el del activismo comunitario y el de los círculos y asociaciones vecinales. La cultura cívica y democrática se materializaba en el desafío que se llevaba a cabo en la vida local y que protagonizaban las asociaciones vecinales o culturales. Estas plataformas se convertían en la mayoría de las ocasiones en pantallas o aliados de organizaciones de militantes, caminando en la senda de los tiempos que corrían ante la incapacidad del régimen de promover la participación ciudadana en la toma de decisiones. En estas organizaciones los asuntos más debatidos en sus reuniones giraban alrededor de cómo votar a sus líderes y de cómo controlar las acciones de estos. Las expresiones, opiniones y propuestas que se desarrollaban en estos espacios demandaban responsabilidades a aquellos que estaban en el poder exigiendo una representatividad en la que dejaban de pensarse súbditos para comenzar a definirse en

[72] "Discurso de Santiago Carrillo pronunciado con motivo del centenario del nacimiento de Lenin y del cincuentenario del Partido Comunista de España", Archivo Historia del Trabajo, Fundación 1º de Mayo, Colección Propaganda, 03, 14, 006, p. 5.

términos de ciudadanía[73]. Los problemas del paro, los bajos salarios y la represión se volvieron comunes para los jóvenes españoles, que alentados por los movimientos a escala mundial que protagonizan sectores estudiantiles y obreros, confirman la multiplicación de espacios de oposición contra el franquismo conjugando la existencia de un proyecto político compartido que supuso el aumento y la diversificación contestataria. El activismo juvenil cambia el panorama de la militancia al interiorizar los jóvenes su sentido de pertenencia e identidad como colectivo asumiendo problemas concretos a su tiempo vivencial relacionando su condición a objetivos de naturaleza política en espacios en los que refuerzan su carácter distintivo y alternativo.

Los espacios universitarios entablan conexiones con el ciclo de movilización de finales de los sesenta como centros experimentales de transformación en el intento de hacer propio el espacio público de forma continuada con la toma de posiciones políticas a partir del modelo asambleario. Las modalidades de actuación abierta se amplían con la radicalización estudiantil, ilustrando la deformación de una época que asignaba significados nuevos para construir el retrato colectivo de una juventud en tránsito crecientemente movilizada. El movimiento estudiantil en Granada había empezado a organizarse en 1968, y desde el comité central del PCE se aventuraba para 1969 un curso plagado de optimismo, a pesar del estado de excepción, resaltando el componente revolucionario y las nuevas formas de agitación política desarrolladas por los activistas universitarios en las que destacaba nuevas formas de agitación política y de oposición a la dictadura como las concentraciones, el desalojamiento de los centros, las huelgas, la defensa activa de murales y otras formas de información, la realización de asambleas, los mítines y los comandos en la ciudad. Es decir, la dirección comunista consideraba el tránsito hacia acciones semi clandestinas de numerosos estudiantes eran la expresión de la combatividad que respondía a las necesidades políticas del enfrentamiento cada vez más directo con la dictadura. De tal manera que la defensa de las reivindicaciones concretas jugaba un importante papel movilizador parra los avances del movimiento

---

[73] Pamela Radcliff, "Las asociaciones y los orígenes...", pp. 140-162.

estudiantil, ya que venían confirmando y reafirmando su carácter de movimiento revolucionario y democrático: "La acción de masas cada vez más amplia, su creciente inserción en el conjunto del movimiento popular antifranquista y la cada vez más clara vinculación de los objetivos políticos a la lucha de masas, nos permite registrar un cambio cualitativo en su desarrollo. Podemos afirmar que el movimiento estudiantil ha cobrado una nueva dimensión y alcance político"[74]. La nueva etapa que afrontaba el PCE, orientada en las directrices claves de "salir a la superficie" para "generar espacios de libertad"[75], supuso incrementar la actuación abierta en el espacio de libertad que se estaba creando en las universidades, demostrando que si la organización clandestina, a través de la protesta universitaria, era capaz de conseguir una presencia importante para lograr una fuerte contestación contra el gobierno en un ámbito tan elitista como el universitario, resultaría posible impulsar la protesta en cualquier parte. Esta estrategia estimuló e influyó de manera considerable para lograr implicar a numerosos militantes en los frentes obrero y estudiantil, que, imbricados ya en el mismo tejido social, caracterizaron un campo de fuerzas que reconocía el conflicto entre lo nuevo y lo viejo, y que polarizaba precisamente a "lo joven".

Estos espacios, ya de construcción ciudadana, a los que les van uniendo las asociaciones vecinales, jóvenes estudiantes y obreros comienzan a adquirir hábitos de participación y decisión democrática generando espacios de micro-movilización, promoviendo socialmente a los militantes entre su propio grupo con propuestas de democratización social que ampliaron el contacto con sujetos de otras franjas de edad. Un rasgo característico que generan los jóvenes en estas organizaciones, y que adhieren a las consignas del PCE recogidas en los documentos de las UJC y del movimiento estudiantil, a los que el partido consideraba como su fuerza de choque"entendidos ya como una fuerza revolucionaria"[76], con normas específicas y que

[74] "Perspectivas del movimiento estudiantil", Organización universitaria del Partido Comunista de España, Archivo Historia del Trabajo, Fundación 1º de Mayo, Colección Propaganda, Sig. 03/14/001, Madrid, septiembre de 1969.
[75] Santiago Carrillo, "Salir a la superficie", *Nuestra Bandera*, 65, 1970.
[76] "Perspectivas del movimiento...", septiembre de 1969.

auguraba la emergencia de una subcultura juvenil con distintivo propio. Las actitudes mostradas por los jóvenes militantes fijaban una clara ruptura generacional que adoptaba nuevos lenguajes y un marcado cariz combativo en base a una adscripción biológica y cultural envuelta en nuevas inquietudes, expectativas y actitudes ante la vida que colocaba a la juventud como agente activo del cambio social y político. El hecho más significativo fue que la esfera de significados que fomentan da como resultado la noción, entre la mayor parte de los jóvenes militantes, de formar parte de un movimiento autónomo que, partiendo de la problemática cotidiana, generaba nuevas ideas sobre el poder, la autoridad y la justicia. Jóvenes que vinieron a plantear reivindicaciones que traspasaban el ámbito laboral a partir de nuevos repertorios de acción con el fin de extender demandas democráticas que crearan masa crítica. El informe de las UJC granadinas inmediatamente posterior a las detenciones de los comandos de las CCOOJJ en mayo recogía la innovación de los problemas a los que se enfrentaban los jóvenes y especialmente la militancia juvenil comunista, los problemas familiares, culturales y de falta de expectativas de futuro[77]. El PCE fue consciente de que la juventud del mundo se rebelaba pensando que esa misma juventud que quería acción podía alejarse, e intentó frenar el trasvase que se estaba produciendo hacia la emergente izquierda radical.

LA ENCRUCIJADA DE 1970. "ALLÍ ESTÁBAMOS LOS COMUNISTAS": ALBAÑILES CONTRA LA DICTADURA

El año 1970 marcará la historia del movimiento obrero granadino y español porque el 21 de julio de ese año tendrá lugar una de las mayores huelgas del período dictatorial, con la gravísima consecuencia de tres trabajadores muertos a manos de la policía y más de cien heridos. Durante aquellos días de julio se manifestaron las batallas políticas, sociales, ideológicas y culturales que había atravesado la vida de los españoles

[77] "Informe de las JC de Granada", Fondo Organizaciones Juveniles, AHPCE, Caja 154, Carpeta 5, 18 de junio de 1970.

durante la mayor pare del siglo xx y que se fijaron legalmente una vez los vencedores imponen por la fuerza el nuevo estado a partir de 1939. Como venimos señalando, los años previos a 1970 habían supuesto la entrada en la escena opositora de una organización político-social que representaba a los trabajadores como nunca antes desde la Guerra Civil. La aparición de CCOO había cambiado el panorama de las relaciones laborales, cuya experiencia fue transformando la cultura política de las bases del PCE, resultando una vivencia decisiva de negociación y pluralismo que permitió el afianzamiento de una cultura política democrática en una parte sustancial de la organización comunista y de numerosos ámbitos laborales.

Para llegar a esto, hemos visto como a lo largo de las dos décadas precedentes y especialmente desde finales de los años sesenta, el campo granadino sufría más que nunca la crisis de la agricultura en Andalucía, en cuanto que numerosas poblaciones dañadas por la crisis que vivían miles de obreros agrícolas que no tenían ninguna tierra, junto a campesinos pequeños y medios igual de afectados, aparecían como claros exponentes de la situación desfavorecedora, los mismos que solo encontraban salida en la emigración[78]. Obreros agrícolas andaluces de zonas dependientes de la agricultura exigían constantemente mejoras salariales defendiendo la máxima "a trabajo igual, salario igual" para hombres mujeres y niños, auxiliados de la imperiosa necesidad de aplicar la Reforma Agraria bajo el lema "la tierra para quién la trabaja"[79]. Los informes del PCE para Granada también daban cuenta del marcado carácter latifundista señalando que varias poblaciones estaban muy dañadas por la crisis que vivía la agricultura: "las tierras quedan abandonadas y la familia se ve obligada a separarse. Cada vez se percibe menos por los productos del campo, en relación con los industriales. No existe ningún control que asegure al campesino un buen precio por su cosecha y con el que vea pagado su trabajo"[80]. Esta situación del campo granadino, similar

[78] "Sobre la reunión regional de Comisiones Obreras andaluzas y del Campo", CCOO de Andalucía, AHPCE, Caja 85, 14 de octubre de 1969, p. 2.
[79] "Obreros agrícolas andaluces", CCOO de Andalucía, AHPCE, Caja 85, carpeta 2/3.1.
[80] "Informe de Granada", Nacionalidades y Regiones, Andalucía y Extremadura, AHPCE, Jacq. 480, 4 de septiembre de 1968.

al de muchas zonas de Andalucía, provoca una oleada de migraciones interiores con destino a los pueblos del cinturón metropolitano de la capital, en su mayoría compuestas por obreros de baja cualificación que no hacen más que desarticular el desvencijado mercado laboral. La comarca del Poniente granadino fue una de las más afectadas, tal y como recuerda Elías Martín Alcaide (1948), sacerdote desde 1970 a 1987 en esta zona de Granada, en donde el trabajo del campo era la principal fuente de ocupación de sus vecinos:

> me di cuenta que era un pueblo de campesinos (Zafarraya), que había todavía rescoldos de la guerra, y que se estaban haciendo más fuertes por la situación de los campesinos. ¿Dónde trabajas? Yo en un motorcillo. Le llamaban motor al pedazo de tierra que tenían alquilado. La tenían alquilada. ¿Qué pasaba? Los motores a medias eran una injusticia muy grande. El dueño de la tierra, que plantaba lechugas y tomates, tenía al campesino trabajando para luego darle la mitad al dueño de la tierra. A medias. La primera carta que escribí muy fuerte era sobre los motores a medias que repartí casa por casa por los cuatro pueblos (Salar, Zafarraya, Ventas y El Almendral). Por la injusticia de los motores a medias se titulaba la carta . Las gentes de estas zonas se marchaban a Granada para mejorar de vida cada dos por tres[81].

Desde mediados de los años sesenta, numerosas familias de zonas eminentemente rurales de la provincia y dependientes de la agricultura estaban buscando mejores perspectivas laborales y de futuro en la capital granadina y en sus pueblos limítrofes, favorecidas por el efecto llamada que provocó el crecimiento cada vez más ostensible del sector de la construcción. A las alturas de 1973, los pueblos del área metropolitana de la ciudad de Granada habían absorbido gran parte de este remanente migratorio, cuando casi el 70 % de los trabajadores de la construcción que trabajaban en la capital de la provincia residían en las poblaciones limítrofes[82]. Comarcas grana-

---

[81] Entrevista a Elías Martín Alcaide, Granada, 9 de febrero de 2022.

[82] Teresa María Ortega López, "Obreros y vecinos en el tardofranquismo y la transición política (1966-1977). Una lucha conjunta para un mismo fin", *Espacio, Tiempo y*

dinas tradicionalmente dependientes del trabajo agrícola como los Montes Orientales o el Poniente granadino, sufrieron la devastación demográfica que supuso la crisis del campo en la que muchas familias de la zona optaron por la emigración a Granada seducidas por los efectos llamada del sector de la construcción, "en esos años se fueron familias enteras a los pueblos cercanos a Granada porque se oía mucho el allí hay mucho trabajo, necesitan peones", como así recuerda Fernando Pinilla (1948), alcalde de Salar por el PCE en las primeras elecciones democráticas de 1979, que da cuenta como el hilo comunista de aquella zona estaba fundamentado en la feroz represión que había sufrido el Poniente granadino durante la Guerra Civil y la posguerra. Todavía visitaba a su padre a la cárcel en 1954. El pueblo de Salar sufrió indiscriminadamente la sed de venganza de las nuevas autoridades contra todas aquellas personas que, en distintos grados, tuvieron alguna significación tanto con el régimen republicano como con el comité revolucionario que tomó el control del pueblo en los primeros meses de la Guerra Civil. No menos de 300 personas fueron represaliadas mediante penas judiciales de todo tipo, y de ellas, algo más de 50 fueron ejecutadas[83]. Pinilla y los jóvenes de Salar crean un comité en su pueblo a mediados de los sesenta:

> Aquí (en Salar) no se perdió nunca las ganas de luchar contra la dictadura. Aún recuerdo con 6 años cuando fui a visitar a mi padre y a mi tío a la cárcel de Granada, la primera vez que veo a mi padre fue en la cárcel. Empiezo a militar en el PCE en 1966 a través de Armando Castillo, nos reuníamos en un bar jóvenes de 18-20 años, durante toda la época franquista José García "Pepe Chorizo" había sostenido en su tienda la organización de oposición, que poco después todo eso formaría el PCE. Él organizo todo hasta mediados de los setenta, y luego fue concejal con nosotros, él era más mayor y había estado en la cárcel[84].

Forma, Serie V, Historia Contemporánea, t. 16 UNED, 2004.

[83] Eusebio Rodríguez Padilla y Francisco González Arroyo, *República, Guerra Civil y Represión Franquista en Zafarraya (Granada), 1931-1945*. Almería, Arráez editores, 2011.

[84] Entrevista a Fernando Pinilla Moreno, Salar, 25 de marzo de 2021.

A pesar de la desbandada migratoria que sufrieron pueblos como Loja, Salar, Zafarraya o Montefrío con destino a la capital granadina, en estas tres últimas poblaciones, a las alturas de 1970 había comités del PCE funcionando y numerosos trabajadores ya se habían afiliado a CCOO, hasta tal punto que alquilan un autocar para ir a Granada el día 21 de julio de 1970 con motivo de la Huelga de la construcción[85]. No obstante, la influencia de CCOO tenía lugar en Granada y su zona metropolitana, emanada desde las elecciones sindicales de 1966 y que no dejó de crecer pese a la ilegalización y al estado de excepción de 1969. Los años finales de los sesenta hasta llegar a 1970, suponen unos años claves por muchas razones. Los comunistas habían ensanchado su presencia en sectores clave con la conquista de puestos y de cargos sindicales al tener una implantación considerable llegando a espacios diversos e importantes como el de la hostelería, el comercio y la *Central Lechera Puleva*, aunque todavía había empresas y sectores que no poseían convenios, como *Transportes Rober*, y en la que el PCE ya estaba trabajando y empezaba a hacer presión, en la que se hablaba de la descongelación de salarios y de la poca satisfacción de la subida por considerarla como "migajas"[86].

El régimen en Granada se había endurecido a finales de los sesenta, el presidente la Diputación había dimitido y lo sustituía Martínez Cañavate, un jerarca local del régimen y con otros cargos a su beneficio. Para dar cuenta de la estrecha vigilancia y de las actuaciones de las fuerzas del orden en esos años, basta con saber lo que le ocurre a Eduardo Pons Prades cuando vino a Granada a dar una conferencia para explicar los sucesos de Francia. Profesor en Montpellier a esas alturas, la policía suspendió el acto y tuvieron a él y a su mujer unas horas en comisaria interrogándolos. La ampliación de espacios de actuación era tal que el PCE granadino había contactado con el ejército: "Hay un amigo que tiene relación con unos oficiales el Ejercito; estos le dicen que ellos ahora no pueden hacer nada, pero que están con el pueblo", y en el campo "se han

[85] Entrevista a Juan Manuel Ortigosa Palma, Zafarraya, 24 de marzo de 2021. Entrevista a Fernando Pinilla, Salar, 25 de marzo de 2021.

[86] "Informe de Raúl", Nacionalidades y regiones, Andalucía y Extremadura, AHPCE, Jacq. 495, diciembre de 1968.

tenido varias reuniones con varias organizaciones del campo para discutir el problema del paro", sector en el que se estaba orientando a que se discuta también con las mujeres para que participen". El trabajo más importante lo estaba llevando a cabo CCOO, que desde su implantación en Granada gradualmente ampliaban su influencia con crecientes reuniones de empresa locales, preparando y abriéndose paso en la construcción: "donde tienen ya un elevado número de empresas y mucha información de los abusos que en ellas se cometen, parte de lo que aquí se publique, haremos copias y los enviaremos a REI, destacando las formas arbitrarias de los despidos, no se paga en muchas empresas la ayuda familiar ni la antigüedad, quedan ya muy pocos enlaces y buena parte de estos son de los que pusieron las mismas empresas"[87]. Era el sector de la construcción, por mayoritario, donde se agudizaban las contradicciones entre una amplia masa de trabajadores abocadas al deterioro permanente de su capacidad adquisitiva y de sus condiciones laborales contra una clase empresarial favorecida por el apoyo estatal de las instituciones públicas.

En efecto, CCOO había llegado a tener una amplia influencia entre los trabajadores granadinos, con unos niveles de sindicalización considerables. El PCE estaba articulado con un comité en la Universidad que superaba de largo las cien militantes, más la amplia presencia de comunistas organizados en los pueblos agrícolas de la Vega y en comarcas tradicionalmente dependientes del agro como los Montes Orientales o el Poniente granadino, este último con las localidades de Salar y Zafarraya como enclaves fundamentales. Del mismo modo, los jóvenes comunistas habían creado su propio espacio autónomo de organización opositora, especialmente con las CCOOJJ, cuyos militantes estaban rechazando con sus actitudes códigos de conducta anteriores a partir de la protesta y subversión mediante el progresivo abandono de actos desarrollados en exclusiva desde la esfera privada encaminados a dar visibilidad a su autonomía con acciones que pretendían la colonización de la esfera pública[88]. Por

[87] "Informe de Granada", Nacionalidades y Regiones, Andalucía y Extremadura, AHP-CE, Jacq. 480, Granada, 4 de septiembre de 1968.

[88] Oscar José Martín García, Manuel Ortiz Heras y Damián González Madrid, "Envenenando a nuestra juventud. Cambio de actitudes y militancia juvenil en el segundo

tanto, los comunistas de Granada disponían ya, a las alturas de 1970 de una organización lo suficientemente asentada para organizar una huelga de la magnitud como la que tendrá lugar en el verano de ese año. Con un pequeño ejército de vanguardia de jóvenes adscritos a las formaciones juveniles capaces de llevar a cabo las acciones más arriesgadas, audaces y visibles, y por último con unos comités locales, sobre todo en los pueblos del cinturón metropolitano, cada vez más bien organizados. Contaba, además, con un barrio, La Virgencica, marginal y en la periferia, como espacio de seguridad y de reunión de las organizaciones juveniles organizado con la primera asociación de vecinos de la provincia y de Andalucía, articulada por jóvenes párrocos y por militantes de la HOAC que trabajan codo con codo con los comunistas[89]. Pero ciertamente, la movilización antifranquista local en 1970 no puede entenderse sin la conflictividad social alcanzada los años anteriores debido al crecimiento de CC.OO, ya convertido el sindicato en el pilar fundamental para la mejor implantación y fortaleza del partido, aportando nuevos recursos y un mayor pluralismo[90]. El modelo comunista de CC.OO, basado en la ocupación de los cargos legales de las empresas, tuvo éxito en Granada, con una radiación considerable en varios sectores que empezó a dar sus frutos a finales de la década de los sesenta y que supuso la promoción y captación de una nueva militancia.

La ciudad de Granada había crecido al socaire del auge del sector del ladrillo en la etapa desarrollista debido a una emigración interior provincial que la convirtió en una ciudad de albañiles, y su cinturón metropolitano la cantera perfecta de esa mano de obra fundamental que cambió el paisaje sociolaboral de finales de los sesenta. Pero las condiciones laborales en las que trabajaban los albañiles y todos aquellos que dependían del sector, permanecían ancladas en el pasado. Los trabajadores eran tratados a modo de esclavos, con un jornal que apenas llegaba a 15 pesetas por hora, con la normalización del

franquismo", *Historia Actual Online,* Nº 20, (otoño 2009), pp. 19-33.

[89] Enrique Tudela Vázquez, *Nuestro Pan, la huelga del 70,* Granada, Comares, 2010, pp. 115-136.

[90] Carme Molinero y Pere Ysás, "Antifranquismo, Democracia y...", pp. 228-229; Emanuele Treglia, *Fuera de las catacumbas...*, p. 258.

"trabajo a destajo" y con escasa protección social. No existía derecho al disfrute de unas vacaciones. En la mayoría de las empresas no estaba estipulado el descanso a media mañana para el "bocadillo". El máximo objetivo de los empresarios era acelerar el ritmo de trabajo. La incapacidad de la industria granadina para absorber la ingente masa de trabajadores ante la crisis que padecía el campo andaluz en general, tuvo como principales salidas laborales la emigración o la construcción. Escasamente cualificada, esta masa de trabajadores procedía en sus tres cuartas partes de las zonas rurales, y de ellas, casi el 40% hubo de dedicarse a la construcción o a oficios relacionados directamente con el sector del ladrillo, como la pintura o la madera[91].

Antes del verano de 1970, el sector obrero de la construcción continuaba enfrentado a unas condiciones laborales muy precarias. La aparición de CCOO en 1967 había cambiado el panorama laboral al tener que sentar en la misma mesa de negociación a patronos y a auténticos representantes de los trabajadores, una cuestión que a pesar del avance y de su total consecución en algunas empresas, crispó las actitudes contrarias de los empresarios, que encontraron en la excesiva mano de obra y en la necesidad de terminar velozmente las construcciones el caldo de cultivo perfecto para fomentar la precariedad y la explotación de la que hablamos. Campesinos de tradicionales zonas agrícolas de la provincia acudieron en masa a la capital durante estas décadas esperanzados en el efecto llamada que suponía cambiar de vida para mejorar la de su familia, un fenómeno que contenía las aspiraciones lógicas de la búsqueda de la oportunidad al tener casi cerrado su habitual mercado de trabajo del campo. Grupos de estudiantes cada vez más politizados en los que el PCE ganaba en influencia reafirmaban su carácter revolucionario y democrático con su creciente inserción en el movimiento popular antifranquista con la constitución de órganos de dirección a todos los niveles[92]. Grupos de jóvenes militantes comunistas que hacían

[91] Archivo Histórico Provincial de Granada, Sección Sindicatos, Pleno de la Unión de Trabajadores Técnicos de la Construcción de Granada, Cabina 622, nº de orden 627, recogido en Teresa María Ortega López, "Obreros y vecinos...", p. 352.

[92] "Perspectivas del movimiento estudiantil", Organización universitaria del Partido Comunista de España, Archivo Historia del Trabajo, Fundación 1º de Mayo, Colección Propaganda, Sig. 03/14/001, Madrid, septiembre de 1969.

propias de forma autónoma las carencias específicas de su tiempo vivencial, hacían eco de unas dificultades que empequeñecían sus perspectivas de futuro ampliando su problemática en ámbitos laborales, culturales, familiares, ambientales y sociales[93]. Unido a esto, los comunistas habían establecido buenas relaciones con el mundo católico progresista, y la asociación de vecinos del barrio de La Virgencica, al amparo de los curas obreros y de las Juventudes Comunistas, ofrecían el espacio perfecto, fuera de la injerencia de las autoridades y estableciendo un enclave democrático esencial en cuanto espacio de libertad para conectar con todas aquellas fuerzas susceptibles de oposición organizada, encontrando en los jóvenes y dirigentes de la HOAC a sus mejores aliados. Las reuniones para elaborar el borrador del convenio colectivo de la construcción se celebraron en la Parroquia de la Virgencica.

Las CCOO granadinas ya habían ganado espacios de representación suficientes para asumir las demandas principales de los trabajadores de la construcción, subidas de salario y mejoras laborales que redujeran sensiblemente tanto la precariedad económica como la desprotección en la que se encontraban los obreros del sector. Para la elaboración del Anteproyecto del Convenio Colectivo, los dirigentes de las CCOO de la construcción José Cid de la Rosa, Pedro Girón Torrres, Juan Verdejo y Luis Afán de Rivera, con el apoyo de los sacerdotes más destacados del apostolado obrero, como Antonio Quitián y los hermanos José y Manuel Ganivet Zarco, emprenden la redacción de un borrador recogiendo las peticiones básicas a partir de la primavera de 1970. Una de las consignas elementales del sindicalismo democrático que proponía CCOO, la que pretendía la ampliación de los cauces de participación, se cumplieron una vez someten a encuesta los puntos que debería recoger el Convenio cuando mediante este cauce consiguen la participación de 400 trabajadores con dicho sondeo, mecanismo mediante el cual se recogieron las aspiraciones reales de la base, es decir de los realmente implicados. El cuestionario-encuesta, según informó la HOAC de

[93] "Informe de las Juventudes Comunistas de Granada", Fondo Organizaciones Juveniles, AHPCE, Caja 154, Carpeta 5, Maracena, 18 de junio de 1970.

Granada contenía "preguntas relativas a salario, duración jornada laboral, horas extra, destajos, despidos, nóminas, plantillas etc. Se imprimieron 400 ejemplares, que fueron repartidos a través del propio sindicato (CCOO) a trabajadores de diversas empresas"[94]. Los resultados de estas encuestas fueron discutidos ampliamente por los propios encuestados y los encargados de elaborar el anteproyecto durante al menos tres meses en la Virgencica, "íbamos allí una tarde sí y otra también y llegamos algunas veces a estar 200 tíos. Aquello fue nuestra escuela de aprendizaje porque se le daba la palabra a todo el mundo"[95]. Estas asambleas previas supusieron el acercamiento entre trabajadores de distinto signo y adscripción ideológica, elevando el modelo asambleario propugnado por CCOO a cuotas jamás alcanzadas hasta ese momento por el movimiento obrero granadino.

A aquellas asambleas las dotaron de legalidad informando previamente al Presidente del Sindicato de la Construcción del "Vertical", logrando que fueran autorizadas las reuniones. Los temas que se discutieron mayoritariamente fueron la reducción de las diferencias salariales entre las diversas categorías profesionales, el aumento de salario para el peón de albañil, la eliminación de horas extraordinarias y los destajos, y la reducción al mínimo de la eventualidad y los despidos[96]. Las asambleas convirtieron en protagonistas a los trabajadores. Mediante la participación democrática, la dirección política que organizaba los encuentros dio voz a cualquier trabajador susceptible de testimoniar con su experiencia las necesidades de la clase trabajadora y así elaborar un documento que recogiera el más amplio sentir y parecer de los obreros de la construcción. La práctica de los comunistas que trabajaban sindicalizados, tradujo carnalmente el modelo asambleario cuya ocasión aprovecharon para mostrarse y mostrarlo como mecanismo democrático para el resto de obreros que allí acudieron. De esta forma, la escuela de aprendizaje lograda en aquellas asambleas alimentó de emoción y optimismo al colectivo

---

[94] *"Granada julio-otubre de 1970"*, Informe sobre la huelga de 1970, HOAC e independientes, julio de 1971, Archivo personal de Luis López García.

[95] Entrevista a Luis López García, Maracena, 8 de marzo de 2021.

[96] *"Informe sobre los sucesos ocurridos en Granada el día 21 de julio de 1970, sus orígenes y efectos"*, AGA, Sección Sindicatos, Caja 6531.

para el buen desarrollo del itinerario de elaboración del convenio, así como la certeza de que era solo con la unión organizada de la clase trabajadora, como se podían solucionar los problemas a los que se enfrentaban. Lo resumió perfectamente con su testimonio años después José Cid de la Rosa, secretario general de CCOO de Granada en aquel momento y partícipe de las asambleas como miembro de la dirección política: "los mayores nos hicimos más jóvenes y los jóvenes se hicieron mayores. La gente tomó una conciencia como nunca, una conciencia clara de que estando uníos se podían conseguir muchas cosas"[97]. También Luis López coincide en que aquellos meses fueron fundamentales, por la calidad, el tono y la cantidad, "vino gente que nunca quiso saber nada de política, peones y trabajadores que ni eran del partido, allí nos vieron a los comunistas que lo que hacíamos era organizar y pelear por lo de todos los trabajadores. El salto de calidad estuvo ahí"[98]. Las dinámicas desarrolladas en las asambleas generaron la densidad social suficiente para alimentar emociones políticas de compromiso identitario y de sentido de pertenencia que respondían a dinámicas de movilización genuinas de una cultura democrática popular.

Mientras se producían las asambleas de elaboración del texto que recogían las aspiraciones de los albañiles, tuvieron lugar las acciones de Semana Santa por parte de los comandos de las CCOOJJ en apoyo a la consecución del convenio[99]. A la par, los universitarios ya habían mostrado sus actitudes subversivas ampliamente y la represión contra los estudiantes granadinos se venía produciendo desde el Estado de Excepción de 1969, que los afectó especialmente, llegando a sufrir condenas de confinamiento[100]. Varios militantes del PCE de la universidad habían sido detenidos y confinados al irrumpir la policía en la

---

[97] Entrevista a José Cid de la Rosa en AHCCOO-A.

[98] Entrevista a Luis López García, Maracena, 8 de marzo de 2021.

[99] "Acciones y no palabras. Declaración de las Comisiones Obreras Juveniles", *Nuestra Lucha*, Granada, abril de 1970, Nº 4, Archivo personal de José Antonio Ramírez Milena.

[100] Véase Alfonso Martínez Foronda e Isabel Rueda Castaño, *La cara al viento. Estudiantes por las libertades democráticas en la Universidad de Granada (1965-1981)*, Sevilla, Fundación de Estudios Sindicales– Archivo Histórico de CCOO-A, 2012, pp. 595-598.

acción panfletaria anti-imperialista de la película *Boinas Verdes*[101] y en una Manifestación en favor de la Amnistía en los primeros meses de 1970[102]. El Sindicato Democrático de Estudiantes de la Universidad de Granada (SDEUG) se había creado en 1968 por lo que las asambleas, las sentadas y distintas manifestaciones de protesta formaban parte del movimiento de oposición estudiantil[103], que tenía ya varias células del PCE dinamizando y organizando la acción estudiantil, como recuerda Joaquín Bosque Sendra (1948), que había sido ya detenido en la Universidad de Zaragoza por militar en el PCE:

> En diciembre de 1968 volví a Granada a estudiar Filosofía y letras y allí me puse en contacto con el PCE y empezamos a reorganizar las células en la Universidad, pero en enero de 1969, al declarar el estado de excepción, me detuvieron y me condujeron a Zaragoza donde se había producido una caída de mis antiguos compañeros del PCE, en la comisaría de Zaragoza me dieron un par de palizas para presionarme, finalmente me encerraron en la cárcel de Torrero, junto a los otros detenidos y me procesaron por propaganda ilegal[104].

Serían las detenciones de los militantes de las CCOOJJ con la acción de Semana Santa de 1970 las que provocaran las sinergias entre los movimientos obrero y estudiantil con una serie de manifestaciones de los estudiantes por el centro de Granada hasta mediados de abril en señal de protesta por la represión de los jóvenes comunistas. Los estudiantes comunistas Javier Terriente Quesada (1948), que ya había sido detenido y confinado a su Málaga natal anteriormente, y Joaquín Bosque Sendra, que encabezaba aquellas manifestaciones silenciosas y pacíficas, que el régimen consideraba "como intensas campañas de agitación"[105], recuerdan que aquellas "marchas" eran expresiones de actitudes anti-fascistas y de búsqueda de una identidad política

[101] Entrevista a Jesús Carreño Tenorio, Granada, 12 de enero de 2020.
[102] Entrevista a Joaquín Bosque Sendra, Madrid, 24 de noviembre de 2021.
[103] Entrevista a Javier Terriente Quesada, Atarfe, 24 de septiembre de 2020.
[104] Entrevista a Joaquín Bosque Sendra, Madrid, 24 de noviembre de 2021.
[105] Sentencia 54/71, Tribunal de Orden Público, detenciones de Arturo González Arcas y Javier Terriente Quesada, en ACCOO-A.

estudiantil a la que el carácter orgánico del PCE otorgaba el estímulo clave en un sector proclive a la desorganización; "en ese mes (abril 1970) después de las asambleas salíamos a tomar la calle, pero bien organizados, el resto de estudiantes comprobó la disciplina y el orden del PCE"[106]. La prensa clandestina de las CCOO granadinas lo recogía de este modo: "tras la asamblea, los estudiantes intentaron una manifestación, como protesta por las últimas detenciones para informar a la opinión pública. Ante la presencia de las fuerzas, mal llamadas de Orden Público (Policía Armada y Brigada Político Social), los manifestantes (alrededor de 600) volvieron al edificio universitario, y lo ocuparon hasta las 6 de la tarde en que se celebró una segunda asamblea (unos 700)"[107].

Grupos politizados de estudiantes, en abierta confrontación contra la dictadura, despertaban del letargo al que había sumido el régimen al mundo universitario mediante su absoluto control político, social y cultural que comenzó con el cruel desmoche durante la Guerra Civil y primeros años de posguerra [108]. Desde mediados de los sesenta se produce un despertar de la protesta en muchos distritos universitarios criticando ferozmente tanto la rigidez de las estructuras académicas como los mecanismos autoritarios y represivos del régimen. El activismo universitario, centrado en la autoorganización democrática al margen del Sindicato Español Universitario (SEU), mostró unas aptitudes organizativas propias que permitieron desarrollar dinámicas políticas de acción social con gran capacidad de atracción para una parte significativa de estudiantes[109]. La influencia del PCE, que varió con el tiempo según distritos universitarios, fue hegemónica hasta principios de los años setenta, dotando de unos niveles de organización a la protesta universitaria que resultaron atractivos en un ámbito supeditado al continuado relevo estudiantil, algo que favorecía el cambio de clima militante.

---

[106] Entrevista a Joaquín Bosque Sendra, Madrid, 24 de noviembre de 2021, y entrevista a Javier Terriente Quesada, Atarfe, 24 de septiembre de 2020.

[107] "Una semana de continua lucha estudiantil", *Nuestra Lucha*, Granada, abril de 1970, Nº 4, Archivo personal de José Antonio Ramírez Milena.

[108] Jaume Claret Miranda, *El atroz desmoche. La destrucción de la universidad española por el franquismo, 1936-1945*, Barcelona, Crítica, 2006.

[109] Carme Molinero y Pere Ysás, "Antifranquismo, Democracia y...", pp. 228-229.

La dirección comunista creyó firmemente en la idea de que la lucha por la democracia política y económica, y por el socialismo pasaba por la alianza de obreros, campesinos, estudiantes, intelectuales y profesionales con su proclama estratégica "Alianza de las fuerzas del trabajo y de la cultura"[110].

> Se necesita una lucha política extremadamente inteligente, qué sobre la base de amplísimas movilizaciones tanto en la calle como en los centros universitarios, sepa coordinar todos los hilos del momento político. Necesitamos un movimiento estudiantil que sepa utilizar y agudizar al máximo la debilidad del actual Gobierno y que a la vez logre fortalecer más y más su posición constituyéndose en el elemento aglutinante y potenciador de las Fuerzas de la Cultura (Profesores, profesionales, técnicos, intelectuales, etc.). Logrando a la vez en la clase obrera, siendo uno de los más firmes y potentes aliados en la lucha contra la policía y la Ley de Educación. Las victorias alcanzadas por el movimiento estudiantil a lo largo de este año son enormes, en una gran medida se ha conseguido desbordar la presencia de la policía en la Universidad, se ha logrado imponer determinadas libertades, curso a curso, centro a centro[111].

El PCE granadino había influido para que la conexión entre el activismo obrero y el estudiantil fuera una realidad, y las juventudes comunistas y CCOO fueron los nexos de unión. Los comunistas organizaron en 1970 la celebración de la habitual concentración del 1º de Mayo por decisión del partido en el Pantano del Cubillas, alejados algo más del peligro para que la posible interferencia policial no detuviera la confección del borrador evitando las posibles detenciones, cuestión prioritaria ya que el objetivo de dirigir políticamente la negociación era esencial. A la concentración acudieron unas 300

[110] "La alianza de las fuerzas de la cultura y el trabajo", Resolución del Comité Ejecutivo del Partido Comunista de España, *Mundo Obrero,* Nº10, 24 de mayo de 1969, p.4.

[111] *¡Las fuerzas de la cultura contra la policía en la universidad!,* Organización Universitaria del Partido Comunista de España, marzo de 1970, Archivo Historia del Trabajo, Fundación 1º de Mayo, Colección Propaganda, Sig. 03/17/001.

personas con la novedad de que por primera vez se dan allí cita todas las fuerzas de oposición disponibles, en el que sobresalía un nutrido grupo de estudiantes, que de este modo hacen suya la problemática universitaria y la de los trabajadores[112]. Aunque los comunistas situaban a los trabajadores en el centro de la representación de su propuesta combativa, ya se percibía la variada gama de reacciones individuales y de grupos dispuestos a expresar voluntades para implantar cambios democráticos[113]. Las soluciones al problema de acabar con la dictadura pasaban primordialmente por la utilización de todas las posibilidades legales y extralegales para unir, organizar y movilizar a trabajadores, estudiantes, intelectuales, mujeres, jóvenes y a toda la población para hacer la Huelga General y la Huelga Nacional, despliegue que se consideraba como la unión de todas las fuerzas revolucionarias, populares y democráticas[114]. La lucha por el derecho de huelga y la libertad sindical, conquistas básicas de estrategia del *Pacto de la Libertad*, eran las premisas con la que construyen los comunistas granadinos su estrategia de convergencia y entendimiento para crear ciertas formas de alianza entre las fuerzas de oposición. Con la perspectiva de la Huelga General en el horizonte, los comunistas tuvieron esa consecución como expediente temporal en caso de no fructificar las negociaciones, la cual empezaría en el sector de la construcción para extenderse al resto de los ámbitos y actividades[115].

El inicio de las deliberaciones el 30 de junio en la Casa Sindical supuso la primera muestra de fuerza visible a ojos de la patronal y de la Comisión Económica cuando acuden no menos de 500 trabajadores a la primera reunión penetrando en el edificio. Era el intento de conquista de un espacio público que hasta ese momento nunca había sido considerado como espacio de los trabajadores cuando realmente lo era, ya que solo habían ido los enlaces sindicales. Los

[112] "La preparación del 1º de mayo", Nacionalidades y regiones, Andalucía y Extremadura, Jacq. 624, mayo/junio de 1970.

[113] "Unidos ante el 1º de Mayo", Fondo Movimiento Obrero, AHPCE, Caja 83, Carpeta 4/6, abril de 1970.

[114] *¡Marchamos hacia el Pacto de la libertad!,* Declaración del Comité Ejecutivo del Partido Comunista de España, *Mundo Obrero*, 23 de enero de 1970, p.1

[115] "Acelerar, multiplicando sus luchas reivindicativas, la macha hacia una gran acción coordinada y generalizada en todo el país", Coordinadora General de Comisiones Obreras, febrero de 1970, *Mundo Obrero*, 21 de febrero de 1970, pp. 1-2.

Vocales Sociales de la Comisión Deliberadora eran los miembros de CCOO y del PCE Pedro Girón Torres, Manuel Martín Legaza, Juan Verdejo Cantero, Luis Afán de Rivera, Francisco Rico Ruiz y Cristóbal Fernández Marín, los mismos que venían elaborando el Anteproyecto del Convenio de la Construcción junto a destacados militantes del apostolado obrero como el cura obrero Antonio Quitián. De forma resumida y precisa, las reivindicaciones más importantes de los trabajadores eran que el sueldo base fuera de 240 pesetas diarias, las jornadas laborales semanales de 45 horas que comprendieran ocho horas de lunes a viernes y cinco horas los sábados, la eliminación del "trabajo a destajo" y de las horas extras, un disfrute real de las vacaciones, la concesión de distintos pluses de enfermedad y de accidentes, y el derecho a percibir indemnizaciones por despido. Eran unas reivindicaciones modestas que pretendían paliar, por un lado, las extremas dificultades económicas a las que estaban condenados los trabajadores, ya que el salario mínimo de 120 pesetas diarias que percibían los peones, establecido como sueldo base, era insuficiente para hacer frente a los gastos comunes de las familias. Pero cobraba la misma importancia las demás demandas porque suponían una protección legal contra la explotación que sufrían y en cierto modo daban cobertura a otro de los graves problemas al que se enfrentaban, la eventualidad y la falta de expectativas de presente y futuro ante la volatibilidad del sector laboral de la construcción[116].

Lo más decisivo fue la materialización, en esta etapa previa, de la confluencia entre el PCE, CCOO y las organizaciones apostólicas progresistas. Etapa de aprendizaje común, no exenta de divergencias, en la que jóvenes que se habían acercado a la HOAC y a la JOC entablaron diálogos políticos con otros que gravitaban o militaban abiertamente en las organizaciones comunistas juveniles, y finalmente, con todos aquellos obreros que, sin militancia o adscripción política conocida o definida, participaron en las asambleas y a los que unos y otros supuestamente pretendían seducir desde el punto de vista social y político. Con esta experiencia, como venían señalados

[116] Véase el texto del Convenio Colectivo de la Construcción, así como la contraoferta y la respuesta de ambas partes en "Informe sobre los sucesos ocurridos en Granada el día 21 de julio de 1970, sus orígenes y efectos", AGA, Sección Sindicatos, Caja 6.531

los acontecimientos de Granada en Nuestra Bandera, "cambiamos de forma de acción. Nos orientamos hacia las asambleas donde participan el mayor número de trabajadores para informar de la situación exponiendo nuestra perspectiva política ... también nos planteamos los comunistas fortalecer organizaciones de masas como Comisiones, estudiantes etc."[117]. Un proceso paradójico, ya que los movimientos apostólicos, surgidos con el cometido de cristianizar a las masas obreras, se habían transformado, como de un acto de conversión se tratase, en fuerza de oposición a la dictadura, algo que había empezado a producirse a finales de los años cincuenta[118]. Los tres meses que aproximadamente pasaron discutiendo el convenio los diferentes grupos, con la posibilidad de reunirse en la iglesia de un barrio marginal "al que nadie hacía caso" y "bajo la protección de la sotana", confirmaron el eje formado por el encuentro entre comunistas y católicos, que, aunque con notables diferencias ideológicas en cuanto a la acción, estrecharon sus manos para marchar juntos, y de trabajadores que hasta ese momento no se habían mostrado políticamente, y esto último es lo más interesante. Durante esos tres meses, los comunistas granadinos llevaron a término una política de reclutamiento asambleario y participativo que provocó el éxito posterior y que explica la afluencia masiva de obreros a las negociaciones del convenio:

> la consigna era llevarnos a las asambleas al mayor número posible de gente, que se enteraran [sic] de lo que nos jugábamos, de lo que se hablaba y de decirles que fueran y que hablaran. Participó mucha gente y algunos hablaron por primera vez en público de lo que les pasaba y de lo que querían, también al estar en una iglesia, con Quitián y los curas obreros y lo bien organizadas que estaban las asambleas, se vio la seriedad y lo fuerte que era el partido por la organización. Nunca antes los trabajadores se habían visto tan representados[119].

[117] "Luchar en Granada. Allí estábamos los comunistas", *Nuestra Bandera*, Nº 65, tercer trimestre de 1970, pp. 27-30.
[118] Emanuele Treglia, *Fuera de las catacumbas...*, pp.172-174.
[119] Entrevista a Luis López García, Maracena, 8 de marzo de 2021.

Los meses previos son fundamentales para explicar la operación de colonización del espacio público que supuso la afluencia a las negociaciones del convenio de un número creciente de trabajadores para participar en la tabla reivindicativa e informarse en directo de la marcha de las negociaciones. Una de las causas que no soportaban los patronos y que caldeó las reuniones convirtiendo el conflicto en una auténtica pugna política. La asistencia masiva de trabajadores al edificio de la Casa Sindical, inesperada por las autoridades y por los empresarios, demostraba la fortaleza del movimiento obrero granadino y la inocencia y ceguera de las autoridades laborales y económicas de Granada. Dirigidos por los comunistas de CCOO, los trabajadores granadinos ya habían intentado "tomar" el edificio de los sindicatos en la jornada de octubre de 1968 con la concentración en la Fuente del Triunfo con la marcha pacífica hasta el Sindicato, negándoles las autoridades su entrada, pero en 1970 era distinto, llevaban meses elaborando el convenio y querían defenderlo en persona[120]. Desde el primer día que se plantaron en el edificio alrededor de 500 obreros, las jerarquías económicas y empresariales de Granada actuaron a la ofensiva llamando a la policía y evitando el diálogo. La presión y afluencia de los trabajadores creció exponencialmente en la misma medida que fue aumentando el número de asistentes y su participación en las negociaciones con el aumento de las tensiones y las discusiones entre patrones y obreros, que en ningún caso se enfrentaron en terreno neutral ya que la BPS estuvo presente para intimidar desde la segunda de las reuniones.

Se ponía de manifiesto la contienda social y política entre la conquista de prerrogativas hasta entonces reservadas al empresario para avanzar en términos democratizadores de las relaciones laborales sin el apoyo del Estado contra los detentores del poder económico, político y social. La dirección política del conflicto, PCE y CCOO, que no tenían representación ni asesoramiento jurídico, extraía de esta batalla algo que llevaba años sucediendo acerca de las cuestiones legales de los trabajadores, colmadas de prosa jurídica vacía que "ponía de

---

[120] "Crónica de la jornada del 27 de octubre", *Nuestra Bandera*, tercer trimestre de 1968, Nº56, p. 48.

relieve el papel vergonzoso de los asesores jurídicos, acostumbrados a engañar y embaucar a los trabajadores rechazando sus peticiones con excusas legalistas, negando la capacidad de los obreros para expresar sus problemas"[121]. La ruptura de las negociaciones en la cuarta sesión vaticinó la crónica de la muerte anunciada por la intransigencia de la patronal y la nula disposición al diálogo por parte de los empresarios, ancladas y fijadas sus mentalidades en la imposibilidad de integrar a los trabajadores en su estructura social por la caduca cosmovisión dual dominadores-dominados.

Desde el inicio de las deliberaciones, las trabas y excusas por parte de la patronal ponían de manifiesto que estos tenían muchas reticencias a la hora de sentarse a negociar con los representantes de los trabajadores. La negativa a presentar su contraoferta económica hasta la última sesión del 20 de julio es la demostración de que no había predisposición para llegar a un acuerdo. Después de revisar punto por punto cada una de las reivindicaciones, "lo de los salarios" no se trataba[122]. No soportaron ver allí a los trabajadores, especialmente sabiendo que sus representantes eran comunistas, "a los verticales les asusta, a los trabajadores los estimula"[123]. Intentaron por todos los medios que las reuniones se celebrasen por la mañana para evitar la afluencia al hacerlas coincidir con el horario de trabajo. La afluencia masiva de trabajadores para interesarse por la marcha del convenio respondía a la estrategia del PCE del movimiento de masas y a la decisión de los comunistas granadinos; "hay varias reuniones donde los comunistas exponen, ante otros obreros de vanguardia, sus puntos de vista. Se discute mucho sobre los cauces a tomar y se opta por hacer las cosas lo más abiertas posible, con la mayor participación, concentrándose en el Sindicato"[124]. La presencia masiva de trabajadores provocó reacciones policiales y gubernamentales que enconaron aún más el conflicto, ya que fue increpada por el Delgado

[121] "Luchar en Granada. Allí estábamos los comunistas", *Nuestra Bandera*, Nº 65, tercer trimestre de 1970, pp. 27-30.

[122] Luis Afán De Rivera, "Memoria de la negociación del Convenio y la huelga del 70". Recogido en Enrique Tudela Vázquez, *Nuestro Pan...*, pp. 150-172.

[123] "Luchar en Granada. Allí estábamos los comunistas", *Nuestra Bandera*, Nº 65, tercer trimestre de 1970, pp. 27-30.

[124] Ibídem, p. 27.

de Provincial allí presente en la persona de Juan Verdejo, sumado a la respuesta policial con la intervención de la BPS infiltrándose con los trabajadores y la vigilancia de la policía armada rodeando el edifico desde la tercera sesión de deliberación[125]. La provocación a la que fueron sometidos los obreros en un espacio que se consideraba como la casa de los trabajadores explica gran parte del clima de tensión generado por la patronal, que al no recurrir a otros métodos más integradores, lograron el gradual enaltecimiento de las masas. La presencia de la policía tensionó las deliberaciones hasta puntos insospechados, los mismos que adelantaron en buena medida los fatídicos resultados posteriores:

> Los obreros de la calle estaban convencidos de que no había policías por ninguna parte y sus compañeros de dentro los tenían enfrente, amenazadores. Un obrero quiso salir sigilosamente, pero los policías que estaban al acecho habían cerrado la puerta de salida. "Quien se menee de aquí lo echamos por un balcón", fue la amenaza que profirieron. "De aquí no se mueve nadie". Quiso la fortuna que los trabajadores de fuera se impacientaran de tanto esperar y abriéndose camino penetraron de nuevo en el Sindicato. Ante la presión tuvieron que abrirse todas las puertas y cual no fue su sorpresa de encontrar policías dentro[126].

La contraoferta económica presentada por los empresarios rompió las negociaciones, al no admitir un salario base más allá de 170 pesetas gratificando a los obreros con concesiones menores. Después de cuatro reuniones en las que se habían escondido las intenciones del salario que no hicieron más que tensar el conflicto, el constructor Saéz de Tejada, titular de la patronal, depositó la contraoferta sobre la mesa en actitud de desprecio alegando que tenían mucha prisa y que ya habían perdido demasiado tiempo[127], tal y como informaba el PCE,

---

[125] "Informe sobre los sucesos ocurridos en Granada el día 21 de julio de 1970, sus orígenes y efectos", AGA, Sección Sindicatos, Caja 6.531.

[126] "Información de Granada", Nacionalidades y regiones, Andalucía y Extremadura, AHPCE, Jacq. 660, 21 de agosto de 1970.

[127] Luis Afán De Rivera, "Memoria de...". Recogido en Enrique Tudela Vázquez, *Nuestro Pan...*, pp. 161.

que señalaba "al constructor Francisco Sáenz de Tejada, que fue el rechazó de plano y en su totalidad cualquier aumento de sueldo a los obreros"[128]. La última de las cuatro reuniones que se tuvieron fue durísima, con amenazas, insultos y gritos en los que la clase obrera ya había perdido el miedo, "los secretas amenazaban con tirarnos por la ventana"[129]. La pugna política se dirimió en estas sesiones. Desbordados los empresarios al transcurrir el proceso dentro de los cauces legales del convenio, recurrieron a los medios habituales de coacción con todo tipo de artimañas que evidenciaban su nula disposición a alcanzar acuerdos al no asumir en ningún momento la presencia constante de los trabajadores en las deliberaciones.

Un buen ejemplo de la pluralidad de actores que tomaron parte del proceso y de cómo los empresarios no asumieron nunca la extraordinaria representatividad de la otra fuerza en liza, fue el del estudiante del PCE Jesús Carreño, que recuerda como ese verano, a pesar de estar de vacaciones los estudiantes, él y algunos compañeros se quedaron en Granada renunciando a las vacaciones para participar en la negociación del convenio de los albañiles, en una especie de militancia estival tal y como afirma, que los lleva redactar después el órgano de difusión CCOO *Nuestra Lucha* informando sobre el desarrollo y las consecuencias de la huelga:

> Era una época en que la Universidad estaba de vacaciones y un grupo de estudiantes de aquí de Granada nos quedábamos aquí en la militancia estival, pues tomamos en nuestras manos ayudar, colaborar, participar en esta lucha, editando del órgano de CCOO que era "Nuestra Lucha" y repartiéndola en la Facultad de Ciencias con la multicopista que en verano era allí medio clandestina, elaboramos un número extraordinario y eso creo que fue un empujón fuerte a la concienciación. Varios estudiantes comunistas formamos parte de la bancada social en el convenio colectivo y ante la avalancha de trabajadores allí reunidos, los del Vertical se veían desbordados y más de una vez, pues se iban, no les permitía

[128] "Información de Granada", Nacionalidades y regiones, Andalucía y Extremadura, AHPCE, Jacq. 660, 21 de agosto de 1970.

[129] Entrevista a Luis López García, Maracena, 8 de marzo de 2021.

> su estatus el soportar a jóvenes de 22 años que íbamos con una arrogancia y un sentido de superioridad moral respecto a ellos que estaríamos dentro de sus más profundos desprecios. Aquello les debió de sentar muy mal[130].

Entre tres mil y cuatro mil trabajadores acudieron a la Casa Sindical el 20 de julio de 1970. Entraron al espacio destinado para las asambleas unos quinientos, qué asfixiados de calor, vieron como nada más empezar la sesión el Delegado del Trabajo abandonaba el edificio alegando "no quiero que llegue a oídos del Gobernador lo que dirán los trabajadores aquí"[131], ya "que nada más llegar nosotros se fue sin mediar palabra"[132]. Ese día previo se expusieron los problemas del trabajador, se atacó a la Patronal y se denunció la complicidad de los sindicatos, el problema de la emigración y sus consecuencias dramáticas para los hogares, hablando algunos obreros aportando sus testimonios sobre el daño que hace a las familias proletarias que se veían obligadas a separarse al tener que vivir de esta manera. Allí se pidió la dimisión del Presidente de la Sección Social por estar al servicio de la Patronal, que se defendió haciendo demagogia diciendo que se alegraba mucho de ver a los trabajadores reunidos. Un trabajador le dijo "si es así, ¿por qué hace años que nos impide reunirnos?, tal y como recogió *Nuestra Bandera* y los testimonios de los que allí estuvieron presentes. La reunión se puso "al rojo vivo" cuando se presenta la propuesta de la Patronal y esta se rechazó de pleno. La oferta de los patronos para modificar y elevar el jornal base, es decir, el componente económico, punto clave del convenio, que los trabajadores habían fijado en 240 pesetas diarias, solo llegó a 170 pesetas. La ruptura de las negociaciones fijaba la expresión de la patronal de conceder mínimas mejoras, ya que desde el inicio de la negociación del convenio su postura era la de enconar lo máximo posible las reuniones para tensar, aburrir e intimidar a los representantes de los trabajadores.

---

130 Entrevista a Jesús Carreño Tenorio, Granada, 12 de enero de 2021.

131 "Luchar en Granada. Allí estábamos los comunistas", *Nuestra Bandera*, Nº 65, tercer trimestre de 1970, pp. 27-30.

132 Entrevista a Luis López García, Maracena, 8 de marzo de 2021.

El rechazo fue unánime debido a la insuficiente oferta de la patronal, inmediatamente secundado por la convocatoria de huelga en la construcción previa votación a mano alzada a pie de sindicato de dos propuestas para llevarla a cabo: trabajar a bajo rendimiento o huelga total, siendo esta segunda opción respaldada por la gran mayoría: "huelga; mañana todos aquí a las 8 para pasar juntos por los tajos y recoger a los que faltan, a los que no están presentes aquí"[133]. La preparación hubo de acelerarse al contar con apenas unas horas para conseguir que además de los varios miles de trabajadores congregados en el edificio de los sindicatos, se sumaran el resto de los que no acudieron a las negociaciones secundaran a huelga. Durante la noche y las primeras horas de la mañana anteriores al 21 de julio los comunistas pusieron toda su voluntad y tensión en lograr que la lucha por la huelga se extendiera lo máximo posible con la intención de sumar a otros sectores laborales para un día en el que ya había depositado su mayores y mejores expectativas. Los comunistas formaron grupos de piquetes informativos y eligió por la premura de tiempo, que se realizara la propagación en moto o en bicicleta. El instrumento por el cual venía apostando el PCE, la consecución de la Huelga General, nunca estuvo más cerca que aquel día en Granada[134]. Se puso en marcha la operación "puerta a puerta". Reunidas las células del PCE de Maracena, y los jóvenes de Albolote y de la Virgencia, esa misma noche fueron visitando uno a uno a todas aquellas personas, no solo albañiles, susceptibles de secundar una huelga que el Comité provincial granadino ya venía persiguiendo y preparando. Francisco Portillo y José Benítez Rufo, secretario general del PCE para Andalucía, que dada la importancia del conflicto se desplazó a Granada, dando la orden de movilizar todo lo movilizable con la consigna de que no hubiera ningún albañil en obra alguna aquel día en Granada y que se sumaran el mayor número de trabajadores de cualquier actividad[135]. Los comunistas granadinos

[133] "Granada julio-otubre de 1970", Informe sobre la huelga de 1970, HOAC e independientes, julio de 1971, Archivo personal de Luis López García, p. 3.

[134] "Luchar en Granada...", *Nuestra Bandera*, Nº 65, tercer trimestre de 1970, p. 27.

[135] Testimonios de más de 10 entrevistados, militantes del PCE, de CCOO y de organizaciones juveniles comunistas, que participaron en esa labor de propagación que pensamos fue fundamental. Entrevistas a Antonio Ávila González, Manuel Moreno

tenían la perspectiva de convocar la Huelga General en el horizonte durante el conflicto del convenio de la construcción, el instrumento insignia de aquellos años del partido, y una vez asimilado el desarrollo de las deliberaciones, puso toda su atención en su consecución.

La huelga de la construcción representaba la culminación de la estrategia por la que habían apostado los comunistas encauzando los esfuerzos en la dirección de la protesta y la movilización social, demostrando que esa lucha sostenida por el PCE-CCOO durante los últimos años había sido efectiva. El seguimiento por parte de los trabajadores sobre la marcha del convenio muestra el nivel de concienciación de la masa obrera hacia semejantes preceptos. Sostenida la presión mediante asambleas, concentración de masas ante el sindicato y tensión de la protesta con la inflexibilidad en las negociaciones, los acontecimientos allí producidos también muestran el empuje de la contestación popular, que fue aumentando en la misma medida que el fervor de las masas al darle el sentido pleno con la indignación por la injusticia del día a día. El PCE valoró muy positivamente la experiencia de los meses de elaboración y negociación del convenio, en unos términos en los que recogía los frutos del trabajo de los años anteriores:

> La experiencia ha sido rica en muchos sentidos: desde el punto de vista de Comisiones Obreras; lucha reivindicativa, lucha ciudadana, solidaridad local, nacional y extranjera, planteamiento de un movimiento de combativo ante la dictadura, valentía de la clase obrera, movimiento llevado, creado y dirigido netamente por la clase obrera, acumulación de hechos pequeños durante unos dos años: asambleas, reuniones, divulgación de propaganda, reuniones estudiantiles, visitas a jerarquías y recogidas de firmas, combate dentro de nuestra propias filas y eliminación como consecuencia de corrientes reformistas, derrotistas, idealistas, sectarias[136].

Linares, Francisco Milena Carvajal, Francisco Megías Rodríguez, Luis López García, Miguel y José Cámara Legaza, José Antonio Ramírez Milena, Francisco Castillo López, Nicolás Cañavate Sánchez, Bernardo Sánchez Muñoz, Luis Gómez García y Miguel Ruz Rodríguez.

[136] "Información de Granada", Nacionalidades y regiones, Andalucía y Extremadura, AHPCE, Jacq. 660, 21 de agosto de 1970.

Tal y como hemos visto, a medida que avanzaron los encuentros entre los obreros y la patronal, y conforme los primeros ganaban terreno, la hostilización contra ellos y sus representantes se incrementó. El resultado de esta fase con la ruptura del acuerdo del convenio y la proclamación de la huelga provocó, especialmente debido a las diferencias económicas con las que cerró su oferta la patronal con respecto a la petición de los trabajadores, que muchos de ellos acudiesen a la convocatoria convencidos de su acción y al mismo tiempo frustrados e indignados, y por último emocionados y convencidos de la fuerza de la unión de los trabajadores. Fueron muchos meses discutiendo para tan poco resultado. Las negociaciones de los convenios eran consideradas como espacio de confrontación y de lucha, al considerar que no había auténticas negociaciones mientras los trabajadores no gozaran de libertades sindicales. El PCE tenía la certeza de que las negociaciones entre trabajadores y capitalistas siempre eran una lucha debido a que la parte obrera tenía que intervenir, casi siempre, desde fuera de la mesa en la que se negociaba[137]. A pesar de la hostilización, los huelguistas acudieron el 21 de julio a seguir negociando, en una marcha pacífica que pronto se convirtió en todo lo contrario.

El primer choque de las masas con la policía, precedido del intento de los albañiles de sumar al paro a los pocos trabajadores de las obras de los alrededores desveló que las fuerzas de seguridad iban a solucionar el problema con el único método que conocían: la violencia. Para la inmensa mayoría de los manifestantes era la primera vez que formaban parte de una movilización de esta envergadura, y la memoria de los que participaron nos informa que la emoción y el fervor de estar viviendo un momento histórico alentaba y superaba las connotaciones políticas de la huelga, “bajamos a las obras cerca del sindicato con una fuerza y un convencimiento que parecíamos un ejército, a los que recogíamos por el camino no hubo ni que decirles nada, se venían o se escondían, íbamos como encuadraos [sic] con una seguridad en lo que estábamos haciendo que nos creíamos imparables “[138]. Desde la II República, Granada no había visto semejante demostración pública de protesta.

[137] “Los convenios. Negociar es luchar”, *Mundo Obrero*, Nº4, 21 de febrero de 1970, p. 4.

[138] Entrevista a Luis López García, Maracena, 8 de marzo de 2021.

El carácter emotivo de la movilización y hasta ese momento pacífico se rompió en el primer choque con la fuerza policial que advirtió con un escueto "está prohibido alterar el orden público"[139]. Durante los tres minutos que les dieron para disolverse se oyeron abucheos y la proclama ¡Franco, Franco Franco!, reacciones lógicas dentro del carácter espontáneo del episodio, que sintetizaban las diferentes actitudes de los prolegómenos de la contienda[140]. Rechazo, miedo, expectación, emoción, incomprensión. La policía arremetió con una violencia sin contemplaciones y los trabajadores se replegaron tomando sus armas de las obras cercanas apedreando al contrario. Fue un primer choque de demostración de fuerza en el que cada contendiente mostró su disposición para resolver el conflicto. Unos atacan y otros se defienden, en una suerte de lucha callejera en la que una vez disueltos vuelven juntos camino de la Casa Sindical comentando los resultados, para lo que la memoria recuerda frases como "no veas como nos habéis dao esta mañana" (obreros), "de donde habéis sacao tantas piedras" (policías), ¿Por qué habéis corrido?, haberos sentado en el suelo" (policías), "mis hijos pueden estar ahí" (obreros)[141]. Más allá de las anécdotas que nos ayudan a comprender el marco, y como venía sucediendo en otros lugares, los cuerpos policiales españoles se sintieron amparados por la legislación represiva desplegada en esos años y al no encontrarse preparados para el desarrollo de la protesta, cada vez más frecuente, participativa y en su mayoría pacífica[142], utilizaban disposiciones represivas de violencia que evidenciaban que el modelo marcial y policial del orden funcionaban parejos a la consideración de que el control y la eliminación absoluta de la protesta era un factor de defensa del Estado franquista para confiarle su supervivencia[143]. Los comunistas ya eran conscientes de los mecanismos que utilizaban

---

[139] *"Luchar en Granada...", Nuestra Bandera*, Nº 65, tercer trimestre de 1970, p. 27.

[140] Entrevista a José Cid de la Rosa en AHCCOO-A.

[141] Frases más interesantes de ese primer choque extraídas de las entrevistas a Antonio Ávila González, Manuel Moreno Linares, Francisco Milena Carvajal, Francisco Megías Rodríguez, Luis López García, Miguel y José Cámara Legaza, José Antonio Ramírez Milena, Francisco Castillo López, Nicolás Cañavate Sánchez, Bernardo Sánchez Muñoz y Miguel Ruz Rodríguez.

[142] Rafael Cruz, *Protestar...*, p. 172.

[143] Sophie Baby, *El mito de la transición...*, pp. 346-348.

las distintas fuerzas del orden para el control autoritario del Estado, y ahí es donde intentaban aplicar la disciplina con el objeto de que las masas airadas no perdiesen el control como se extrae de la lectura que hacen de ese primer encontronazo:

> la masa atacada se dispersa para formarse de nuevo, a la puerta del Sindicato. Ya somos más de cinco mil pues se han incorporado trabajadores que no acudieron a las ocho. Aquí ocurre algo que los comunistas debemos tener presente. Entre algunos de la vanguardia surge el temor a la policía que estaciona amenazante y también a la masa de trabajadores airada. Ya en las asambleas se habían dado cuenta que la masa, lo mismo que había abucheado a los jerarcas había abucheado a los trabajadores que andaban indecisos. La noche anterior, cuando se aprobó la huelga de dos días, habían intervenido dirigentes de la HOAC diciendo que los trabajadores todavía no están en condiciones de ir a la huelga ... no hay que ir demasiado lejos ... aquí se ven las cosas muy bien pero mañana ya veremos ... Tales argumentos fueron rechazados con una pitada enorme que obligó a callar a quienes lo exponían[144].

La táctica de los comunistas de alcanzar el objetivo de la Huelga General[145], con todos sus matices, debido a que no contralaban a la totalidad de la muchedumbre y por el espacio tan corto de tiempo, se materializó con la decisión precisamente de las masas, algo que llevaba buscando el partido desde hacía tiempo, y era que las propias masas decidieran la huelga general. Los incidentes iniciales y el desborde de la situación por la afluencia masiva de trabajadores provocaron que la Comisión Deliberadora, bajo presión, propusiera disolver la concentración y continuar con las negociaciones. Sin embargo, los trabajadores, entrenados ya en asambleas entendiendo que su poder y decisión eran soberanas, en una espontánea asamblea a pie de sindicato decidieron mayoritariamente mantener la huelga. La clave residía en que la convocatoria de huelga general, que la vanguardia

---

144 "Luchar en Granada...", *Nuestra Bandera*, Nº 65, tercer trimestre de 1970, p. 28.
145 "Huelga General y huelga nacional", Nacionalidades y regiones, Andalucía y Extremadura, AHPCE, Jacq. 529.

del PCE y CCOO perseguía, fue aceptada por la multitud al grito de ¡Huelga!, cuando se tomó prestado un megáfono y se expusieron las dos opciones:

> El compañero explica cuáles son las propuestas de la Patronal pues muchos de los aquí reunidos no han estado en la asamblea de ayer. Se le escucha en medio de un silencio impresionante. Luego dice: Aquí, ahora, la cuestión está en disolverse y mañana, a las 8, volvemos. Se produce una reacción hostil de la masa aun sin oir una palabra. Es como un rumor. El compañero, sin soltar el megáfono añade: y si no queréis iros nos quedamos todos aquí, hasta que se hunda esto[146].

Esa decisión, que era todo un desafío, tardó poco en ser contestada. La policía cargó a toque de trompeta contra los trabajadores mientras se comunicaba a la comisión la respuesta de los trabajadores. No hubo posibilidad de ahondar en la negociación. Si ya se había llegado a las manos, la confrontación que comenzó la policía, que esperó a que acudiesen refuerzos policiales, convirtió la concentración pacífica en un ataque policial indiscriminado contra la muchedumbre, que a pesar de los golpes "hace retroceder varias veces a los grises a cuerpo descubierto. Algunos obreros con la pistola en la barriga siguen llamando cobardes a sus oponentes que ante tal audacia no se atreven a disparar"[147]. No solo eran golpes, sino que las intimidaciones a punta de pistola fue lo que ahuyentó a una masa intimidada a base de golpes y pistolas, "nos pusieron pistolas en la barriga en el primer ataque"[148], se vio obligada a replegarse ante semejante exhibición de violencia respondiendo en su defensa al tiempo que los huelguistas encontraron en su estampida un camión cargado de bovedillas que no tardaron en descargar y hacerlas añicos para utilizarlas como munición, "Lenin puso aquí las bovedillas"[149], gritó Juan López

[146] "*Luchar en Granada…* ", *Nuestra Bandera*, Nº65, tercer trimestre de 1970, p. 28.
[147] *"Información de Granada"*, Nacionalidades y regiones, Andalucía y Extremadura, AHPCE, Jacq. 660, 21 de agosto de 1970.
[148] Entrevista a Luis López García, Maracena, 8 de marzo de 2021.
[149] "*Luchar en Granada…* ", *Nuestra Bandera*, Nº65, tercer trimestre de 1970, p. 28.

García[150]. En ese escenario represivo de batalla campal, los obreros utilizaron los medios que encontraron a su alcance persiguiendo fines defensivos que les resultarían inasequibles o prohibidos en otras circunstancias al encontrarse a resguardo de la vigilancia o represión rutinarias[151], en cuanto a acciones como devolver las bombas de humo, volcar varios *jepps* y el autobús que transportó los refuerzos policiales"[152]. La policía, viéndose arrollada, invirtió el desarrollo del enfrentamiento utilizado las armas, primero con disparos al aire y seguidamente contra la multitud, que incrédula, no reaccionó hasta que vieron que algunos compañeros caían al suelo abatidos por las balas. Todavía existen dudas entre los allí presentes sobre quién o quiénes dispararon, ya que desde ese instante la memoria colectiva de los protagonistas ha mantenido la hipótesis de que parte de los disparos sino todos procedían del edificio de la Casa Sindical, convirtiéndose este hecho en una absoluta certeza para la mayoría de los testigos[153]. El disparo que mató a Antonio Huertas Remigio tenía trayectoria descendente. Su cadáver tuvo que ser identificado por su padre al tener desfigurado su cuerpo y su rostro por los golpes. No militaba en el PCE, estaba en Maracena aquellos días de julio por "paro forzoso", ya que la obra en la que trabajaba fuera de la provincia se había quedado sin azulejos, "se vistió de limpio y ya no lo ví más"[154], decía su madre 52 años después.

Cristóbal Ibáñez Encinas, Manuel Sánchez Mesa y Antonio Huertas Remigio murieron a causa de los disparos. A día de hoy no tenemos

---

[150] Su hermano Luis López García estaba cerca de él cuando se subió al camión, que pasaba por allí destino Córdoba, junto a otros dos albañiles, "que ni se lo pensaron". Entrevista a Luis López García, Maracena, 8 de marzo de 2021.

[151] Charles Tilly, *"The Politics of Collective Violence"*, Cambridge, Cambridge University Press, 2003, p. 140.

[152] *"Luchar en Granada... "*, *Nuestra Bandera*, Nº65, tercer trimestre de 1970, p. 28.

[153] Opinión que recoge de forma unánimemente las declaraciones de Antonio Ávila González, Manuel Moreno Linares, Francisco Milena Carvajal, Francisco Megías Rodríguez, Luis López García, Miguel y José Cámara Legaza, José Antonio Ramírez Milena, Francisco Castillo López, Nicolás Cañavate Sánchez, Bernardo Sánchez Rodríguez, Miguel Ruz Rodríguez, Manuel Martín Carmona, Fernando Pinilla González, José López Martínez, José Jiménez Luján, Francisco Rojas Cámara y José Aibar Ávila.

[154] Entrevista a Rosa Remigio Pérez, Maracena, 5 de enero de 2021. Rosa seguía vistiendo de luto riguroso en el momento de la entrevista, 51 años después.

datos exactos de las personas que resultaron heridas entre los huelguistas, ya que la mayoría de los que necesitaron atención médica acudieron a médicos privados ante el temor de ser detenidos. Los de Maracena, o bien se curaron en sus hogares o acudieron al practicante del pueblo[155]. Muchos de ellos tenían heridas de bala. Según los testimonios podemos estimar una cifra entre 80 y 100 heridos de parte de los obreros[156] y unos 30 por parte de la policía[157]. Los trabajadores, en desbandada, se resguardaron donde pudieron o huyendo abandonando en la estampida sus vehículos, la mayoría pequeñas motos y bicicletas, los mismos que pretendieron recuperar después, momento que la policía aprovechó para apresarlos, alcanzando la cifra de 113 detenidos[158].

Los comunistas granadinos interpretaron el choque como una muestra de la valentía de la clase obrera consecuencia del resultado de preparación previa y del trabajo de concienciación desplegado por CCOO y el PCE, la gran clave del éxito de la huelga:

> La experiencia ha sido rica en muchos sentidos: desde el punto de vista de CCOO; lucha reivindicativa, lucha ciudadana, solidaridad local, nacional y extranjera, planteamiento de un movimiento combativo ante la dictadura, valentía de la clase obrera, movimiento llevado, creado y dirigido netamente por la clase obrera, acumulación de hechos pequeños durante dos años con asambleas, reuniones, divulgación de propaganda, reuniones estudiantiles, visitas a jerarquías, recogidas de firmas…[159].

La violencia del choque con las fuerzas del orden de la dictadura, con su fatales consecuencias, formaban parte de un hecho constado durante toda la década de los setenta, en la que la mayoría de la víctimas de manifestaciones, huelgas y concentraciones de protesta, lo fueron por errores policiales, debidos a la falta de información y

---

[155] Entrevista a Bernardo Sánchez Muñoz, Maracena, 15 de diciembre de 2021.

[156] Entrevista a José Antonio Ramírez Milena, Albolote, 24 de junio de 2019, y Entrevista a Luis López García, Maracena, 8 de marzo de 2020.

[157] César Girón, *Crónica negra de Granada,* Granada, Comares, 2000, p. 415.

[158] Alfonso Martínez Foronda, *La lucha del movimiento obrero…,* p. 218.

[159] *"Información de Granada",* Nacionalidades y regiones, Andalucía y Extremadura, AHPCE, Jacq. 660, 21 de agosto de 1970.

previsión, a la descoordinación en el choque con los manifestantes y a la desproporción numérica acrecentada por decisiones equivocadas sobre el envío de refuerzos, como el caso que nos ocupa, que en el fondo ocultaba la falta de formación especializada en la disolución de manifestaciones por el predominio de militares entre los mandos[160]. El desborde trágico de los acontecimientos lo achacaron los comunistas al "desconcierto de la policía y su falta de preparación para enfrentarse ante un movimiento de masas y la sorpresa de las mismas que nunca se imaginaban tal cosa, lo que originó que en su nerviosismo usaran desenfrenadamente las armas y sus disparos"[161]. Desde que comenzaron las deliberaciones del convenio la hostilización a la que fue sometida la parte social con las continuas negaciones, rechazos a la afluencia de trabajadores y la presencia policial, tuvieron su correlato con la solución violenta de las tres muertes, que no pusieron punto final al hostigamiento al prolongar las autoridades y la policía la persecución contra todo individuo o grupo sospechoso de participar en el conflicto.

La valoración del partido sobre aquellos meses, en declaración oficial del Comité Ejecutivo, venía a constatar que las acciones de Granada se insertaban, junto a las de otras provincias, en la perspectiva de la preparación de la Huelga Nacional como instrumento de fuerza toda vez que los trabajadores habían aprendido con su propia experiencia, que el derecho de reunión como el de huelga lo conquistarían practicándolo e imponiéndolo con el cauce de asambleas y reuniones. Advertía de la necesidad de la generalización de esta práctica en cada localidad, en cada rama y empresa, para que la dictadura se viera impotente en impedirlas[162]. Sobre las alianzas, interpretó positivamente la aportación inestimable de la HOAC aunque señalaba las divergencias al no reconocer los activistas católicos el papel trascendental jugado por CCOO. La prensa granadina y las autoridades locales, a pesar de repartir culpas entre "marxistas y católicos avanzados", cargaron buena parte de la responsabilidad

[160] Rafael Cruz, *Protestar en España*..., p. 173.

[161] "Información de Granada", Nacionalidades y regiones, Andalucía y Extremadura, AHPCE, Jacq. 660, 21 de agosto de 1970.

[162] "Ante el crimen de Granada", Declaración del Comité Ejecutivo del Partido Comunista de España, Nuestra Bandera, Nº65, tercer trimestre de 1970, pp.100-101, 29 de agosto de 1970.

a los comunistas, a los que consideraba agitadores marxistas y a los sacerdotes obreros a los que calificaba como "agentes" del Vaticano[163]. Contrarrestó la visión oficial del régimen el eco internacional de la noticia, especialmente los diarios *Le Monde* y *The Guardian*, que valorizaron la acción de CCOO en su búsqueda de la Huelga General[164], aunque poco después fuese desmentida tal pretensión con el objetivo de suavizar la firma del Convenio.

La movilización continuó, y al día siguiente no menos de 300 trabajadores se encerraron en la Catedral de Granada, entre los que se encontraban varios sacerdotes obreros. Mientras el Convenio Colectivo seguía sin firmar, las autoridades enterraron a los trabajadores apresuradamente y bajo control policial. En el caso de Antonio Huertas Remigio para evitar a toda costa que fuese en Maracena por el miedo a los disturbios, "ahora no puede ser, tendréis que esperaros, la gente de Maracena se nos echa encima"[165], en donde si hubo Huelga General reproduciéndose de nuevo los hechos más significativos en los días posteriores al 21 de julio por ser la localidad de uno de los asesinados, por el ensañamiento tradicional de las fuerzas represivas contra los comunistas de Maracena y por el arrojo y disposición de sus gentes ante las injusticias:

> Seis mil obreros de la construcción en la calle debatiéndose a tiros con la represión, paralización de todas las obras y huelga general en Maracena y otros pueblos. Un balance ciertamente prometedor. El pueblo de Maracena estuvo invadido por una compañía de G.C. (Guardia Civil) procedente de Granada con metralletas apuntando y la gente sin miedo alguno no cesaba de andar ante sus narices. Los civiles estaban lívidos y amarillos en cambio los ciudadanos tranquilos como héroes...[166].

---

163 "Información de Granada", Nacionalidades y regiones, Andalucía y Extremadura, AHPCE, Jacq. 660, 21 de agosto de 1970.

164 "La pólice espagnole appréhende une centenaire de dirigeants de comissions ouvriès", *Le Monde*, 29 de julio de 1970. "Labour protest to Spain", *The Guardian*, 3 de agosto de 1970.

165 Entrevista a Rosa Remigio Pérez, Maracena, 5 de enero de 2021.

166 "Información de Granada", Nacionalidades y regiones, Andalucía y Extremadura, AHPCE, Jacq. 660, 21 de agosto de 1970.

Al día siguiente de las muertes, la paralización laboral en Maracena fue total. La actividad comercial e industrial se sumó a la huelga de la construcción en solidaridad con su vecino con la plena disposición a las muestras de movilización popular con acciones de solidaridad colectiva en las que se superaron todas las expectativas al sufrir unas redadas policiales desmedidas que provocaron de nuevo el efecto contrario, y que durante no menos de una semana en el pueblo se escenifican a pie de calle. El ayuntamiento se convirtió en cárcel provisional con las detenciones de los principales sospechosos, entre ellos a José Cid de la Rosa y a Manuel Castro Castellano. La esposa de Castro, Angelitas, que vivía la militancia y la represión psicológica al par que su marido, con registros domiciliarios constantes, como el de aquel día, "que tenía a su marido detenido [y] se cuela con dos hijos cada uno en una mano a la puerta del calabozo para exigir la liberación de su esposo"[167]. Concentración y manifestación pública en la Plaza del pueblo en señal de protesta, mujeres y niños a la cabeza, octavilla enlutada que pedía no celebrar en señal de duelo las tradicionales fiestas populares de agosto y que provocó la requisa de todas las máquinas de escribir de Maracena por orden de la BPS, que envió a un especialista de la marca Underwood, con el fin de encontrar al posible culpable del delito. También hubo un intento de encerrarse en la Iglesia abortado por las fuerzas del orden, "los civiles apuntándonos con metralletas nos sacaron de la iglesia". La misa por la muerte de Antonio estuvo controlada por la Guardia Civil para evitar lo que estaba sucediendo en la Catedral de Granada, "había más civiles que gente, Cid la Rosa escoltado y esposado durante la misa, y la gente preguntando porque lo han enterrado en Granada"[168]. El caso de Maracena, que volvió a ser sacudida por una represión desmesurada y "con una muerte de uno de los suyos de por medio", agudizó la reacción popular con expresiones de protesta y solidaridad que fortalecieron el sentir general de la población contra la dictadura, y a los comunistas los colocó oficialmente como

[167] Entrevista a Ángeles Ortega Ávila, Maracena, junio de 2021, y extracto literal del informe del PCE de Granada en "Información de Granada", Nacionalidades y regiones, Andalucía y Extremadura, AHPCE, Jacq. 660, 21 de agosto de 1970.

[168] Entrevista a Manuel Martín Carmona, Maracena, 22 de enero de 2022.

la única vanguardia capaz de organizar una oposición seria gracias a la acción desarrollada conjuntamente con CCOO.

Hasta aquí podríamos continuar describiendo una serie de hechos que a nuestro entender van más allá de lo anecdótico porque los sucesos de Granada desenmascararon al régimen provocando unas reacciones locales, nacionales e internacionales de rechazo y solidaridad que colocaron a los trabajadores de Granada como un referente de rebeldía tras el episodio. El verano de 1970 determinó una línea de represión en la ciudad. Se convierte en la ciudad más prohibida, la ciudad blindada ante cualquier injerencia interior y exterior, la Granada que siempre estará a punto de estallar. Los despidos en la construcción serán norma común ese año y los siguientes. Algunas empresas de la construcción se desprenderán de los obreros que participaron en la huelga como represalia. Los empresarios seguirán campando a sus anchas, aún a sabiendas que tienen en el Movimiento Obrero granadino organizado a su mayor enemigo. EL PCE y CCOO mayoritariamente, continuarán con su labor de azote a la dictadura en defensa de los trabajadores a pesar de la represión. La huelga de julio de 1970 fue un episodio básico para entender el clima de violencia de las ciudades obreras durante la dictadura, en las que se instauró un control represivo que creó escuela en toda la geografía nacional, sucediéndose los episodios de violencia como hilo conductor hasta bien entrada la democracia. Los comunistas insertaron en espacios laborales diversos la perspectiva de las repercusiones prácticas que la teoría de la Huelga General tenía para los militantes, ofreciendo a su base una meta definitiva que justificara los costes de la clandestinidad, sin importar que esta meta fuera indeterminada. En caso de existir una voluntad colectiva diaria y en permanente estado de acción como lo fue en los meses previos al enfrentamiento del 21 de julio en Granada y la consecución de la paralización en la construcción durante algunos días, el mito como política del momento concreto se convirtió en real al tener un objetivo posible con la Huelga, y, aunque incierto por lo variado en sus pormenores dadas las dificultades, sacó del aislamiento a los comunistas, que pasaron ser interna y externamente, los defensores a ultranza de ese instrumento como fuerza de oposición.

El Comité Central del PCE interpretó "el crimen de Granada" como la demostración más evidente del grado de descomposición de la dictadura. La agudización de las contradicciones del régimen, en las que debían intervenir los comunistas, habían reafirmado a la clase obrera como motor fundamental para incidir conscientemente en la sociedad para implantar las modificaciones y los cambios que necesitaba el país. Para ello señalaba a CCOO como la forma más eficaz de lucha y unidad proletaria, constituyendo los sucesos de Granada el ejemplo de la rápida elevación del nivel de lucha en las nuevas condiciones en las que, según Carrillo, el ascenso del movimiento de masas podía alcanzar su cénit en esta fase con la cristalización del Pacto de la Libertad[169]. Granada tuvo el momento de lucha ansiado por el partido desde el verano de 1970 hasta el otoño del mismo año inserto en la creciente conflictividad social en la que se redoblaron esfuerzos para extender las movilizaciones reivindicativas y de autoorganización social en la que reafirmaban el protagonismo de las masas populares. La conjunción de esfuerzos que recogía la nueva consigna, en la que el concepto de democracia era clave, combinaba las grandes proclamas políticas acompañadas de actuaciones de baja intensidad con las intenciones fundamentales de "salir a la superficie" para "generar espacios de libertad"[170]. El agente político que es la clase obrera, desactivada en Granada durante más de 30 años, aparece públicamente en el verano de 1970.

La firma del Convenio, determinada por el contexto de represión y por el encierro de no menos de 100 trabajadores la Catedral, que durante los días posteriores concentró el centro de atención de autoridades y opinión pública, no dejó satisfechos a muchos trabajadores a pesar de que en ese momento fue uno de los más avanzados del país. El esfuerzo por estrechar lazos entre la CCOO y la HOAC se deterioró debido al desacuerdo de los activistas católicos al considerar estos que no se contó con ellos en la estampación del acuerdo definitivo.

---

[169] "Un pacto para la libertad que ponga en manos del pueblo el poder de decisión", Declaración del comité ejecutivo del Partido Comunista de España, *Mundo Obrero*, nº15 2 de septiembre de 1969.

[170] "Salir a la superficie", Comunicado y resolución del comité central del Partido Comunista de España, *Nuestra Bandera,* nº65, tercer trimestre de 1970, p. 5.

El PCE y CCOO interpretaron la huelga como un éxito, en la línea triunfalista y optimista del momento, convocando a la huelga cada día 21 en los meses posteriores, llamamientos que fueron seguidos de manera desigual y que fueron paulatinamente decreciendo sobre todo por el miedo a la represión y por el control al que estaban sometidos. Lo más importante fueron los gestos de solidaridad con la activación de una caja de solidaridad que distribuyó las ayudas que vinieron de fuera y la constitución de un Comité de Huelga para asegurar el cumplimiento de los acuerdos, que también fue muy desigual ya que en muchas empresas no se respetó el convenio a pesar del coste siguiendo practicando todo tipo de arbitrariedades. La patronal tuvo todos los medios a su favor para elevar su poder sobre la lase obrera. Los poderes locales, las fuerzas del orden, la prensa y la mayor parte de la sociedad granadina, que como en el resto del país, continuaban bajo los designios de un régimen dictatorial que consideró siempre a los trabajadores como una clase subalterna y supeditada a los dictámenes de los empresarios, tuvieron todo a su favor no solo para mantener sus estatus de privilegio, sino para avivar las ascuas y después reprimir, tal y como sucedió durante el periodo de negociación. La hostilización a que fueron sometidos los albañiles y los sucesos trágicos con los que terminó, demostraron que todavía, en 1970, el gobierno solucionaba los conflictos de forma expeditiva y por la fuerza.

"DESPLEGAR LAS VELAS HACIA LA DEMOCRACIA". PRESENCIA SOCIAL, MEMORIA Y EXPERIENCIA CLANDESTINA DE LOS COMUNISTAS GRANADINOS.

El paso por la cárcel de más de cincuenta comunistas granadinos durante el estado de excepción de 1971 detuvo parcialmente la época de expansión del movimiento obrero en la provincia, pero pasado este período de reserva, la militancia comunista, reforzada, volvió a entrar en escena a partir sobre todo de 1973[171]. Como en el resto

[171] Véase para este período Alfonso Martínez Foronda, *La lucha del movimiento obrero...*, pp. 229-325.

del país, los períodos de encarcelamiento acentuaron la capacidad de resistencia de los comunistas, un ritual represivo que conducía directamente a una alienación militante asociada a la heroicidad, una forma de militancia que representaba a toda una identidad colectiva concreta. El relevo de la vieja guardia por el de una joven guardia se había producido en Granada, tal y como hemos visto. Militantes procedentes de sectores sociales más diversos, detentores y portadores de actitudes que englobaban a una nueva generación a la que el partido supo llegar, estaban influenciados por los cambios culturales y de mentalidades colectivas que se producen a nivel global. Militantes de procedencias sociales y culturales distintas suponían el relevo intergeneracional a un partido que se había abierto definitivamente a las masas. La militancia comunista cambió durante la Transición, concretamente en la década de los setenta. Si en décadas anteriores existían unas diferencias notables entre militancia interna y dirección del partido, a la muerte de Franco y hasta la legalización, la distancia se hizo cada vez mayor. El partido se había vuelto más heterogéneo socialmente, abandonando el carácter eminentemente obrero de la militancia, algo que supuso acortar la distancia y la separación entre culturas y clases sociales. La coexistencia de dos generaciones en el partido dotó a la organización de un carácter interclasista e intergeneracional que acabó influenciando y erosionando su propia dinámica unos años después.

Tras el Estado de Excepción de 1970/71 el comité granadino tuvo que empezar de casi de cero. El informe interno del Comité Provincial daba cuenta de la desarticulación: "es muy difícil coordinar las escasas organizaciones que habían quedado intactas. Los hombres que las conocían estaban en prisión. No quedaban muchos camaradas capacitados para asumir la enorme responsabilidad de organizar el P. [Partido] en la provincia, penosamente se emprende la difícil tarea, con entrega y una voluntad revolucionaria dignas del mayor reconocimiento se comienza una nueva etapa"[172]. En 1973, por motivos de seguridad, son apartados de la dirección los máximos responsables

[172] "Informe del Comité Provincial Ampliado de Granada del PCE ante la reunión del Pleno del Comité Provincial Ampliado", Fondo Movimiento Obrero, AHPCE, Caja 83, Carp. 3, p. 6.

de la dirección política del PCE en Granada, Francisco Portillo y Joaquín Bosque Sendra[173], este último responsable del Comité Universitario. Tal y como señala el informe, "penosamente", pidiendo información y consejo los comunistas se van haciendo con las riendas de los movimientos populares de la provincia en las huelgas de los aceituneros de Pinos Puente, Zujaira, Olivares y Casanueva, movilizan a los obreros de la empresa constructora *Colomina* y participan en la negociación del convenio colectivo de RENFE.

La más llamativa de las movilizaciones fue la promovida por la subida del precio del billete de autobús, cuando en mayo de 1973 el PCE granadino convocó un boicot para que "nadie se suba a los autobuses", que secundado mayoritariamente por los vecinos del Barrio del Polígono de Cartuja, da lugar a otra convergencia con el movimiento vecinal que se estaba desarrollando en una zona carente de los servicios más elementales y cuya protestas se fueron incrementando porque allí se van trasladando procedentes de la Virgencica alguno de los dirigentes del PCE[174]. Aquel barrio de la zona norte de Granada pasará ser durante la Transición, la zona de seguridad del cinturón rojo, por la poca presencia policial, por la condición social de la zona, eminentemente obrera, y por el considerable número de militantes comunistas que viven allí. La presencia en aquellos barrios desprovistos de infraestructuras elementales y proclives a la protesta ciudadana fue una constante de los comunistas[175], que a partir de 1973 ponen el foco en la necesaria presencia de comités en los barrios: "Es importante crear un local(comité) que se responsabilice de todo el trabajo en las barriadas, aunque la participación de profesionales se hace necesaria y cada una en las barriadas tiene que trabajar en su competencia: salud pública, enseñanza, cultura"[176]. Miguel Ruz Rodríguez era el presidente de la AAVV del Cerrillo de Maracena en esos años, en los que conseguir un centro médico para los vecinos

---

[173] Entrevista a Joaquín Bosque Sendra, Madrid, 24 de noviembre de 2021.

[174] "A todo el pueblo de Granada", Nacionalidades y regiones, Andalucía, AHPCE, Caja 82, Carpeta 2.

[175] Carta de Granada, Nacionalidades y regiones, Andalucía, AHPCE, Jacq. 808, septiembre de 1973.

[176] Carta de Granada, Nacionalidades y Regiones, Andalucía y Extremadura, AHPCE, Jacq. 807, abril de 1973.

era una prioridad. Ayudados en las asambleas de barrio, se politizó la demanda hasta el punto de visitar constantemente al alcalde Granada y ante la desatención, parar el tráfico de la carretera que unía el barrio con Granada con troncos de árboles[177]. En esta barriada del extrarradio granadino el PCE tuvo la estrategia de tensionar al máximo a sus vecinos para instalar un centro médico para evitar el desplazamiento a la capital. Los dirigentes de la asociación, la mayoría comunistas y con Miguel Ruz al frente, presionaron hasta que a mediados de la década de los setenta consiguen poner un consultorio no sin antes haber movilizado a casi toda la barriada.

Los años que van de 1973 a la muerte de Franco están marcados por el intento de fortalecer el partido en Granada y de tener la máxima presencia social en todos aquellos espacios susceptibles de movilización social. La aparición de "Granada Roja", publicación orgánica del comité granadino, que si bien empezó débil como apuntaban los informes: "El primer número de "Granada Roja" es bastante flojo en contenido, pero tiene buena presentación, en los próximos números trataremos de mejorarlo y darle el contenido que corresponde a la situación de la provincia"[178], fue mejorando en el transcurso de los meses consiguiendo intensificar los contactos con los comités más alejados[179], con la intención de recaudar para mejorar la cuestión económica y reforzar la campaña de fortalecimiento, bajo la denominación "hacia los 1000 afiliados y el millón de pesetas", en la que el comité granadino acometía la difícil tarea de formar decenas de cuadros medios. En diciembre de 1973, se tomó el acuerdo de "agitar" toda la ciudad y parte de la provincia en una labor de información y aclaración de la situación sobre el significado del Proceso 1001, que se convirtió en el juicio contra la clase obrera. Antonio Reyes formaba parte de unos de los comandos: "...el día 11 salieron tres comandos de unas treinta personas cada uno, que pintaron por completo la ciudad".." a las 7

[177] Entrevistas a Miguel Ruz Rodríguez, Maracena, 25 de mayo de 2021 y a Nicolás Cañavate Sánchez, Maracena, 12 de abril de 2022.

[178] *"El primer número de Granada Roja"*, Nacionalidades y Regiones, Andalucía y Extremadura, AHPCE, Jacq. 807.

[179] *"Informe del Comité Provincial Ampliado de Granada del PCE ante la reunión del Pleno del Comité Provincial Ampliado"*, Fondo Movimiento Obrero, AHPCE, Caja 83, Carp. 3, p. 9.

de la tarde del mismo día, se hace una tirada de panfletos, llamando a la acción al día siguiente. En total las tiradas han sumado más de 20 mil panfletos"[180]. Estas acciones se completaron con el boicot a dos mercados, la paralización de varias empresas de la construcción y una manifestación de mujeres[181]. En esa navidad de 1973, Granada se vuelve a convertir en un hervidero, cuando alrededor de 100 militantes, universitarios y obreros, volcaban su protesta por el proceso 1001 con la intención de que la opinión pública granadina girara la cabeza hacia el juicio que a esas alturas, era un contenciosos contra la toda la clase obrera. Antonio Reyes participó en aquella acción "en la que queríamos hacer visible lo que pasaba con Camacho y los demás encarcelados", y fue el que con su coche se dedicó a repartir el material, desde Atarfe como punto de recogida y el Polígono de Cartuja como zona de seguridad para el reparto del instrumental subversivo[182]. Aquel proceso benefició significativamente a CCOO en el aspecto propagandístico, convirtiendo sobre todo a Camacho en un mito, con eslóganes como "En favor de Camacho y sus compañeros" o "Los diez de Carabanchel"[183], y en el caso de Granada a Eduardo Saborido, que algunos dirigentes ya conocían personalmente. Antonio había vuelto de Francia de forma expresa a reforzar el partido, previo paso por Castuera (Badajoz) y Murcia, donde fue detenido. Empezó a militar en el PCE en 1958, pasó a Francia en 1960 y allí estuvo realizando labores con exiliados. En 1961 el partido lo envía a Moscú durante seis meses como representante en el Foro Mundial de las Juventudes Comunistas. Allí recibe "cursos de preparación para volver a España" para que explicase el desarrollo del PCE tanto en Burdeos como en Granada. A su regreso a Francia, es uno de los encargados de pasar material al interior desde Perpignan. Desde 1964 a 1967 formó parte del equipo que "pasaba" a España, andando y de madrugada, "mundos obreros", máquinas de escribir, clichés, libros, panfletos y hasta multicopistas, alojado en casas de comunistas franceses del PCF y se

[180] "Manifiestos y Octavillas ", Nacionalidades y regiones, Andalucía, AHPCE, Caja 82, Carp. 2.

[181] "Informes", Correspondencia, AHPCE, Caja 82, Carpeta ¼. 15 de enero de 1974, p. 3.

[182] Entrevista a Antonio Reyes Jiménez, Maracena, Granada, 20 de mayo de 2021.

[183] Emanuelle Treglia, *Fuera de las catacumbas...*, p. 304.

convierte en liberado del partido. Después de esta labor, es enviado dos veces al interior para reorganizar comités en Castuera (Badajoz) y en Murcia, ciudad en la que es detenido sufriendo torturas y pasa diez meses en la cárcel. La multa de 50 mil pesetas la paga el partido. Su hija nace durante su período de reclusión. En 1970 regresa a Maracena como un auténtico profesional de la militancia. El PCE por mediación de Portillo le ordena ir a Sevilla cada dos semanas en busca de documentación, viajes que realiza durante 4 años. Su trabajo de albañil lo compatibilizó con su trabajo en la clandestinidad más secreta que, posiblemente, la mayoría de los miembros del PCE de su época. Desde 1983 hasta 1995 fue concejal del Ayuntamiento de Maracena. Desde 1958 hasta 1977 "mi vida era la militancia, no era otra cosa que trabajar para el partido, era una cuestión ideológica. Tuve un trabajo específico allí donde estuve y siempre por orden del partido. Casi nadie supo de mis funciones, solo los secretarios de las zonas donde trabajé"[184]. Antonio reunía unas características perfectas para llevar a cabo este tipo de trabajos, su ficha policial lo describe bien, "en 1969 regresa de Francia muy bien preparado, domiciliándose en Murcia y destacando pronto por su actividad subversiva, se desprende que es el responsable de Agitación y Propaganda, se ordena su busca y captura el 21-12-73"[185]. Al ser el responsable del *agitprop,* recuerda el contacto estrecho con los estudiantes, "algunas las confeccionábamos (octavillas) nosotros, pero la mayoría las escribían los estudiantes, que se portaron, en aquella época muy bien, ellos lo confeccionaban y traían escrito lo que querían". El aparato de propaganda principal estuvo durante esos años en un piso del Camino Bajo de Huétor, aunque hubo "vietnamitas", según los testimonios, en el Realejo y en Maracena[186].

Mientras se producía la Asamblea Nacional de PNN (Profesores No Numerarios), la huelga de maestros y las discusiones surgidas en torno a las disposiciones del VIII Congreso del PCE, daban muestras de la necesidad de buscar alianzas ante los problemas de continuidad

---

[184] Entrevista a Antonio Reyes Jiménez, Maracena, Granada, 20 de mayo de 2021.

[185] Archivo Histórico Gobierno Civil de Granada, Generales de Orden Público, escrito del Gobernador Civil de 6-6-75.

[186] Entrevista a Antonio Reyes Jiménez, Maracena, Granada, 20 de mayo de 2021.

con la política de iniciativas unitarias con otras fuerzas de la oposición, a lo que el PCE destinará considerables esfuerzos con unos resultados muy débiles. El primer intento fue la creación de la Mesa Democrática[187], primera articulación unitaria que puso de manifiesto la poca disposición en Granada del grupo aparentemente no comunista organizado más proclive a establecer acuerdos. La constatación de la resistencia del resto de fuerzas granadinas a trabajar con el PCE se manifestó con la creación del primer organismo unitario de oposición de alcance nacional, la Junta Democrática de España (JDE). Un pacto sociopolítico transversal e interclasista que tenía el objetivo supremo de unir a todas las fuerzas sociales, partidos políticos, personalidades relevantes y representantes del mundo empresarial para restablecer la democracia[188]. Uno de los encargados de los contactos con las otras fuerzas, si es que las había, fue el responsable del comité universitario, Joaquín Bosque Sendra, "en Granada había muy poquito al margen del PCE y de CCOO, contactamos con lo poco que había del PSOE y nos dijeron que no. Incluso vino a mi casa Alejandro Rojas Marcos y como apenas había nadie en Granada para hacer algo desistimos"[189]. La actividad que desarrollo en el PCE en la Junta Democrática, que hizo notables esfuerzos para conectar y llegar a acuerdos con el resto de fuerzas, se vio siempre obstaculizada para finalmente encontrase con el rechazo: "Con respecto a la Junta, esta fue rechazada con infantiles argumentos sobre colaboración de clases"[190]. Las experiencias de Joaquín Bosque Sendra daban al traste con los intentos de tender la mano por parte del PCE, sobre todo al tímido y casi inexistente PSOE, y, por otro lado, afirmaban rotundamente, la ocupación de puestos de responsabilidad de la nueva militancia, otra generación que tomaba el relevo de la anterior, aparentemente más preparada, pero con unos márgenes de actuación más reducidos.

En efecto, en estos años que marcan el camino a democracia, la nueva militancia provenía sobre todo del movimiento estudiantil,

[187] "Problemas de organización", Nacionalidades y Regiones, Andalucía y Extremadura, AHPCE, Jacq. 806.
[188] Emanuelle Treglia, *Fuera de las catacumbas...*, p. 305.
[189] Entrevista a Joaquín Bosque Sendra, Madrid, 24 de noviembre de 2021.
[190] "Respecto a la Junta", Nacionalidades y Regiones, Andalucía y Extremadura, AHPCE, Jacq. 898, septiembre de 1974.

que asumió su protagonismo en la responsabilidad como agente social del cambio político. Los jóvenes, además, se convirtieron en los actores de referencia de las experiencias informales de micromovilización indicando que eran la base potencial del cambio político. Un movimiento que formaba parte de las reacciones globales de una subcultura juvenil en la que primaba la rebeldía y la oposición al sistema establecido. Eran unos jóvenes que deploraban el mundo mediocre de sus mayores, inmersos en una existencia embargada por el miedo y portadores del estímulo de las ondas expansivas del ciclo internacional de protestas. El fenómeno de recomposición de la sociedad civil convirtió a la juventud en la caja de resonancia de las tensiones políticas y sociales de la España del final de la dictadura. Las esferas de significados que lograron construirse como agentes sociales del momento les otorgó la posibilidad de conformación de nuevos espacios de relación juvenil y aprendizaje democrático.

El relevo generacional de los afiliados en el segundo franquismo contribuyó a enterrar "buena parte de aquella histórica cultura militante, convirtiendo al PCE en un crisol de sensibilidades antifranquistas variadas, cuya convivencia se explicaba por la existencia de un enemigo común perfectamente definido"[191]. También se ha resaltado como el PCE fue creciendo por la llegada de militantes procedentes de otras culturas políticas, tanto durante la Guerra como con posterioridad; por eso el difuminado de la cultura comunista habría sido más rápido que el de sus homologas europeas, teniendo en cuenta además de esa diversidad, su desarrollo en situaciones de clandestinidad, junto al hecho de que su salida a la legalidad se dio en condiciones de crisis internacional del movimiento, muy diferente del que propiciaron, tras la Segunda Guerra Mundial, el desarrollo de otras culturas comunistas europeas[192].

Tradicionalmente se ha hecho hincapié en la ruptura cultural y sentimental que el cambio generacional de los años sesenta introdujo

[191] David Ginard i Ferón, "Sobre héroes, mártires, tumbas y herejes. Culturas militantes de los comunistas españoles", en Manuel Bueno Lluch y Sergio Gálvez Biesca (eds.), *Nosotros los comunistas, Memoria, identidad e historia social,* FIM, Madrid, 2010, p. 91.

[192] Xavier Domenech Sampere, "Cenizas que ardían todavía: la identidad comunista en el tardofranquismo y la transición", en Manuel Bueno Lluch y Sergio Gálvez Biesca

en el mundo del PCE y el conflicto potencial entre militancia interior y del exilio[193]. Carrillo planteó una diferencia más ideológica que cultural para después hablar de la confrontación entre una cultura comunista tradicional y otra eurocomunista[194]. En 1976 se incidía de nuevo en la diversidad generacional, que en todo caso se consideraba bien resuelta con la progresiva incorporación a altas responsabilidades de las nuevas hornadas de militantes del interior. Por lo que luego aconteció, parece que ni esa soldadura intergeneracional ni otros elementos de la cultura política partidaria, de su identidad y su memoria colectiva, habían logrado consolidarse de manera suficientemente sólida, capaz de hacer frente a las duras decepciones del posfranquismo[195].

El conflicto entre lo nuevo y lo viejo se antoja fundamental para dilucidar aquellos modelos que se hacían irreversibles del pasado y las nuevas argumentaciones que emanaban de este especial contexto. Los deseos de conseguir una vida distinta fijaban los proyectos y destinos de una parte de la cohorte demográfica de la nueva militancia, y la que fue pionera del cambio político y moral bajo el franquismo, para aquellos que así lo integraron o interpretaron, adquirieron el compromiso integral con el partido tratando de mantenerse fieles a una identidad comunista clásica. La vieja guardia eran personas que formaban parte de una cultura de disidencia que los constituyó como sujetos, aunque les llevara tal conducta a la marginación a veces, cuando no a la cárcel o a la muerte. Ser comunista era su "estilo de vida", pero en los setenta este estilo empezó a difuminarse.

En los albores de la Democracia, la militancia se volvió menos compacta y más analítica. Esta segunda etapa, que nació al albur de las nuevas condiciones tanto de la dictadura como del contexto internacional, el PCE intensificó la tarea de proveer de los conocimientos

---

(eds.), *Nosotros los comunistas, Memoria, identidad e historia social,* FIM, Madrid, 2010 pp. 109-110 y 133.

[193] Mariano Asenjo y Victoria Ramos, *Malagón. Autobiografía de un falsificador,* El Viejo Topo, Barcelona, 1999, pp. 257-305.

[194] Santiago Carrillo, *Memoria de la Transición. La vida política española y el PCE,* Grijalbo, Barcelona, 1983, p. 76.

[195] Santiago Carrillo, *"De la clandestinidad a la legalidad"*, AHPCE, Documentos, c. 57, julio de 1976.

prácticos y teóricos necesarios para la lucha cotidiana contra la dictadura a activistas que estaban dirigiendo o formaban parte de amplios movimientos sociales. Esta formación compleja experimentaba un cambio debido a que la base social del partido era más compleja. Se habían incorporado intelectuales, estudiantes y trabajadores profesionales habida cuenta de la amplificación y dirección de los movimientos sociales. El sentido cultural de la militancia política en esta segunda fase hacía que jóvenes ciudadanos políticamente comprometidos fueran capaces de militar en las organizaciones clandestinas, estudiantiles u obreras, y fueran capaces también de abandonarlas, cuando las perciban como espacios autoritarios que amenazaban el sentido revolucionario de sus vidas. Era la nueva generación de militantes comunistas, que respondía a la apertura a los movimientos sociales impulsada por el PCE[196]. Algunos de estos jóvenes se decantaron por las opciones rupturistas surgidas a la izquierda del PCE. También, buena parte de estos comunistas, anhelaban una vida nueva en un espacio público y político nuevo en el que se hizo común el hambre de cultura. Acompañados por lo que vivieron entonces y por lo que imaginaron, anunciaban un mundo que se abría totalmente nuevo en todos los sentidos[197]. Javier Terriente, el secretario del SDEUG de la Universidad de Granada, describe aquel momento de intercambio y apetito cultural de los comunistas como una de las marcas características del PCE, que en algunos momentos pasó a ser como en una suerte de club de lectura subversiva y prohibida que actuaba como elemento de fidelización:

> Cuando tú eras marxista decías yo soy marxista pues tengo la obligación de conocer a Marx y de conocer la literatura y de conocer la historia, sin la historia no eres un buen comunista, tienes que leer y conocer y tienes que documentarte. La cultura comunista estaba ligada a una cultura literaria. Un comunista de la universidad que no tuviera conocimientos profundos sobre el marxismo no tenía credibilidad. También tenías que los trabajadores eran muy

[196] Carme Molinero y Pere Ysás, *De la hegemonía a la autodestrucción. El Partido Comunista de España (1956-1982),* Crítica, Barcelona, 2017, p. 336.
[197] German Labrador, *Culpables por la literatura...,* pp. 269-270.

> leídos, leían todo lo que podían. Había un hambre de cultura, en el mundo de la cultura y también en el mundo del trabajo, un hambre de cultura que eran encomiables. Era muy fácil llegar a una casa de una camarada y tener en su biblioteca un montón de libros.[198]

Las propias transformaciones socioeconómicas que tuvieron lugar en la España de la dictadura contribuyeron a que la cultura de militancia comunista fuera cambiando volviéndose más heterogénea desde el punto de vista social. Especialmente en los setenta, en las filas del partido engrosaron sectores profesionales que ocupaban posiciones intermedias que diversificaron el origen socio-profesional de la militancia. Al igual que en buena parte de Europa, la aparición de un nuevo asociacionismo en el que confluían política y cultura supuso un enlace para desarrollar conjuntamente compromiso político y compromiso profesional. En este sentido, uno de los casos más notables fueron los colegios de abogados, fundamentales para dar respuesta legal a la represión y como centros de coordinación del partido[199], además de ayudar a los militantes a utilizar las vías judiciales en las movilizaciones, convirtiéndose en una herramienta esencial del movimiento obrero[200]. En Granada, el primer local de abogados laboralistas al servicio del PCE tuvo a Miguel Medina Fernández Aceytuno y Fernando Sena Fernández como magistrados en su amanecer. Cuenta el primero en una entrevista de las dificultades y de la estrecha vigilancia a la que eran sometidos: "Ir al despacho era tomar partido, porque el despacho estaba vigilado las veinticuatro horas del día".[201] Ir a un despacho que no fuera del Sindicato Vertical era señalarse políticamente. En dicho ámbito, se había iniciado una diversificación a finales de los cincuenta sobre todo en el Colegio de Abogados de Madrid, órgano donde dio lugar, aun manteniendo la misma base social, una diversidad ideológica provocada por abogados

[198] Entrevista a Javier Terriente Quesada, 7 de otubre de 2020.
[199] Carme Molinero y Pere Ysás, *De la hegemonía...*, p. 97.
[200] En Granada, encontramos en 1972 el primer despacho de abogados relacionado con el PCE y CCOO.
[201] Entrevista a Miguel Medina Fernández Aceytuno en AHCCOO-A.

decepcionados y desengañados con la dictadura que encontraron cobijo en varias de las células clandestinas del PCE que en ese momento ya estaban funcionando[202].

El caso de los abogados responde a estos otros sectores que despertaron del letargo impuesto por la dictadura. A medida que fue evolucionado el régimen, los comunistas encontraron y descubrieron nuevos pertrechos políticos e ideológicos para la nueva etapa de lucha antifranquista en múltiples espacios. Mecanismos elaborados por el PCE a partir de los años finales de la década de los cincuenta, que consistían en dotar de contenido a la tarea próxima de reconstrucción de la democracia política y social que suplantara a la dictadura. Exigían demandas concretas direccionadas hacia todas las fuerzas que fueran capaces de derrocar al régimen. Aunque fueron los espacios obrero y estudiantil donde inicialmente se originó la contestación más importante, después se extendieron a otros ámbitos sociales y laborales. En la mayor parte de ellos, las políticas contestatarias y de disidencia construidas por el PCE lograron tramitar conflictos individuales extrapolándolos a conflictos colectivos con el objetivo de movilizar e intensificar la respuesta de diversas clases sociales en cuanto a sus aspiraciones de mejorar sus condiciones de vida.

Hemos visto como los comunistas granadinos vincularon elementos de cohesión social tradicionales como el familiar, el afectivo, el emocional y el de clase social, para fortalecer el ensamblaje de la militancia. El engranaje de la maquinaria de la organización estuvo supeditado, sino obligado, a funcionar influenciado por la represión y el control social y policial al que estaba sometida. A partir de los setenta la militancia se vuelve más heterogénea y otros elementos nuevos caracterizan a sus integrantes. Los elementos que hacen posible esta diversidad son las flexibles fórmulas de integración que se promueven, significativamente hacia el fortalecimiento de CCOO, que proponía "agrupar y movilizar a los obreros marxistas y a los no marxistas, a los que sufren todavía de reformismo, a los más

---

202 María Luisa Suárez Roldán, "El Colegio de Abogados de Madrid. La oposición franquista. Los abogados del PCE. Años 1950-1977", pp.635-662, en Manuel Bueno, José Hinojosa y Carmen García, (coords), *Historia del PCE. I Congreso 1920-1977*. Vol II, FIM, Madrid, 2007.

avanzados partidarios de la revolución social y a los más atrasados que aún no han pasado de la lucha económica"[203]. De camino a la Democracia los comunistas intentaron crear un espacio coincidente para que distintas clases sociales borraran las diferencias de clase entre los militantes[204]. Las experiencias militantes de un nutrido grupo de mujeres y hombres que desarrollan su activismo a partir de ese momento en Granada establecieron el encuentro entre sectores e individuos de procedencias sociales diferentes, que gracias a la multiplicación de los espacios de oposición impulsados por el PCE, permitió que personas destinadas a no encontrarse experimentaran la emoción de franquear barreras sociales antes consideradas insuperables, y donde cobra carácter especial la incorporación efectiva de las mujeres a la militancia.

Carmen Morente Muñoz (1954), tenía su presente marcado por el pasado traumático de su familia al tener abuelos represaliados y por su realidad comprometida por ser de familia obrera cuando llega a la Universidad en 1972. Hija de un ferroviario, nada más aterrizar se "convierte en candidata para entrar en el PCE", y ya en su primer curso la apodan "la Prole", ya que se siente depositaria de la conciencia de clase y así la contemplan el resto de estudiantes. Creció según sus palabras en un "mundo en el que constantemente te estaban escupiendo, los comunistas son muy malos, se decía". Tanto su pasado familiar como su presente de clase obrera la predispuso para que nada más llegar a la Facultad de Letras tuviera un flechazo con el PCE: "nada más llegar a la Universidad experimenté con la militancia mi espacio de libertad". En 1974 formó parte del "Comité Provincial ampliado" del PCE junto a Ángeles Ortega y Araceli López Arteaga, adelantándose a la inclusión de puestos femeninos en la dirección provincial. Carmen describe a la perfección lo que significaba la militancia estudiantil en el PCE en cuanto a las diferencias con la militancia obrera, ya que tuvo mucha relación con el ámbito obrero:

[203] "Informe del Comité Provincial Ampliado de Granada del PCE ante la reunión del Pleno del Comité Provincial Ampliado", Fondo Movimiento Obrero, AHPCE, Caja 83, Carp. 3, p. 7.

[204] Mónica Moreno Seco, "Militar en el "Partido de liberación de la Mujer". Los comunistas, el PCE y el feminismo", en Francisco Erice, *Un siglo de comunismo en España II. Presencia social y experiencias militantes,* Akal, Madrid, 2022, pp. 367-398.

... en el movimiento obrero puede haber generacionalmente personas muy distintas, desde un jóven peón de diecinueve años hasta un maestro de oficial, con cincuenta y cinco o sesenta (años). En la Universidad la franja de edad de los estudiantes está muy acortada, también se tiene un nivel de educación superior, al que globalmente tiene la clase trabajadora, y unos ámbitos más liberales en cuanto a las costumbres, y ahí está todo el tema de la vestimenta y más libertad, la relación entre chicos y chicas, todo ese mundo es distinto al del trabajo[205].

El sentido de la militancia en el PCE del movimiento estudiantil tiene la singular diferencia con respecto al movimiento obrero en la intensidad del tiempo que se le dedica a la militancia. Es interesante en este sentido recuperar para la memoria los diferentes niveles de la militancia, ya el PCE nunca exigió a nivel orgánico ni entregas absolutas ni mínimos razonables para estar o ser del partido. Era una cuestión personal basada en el voluntarismo y el compromiso, aunque la pasividad fuera motivo de críticas y que el grado de militancia mínimo estaba recogido en los estatutos del partido (Capítulo II, punto 2), en el que se apuntaba la flexibilidad de decisión de las células y de los comités[206], aunque cada uno los militantes de las células tenían una misión o una tarea asignada[207]. Con todo, en *Mundo Obrero* se debatían también estas cuestiones durante los primeros meses de 1975 en varios números en los que los militantes exponían sus puntos de vista:

Sentirse comunista está muy bien. Ser comunista es diferente y debe existir una delimitación precisa. Puede ser miembro del PCE todo aquel que acepte su programa y estatutos, actúe en una de sus organizaciones y pague las cuotas establecidas por el Partido. Pero ya hemos dicho que hay que ver en la práctica de dentro de que límites hoy es aplicable esa regla estatutaria al conjunto de los

---

[205] Entrevista a Carmen Morente Muñoz, Atarfe, 15 septiembre de 2021.
[206] "Cuestión a debate", *Mundo Obrero*, Nº6, 19 de marzo de 1975, p. 10.
[207] "El Partido: la organización...", Archivo personal de Luis López García, pp. 1-5.

miembros. Unos pueden serlo en determinadas condiciones, otros pueden considerarse sin por ello hacer un trabajo menos eficaz[208].

La Universidad se convirtió durante aquellos años en el espacio de libertad por antonomasia y las estudiantes lo experimentaron como ese faro que les proporcionaba la luz que les faltaba dentro de la oscuridad cotidiana de vivir bajo una dictadura. Jesús Carreño Tenorio (1948) era un estudiante de la Universidad de Granada educado en valores cristianos que adquiere tal compromiso que participa en la negociación del convenio de la mítica Huelga de los albañiles granadinos en 1970, nada más estrenada su militancia, en una de las numerosas pruebas de la conexión entre las "fuerzas del trabajo y de la cultura". Cuestión que en Granada se cumplió fielmente tal y como proponía el PCE. En el caso de Carreño, como el de Rafael Peinado Santaella (1952), que también empieza a militar en el PCE nada más llegar a la Universidad, las clases de Marcelo Vigil en Historia Antigua y la atmósfera universitaria de protesta e inquietud social les fascinaron hasta tal punto que aquello "nos pareció el camino de la verdad y la vida, era la luz, como el mundo nuevo que se abría"[209]. Peinado Santaella recuerda que el comité del PCE en la Facultad de Filosofía Letras estaba muy organizado y con militantes muy bien preparados cuando llega que organizaban "debates y asambleas fascinantes por el alto contenido teórico, era casi normal sentirse atraído, allí se debatía y hablaba de marxismo de forma pedagógica y deslumbrante, como Jesús Carreño, Bernabé López, Javier Terriente, Joaquín Bosque Sendra, eran auténticos líderes de masas en ese momento"[210]. La militancia política relámpago nada más aterrizar en la universidad fue un hecho constatado, en la que convergen y coinciden jóvenes procedentes del asociacionismo católico progresista que se sienten fascinados por la pedagogía de algunos profesores, que abiertamente enfrentados a los valores caducos del

[208] "Existen diferentes niveles de militancia", *Mundo Obrero*, Nº9, 2ª semana de abril de 1975, p. 7.

[209] Entrevista a Jesús Carreño, Granada, 12 de enero de 2021. Entrevista a Rafael Peinado Santaella, Granada, 5 de marzo de 2020.

[210] Entrevista a Rafael Peinado Santaella, Granada, 5 de marzo de 2020.

pasado, estaban comprometidos en hacer de su pedagogía un camino paralelo a las ansias de libertad a semejanza de ciertas capas de la sociedad. El PCE supo ver las posibilidades de activar su política de agudización de las contradicciones en las "islas de libertad" que ya eran las Facultades: "el carácter activo que adquiere la participación de los estudiantes y su dinamismo ante toda situación conflictiva, ante cualquier problema, profesional, antiimperialista, cultural, etc. lleva al planteamiento de la necesidad de la destrucción del poder franquista"[211]. Miguel Gómez Oliver (1949), militante del Movimiento Comunista (MC), describe bien aquella especie de aparición que era la entrada en la militancia activa y como convergen profesores y decanos del régimen con otros más abiertos:

> Desde el punto de vista del profesorado, en las facultades el franquismo estaba muy claro y aposentado. Nosotros teníamos profesores que eran claramente pro-fascistas y desde luego franquistas. También había profesores progresistas o incluso profesores bastante comprometidos, el decano de la facultad cuando yo entro era Gallego Morel, evidentemente un hombre del Régimen. Con un cierto aire liberal, pero hombre del régimen. Sin embargo cuando termino la carrera cinco años después la situación ha cambiado porque había entrado de Decano Jesús Lens, un hombre progresista, abierto, claramente de izquierdas, que va a traer enfrentamientos muy fuertes con la derecha del Claustro universitario en las elecciones a rector de los años 78-79. Una persona que va a estar muy a favor del movimiento estudiantil y que va a proteger a los estudiantes. Cuando empecé quedaba todavía un recuerdo muy potente de Marcelo Vigil, el catedrático de Historia antigua, marxista, claramente, y del PCE, una persona que dejó una gran huella en la Facultad de Filosofía y Letras. Es decir, había ese tipo de profesorado también que te daba otra visión[212].

[211] "Perspectivas del movimiento estudiantil", Organización universitaria del Partido Comunista de España, Archivo Historia del Trabajo, Fundación 1º de Mayo, Colección Propaganda, Sig. 03/14/001, Madrid, septiembre de 1969, p. 3.

[212] Entrevista a Miguel Gómez Oliver, Granada, 29 de abril de 2021.

Los estudiantes encuentran un panorama diverso en cuanto al profesorado, y los militantes del PCE encuentran en profesores como Vigil un referente y otra de las razones para militar. El caso más paradigmático de profesores marxistas convencidos y militantes son los de Manuel Sacristán y Francisco Fernández Buey, este último dejó testimonio de la idea de democracia que tenían los jóvenes comunistas en los sesenta: "en general y en lo concreto luchábamos por la democracia luchando contra la dictadura realmente existente aquí...y lo hacíamos con la finalidad de implantar un día el comunismo, que iba a ser el reino de la libertad en una sociedad sin clases"[213]. Aron Cohen Anselem (1952), estudiante de medicina a comienzos de los setenta describe su entrada en el partido, dando muestra que las motivaciones y acercamientos eran muy diversas:

> ... la adhesión o el acercamiento fue gradual. Coincidías con gente que a la que veías preparada, que veías crítica, a la que veías con coraje, con capacidad intelectual para articular un discurso coherente, con la que coincidías en el rechazo de todo lo que implicaba el franquismo. Bueno pues quien encarnaba el rechazo más racional, más coherente, más organizado, más dotado de un programa político y unos objetivos, pues era el Partido Comunista. Tú te acercabas por la vía de la persona que te iba convenciendo[214].

A pesar de la confluencia en Granada del movimiento estudiantil y del movimiento obrero, las diferencias en cuanto a la militancia eran evidentes. Respondían a diferencias sociales, culturales y profesionales y sobre todo temporales. Manuel Macías Romero (1952), empieza a militar en el PCE después la huelga de 1970 cuando era un joven dependiente de una tienda de telas en Granada. Recuerda la cuestión de los niveles de militancia en el comité de Maracena, que como veremos más adelante se convierte en una "zona de libertad", tanto por la cantidad como por la calidad en el período que va de 1975 hasta 1977:

---

[213] Francisco Fernández Buey, ¿Qué democracia queríamos los comunistas? Recuerdos y reflexiones, en Manuel Bueno Lluch y Sergio Gálvez Biesca (eds.), *Nosotros los comunistas, Memoria, identidad e historia social,* FIM, Madrid, 2010, pp. 391-404.

[214] Entrevista a Arón Cohen Ansalem, Granada, 18 de noviembre de 2020.

> No es que hacíamos política, sino que la política era nuestra vida; no sabíamos de casi nada que no fuera política. La subida del precio de cualquier producto tenía consecuencias directas en la población. Toda la vida era una acción, el compromiso político atravesaba toda nuestra vida. Pero nosotros nunca le exigimos a nadie nada que no estuviera dispuesta a hacer. Cada militante aportaba según su voluntad, compromiso y disponibilidad. Eso lo teníamos muy claro aquí (Maracena)[215].

Otra cuestión muy debatida era precisamente esos "espacio de libertad", su posible conquista o las fórmulas para conseguirlo. En sí mismas las Universidades españolas en los años setenta se aproximaron a este concepto, pero con muchos matices, ya que eran espacios simbólicos. Carmen Morente recuerda como:

> ... a la Universidad estaban accediendo ya en esa época hijos e hijas de las clases medias pero siguen ahí las hijas e hijos de la élite a todos los niveles, los que proceden de un medio familiar conservador. En esos años ir a la Universidad es como una lotería que le tocaba a la juventud que puede acceder a ella porque ahí puedes hacer entre comillas lo que te dé la gana con tu vida desde la cosa más simple como es fumar, la chica fumando o vistiendo con minifalda, y saliendo, emparejándose cuando quieran, con quienes quieran, pudiendo salir por la noche. La Universidad era una zona de libertad entre comillas porque trajo muchos riesgos porque era un espejismo, era una forma de libertad en la medida en la que se convocaba una asamblea ilegal, todo era ilegal, repartir propaganda o la lucha ideológica por la libertad, pero siempre bajo la vigilancia permanente de la BPS, ya que estábamos vendidos porque algunas veces intervenían las fuerzas del orden pero en el día a día lo cotidiano no era normal que la policía entrara a disolver una asamblea de facultad y eso creaba el espejismo de que sobre todo la vanguardia y los comunistas en concreto podíamos desarrollar nuestra política y hacer trabajo de propaganda o de

---

[215] Entrevista a Manuel Macías Romero, Maracena, 3 de septiembre de 2019.

> lucha ideológica con cierta libertad, pero era bajo la vigilancia permanente de la policía. Es decir la zona de libertad permitía entre comillas desarrollar acciones que no se podían desarrollar en otro ámbito.[216]

Roque Hidalgo Álvarez (1952) comienza a militar en el PCE en 1973 en el Comité de la Universidad. Su padre había militado en el PCE durante la Guerra Civil en La Carolina (Jaén), algo de lo que nunca habló con Roque. Con 15 años consigue una beca para estudiar en la Universidad Laboral de Alcalá de Henares, y asiste en 1968 a una conferencia impartida por Miret Magdalena sobre Lenin y allí recibe clases de dos jesuitas que hacían periodos extensos de entrenamiento militar porque eran guerrilleros en Latinoamérica: "Y eso fue lo que a mí me cambió el mundo. Me cambio todo, me cambió mi forma de pensar porque estos jesuitas organizaban ejercicios espirituales con una bayoneta". Los jesuitas tenían una organización que se llamaba "Vanguardia Obrera", y en la parte vieja del pueblo "nos reuníamos, hablábamos, incluso los jesuitas de la laboral preparaban una especie de resúmenes, que nos los daban fotocopiados, sobre la revolución en América Latina, o sobre la revolución agraria, sobre los partidos políticos, sobre la teología de la liberación, y eso lo discutíamos". A finales de noviembre de 1974 conoce a Carmen Morente con la que tiene una discusión sobre el conflicto de Checoslovaquia, "la cosa termino muy mal porque que yo de ser algo, lo que entonces era pro-chino". Roque empieza a militar en el PCE al año siguiente cuando es invitado por Carmen Morente a una reunión del comité de apoyo de la Junta Democrática, casándose un año después[217].

Las uniones sentimentales entre comunistas fueron algo frecuente. La tendencia a la "endogamia sentimental", en la que predominaban las uniones afectivas de naturaleza diversa entre camaradas estaba extendida. En Granada abundaron los matrimonios comunistas. Alejandra Vaquero Moreno (1949) empezó a militar en el PCE de Maracena en 1973, en la célula de mujeres que formaban Nati Bullejos,

---

[216] Entrevista a Carmen Morente Muñoz, Atarfe, 15 septiembre de 2021.
[217] Entrevista a Roque Hidalgo Álvarez, Atarfe, 5 de enero de 2022.

María Rivas, María José Fernández, Paquita García Gómez, Josefa Pérez Rodríguez, las mismas que van a crear la primera asociación de mujeres de Granada, las cinco primeras estaban casadas con comunistas. Alejandra se casó con José Antonio Castellanos Pérez, militante del PCE que formó parte de la acción de las CCOOJJ en Semana Santa, por la que fue detenido y procesado: "nos unían los ideales, coincidíamos en todo, y como hacíamos mucha vida de partido en las células, luego nos lo contábamos nosotros en secreto. Luego con la legalización, como había muchas parejas comunistas, formábamos como una comunidad y todo los hacíamos juntos"[218]. En la universidad también hubo muchos casos de uniones entre comunistas. Rosa Félix Plegezuelos (1954) militaba en el PCE desde los 16 años y en 1971 conoce a Javier Terriente:

> ... en 1969 cuando el estado de excepción, estoy en 6º de Bachiller y es la primera vez que tomo conciencia que hay una dictadura en este país y también tomo conciencia de que existen los comunistas, porque estaba muy relacionada con grupos cristianos y detienen ese año a varios que conocía de la FECUM y me doy cuenta del peligro porque andando con un amigo mío que estaba en la Universidad de las detenciones de los comunistas, me dice mira a ellos los han detenido, los han mandado al calabozo fuera de Granada y van a tener problemas porque luchan contra la dictadura. En ese momento, que era una niña, pensé para mis adentros, ¡si estos son los que luchan de verdad contra la dictadura, yo quiero ser comunista¡ con 15 años!, y ya en el 69 detienen a Javier (Terriente). Cuando entro en el 71 en la Universidad me preguntaba ¿los comunistas, dónde están?, porque estaban todos detenidos por una caída que deja a todo el mundo fuera, y preguntabas donde están los comunistas y ya no estaban. Cuando salen de la cárcel los comunistas en el 71 y se retoman las asambleas en el Aula 1 de Filosofía y Letras conozco a Javier y a partir de ahí pues hasta ahora hemos estado juntos.[219]

---

[218] Entrevista a Alejandra Vaquero Moreno, Maracena, 11 de junio de 2021.

[219] Entrevista a Rosa Félix Gutiérrez Pleguezuelos, Atarfe, 7 de octubre de 2020.

La militancia comunista femenina es anterior en muchos casos a las uniones sentimentales. Natividad Bullejos Cáliz (1944), compañera sentimental de José Cid de Rosa, primer secretario general de las CCOO granadinas, fundó junto a sus compañeras la primera asociación de Mujeres de Granada en 1976, después denominada "Asociación Mariana Pineda", en pleno desarrollo del movimiento feminista impulsado por el PCE con la creación de asociaciones. Hija y esposa de comunistas, feminista y comunista, la doble militancia le acarreó muchos problemas por su doble condición de disidencia. Tanto el sacerdote cómo la Guardia Civil la habían hostilizado de tal manera que cuando deciden crear una asociación de mujeres, el párroco de Maracena se obstinó en obstaculizarlas para que no se organizasen fuera del alcance de la iglesia. Con sus continuas negativas, les negó las reuniones y cualquier posibilidad de utilizar un espacio donde reunirse por la condición de mujeres en primer lugar, y por entender que eran todas comunistas, cuando no era así, y por su condición de feministas. Estas asunciones y concepciones estaban prohibidas en aquella sociedad: "nos dijo el cura que eso de asociación de mujeres que no era, que lo que se estaba reuniendo allí eran las mujeres del partido comunista, que yo era una comunista y lo que hacía era formar mujeres para el partido comunista". Junto a sus compañeras, pretendían informar a las mujeres y convertirlas en reivindicativas con los problemas del pueblo y con los problemas de las mujeres: "El fin nuestro era el feminismo, pero no podíamos decir que éramos feministas porque estaba tan mal visto como ser comunista". Tuvieron que reunirse en parroquias alejadas hasta que lograron con su presión que el párroco pidiera un nuevo destino. Convenciendo al párroco de la cercana barriada del Cerrillo, más abierto que el anterior, logró junto a sus compañeras crear la Asociación de Mujeres de Maracena en 1976[220], la primera de estas características de Andalucía:

> esto es una asociación de mujeres, nuestro principal objetivo es sacar las mujeres de sus casas para que se impliquen en los

[220] Archivo Histórico Gobierno Civil de Granada, Caja 1211, Expediente de Natividad Bullejos Cáliz.

problemas del pueblo. Que no tenemos luz, que no tenemos agua, que no tenemos servicios y nuestro principal objetivo es solucionar los problemas de las mujeres, y es verdad que yo soy comunista, pero soy la primera que quiero la independencia de nuestra asociación con el Partido Comunista, con Comisiones Obreras y no tener compromiso con nadie, nosotros somos un movimiento independiente[221].

Alejandra Vaquero describe las vicisitudes cuando comienzan a darle forma a la asociación para encontrar un espacio de reunión, y de cómo el partido "ordena" la creación de asociaciones de mujeres. A aquello le llamaban crear núcleos de mujeres, con el objetivo de politizar a las mujeres para que creen sus propias organizaciones[222]:

empezamos cuatro o cinco, casi todas del partido, pero como a Nati la tenían señalada no quería darnos nadie un sitio donde reunirnos. Queríamos hablar de nuestras cosas, de cosas de mujeres, de hacernos más independientes y no estar siempre pendientes de los maríos [sic]. Teníamos que dejar a los críos con las madres para hacer estas reuniones porque eran de mujeres solas. Empezamos a hacerlas en mi casa en el 75, venía la mujer de Antonio Cruz (PCE). En la asamblea del Hospital Real se sugirió que se crearan núcleos de mujeres para hacer asociaciones por todos los pueblos. Lo primero que se nos ocurrió para tener un espacio fue pedirlo al cura del Cerrillo. A los pocos meses dimos un paso más y le pedimos a las monjas de Maracena que nos dejaran un salón para reunirnos. Allí vinieron el médico Puche, Pilar Palomo y abogadas de Granada que nos dieron conferencias sobre sexualidad, sobre el cáncer de mama. Fue la primera vez que nos explicaron lo que era un orgasmo, y fue en un convento de monjas. Sor María Luisa que era la superiora sabía que éramos comunistas, pero al escuchar

---

221 Entrevista a Natividad Bullejos Cáliz, Maracena, 3 de octubre de 2020.

222 *"La situación en que nos encontramos de cara a todos los aspectos de la vida del Partido"*, Carta de Granada, Nacionalidades y Regiones, Andalucía, AHPCE, Jacq. 941, febrero de 1975.

las charlas comprendió que aquello era necesario y allí estuvimos unos años.

Las mujeres de Maracena ya habían demostrado su propensión a la protesta social en 1961 tras la detención de 39 militantes del PCE con"el boicot a las fiestas patronales de agosto, a las que la mayoría de las jóvenes no acudimos, y ese tiempo lo dedicamos a ir a la cárcel a visitar a novios, compañeros y amigos"[223]. Algunas mujeres ya se incluían dentro de ese espectro de incompatibilidad de lo que era el mensaje moral de las prácticas oficiales por su participación en bailes organizados por el comité local del PCE conocido como "Los Celtas". Su desarticulación la expresaba de este modo el boletín la Dirección General de la Policía: "en el mes de mayo (1961), se ponía fin en Granada a la organización comunista más importante entonces descubierta (Los Celtas), dada su perfecta estructura y su amplia extensión a distintos pueblos y a numerosos militantes"[224]. Ante las detenciones masivas de aquel mes de abril de 1961, las mujeres se opusieron frontalmente cuando llegaron a "rodear los coches policiales para impedir arrestos"[225]. Desde los primeros años de la década de los sesenta, los y las comunistas de Maracena venían rompiendo casi todos los elementos de la cotidianeidad de aquel tiempo y en el espacio en el que vivían. Nati Bullejos llegó el verano de 1961 procedente de Sevilla donde trabajaba en el campo y nada más llegar se sumó a la negación colectiva juvenil de no acudir a las fiestas: "yo tengo que estar con mi clase, si los trabajadores han hecho el boicot, yo siempre estaré con mi clase porque yo soy una obrera". 16 años después, cuando pone en marcha la Asociación Mariana Pineda, sufre toda clase de rechazos y obstaculizaciones desde dentro y desde fuera: "a mí me criticaban dentro del PCE, porque había

[223] Testimonios de Natividad Bullejos Cáliz y Encarnación Legaza López, Maracena, mayo-junio de 2021.

[224] En 1961 se intensificaron las acciones contra los órganos de oposición, en las que fueron detenidos 795 comunistas en toda España, de estos, 204 pertenecen a Granada, y 39 a Maracena, en "Los servicios policiales en el orden político-social durante 1961", DGS Boletín Informativo, Nº349, pp. 2-5. En https://justiciaydictadura.wordpress.com/, Archivo privado de Juan José del Águila.

[225] *"El número de detenidos de abril",* Nacionalidades y Regiones, Andalucía AHPCE, Jacq.158. Informe de 22/6/1961, Jacq.158.

parte que no estaba de acuerdo en que hubiese una organización paralela e independiente de mujeres". Obstáculos y oposiciones que partían desde los propios matrimonios: "tú sabes que mi marido no te quiere, la Nati es la que las tiene locas". Entrados los ochenta con la Ley del Divorcio, la asociación feminista carga con las culpas de los matrimonios fracasados, "en esa época de todos los divorcios me echaban a mí la culpa, y decían: yo era muy feliz, y a partir de que me metieras en las charlas de lo del feminismo empecé a tener problemas con mi marido. Años después esa misma me dio las gracias, porque gracias a eso vio con quién estaba viviendo y se divorció. En 1977, ya captamos mujeres de los guardias civiles de Maracena porque organizábamos la gimnasia y las clases de sevillanas[226]. La convulsión que originó en Maracena la asociación de mujeres mantuvo a estas en el disparadero hasta bien entrados los ochenta. En línea a lo sugerido por el PCE en lo programado con el manifiesto *Hacia la Liberación de la Mujer,* cobraba especial interés que las comunistas estuviesen en las asociaciones de amas de casa, en las vocalías femeninas, en las asociaciones de vecinos y en todas aquellas plataformas que permitieran crear centros de actividad social para que se ejercitarse la democracia. El papel de estas plataformas adquirirá mayor relieve una vez entrada la democracia, pero el PCE se adelantaba a todos los partidos con un programa específico para las mujeres:

> no solo deben ser respetadas, sino que hay que respetarlas al máximo, como uno de los más idóneos interlocutores de los intereses de millones de mujeres. El Partido ha de ser un constante impulsor de la elevación cultural, social y política de este sector, luchar para que amas de casa encuentren muevas posibilidades de empleo que no sean forzosa y exclusivamente las de la limpieza o trabajos a domicilio, mal pagados y sin seguridad social. Se ha trabajar por la creación de una red de guarderías y servicios colectivos en las barriadas, junto a centros de formación profesional que coloquen de nuevo a las mujeres en condiciones de aportar su

[226] Entrevista a Natividad Bullejos Cáliz, Maracena, 3 de octubre de 2020.

> capacidad de trabajo y de incorporarse, cuando así lo deseen, a la vida activa en igualdad de oportunidades[227].

La intensificación del trabajo de las mujeres en el PCE a mediados de los setenta estaba íntimamente relacionada con la emergencia de los Movimientos Sociales y la intención de tener un papel director en ellos, y en este caso el feminismo era el espacio idóneo donde desarrollar la práctica política de plantear reivindicaciones femeninas propias, representando conciencia política y cotidianeidad con cambios en las mentalidades, en las actitudes y en las relaciones sociales[228]. Las comunistas criticaron la reivindicación de los roles de género tradicionales, debido a que el PCE estaba incluyendo progresivamente en sus discursos nuevas concepciones en cuanto a las relaciones entre los sexos. Eran unas críticas que no se limitaban al ámbito discursivo, sino que en la práctica visibilizaban cambios en las actitudes y comportamientos tanto de hombres como de mujeres. Cambios que se estaban materializando especialmente en el ámbito laboral, y eran los casos de las familias de aquellos militantes que habían pasado por la cárcel, ya que la mayoría de las ocasiones habrían sido las esposas quienes se habían convertido en sostenedoras de la familia, y al mismo tiempo habrían sido ellas quienes mantuvieran contacto con el partido. Este es el caso de Natividad Bullejos, militante comunista, casada con José Cid de la Rosa, secretario general de las CCOO granadinas e integrante del Comité Provincial del PCE, detenido y encarcelado varias veces. Nati cuidó de sus hijas pequeñas, trabajó en la peluquería y militó activamente en el PCE y en el movimiento feminista granadino que ella puso en marcha. Nati hubo de multiplicarse en sus funciones como madre, como esposa, como hija, como feminista y como comunista.

Los cambios en las relaciones de genero tradicionales tuvieron repercusiones en la forma de vivir el compromiso político de las militantes, ya que la nueva realidad de la militancia con la incorporación

[227] "Hacia la Liberación de la Mujer", Informe Aprobado en la I Conferencia del PCE Sobre la Cuestión Femenina, Octubre de 1976, Fondo Organización de Mujeres, Movimiento Democrático de Mujeres (MDM), AHPCE, Caja 117, Carpeta 1.
[228] Ibídem.

gradual de las mujeres introdujo fracturas en las relaciones tradicionales de género, reflejadas en transgresiones en las expresiones de afectividad y sexualidad tradicionales, siendo el lema "los personal es político" el concepto introductorio en la agenda política de aspectos vinculados al ámbito privado, tales como los derechos reproductivos. Para ello, las políticas feministas del PCE se intensificaron a mediados de los setenta:

> La familia ¿no es de todos?
> Sobre la mujer han recaído todas las tareas del hogar. Sin embargo, la mujer debería participar en todo el desarrollo político social del país al igual que el hombre. ¿No es más justo que las tareas familiares sean compartidas por todos? La mujer debe tener tiempo para promocionarse y cultivarse. ¿Qué necesitaríamos para nuestra incorporación a la sociedad?
> . Guarderías gratuitas para que nos podamos incorporar al trabajo sin la preocupación de dónde dejar a nuestros hijos.
> . Servicios colectivos que facilitarían las tareas domésticas y nos dejarían más tiempo para aprender, disponer de tiempo libre, cultivarnos, etc.
> . Centros de educación de adultos y de formación profesional y centros culturales que nos permitirían elevar nuestros conocimientos para poder desarrollar un trabajo de cara a la sociedad en mejores condiciones laborales[229].

La agenda reivindicativa del PCE para las mujeres, repleta de valores democráticos, permanecería como trasfondo de los requerimientos estrictamente femeninos[230]. El programa del PCE intentaba combatir aquellas normas culturales y de convivencia que suponían la existencia de una doble moralidad, y que eran discriminatorias para la mujer perpetuando la concepción burguesa de la vida, algo no

---

[229] "Mujer: Lo que los comunistas queremos", Archivo Historia del Trabajo, Fundación 1º de Mayo, Colección Propaganda, Sig: 03704/006.

[230] Amparo Bella, "Feministas en el Tardofranquismo y la Transición (1965-1985): el caso de Aragón". En Ángela Cenarro y Régine Illion (eds), *Feminismos, contribuciones desde la historia,* Prensas de la Universidad de Zaragoza, Zaragoza, 2014, pp. 239-265.

compatible con las aspiraciones igualitarias del partido"[231]. El PCE trataba de conseguir que las mujeres politizadas concienciasen a las no politizadas en la necesidad de involucrarse mediante dos estrategias. Una era decantar la participación política de las mujeres hacia reivindicaciones de carácter cotidiano, y la otra conseguir que mujeres con clara formación política comunista se mezclasen en grupos oficiales como el de "Amas de Casa", con el objetivo de ir modificando la estructura, con estrategias obreras parecidas a la penetración en los sindicatos verticales. También consideró la posibilidad de crear dentro de sus propias filas un grupo específico de mujeres que tuviese como objetivo gestionar aspectos relativos a las políticas de género[232].

La aportación de las mujeres y su incorporación a la agenda política española respondería a que la igualdad, pasase a ser un tema susceptible de ser abordado a través de políticas públicas, y este se produjo en España durante los años de la transición de la dictadura a la democracia. Eran unas demandas externas que formaban parte del proceso de reorganización del estado en un contexto de democratización de las instituciones estatales. Las organizaciones de mujeres, con el caso del MDM, trataban de incorporar nuevas demandas de igualdad que trataban de sustituir completamente un modelo que creaba relaciones de poder entre los hombres y las mujeres legitimando desde el estado la discriminación y la inferioridad[233]. La necesidad de incorporar a las mujeres a la lucha política y al del progresivo reconocimiento de sus problemas y derechos específicos fue un proceso que no resultó fácil dentro del PCE pero que a mediados de los setenta comienza a dar sus frutos. Las comunistas intensificaron acciones políticas y sociales allí donde estuvieron con el objetivo de crear centros de actividad social, sean en las asociaciones de vecinos

---

[231] "La Liberación de la mujer", Tesis del IX Congreso, AHPCE, Documentos PCE, IX Congreso, 1978.

[232] Irene Abad Buil, "Reivindicaciones y movilizaciones femeninas desde el PCE durante el segundo franquismo", en Manuel Bueno Lluch y Sergio Gálvez Biesca (eds.), *Nosotros los comunistas, Memoria, identidad e historia social,* Madrid, Fundación de Investigaciones Marxistas, 2010, pp. 231-252.

[233] Claudia Cabrero Blanco, "El Movimiento Democrático de Mujeres y las comunistas: de la resistencia antifranquista a la movilización feminista". *Nuestra Historia,* N.3 (2017), pp. 73-102.

o en las novísimas asociaciones de mujeres impulsadas por ellas y sugeridas por el PCE.

Desde 1976 el PCE abrió oficialmente sus cauces discursivos con un programa que contenía una política específica para las mujeres con la intención máxima de tener presencia social en el movimiento feminista para participar activamente a partir de sus reivindicaciones concretas con el manifiesto "Hacia la Liberación de la Mujer":

> La integración activa de la mujer en la conquista de la democracia debe ser un objetivo inmediato de todo el Partido. No es suficiente en este momento una denuncia de la actual situación de la mujer, es urgente garantizar cómo se asumen los problemas femeninos desde la democracia. Con esta, la mujer, igual que el hombre, habrá conquistado las mismas libertades que le permitan organizarse más ampliamente, promover asambleas masivas, charlas, cursillos, editar revistas y periódicos, utilizar los medios de comunicación [...] El Partido deberá apoyar el máximo al movimiento de mujeres [...]siendo los comunistas infatigables animadores, capaces de incorporar grandes masas femeninas dentro de este movimiento. El Partido debe plantearse la militancia de las masas femeninas en sus filas [...] Para ello tenemos que esforzarnos por aprender, renunciando a imponer normas rígidas[...] Organizar mujeres para participar en todas las tareas del Partido. Y tarea del Partido, hemos proclamado, es también la liberación de la mujer. Con todos los deberes y todos los derechos. En cuanto a los deberes sin olvidar que tampoco estos pueden ser rígidos, sino adaptados a las condiciones de desigualdad y doble injusticia que la mujer padece; adaptar su dedicación a estas condiciones, venciendo resistencias, incomprensiones y rutinas heredadas de la prepotencia masculina[234]

Isabel Alonso Dávila (1954), procedente de una familia conservadora, se aproxima al PCE en la Universidad de Valencia a partir de las lecturas críticas como estudiante de historia. Detenida en un "salto"

[234] *"Hacia la Liberación de la Mujer"*, Informe Aprobado en la I Conferencia del PCE...

en 1972 de la que surge un expediente, su familia decide "trasladarla" a Granada para el curso 72-73 y entra directamente en una de las células de la Facultad de Filosofía y Letras. Participa en el apoyo al "Encierro de la Curia" (1975). Responsable de comité de la Facultad en 1975, en su tercera detención se encontraba embarazada de cinco meses. Tras su paso por la universidad, continuó su militancia en Valencia en el movimiento vecinal. En su contacto en Granada con el movimiento obrero, recuerda que a los estudiantes durante aquellos años les encomendaron las acciones más arriesgadas, convirtiéndose en vanguardia. Quizás tenían menos que perder que los obreros, o era la juventud las que los hacia más arrojados o menos conscientes del peligro. El período 1970-1977 supone una auténtica "rebelión en las aulas" en Granada: "los estudiantes, por jóvenes y por estudiantes, éramos un verso libre". Isabel recuerda el papel tan importante que suponía la representación de los estudiantes y la táctica del PCE de dirección de los movimientos sociales, y la sensibilización de las prácticas democráticas:

> Primero hablábamos dentro de las células del partido, discutíamos el Mundo Obrero, había una lucha política clarísima por el fin de la dictadura, la vuelta de la democracia a España. Era el momento de la construcción de las juntas democráticas, entonces también se trabajaba para crear junta democrática en la universidad, junta democrática donde estuvieras y reivindicaciones propias de los estudiantes. El partido tenía también muy claro aprovechar lo que nos dejaba la legalidad. Igual que hizo comisiones obreras con el sindicato vertical, hacíamos los estudiantes, por eso nos presentábamos a las elecciones de curso. Yo fui la delegada de mi curso y esto significaba que preguntabas a la clase qué problemas tenían[235].

Las comunistas de la Universidad tuvieron más facilidad para militar que las mujeres de ámbitos obreros o locales, como las de Maracena. Las militantes del movimiento estudiantil estaban más liberadas al actuar en un espacio más libre y liberado de cargas culturales,

---

[235] Entrevista a Isabel Alonso Dávila, Granada, 5 de mayo de 2021.

domésticas y patriarcales, y al desarrollar su vida de forma algo más autónoma. Especialmente esta cuestión se vería reflejada en aquellas que vivían emancipadas de la familia o de las parejas sentimentales. Carmen Morente recuerda como "La militancia fue lo que me permitió a mí sobrevivir, tuve suerte de que me captara el PCE, porque yo era pasto de cualquiera para cualquier organización, podría haber sido militante de cualquier cosa. Y cuanto más radical pareciera la música que me cantaban, más pasión me provocaba y podría haber acabado en cualquier sitio"[236].El Comité Provincial del que Carmen formaba parte, emitió a finales de 1973 una autocrítica con respecto a las pocas mujeres que había en el PCE granadino: "nosotros nos rompemos la cabeza buscando aliados, unidad, masas etc., pero es incomprensible, como en esa búsqueda nos olvidamos de que más de la mitad de los españoles son mujeres. Cómo podríamos conseguir esa mayoría del pueblo sin mujeres? Debemos tener claro que si no contamos con esta fuerza potencial de la mujer jamás conseguiremos la revolución en España"[237]. A pesar de la presencia notable de mujeres militantes en el ámbito estudiantil, el resto de la provincia estaba carente de una militancia femenina numerosa, aunque tímidamente, fue, paulatinamente, incorporándose.

En Granada, la represión de las mujeres comunistas tuvo una diferenciación que denotaba su carácter machista, como relata Isabel Alonso a su paso por comisaría. Volvía a Granada después del verano de 1975 desde Valencia a por muebles u enseres ya que se trasladaba a su tierra natal. Isabel se encontraba embarazada en el momento de su detención:

> Esa vez iban a por mí, porque primero hubo muchas torturas y luego hubo muchísima gente que habló (julio de 1975), y también a veces porque pensaron, esta que ya se ha ido, no le va a pasar nada [...] Porque mi última declaración consiste en dos cosas: Una la que yo digo y otra que me leen todo lo que han dicho de mí, y me

---

[236] Entrevista a Carmen Morente Muñoz, Atarfe, 15 septiembre de 2021.

[237] *"Informe del Comité Provincial Ampliado de Granada del PCE ante la reunión del Pleno del Comité Provincial Ampliado"*, Fondo Movimiento Obrero, AHPCE, Caja 83, Carp. 3, p. 17.

van diciendo que yo diga. Entonces en todo lo que han dicho de mí, yo voy diciendo conozco a esta persona porque era compañero de curso, pero no es verdad eso que dice. Y llega un momento en que me preguntan ¿y entonces si no es verdad, por qué crees que todas estas personas, es que te quieren mal, o por qué crees que todas estas personas han dicho esto de ti? Pues creo que habrá sido porque les habrán torturado o porque tenían miedo de quedarse aquí más tiempo. Me aplicaron la ley antiterrorista y eso les permitió, como a muchos otros, tenerme en comisaria más de 72 horas. Entonces los cuatro primeros días ni siquiera me llamaron a declarar. Fue tortura en el sentido de aislamiento total. Estaba embarazada en ese momento de 5 meses, y cuando veo que pasan las 72 horas y que no me llaman a declarar, no se me notaba el embarazo todavía, porque era muy joven, pero se me empezó a notar en la cárcel más. Pero entonces yo ahí dije, estoy embarazada, estoy sangrando, por favor, llévenme al hospital para que se acojonaran. Y bueno, creo que me dio resultado, me llevaron al hospital de San Juan de Dios, fue la experiencia peor que he tenido, porque que te lleven a un reconocimiento ginecológico sin haberte podido lavar y en un sitio, en una letrina asquerosa que era lo que teníamos allí, pues es horroroso, pero el ginecólogo hizo un certificado de que necesitaba reposo. Creo que eso entonces aceleró luego el interrogatorio y no me pusieron la mano encima. Lo único que empezaron a confrontarme con todo lo que todo el mundo había dicho de mí. La policía de Granada, yo creo en eso era machista, que creo pegaba más a los hombres porque los consideraba más importantes. Yo creo que nos torturaron menos físicamente por ese motivo[238].

Carmen Morente recuerda los matices sobre esa mitificación de territorio liberado que ha recaído sobre la zona de actuación del movimiento estudiantil dentro de las facultades:

Suelo decir que "estábamos vendidos": desarrollábamos una política de masas al amparo de esa pretendida "zona de libertad", que

[238] Entrevista a Isabel Alonso Dávila, Granada, 5 de mayo de 2021.

> al mismo tiempo nos hacía muy vulnerables. Solo con el plantel de chivatos matriculados como estudiantes ya tenían información suficiente para golpearnos cuando más les interesara. Las medias de seguridad se producían dentro del partido, la convocatoria de las células, a la hora de convocar una reunión de comité, un contacto para entregar propaganda, para ese tipo de cosas sí se adoptaban muchas medidas de seguridad, pero al defender dentro del movimiento estudiantil organizaciones democráticas y representativas en el marco de la ilegalidad... El mismo camarada que iba a la reunión de célula era representante de tercero de lengua o de primero de historia y pedía siempre la palabra y era representante a claustro, o sea, que te comportabas como si estuvieses en un medio democrático, cuando en realidad no lo era porque la universidad no dejaba de ser un aparato del Estado franquista[239].

Las experiencias militantes de las mujeres comunistas granadinas cuestionan el tradicional discurso que coloca al sujeto militante comunista en masculino al participar de las experiencias y emociones más extendidas de la militancia. Entre estas experiencias compartidas se encontraban el miedo y la indignación ante la represión de las autoridades, el entusiasmo de vivir un momento de politización extraordinario o la emoción experimentada por formar parte de las movilizaciones colectivas al compartir junto a otras camaradas los episodios más destacados por los que atravesó el partido y la movilización de aquellos años[240]. Al menos durante un tiempo, la presencia de mujeres del PCE llegó a ser muy relevante incluso en los órganos de dirección del comité provincial, del que formó parte Carmen Morente a finales de 1975:

> A nivel de lucha dentro del movimiento estudiantil las mujeres tuvimos un protagonismo importantísimo, también en número. Había muchísimas mujeres con influencia. Esa fue mi experiencia.

---

[239] Entrevista a Carmen Morente Muñoz, Atarfe, 15 septiembre de 2021.

[240] Magdalena Garrido y Carmen González, "El Puente de la Transición y su Resultado Final. Actitudes del PCE y de la militancia comunista en la Transición Española", *Revista de Historia Actual,* 6 (2008), pp. 71-87.

> Con motivo de la declaración del Día Internacional de la Mujer, en 1975, el PCE en Granada convoca un comité provincial ampliado, clandestino, y ahí se eligen a 3 mujeres para que formen parte del comité provincial. Ana Ortega, Araceli Ortiz Arteaga y yo. [...] Como la UNESCO iba a declarar el 8 de marzo Día Internacional de la mujer, el PCE que siempre se apuntaba a todas esas cosas, ¡plof!, metió a 3 mujeres en el comité provincial. Aquella reunión fuimos Pepe Guardia, Antonio Cruz. El Secretario era Portillo, que no siempre asistía a las reuniones, me imagino que por motivos de seguridad, Joaquín Bosque hijo, y yo. En esa reunión conocí los rostros, no los nombres verdaderos, pero sí los rostros de muchos camaradas. En dicha reunión hubo más mujeres, vino la mujer de Antonio el Negrillo, que todavía vive, como invitada; había más mujeres en esta reunión [...] Fue en el Realejo, en la casa de un camarada (Pepe Benavides). [...] De ese comité provincial me acuerdo muy claramente porque era la primera vez que salía del ámbito de la universidad y conocí a camaradas, normalmente mayores que yo, junto a Ana y Araceli. Camaradas hombres que se presentaban como responsables de la comarca de Baza, o dirigentes de la construcción; en esa reunión estaba Pepe Cid, estaba el Negrillo, el cantero de Atarfe, el Niño de Albolote (Ramírez Milena). [...] a mí me impresionó porque podríamos estar muy bien 15 personas en esa reunión; y también por el impacto que adoptaron de que se sumaran 3 mujeres al futuro comité provincial[241].

La experiencia de Carmen Morente y de las mujeres comunistas aquí tratadas dejan a un lado la representación sobre la masculinización exclusiva de la militancia del PCE, además de poner el acento en la emoción que a veces supondría el traspasar o abolir las fronteras sociales, de género o la división social. Las mujeres comunistas del PCE granadino tuvieron vida política propia, y en general, los comunistas granadinos lograron trazar unos vínculos entre movimiento obrero y estudiantil a partir de la confluencia plural tanto de categoría socioprofesional como de género, construyendo una experiencia compartida

[241] Entrevista a Carmen Morente Muñoz, Atarfe, 15 septiembre de 2021.

distinta de la militancia de modelo exclusivamente masculino. Las obras y las facultades parecían menos lejanas.

Con la rememoración del fin de la dictadura y sobre todo con la legalización del PCE y las distintas operaciones de "salida a la superficie", que proliferaron en aquellos momentos de cara a la preparación de las elecciones de junio de 1977, se hicieron algunas campañas de lo más originales. Fueron las mujeres comunistas las que se autoidentificaron visibilizando su pertenencia públicamente con el objeto de superar el tan arraigado rechazo psicológico, cuando las militantes llevaron unas pegatinas que ponía "yo también soy comunista ¿y qué?", durante los meses de abril y mayo: "primero íbamos vendiendo "Mundo Obrero" a todos lados, y los sábados y los domingos, yo me subía al Zaidín con una pegatina que ponía "yo también soy comunista" y la gente te miraba con una cara...". El comité granadino creó unos "comandos" femeninos en los primeros fines de semana tras a la legalización para los que contó con las mujeres comunistas en una campaña de visualización de "lo comunista" para vender "Mundo Obrero" a la luz del día vestidas para la ocasión con el slogan "yo también soy comunista, ¿y qué?[242].

Los estudiantes-militantes del PCE traspasaron el ámbito de la Universidad ampliamente y lograron intervenir con acciones en el mundo obrero, convirtiéndose en misioneros pedagógicos para la formación de la militancia. Encuentros de didáctica política en los que se tejían lazos militantes tendiendo puentes en los que se utilizaban mecanismos de cohesión como el lenguaje comunista como rasgo diferencial y componente propio que reflejara la consustancial diversidad de los comunistas respecto a los demás partidos. Un lenguaje oficial fuertemente militarizado proporcionando al militante la imagen de auto-percepción castrense de un combatiente disciplinado y aguerrido al servicio del pueblo oprimido[243]. La comunicación

[242] Entrevista a Rosa Félix Gutiérrez Plegezuelos, Atarfe, Granada, 4 de octubre de 2020.

[243] La metáfora militar de entrada ajena al mundo comunista se sedimentaba en palabras comunes como "ejército", "ataque", "conquista", "ofensiva", "asalto", "trinchera" como principales sufijos, para añadirle adjetivos como "proletario", "comunista", "pueblo", "masas", u "obrero", aderezados con lenguaje propiamente marxista con términos como "vanguardia", "clase", "élite", "revolucionario" o "fuerzas productivas",

subversiva servía para establecerse en un microcosmos de reacciones sociales propio. No era suficiente contar con afiliados que solamente les dieran el voto, sino que buscaban militantes activos que se ocuparan de tareas diversas como la captación de nuevos miembros. Con estas mimbres, el valor de la disciplina era una parte integral de su identidad, y a partir de la importancia de esta actitud, el comité definía a sus militantes con una serie de obligaciones y derechos para con el partido, de tal manera que su compromiso político trascendía la vida pública y se convertía en un elemento vertebrador de su vida privada. El militante comunista debía ser alguien capaz de emanciparse del poder y de crear una nueva sociedad bajo los principios del marxismo, por tanto, debía tener las inquietudes intelectuales e iniciativa para transformar, rehacer y perfeccionar la población para poder así emancipar a toda la humanidad.

Son los cursillos de formación fomentados por el PCE los que fusionan cultural y socialmente el contexto obrero y el estudiantil con la pretensión de dotar a los militantes de herramientas teóricas de aplicación para su tiempo político, reforzaron a ambos espacios. Luis López da cuenta de sus experiencias en estos cursos de encuentro: "asistíamos a los cursos desde 1969 que nos daban los de la universidad, en salones íntimos de bares con el permiso del dueño y allí parecía que estábamos en la escuela del partido. Era gente muy preparada que hablaba de Marx con un vocabulario que encandilaba a cualquiera utilizando palabras y términos que causaban sensación"[244]. La formación de los cuadros estaba considerada como el primer mecanismo que utilizaba el partido para difundir su ideología. A finales de los sesenta la *Historia del PCE,* el *Curso de estudio elemental,* editado en 1964 o los textos de Carrillo y Dolores eran de lectura común publicados en *Nuestra Bandera.* Estos materiales pronto fueron reemplazados en la universidad por el manual de Marta Harnecker *Los conceptos elementales del materialismo histórico.*

---

en Giame Pala, "El militante total. Identidad, trabajo y moral de los comunistas bajo el franquismo", *Cahiers de civilisation espagnole contemporaine,* 10, 2013. Esta serie de términos aparecen constantemente repetidos en los números de *Nuestra Bandera* y *Mundo Obrero* para el período estudiado.

[244] Entrevista a Luis López García, Maracena, Granada, 8 de marzo de 2021.

Durante estos cursos se debatió ampliamente durante meses el *Pacto de la Libertad*, que aparecía bien divulgado y sintetizado en *Mundo Obrero*[245]. Cultivarse culturalmente a través del consumo de una serie de productos culturales que compartieran estos valores y les instaran a cuestionar el sistema político, económico y social en el que vivían[246].

Los comunistas organizados no solo pretendían ampliar la militancia, sino que pretendían propagar una identidad práctica, una forma de conducta, una forma de estar en el mundo con los demás, representando una forma de autoconciencia y auto-recreación frente a los demás y con ellos: "los militantes hicimos al Partido, y teníamos conciencia de que este, como instrumento colectivo, era mucho más importante que el nosotros individual por más que aportáramos y representáramos socialmente el comunismo por nuestro trabajo particular"[247]. Las misiones pedagógicas en Granada fueron comunes hasta 1975, "...pasamos al mundo obrero, y antes de la Huelga del 70, teníamos un plan de formación para obreros jóvenes, porque existían entonces lo que se llamaban las Comisiones Obreras Juveniles y por las tardes, después de las clases de la Facultad, de nuestro trabajo, íbamos a los pueblos del área metropolitana..."[248]. La puesta en práctica de estos mecanismos de trasmisión y sus resultados dependían de la eficacia de penetración de una cultura política que poseía un vocabulario y comportamiento propio[249]. Luis López recuerda como Joaquín Bosque organizó varias huelgas y manifestaciones conjuntas entre obreros y estudiantes: "Joaquín Bosque organizaba una movilización con un papel y un lápiz en unos minutos, y nos decía tú te pones aquí y el otro allí"[250]. La emoción experimentada por los militantes al franquear por fin barreras sociales antes consideradas insuperables

---

245 *Mundo Obrero*, 2 de septiembre de 1969, Nº15, p. 1.

246 Laura Cruz Chamizo, "Ser militante en la transición: el ideal del buen comunista", en *Actas del XII Congreso de la Asociación de Historia Contemporánea*, Madrid 2014, pp. 3693-3712.

247 Entrevista a José Antonio Ramírez Milena, Albolote, 24 de junio de 2019.

248 Entrevista a Jesús Carreño Tenorio, Granada, 12 de enero de 2021.

249 Francisco Erice, "El orgullo de ser comunista. Imagen, autopercepción, memoria e identidad colectiva de los comunistas españoles", en Manuel Bueno Lluch y Sergio Gálvez Biesca (eds.), *Nosotros los comunistas, Memoria, identidad e historia social*, Madrid, Fundación de Investigaciones Marxistas, 2010, pp. 139-185.

250 Entrevista a Luis López García, Maracena, 8 de marzo de 2021.

al reunirse para "hacer teoría", y como militantes entrar en contacto con otras muchas personas con las que en otras condiciones jamás hubieran tenido contacto transformó la militancia: "nos dedicamos a interpretar este tipo de temas, la lucha de masas, la formación de la lucha clandestina, principios básicos y generales del pensamiento marxista. Principios dialécticos que a nosotros nos animaban y nos obligaba a pensar que estábamos de alguna manera, descubriendo el mundo, y en cierto modo sí que lo estábamos descubriendo ya que no tenía nada que ver con nuestra realidad"[251]. El PCE llego a tener un programa de recogida de opinión de los asistentes a los cursillos[252]. En estos espacios se trabajaba la perspectiva de las repercusiones prácticas que la consecución de la Huelga Nacional tenía para los militantes. Durante veinte años (1956-1976) el partido pudo ofrecer a su base una meta definitiva que justificara los costes de la clandestinidad, sin importar que esta meta fuera indeterminada[253]. En caso de existir una voluntad colectiva diaria y en permanente estado de acción: el mito como política del momento concreto. Esto era, en cierta manera, lo que pasaba dentro del partido respecto a la Huelga Nacional, el tener un objetivo posible, aunque incierto en su ejecución. Los militantes recuerdan en perspectiva el recurso sistemático que se hizo de la Huelga Nacional, algo que pasó a mitificarse: "lo mismo abusamos de imaginarnos constantemente el día que llegar la paralización total de España con una huelga general. Nos pasó a nosotros después de la huelga de 70, que estuvimos convocando todos los días 21 un parón, y nada esto se acabó por abandonar"[254]. Con todo, la actividad de los estudiantes comunistas planteó desde pronto la utilidad de que estos abordaran espacios extrauniversitarios para divulgar las ideas comunistas.

Sea como fuese, lo que cobra importancia son las sinergias que se producen, ya que se estrechan lazos fundamentales para la multiplicación de los espacios de oposición:

---

[251] Entrevista a Manuel Macías Romero, Maracena, 3 de septiembre de 2019.

[252] AHPCE, Correspondencia con Granada, Nacionalidades y Regiones, Andalucía, Caja 82, Carp. 1/4, Ref. 92/4. Pp. 1-2. 28 de febrero de 1974.

[253] Giame Pala, "El militante total...", 2013.

[254] Entrevista a Luis López García, Maracena, 8 de marzo de 2021.

> … la habíamos hecho con chicos que no eran universitarios, sino que eran trabajadores que vivían en estos pueblos y nosotros aprovechamos los contactos con estos chavales jóvenes que eran de nuestra edad para organizar las clases, que ellos le llamaban la "escuela", se daba clase de todo, historia, lengua española y de formación política. Normalmente se hacían en edificios escolares de los pueblos y tal, era como una especie de clases de adultos, todo como dentro de lo que podía ser la legalidad, pero que sirvieron para que el mundo universitario granadino se acercara al mundo obrero, eso después se valoró mucho en el partido comunista a nivel de toda España. Tuvimos una reunión en Paris en septiembre del 70 en donde me pidieron que contara la experiencia con la intención de ponerlo en funcionamiento en otras provincias de España y a partir de ahí pues nosotros, la organización universitaria no se quedó en las Facultades sino que rápidamente tomamos contacto con los trabajadores de todos los ámbitos con la ayuda de CCOO[255].

Desde 1968 el PCE daba este tipo de consignas a los comités provinciales: "En la última reunión del CP (Granada) se vió la necesidad de preparar las condiciones para hacer unos pequeños cursillos para que los dirigentes y militantes jóvenes conozcan mejor la política del Partido en todos sus aspectos"[256]. Los estudiantes comunistas granadinos, redactaron junto a los de otras universidades, una suerte de manual titulado "Los comunistas y las organizaciones de masas", en las que detalladamente se explicaba, en extensos apartados, la teoría marxista-leninista, la práctica comunista y las organizaciones sindicales, un manifiesto que circuló ampliamente por las facultades del país y por los tajos, y en el que incluso participó en confección la organización "Bandera Roja". Este material constituyó el principal "libro de texto" en los cursillos que los estudiantes del PCE impartían a los obreros. Se incluían las grandes frases de Marx, de Lenin o de la Internacional comunista entresacadas de los textos; "el fin

[255] Entrevista a Jesús Carreño, Granada, 12 de enero de 2021.
[256] "Informe de Granada", AHPCE, Jacq. 488, 23 de noviembre de 1968.

inmediato de los sindicatos se concreta en las exigencias del día (...) en la cuestión del salario, y de la jornada laboral y las condiciones de trabajo (...) los sindicatos deben aprender a actuar de modo más consciente como ejes de la organización de la clase obrera, por el interés superior de su emancipación social"[257]. Varios militantes conservan aún este manual[258]. Desde el partido se reconocía el esfuerzo que se había hecho en su elaboración: "me ha gustado mucho el material que envíais de la Universidad, y me ha gustado porque todo él refleja y está enfocado desde el punto de vista de Partido"[259].

Granada se convierte en un ejemplo a seguir por el resto de secretarías provinciales, los cursos de formación política intentaban poner al alcance de los militantes la política del partido y los fundamentos elementales del marxismo. Otros aspectos como la seguridad o el reclutamiento, tenían un cariz eminentemente práctico, inmediato, funcional a las exigencias del momento y al funcionamiento de la organización. Otra cuestión interesante era la interrelación de los militantes con dirigentes conocidos. La militancia igualaba en el sentido de que se situaban en el mismo plano cualquier cuadro del partido:

> a la vuelta de París pasé en Madrid varios días, estableciendo contacto con Fanni Rubio, que te debe de sonar, la poeta, exmujer de Bernabé, pues yo volví de París, la llamé por teléfono al llegar a Madrid y quedé con ellos en su casa y me invitaron a una reunión, a una visita en casa de Alfonso Sastre y Genoveva Forest, y allí coincidimos con Manuela Carmena que entonces era abogada... también el realizador de televisión Hermógenes Sainz, que yo lo veía en los Estudios 1 y entonces resulta que también era rojo, había una cantidad de rojos camuflados tremendos, estaba también allí Caballero Bonald[260].

[257] Fundación 1º de Mayo, Archivo de Historia del Trabajo, Fondo Propaganda Política y Social, "Comunicado: reunidos estudiantes de diversas organizaciones", 01/06, pp. 2-4.

[258] Entrevistas a Miguel Ruz Rodríguez, Maracena, 8 de agosto de 2021, José Cámara Legaza, Maracena, 25 de mayo de 2021 y Luis López García, Maracena, 8 de marzo de 2021.

[259] AHPCE, "Informes", Correspondencia, Caja 82, Carpeta 1/4. 15 de enero de 1974, p. 3.

[260] Entrevista a Jesús Carreño, Granada, 12 de enero de 2021.

Carreño informó sobre la organización de los cursillos que impartía por los pueblos y el modelo se implantó en otras provincias. Al menos hasta 1974 se estuvieron desarrollando este tipo de actividades que sin duda tendían puentes fundamentales entre las fuerzas del trabajo y de la cultura, de esta forma lo contemplaba el PCE: "los cursillos que habéis realizado a juzgar por las opiniones que dan los (camaradas) se ve que han sido interesantes, lo principal es que habéis abordado algunos temas necesarios sobre el (partido) y nuestra política procurando que el esfuerzo sea sobre el Proyecto Programa"[261]. Estas acciones demuestran que la consigna de la alianza entre las fuerzas del trabajo y de la cultura era real. Los intentos de ligazón fueron siempre promovidos por el PCE, cuyas cúpulas apostaron por esta coalición desde 1956. Otro de los pegamentos de adhesión a la militancia esenciales fue la posibilidad de ascenso que ofrecía la organización para jóvenes neófitos que ingresaban en sus filas, que vieron la posibilidad de ascender en la escalera social a razón de sus aportaciones al partido. Si ya las CCOOJJ hicieron esta función de palanca en la predisposición a la labor de zapa, el PCE granadino utilizó las UJC como plataforma de promoción, como recuerda José Luis Carmoma Sánchez (1956) cuando es nombrado responsable político de las juventudes comunistas de Maracena: "me citaron en un piso abandonado del polígono Cartuja en el que estaban Portillo y Ramírez Milena, y allí me nombraron responsable de las juventudes de Maracena, con 17 años. Aquello fue para mí algo que me cambió, porque de repente me sentí como alguien importante, y que he llevado con orgullo siempre. Hasta la legalización fuimos creciendo hasta llegar a tener 200 jóvenes encuadrados en las juventudes"[262]. Después del éxito de las organizaciones juveniles comunistas a finales de los sesenta, que se vieron diezmadas por las detenciones de 1970-1971, el comité granadino volvió a impulsar la UJCE a finales de 1974 nombrando a Javier Terriente responsable político de las juventudes para Granada y a José Antonio Ramírez Milena para los pueblos, para lo que se nombró en cada comité a

[261] AHPCE, "Informes", Correspondencia, Caja 82, Carpeta ¼. 24 de febrero de 1974, pp. 1-2.

[262] Entrevista a José Luis Carmona Sánchez, Maracena, 15 de septiembre de 2021.

un joven con condiciones para ayudar política e ideológicamente a las UJCE respetando su autonomía orgánica[263].

La militancia fue asumida como un espacio de libertad en sí misma. Algunos jóvenes militantes la vivieron como una zona moral alternativa de aquel tiempo vivencial porque ofrecía implicaciones diversas en grado y forma, y una zona de libertad que afianzaba el compromiso:

> … la lucha era tan grande en tantos frentes, que cualquier cosa era bienvenida, cualquier detalle, cualquier gesto. Cada cual se comprometía como quería porque era totalmente libre el grado y el nivel de militancia que asumías. Es verdad que en determinados momentos había una disciplina que cumplir, pero era relativamente cómoda la militancia, sobre todo porque vivías la libertad que no habías visto nunca ni habías vivido en ninguna institución en la que habías estado ni habías pasado, entonces era como descubrir un mundo nuevo lleno de sensaciones de posibilidades con lo cual, eso te metía mucho más, te afianzaba y te profundizaba más en el compromiso, porque tú querías eso para toda la sociedad[264].

Isabel Alonso recuerda la aventura que suponía ir a un piso donde hubiese un pequeño aparato de propaganda y los riesgos que entrañaba. Fueron los domicilios particulares o pisos que cedidos por camaradas los que también se utilizaban para reuniones clandestinas:

> Había un pequeño piso por el Realejo pequeñísimo donde había una vietnamita. Entonces cuando había que hacer un panfleto propio nuestro, o nos llegaba solo el cliché y nosotros lo imprimíamos. Lo que hacíamos era fabricar estos panfletos que lanzábamos. Yo he pasado bastante miedo, por ejemplo, ir a una casa, a una reunión, y encontrarte a la policía, en el sentido de que tu podías decir vengo a esta casa a estudiar. Ahora ir a un piso vacío

[263] *"Informe del Comité Provincial Ampliado de Granada del PCE ante la reunión del Pleno del Comité Provincial Ampliado"*, Fondo Movimiento Obrero, AHPCE, Caja 83, Carp. 3, p. 18.

[264] Entrevista a Jesús Carreño Tenorio, Granada, 12 de enero de 2021.

> del Realejo, que solo tenía una mesa camilla y una ciclostil, además normalmente lo hacíamos de noche, la situación era así un poco más complicada. Ese lugar del Realejo daría para una escena literaria también, porque íbamos así de dos en dos, y allí hablabas mucho, tenías que hablar muy bajito, por los vecinos, entonces el miedo...[265].

Fue común en la "escuela comunista granadina" el salto a la escuela de cuadros internacional del partido, con los casos más notorios de Encarna Cervilla Ruiz, que en 1967 asistió a un curso de formación política en la República Democrática Alemana (Limbach-Oberfrohna)[266], Antonio Ávila González[267], que en 1984 va a la URSS (Moscú) a un curso de seis meses por mediación del PCPE, el de Manuel Sánchez Díaz a la Escuela de Bucarest que dirigía el granadino Damián Pretel[268], y el de José Antonio Ramírez Milena (1955), al que desde la dirección provincial, en 1974, le proponen ir esa misma Escuela de cuadros del Partido en Bucarest. Ya en 1972, es nombrado Responsable Provincial de las UJCE, lo que a la vez supone su entrada como miembro en el Secretariado del Comité Provincial del PCE. Los cursos rumanos tuvieron lugar en la ciudad de Soba, en una academia del ejército a orillas del lago Snagov, cuyo profesorado estaba integrado por cuadros formados en la URSS, como Damián Pretel que impartía Filosofía, o Roberto Carrillo, el hermano de Santiago, que daba Historia del movimiento comunista. El director era Santiago Álvarez, miembro del Comité Central[269].

Para ir a Bucarest a "formarse", Ramírez Milena tuvo que dejar de trabajar unos meses para tratar de despistar sobre ausencia y estancia en la Escuela diciendo que va a Barcelona a buscar trabajo, "pero donde me voy es a París al encuentro con la dirección del Partido y la Escuela. Ya allí, conozco a Ignacio Gallego, y con su orientación y

[265] Entrevista a Isabel Alonso Dávila, Granada, 5 de mayo de 2021.
[266] Encarnación fue detenida a finales de junio de 1967 recién llegada de la RDA, tal y como consta en el TOP, Sumario 311/67, Sentencia nº24, 30 de enero de 1970.
[267] Entrevista a Antonio Ávila González, Maracena, Granada, 18 de junio de 2021.
[268] Entrevista a Manuel Sánchez Díaz en AHCCOO-A.
[269] Fernando Hernández Sánchez, *El Torbellino Rojo. Auge y caída del Partido Comunista de España*, Pasado y Presente, Barcelona 2022, p. 218.

usando la ruta de Frankfurt, nos desplazamos hasta Bucarest, donde a las afueras se encuentra la nueva Escuela de cuadros políticos del Partido". Allí pasó seis meses, tenía diecinueve años y nunca había salido de Albolote:

> De repente me encuentro en ciudades como París, Frankfurt, Bucarest y eso, junto de los estudios que realizamos, me cambia. En la Escuela estudiábamos cultura general, literatura, historia política y del movimiento obrero, economía, las políticas partidarias y otras materias que era necesario conocer para preparar mínimamente a un posible cuadro dirigente del Partido. Al regreso debo esperar en París algún tiempo, ya que no está claro si se me buscan en Barcelona pues durante el tiempo estado en la Escuela se les pregunta a mis padres por mí, pero ni ellos ni nadie da conmigo[270].

La única persona que conoció su verdadero paradero fue su mujer y ella nunca rebeló a nadie esa información ya que así lo habían acordado como forma de seguridad para todos. La militancia pasiva de las compañeras de los comunistas. Sus familiares en Cataluña, avisados por sus padres, lo buscaron en hospitales y llegan hasta la policía haciéndose oficial su "desaparición". A su regreso hubo de esperar y guardar más precauciones que el resto de los cuadros en la Escuela para volver y pasar la frontera y así evitar su detención permaneciendo tres meses en Montreuil, bajo la protección de su alcalde comunista hasta que regresó a España. Aquella experiencia en "un país lejano" marcaría a José Antonio para siempre. En Bucarest conoció la estrategia del partido estudiando las conclusiones del VIII Congreso con el Pacto de la Libertad y el Proyecto del Manifiesto Programa, recibiendo clases de movimiento obrero, de filosofía y de economía. Se estima que entre 200 y 300 militantes pasaron por la escuela rumana[271].

Recién llegado de Bucarest, en 1975 Ramírez Milena protagoniza, junto a 35 compañeros, el "Encierro de la Curia", otra de las

---

[270] Entrevista a José Antonio Ramírez Milena, Albolote, 24 de junio de 2019.

[271] Enric Juliana, *Aquí no hemos venido a estudiar. Memoria de una discusión en el penal más duro de la dictadura. El debate de un mundo olvidado que explica el presente"*, Arpa,

acciones emblemáticas de la oposición antifranquista granadina, que utilizó el recurso de meterse en las iglesias como forma de protesta para visibilizar públicamente la situación de los trabajadores ante el problema del paro y la imposibilidad de afrontar las necesidades básicas ante el aumento de la carestía de la vida. La situación de Granada a mediados de los setenta era cada vez peor. Desde el PCE se informaba que la situación económica, al igual que el resto del país, estaba más cerca del desastre:

> El paro aumenta forma alarmante, en todos los sectores. Quiebran empresas que hasta ahora eran solventes: hoteles en la costa, empresas constructoras otras. Es lógico que con estas nuevas formas de ruina, las contradicciones entre el capital local y el régimen se agudicen. El problema de los precios es alarmante, los campesinos colonos del instituto hacen marchas y protestas diversas por su situación. Hacienda intenta cobrarles impuestos de propietarios cuando no lo son. Las hermandades protestan por los precios, y las secciones sociales por el paro y la emigración agraria. La situación es alarmante y explosiva. Dentro de las posibilidades que tenemos, intentaremos por todos los medios salir de esta situación, pretendiendo que los compañeros que puedan incidir en el sector, dediquen sus fuerzas a la tarea de potenciar las luchas del campo[272].

"Los 35 de la Curia" eran la mayoría militantes del PCE y de CCOO, y entre ellos se encontraban algunos sacerdotes obreros como Antonio Quitián, Ángel Aguado y José Godoy. La novedad radicaba en el número considerable de mujeres que participan en esta movilización. El encierro comienza cuando un centenar de trabajadores, acompañados por los líderes sindicales se plantaron ante el delegado de sindicatos con el objetivo de hacerle propuestas contra el paro. Ante las muestras de ignorancia, decidieron encerrarse en el santo edificio de la Catedral granadina. Es "El Niño" (Ramírez Milena) con su

---

Barcelona, 2020, Citado en Fernando Hernández Sánchez, *El Torbellino Rojo. Auge y caída del Partido Comunista de España,* Barcelona, Pasado y Presente, 2022, p. 218.

[272] "Carta de Granada", Nacionalidades y regiones, Andalucía y Extremadura, AHPCE, Jaq.898, 28 de septiembre de 1974.

intervención, el que arenga a las masas para el encierro: "Encargamos al Niño que leyera con fuerza el escrito y levantara los ánimos y provocara el acuerdo de marchar a Sindicatos para su presentación. Del desarrollo de la gestión en Sindicatos saldría la decisión del encierro"[273]. El encierro supuso una movilización plural que respondía sobre todo a la precariedad de las zonas marginales de Granada y al incremento del paro que estaba afectando considerablemente a los jóvenes. Así lo cuenta "El Niño":

> después de la reunión con los del vertical decidimos que una parte de la gente procedente de los pueblos y de Granada nos encerráramos y que otra, estuvieran fuera movilizando a la gente en las calles, además de tratar de abastecernos con alimentos para mantener el encierro, Dentro de la Curia nos quedamos 35 compañeros. A las 4 de la tarde ya estábamos cercados por la policía. La reivindicación principal del Encierro atiende a varios ámbitos: el laboral, el social y el de obtener fondos para el paro obrero[274].

Cercados por la policía con un despliegue sin precedentes[275], la movilización en el exterior de la Catedral logró los efectos que se pretendían, cuando estudiantes de la Universidad de Granada se encargaron de abastecer de alimentos a los encerrados y un movimiento de mujeres se encargó de recorrer las obras de la ciudad logrando que los trabajadores fueran al paro en solidaridad con los compañeros encerrados. Tres días después, un gran número de policías armados y un número indeterminado de policías de paisano entraron en la Curia sin permiso del Arzobispo, llevándose esposados a todos los allí presentes. El PCE interpretó el encierro como un éxito de CCOO, en unos días que vieron de nuevo cerca la perspectiva de la HNP:

> ... Y llegamos al día 1 de Mayo, día Internacional de los trabajadores, hacía tiempo que el pueblo de Granada no celebraba este

---

[273] "Informe de Granada. Referencias a las acciones de los días 28, 29, 30 de abril y 1 de, 2, 3, 4 y 5 de mayo", Nacionalidades y Regiones, Andalucía, AHPCE Jacq. 950.

[274] Entrevista a José Antonio Ramírez Milena, Albolote, 24 de junio de 2019.

[275] Diario *Ideal* de Granada, 1 de mayo de 1975, p. 15.

día de la forma en que lo hizo. Manifestaciones en la Catedral por la mañana, y en los barrios por la tarde, la combatividad de las masas en torno a las CCOO, el paro es casi general en la ciudad, Granada está abriendo el camino que nos conducirá a la Huelga Nacional, en el ánimo de todos, está clara la alternativa, será la lucha de masas junto al desarrollo de las Juntas Democráticas lo que acabará con el causante de todo: el fascismo[276].

"El Niño" fue multado con 250 mil pesetas y procesado al tener antecedentes policiales. La BPS de Granada informaba tras su detención que "tiene antecedentes por actividades subversivas y distribución de propaganda ilegal, también es calificado agitador que representa una seria amenaza para la paz pública"[277]. Pasará dos meses en la cárcel, viéndose beneficiado junto al resto de la amnistía por la proclamación del Rey a la muerte de Franco[278].

En 1976, la palabra clave fue Amnistía. También fue el año de la "Galerna de Huelgas", en palabras de Sartorius[279]. Los comunistas granadinos tuvieron su "manifestación pacífica·" de rostros visibles el 18 de enero de 1976, cuando 100 expresos políticos y represaliados acompañados de sus familiares redactaron un escrito con sus correspondientes firmas, reivindicando "Amnistía y Libertad":

Reunidos en Asamblea más de 100 expresos y represaliados políticos con algunos familiares, aprobaron la redacción de un escrito reivindicando Amnistía y Libertad. A esta reunión asistían represaliados políticos pertenecientes a la mayor parte de ideologías de oposición democrática; Alianza Socialista de Andalucía, Comisiones Obreras, movimiento Comunista de España, Partido del Trabajo de España, Plataformas Unitarias de Estudiantes. Entre ellos había personas de las más diversas condiciones sociales; Obreros,

---

[276] "Informe de Granada. Referencias a ...AHPCE Jacq. 950.
[277] "Generales de Orden Público, Granada Capital", Archivo Histórico Gobierno Civil de Granada, Caja 1809.
[278] "Informe de Granada. Referencias a ...AHPCE Jacq. 950.
[279] Nicolás Sartorius y Alberto Sabio, *El final de la dictadura, La conquista de la democracia en España, noviembre de 1975-junio de 1976*, Temas de Hoy, Madrid, 2007, p. 40.

jornaleros agrícolas y campesinos, estudiantes, profesores, empleados y otros profesionales liberales[280].

Aquella manifestación, dirigida por el PCE y CCOO, reunió a casi todas las fuerzas granadinas opositoras en liza en una demostración pacífica en la que estampaban en la pancarta de cabecera "Los presos políticos y sus familiares piden amnistía y libertad" y entregaron una carta firmada al Gobernador Civil que iba dirigida al Rey Juan Carlos I. Unos días más tarde toda la oposición democrática pedía por las calles de Granada "la amnistía para los presos y exiliados políticos sin exclusión alguna"[281], en la que se recogieron alrededor de 10 mil firmas figurando entre ellas las de varios decanos de facultad, profesores, médicos, estudiantes y sobre todo numerosos obreros. Algunos de los allí presentes resaltan la novedad ya de estas movilizaciones. El carácter plural de participación de todas las fuerzas políticas organizadas, el alto número de mujeres que forman parte de la marea opositora y sobre todo la participación de familias enteras que iban acompañadas de los hijos[282]. Convocatorias de concentraciones pacíficas se sucederán durante todo ese año a las que un gobierno ya sin Franco, continuaría prohibiendo y reprimiendo. El Ministerio de la Gobernación enviaba instrucciones a todos los Gobiernos Civiles para prohibir manifestaciones del 1º de Mayo, emitiendo informes en los que señalaban "la extrema peligrosidad del odio comunista, que no vacila en utilizar los procedimientos para resquebrajar la paz española"[283]. Encabezada por el PCE, la oposición granadina solicitó formalmente la manifestación del 1º de Mayo de 1976, que acabó con la conocida como "Caída del Monte del Sobrero", en la que más cincuenta manifestantes que celebraban el día de los trabajadores como acto de protesta por la libertades políticas y sindicales, fueron detenidos y la concentración abortada por las fuerzas policiales.

---

[280] "Correspondencia con Granada", Nacionalidades y Regiones, Andalucía, AHPCE, Caja 82, Carp. 1/4, Ref. 23/2. pp. 1-4. Enero de 1976.

[281] *Ideal,* 23 de enero de 1976, portada.

[282] Entrevistas a Joaquín Bosque Sendra, Luis López García y Antonio Ávila González.

[283] "Informe Policial correspondiente al 1-15 de mayo de 1976", recogido en Nicolás Sartorius y Alberto Sabio, *El final de la dictadura*...pp. 294-295.

El ciclo de protesta estaba llegando a su momento culminante ante la inminente democracia. El gobierno consideraba este tipo de manifestaciones y concentraciones públicas como expresiones de subversión social y política, por lo que eran concebidas y constituidas desde el poder como amenazas prioritarias al mantenimiento del orden asimilado en el control del espacio público. En Granada y en la mayoría de las ciudades españolas en las que la protesta popular por la conquista de la democracia se había naturalizado entre extensas capas de la población, el espacio público se había transformado ya en terreno privilegiado de la lucha física y simbólica por el poder. Las mentalidades de épocas pasadas gravitaban sobre las fronteras teóricas sobre el proceso de democratización excluyendo del horizonte político las organizaciones políticas y sindicales en las que el comunismo seguía siendo el principal enemigo.

El intento de expresión de protesta del 1º de Mayo de 1976 en Granada, reprimido por la policía, estaba representada por los referentes políticos de los distintos sectores sociales, de las diversas plataformas organizadas de protesta, de la parte más dinámica de las fracciones de la militancia y, lo más novedoso, la afluencia de individuos no adscritos a cualesquiera de las organizaciones movilizadas en aquel momento. La solidaridad con los detenidos, protagonizada por las mujeres de los trabajadores, con un acto en el Hospital Real en el que Nati Bullejos tomó la palabra en nombre de las esposas de los trabajadores haciendo públicas las gestiones que habían hecho ante las autoridades y "nombrando a cada uno de los detenidos, la cuantía de las sanciones y los días que tenían que pasar en la cárcel"[284]. Nati, junto a seis mujeres que pedían solidaridad con los maridos, fueron detenidas dos días después cuando intentaban parar una obra: "después de ir a la obra estábamos descasando en la Facultad (Medicina) y llegaron dos lecheras (vehículos) y apuntándonos con metralletas. Por las ventanas fui dando voces para que la gente supiera porque nos habían detenido: No tenías ganas de ver a tu marido?, pues ahora lo vas a tener hasta que te pudras, me dijeron"[285].

[284] *Ideal*, 8 de abril de 1976, p. 15.
[285] Entrevista a Natividad Bullejos Cáliz, Maracena, 3 de octubre de 2020.

La década de los setenta fue fundamental para el PCE, ya que fue capaz de abrirse a nuevas ideas e ir constantemente reformulando sus propuestas para incorporar y ampliar a sujetos de toda clase social en un esfuerzo por tener presencia social allí donde hubiese contradicciones y posibilidades de acción política. Hemos comprobado cómo no se puede tener una visión uniforme de la militancia, y que especialmente en este periodo, la incorporación de jóvenes universitarios y de mujeres fue una constante en crecimiento que llegará al menos hasta la legalización en 1977. Si bien hemos visto a lo largo de los anteriores capítulos que la diversidad de la militancia en Granada era considerable, y que venía impuesta por las diferencias generacionales y por la influencia de los comunistas universitarios, la mayoría de las y los militantes se sintieron protagonistas de su propia historia y lo recuerdan como unas etapas en su vida en la que los sentimientos y las emociones inundaban la política. Ser comunistas en aquellos tiempos era un estado de ánimo. Unos ingresaron en los cincuenta y sufrieron muy pronto la represión y sus consecuencias, otros empiezan a militar en los sesenta y focalizan su acción en la sindicalización y en la protesta universitaria. Otros desarrollan su primera etapa militante entrando en organizaciones juveniles que les proporcionan la oportunidad de realizar acciones subversivas, un fenómeno que se producía en esos momentos a escala global, asociando componentes de modernidad y de rebeldía. Otras y otros comienzan a militar entrados los años setenta en plena era de confrontación abierta contra el régimen, donde cobran especial interés los espacios universitarios, ya colocados en ese momento junto al movimiento obrero como los principales arietes del antifranquismo.

EPÍLOGO.
LOS COMUNISTAS ESTABAN EN LOS AYUNTAMIENTOS
MARACENAGRADO: EL ÉXITO DE LA RUSIA CHICA

Hasta aquí se ha intentado analizar la presencia e incidencia de los comunistas granadinos enfatizando en el contexto de los pueblos conocidos como el Cinturón Rojo de la provincia de Granada, para, sobre todo, darle la importancia que merece al capital humano de la militancia construyendo una narrativa sobre sus propias memorias. En estas poblaciones, el PCE tuvo una importancia más que relevante, llegando a ser, durante un tiempo, la organización política que, tras ganar elecciones municipales en la mayoría de los comicios hasta al menos los años noventa, ostentó el poder local, y esta cuestión no se entiende sin prestar atención al trabajo previo que llevaron a cabo numerosas personas que militaron clandestinamente en el PCE. La cuestión de las expectativas que generó el partido y el fracaso electoral que sufrió especialmente a partir de 1982, no tuvieron el mismo efecto que a nivel local. En la zona de la Vega norte de Granada logró tener una permanencia notoria más allá de la crisis interna y de los resultados en las urnas derivados de las elecciones generales. El pueblo de Maracena, colocado desde hacía décadas como el bastión comunista de la provincia, conocido popularmente como "Rusia Chica", había alcanzado a las alturas de 1979 una incidencia social tan elevada que le había permitido a sus cuadros influir directamente en el poder local antes de su llegada al Ayuntamiento. Pocos meses después de la legalización, su comité local afiliaba a cerca de 800 militantes[1], en una población que rondaba los 9.000 habitantes, aunque era más la calidad que la cantidad al haberse convertido en el epicentro comunista de Granada y al haber protagonizado episodios propios de represión y movilización particulares.

[1] *"El Partido: la organización…"*, Archivo personal de Luis López García, pp. 1-5 y entrevistas con militantes de Maracena.

La militancia comunista, recogida cuantitativamente por el PCE en 1978 en el IX Congreso colocaba a Andalucía como la segunda región, después de Cataluña, en número de afiliados, con 39.373[2], muy cerca de los 40 mil que tenían en esos momentos el PSUC, la zona de España donde los comunistas habían tenido más influencia durante el Franquismo. La II Conferencia Provincial del PCE de Granada convocada en 1979 para elegir un nuevo comité dio una cifra de 5.029 afiliados de los que 497 eran mujeres. Había una diferencia en porcentaje de mujeres afiliadas en el comité de la capital granadina con el de los pueblos, siendo en el primero del 25 % y en el segundo del 10 %[3].

El camino representativo de los comunistas hasta las elecciones municipales de 1979 había echado a andar años antes, pero resultó clave, para posicionarse con ventaja, los cauces de comunicación que abrieron con la población y con el poder desde la legalización del partido hasta los primeros comicios municipales. El PCE consideró como un triunfo de la izquierda los resultados de las elecciones municipales de 1979 al considerar que el poder municipal representaba el escalón decisivo en la democratización de las instituciones a la vez que posibilitaba el acercamiento de la recién estrenada democracia a la vida cotidiana de los pueblos y ciudades. La llegada de los comunistas a los ayuntamientos introdujo en la opinión pública la conciencia concreta de que la participación de la izquierda en el poder no solo era deseable, sino también posible. Por primera vez en la historia, los comunistas acceden a un órgano de poder, lo que les ponía a prueba en su capacidad estratégica de transformar la sociedad desde la política municipal. Los comunistas pasaron de la militancia a la gestión de un día para otro en un momento que era necesario abrir debates entre los comunistas y el pueblo, tal y como venían persiguiendo los militantes desde los años cincuenta.

Con estas razones, y acostumbrados al debate interno de las ideas que los entrenó en dinámicas y procedimientos democráticos, los comunistas de Maracena entablan contactos con referentes locales

---

[2] "Noveno Congreso del PCE", Congresos, AHPCE, pp. 470-471.

[3] "Estadística militantes del PCE de Granada en 1979", Fondo PCA, AHCCOO-A, Caj 1979.

del poder agrario y municipal. El responsable político del PCE en Maracena en aquellos años decisivos, Manuel Macías, subraya la importancia que tuvo la estrategia de acercamiento de los comunistas con sujetos más abiertos al diálogo con influencia en las relaciones sociales y de poder en el municipio:

> Hay gentes de lo que se llamó la Burguesía Agraria de Maracena, que comienzan a establecer relación con el PCE, relación de información y acercamiento, como Elías Polo, Pepe Martínez Morales, conocido como Pepe el Gallo, que era el alcalde hasta la llegada de la democracia. Ambos tenían muchas tierras y además muy identificados en su día con la derecha. Otros que no poseían tierras pero que también tuvieron un papel fundamental fue Paco Colomar, el Juez de Paz, un hombre que siempre se mantuvo con una actitud profundamente abierta con nosotros. Teníamos que llevar el mensaje del partido más allá de donde nos permitiera la lucha clandestina, a pesar de los riesgos[4].

En el proceso de transición hacia unos ayuntamientos democráticos, los comunistas pusieron todo el empeño en demostrar su carácter de partido democrático en la perspectiva de acceso a puestos de responsabilidad en la administración local y provincial para que, llegado el momento de celebrarse las elecciones, el partido desempeñara un papel importante en todos los escenarios públicos de la política municipal[5]. Durante el período que va desde la legalización en 1977 hasta las elecciones municipales se desarrolló en Maracena una campaña de polinización "casa por casa" con el objetivo de ventilar a todos los sectores sociales y personas públicas lo que "los comunistas querían". Un trabajo que se aceleró cuando las elecciones estaban a las puertas, "fuimos casa por casa explicando lo que queríamos y pidiendo el voto directamente intentado convencer a todo el mundo"[6]. Un

[4] Entrevista a Manuel Macías Romero, Maracena., 3 de octubre de 2019.
[5] "La política municipal del PCE en la Transición a unos ayuntamientos democráticos", en Proyecto de Programa Municipal Comunista, Fondo PCE, AHPCE, Anexo 3, Signatura 373/1, p. 18.
[6] Entrevista a Luis López García, Maracena, 8 de marzo de 2021.

mecanismo que ya se desarrolló para las convocatorias de huelga, y que llegó a su grado más alto para la preparación de la huelga de 1970 como vimos anteriormente.

> A partir de la legalización toda tu vida era una acción de compromiso político. En Maracena se hacen entrega de carnets del PCE a finales de 1976. Después, en abril de 1977 se constituyen las asociaciones de padres en todos los colegios, se constituyen las asociaciones de mujeres, se constituyen los sindicatos agrarios; en dos meses florece todo lo que se había venido haciendo, el terreno estaba abonado por las condiciones, también porque habíamos conseguido una cierta zona de tolerancia y porque tuvimos un poder municipal que hizo la vista gorda cuando nosotros estábamos haciendo todo tipo de cosas. El factor humano aquí fue determinante. Fuimos el primer ayuntamiento no democrático que ya daba la voz al pueblo, nosotros conseguimos que en el salón de plenos del ayuntamiento se discutieran cuestiones ya delicadas antes de la democracia. El eje de la lucha de clases en Maracena estaba ya a favor de las fuerzas obreras, porque lo habíamos trabajado tanto que hasta mucha gente de la derecha entró[7].

En Albolote se hizo un trabajo similar al incluir encuestas como sondeo previo para integrar a los vecinos y calibrar la opinión popular en cuanto a las exigencias y necesidades del municipio:

> llegamos a las elecciones del 79 con el eslogan mítico "Quita un cacique y pon un alcalde", e hicimos la campaña en la misma línea de contacto, cercanía y movilización con la gente como cuando la preparación del convenio de la construcción del año 70, que fue ir visitando a los trabajadores realizando una encuesta por todas las casas del pueblo para con toda esa información asegurarnos conocer, asimilar y expresar las necesidades del pueblo y tener muy claro las reivindicaciones que debíamos llevar a cabo en nuestro

[7] Entrevista a Manuel Macías Romero, Maracena., 3 de octubre de 2019.

> programa. El boca a boca fue nuestra fuerza de movilización y lo que posibilitó los resultados electorales[8].

Para la preparación de la campaña electoral, el PCE señalaba que había que "prestar atención a todo tipo de contacto directo con la población en la explicación de nuestra política municipal de nuestros planteamientos concretos sobre problemas cotidianos"[9]. Una vez se materializó la llegada efectiva de los comunistas a los ayuntamientos, el PCE interpretó como un triunfo de la izquierda las elecciones municipales, y en el que el pacto con el PSOE fue fundamental para que ambas formaciones alcanzaran el poder en muchos consistorios[10]. Los nuevos ayuntamientos representaban un escalón decisivo en la democratización de las instituciones, y posibilitaban el acercamiento de la democracia a la vida cotidiana de los pueblos y las ciudades. Los comunistas habían accedido por primera vez a tareas de gobierno, por lo que debían seguir adquiriendo experiencia en la responsabilidad administrativa e introducir en la opinión pública la conciencia concreta de que la participación de los comunistas en el poder municipal no solo era deseable, sino que era posible en España. Para lograrlo, así pronunciaban en *Nuestra Bandera* los tres encargados de elaborar el proyecto de política municipal, Carlos Zaldívar, Jordi Borja y Manuel Castells, señalaban las tareas principales de los comunistas para el aborde municipalista:

> Consolidar y profundizar la democracia, construyendo un nuevo Estado basado en los principios de la Constitución de 1978, salir de la crisis económica, controlando la inflación, eliminando el paro y mejorando las condiciones de vida del pueblo; ir transformando las instituciones y conquistando la hegemonía en la

[8] Entrevista a José Antonio Ramírez Milena, Albolote, 24 de junio de 2019.

[9] "*La política municipal del PCE en la Transición a unos ayuntamientos democráticos*", en Proyecto de Programa Municipal Comunista, Fondo PCE, AHPCE, Anexo 3, Signatura 373/1, p. 18.

[10] Para un detallado estudio de los acuerdos entre PSOE y PCE para alcanzar las concejalías, véase Juan Andrade Blanco, *El PCE y el PSOE en la [la] transición. La evolución ideológica de la izquierda durante el proceso de cambio político,* Siglo XXI, Madrid 2015.

> sociedad civil para sentar progresivamente las bases concretas de una nueva sociedad socialista[11].

En las elecciones municipales de 1979, el PCE cosechó sus mejores resultados electorales de toda la transición, con un total del 13,06 % de los votos, lo que supondría el mejor resultado de toda su historia, solo igualado después en las municipales de 1991. La campaña fue un revulsivo para los militantes, permitiendo retomar la relación directa y abiertamente democrática con sus vecinos. En este sentido, la aportación de CCOO fue fundamental, ya que la afiliación desde mediados de los setenta no paró de crecer. Ramírez Milena, primer alcalde democrático del PCE en Albolote en 1979 lo relata bien expresando que gran parte del éxito del PCE se le debe a comisiones: "Hay constitución de la Unión Local de Comisiones y la gente se afilia al sindicato pero de forma masiva infinitamente más que al PCE pero con diferencia, por más que la gente que llevaba comisiones era gente del PCE, pero valoraban desde este punto de vista sindical a esos camaradas más que a mí como líder político. yo fui alcalde y hemos ido alcaldes por el trabajo social, por el trabajo organizativo y colectivo que se hizo en Comisiones"[12].

La extensión de CC.OO en los años anteriores a la legalización del partido y del sindicato fue fundamental. Un informe interno sobre la situación del movimiento obrero en Granada en 1977, meses antes de la legalización, daba algunas muestras de la afiliación: "la práctica y los datos demuestran la buena marcha de CCOO, destacando en este punto la existencia de pueblos como Maracena con 500 afiliados, Atarfe con 150 afiliados o Pinos puente y Peligros con 200 afiliados. En barrios como el Polígono de Cartuja se contaba con 150 afiliados y en ramas como la Banca, Telefónica y Renfe su afiliación era constante, o en la rama de Funcionarios, que contaba con 100 afiliados"[13]. En Albolote, la implantación de CCOO los

[11] Carlos Zaldívar, Jordi Borja, Jordi y Manuel Castells, "La política municipal hoy en la estrategia eurocomunista española, 1", *Nuestra Bandera*, Nº101, noviembre/diciembre de 1979, p. 11.

[12] Entrevista a José Antonio Ramírez Milena, Albolote, 24 de junio de 2019.

[13] "Informe sobre la situación del movimiento obrero de Granada", Archivo personal de Luis López García.

años previos a las elecciones, otorgó la fortaleza que necesitaban los comunistas de Albolote:

> Tuvimos oficina oficial de CCOO en Albolote aun siendo ilegales y desde esa referencia y organización iniciamos a reivindicar el patrimonio de los bienes del pueblo y trabajadores robados por los fascistas empezando por la Casa del Pueblo, construida por los obreros y aun con ayuda de algunos patronos, e iniciamos la batalla reivindicativa con la gente que se la había escriturado. Tras un proceso de tira y afloja, convocamos una asamblea con unas doscientas o trescientas personas y una posterior manifestación donde éramos casi mil personas, además de constantes asambleas generales y públicas del pueblo y reuniones con la familia[14].

El futuro joven alcalde de Albolote lideró junto a sus compañeros del PCE y una amplia representación popular la movilización quizás más importante de la localidad de toda su historia, cuando en el mes de abril de 1977, más de mil vecinos deciden manifestarse para que, la que fuera Casa del Pueblo durante la II República, fuese utilizada como espacio público a disfrute del pueblo. El diario *El País* se hizo eco de la noticia dada la magnitud que a nivel local tuvo la manifestación: "Unos mil vecinos de la localidad granadina de Albolote, situada a ocho kilómetros de la capital, se reunieron en asamblea, durante la tarde de ayer, en la plaza del pueblo para discutir públicamente lo aspectos legales que plantea la reclamación de la que fuera casa de pueblo. La casa del pueblo de Albolote había sido construida en 1931 con la aportación económica y el esfuerzo físico de los alboloteños como sede social de una asociación llamada "Hijos del trabajo de Albolote""[15].

Aquel proceso de devolución del edifico para el pueblo, que los vecinos consideraban público, estaba enmarcado en una apropiación ilegal ocurrida los años inmediatamente posteriores a la Guerra Civil en la que aparecían como dueños de la Casa del Pueblo una familia

[14] Entrevista a José Antonio Ramírez Milena, Albolote, 24 de junio de 2019.
[15] "Albolote: los vecinos exigen la devolución de la Casa del Pueblo", *El País*, 8 de abril de 1977.

cuyo padre fue concejal del primer Ayuntamiento del por entonces nuevo estado franquista. A las alturas de 1977, estas familias andaban contestando a las peticiones de devolución que les hacía el resto del pueblo ofreciendo una resistencia a la entrega apoyándose en las autoridades para mantener su estatus de legítimos propietarios. Finalmente, la presión social y política, sostenida por los comunistas, hizo efecto y se recuperó el edificio antes de la legalización de CCOO y del PCE[16]. Esta movilización popular fue la que otorgó de fortaleza al PCE local para acometer con garantías su acceso al ayuntamiento. También participaron en la movilización otras fuerzas como el PSOE, aunque no ejercieron el papel director, o el grupo de jóvenes próximos a la izquierda radical autodenominados GRI (Grupo Independiente Liberal) adscrito a la LCR (Liga Comunista Revolucionaria) encabezados por Emilio Ballesteros Almazán (1956), que colaboraron estrechamente con el PCE tanto en la oposición al franquismo como en el poder municipal[17].

En similares circunstancias, la movilización popular que decanta en esos momentos a buena parte de la población para al menos simpatizar con los comunistas de Maracena, fue la que impulsada por las mujeres comunistas de la Asociación de Mujeres denunció públicamente al cura párroco de la localidad cuando prende fuego a su propia puerta para acusar a los comunistas del pueblo, como ya hemos descrito en el anterior apartado. Las mujeres de la asociación ya estaban acudiendo a los plenos municipales antes de las elecciones, y habían conseguido cambiar una decisión acerca de que camino asfaltar en el pueblo, y para este modo saliesen beneficiadas las mujeres que trabajaban en la Fábrica de las Cañas de Pescar:

> La asociación de mujeres empezamos a ir a los Plenos (1978) antes de llegar el PCE, cuando era el ayuntamiento de transición, que era todavía franquista. Tenemos que ir a ver lo que se decide para todos los servicios. Entonces nos enteramos que habían venido unos dineros para arreglar los caminos rurales, del Empleo

[16] Entrevista a José Antonio Ramírez Milena, Albolote, 24 de junio de 2019.
[17] Entrevista a Emilio Ballesteros Almazán, Albolote, 12 de marzo de 2022.

> Comunitario, y el Luis Hita (Concejal) quería que se arreglara el camino para ir a su fábrica y nosotros dijimos que mejor el de las "Cañas de Pescar", porque las mujeres, cuando llovía, tenían que pasar, y cuando regaban, el camino se encharcaba y tenían que meterse en el agua y estar con los pies mojados todo el día y lo primero que conseguimos fue eso, el Camino de las Cañas de Pescar, entonces eso facilitó que muchas de las mujeres de las cañas de pescar, empezaran a venir a la asociación y otras a ser simpatizantes[18].

La cuestión que nos trae aquí es explicar que los comunistas de estos pueblos de la Vega granadina ya tenían hecha la campaña antes de las elecciones, aunque la reforzasen una vez abierta oficialmente con sus estrategias de "casa por casa". La campaña fue un revulsivo para retomar la relación directa con el pueblo, y sus candidaturas fueron encabezadas por referentes vecinales, sindicales o culturales del partido en los municipios, más el añadido de la inclusión de independientes con afinidades de gestión similares a los comunistas, como el caso de Maracena. A nivel nacional, el PCE obtuvo 4.604 concejales en las elecciones municipales de 1979. Gracias al acuerdo general alcanzado con el PSOE en virtud del cual cada uno de estos partidos se comprometía a respaldar al otro para obtener las alcaldías, los comunistas alcanzaron buenos resultados. En Andalucía, los resultados demostraron el arraigo local del PCE, obteniendo el 17,8 % de los votos totales, consiguiendo destacadas alcaldías como las de Córdoba, Algeciras, Coria del Río, Dos Hermanas o Sanlúcar de Barrameda[19]. En los pueblos de la Vega Norte de Granada, el PCE alcanzó el poder ganando las elecciones con elevados índices de porcentaje de votos. En Maracena los comunistas lograron una victoria arrolladora logrando el 66, 30 % de los votos. En Albolote, con un 40,8 % de votos para el PCE, hubo un empate con la candidatura independiente, pero los pactos con los socialistas llevaron a la alcaldía a José Antonio Ramírez Milena, de 24 años, posiblemente el alcalde comunista más joven de la Democracia en todo el país. En

[18] Entrevista a Natividad Bullejos Cáliz, Maracena, 2 de septiembre de 2020.

[19] Andrade Blanco, Juan, "El PCE en (la) Transición." en Erice, Francisco, *Un siglo de comunismo en España I. historia de una lucha,* Akal, Madrid 2021, pp. 301.

Atarfe, el PCE ganó las elecciones con solvencia logrando un 50, 65 % de los votos, por lo que José Lucena Aguilera asumió la alcaldía. En Peligros, Antonio López Santiago, campesino de profesión, que llevaba militando desde los años sesenta en el PCE, se convirtió en el primer alcalde democrático por el PCE de la localidad con un 46, 08% de los votos. En Pinos Puente, el pacto de la izquierda encaramó a la alcaldía a Antonio Martínez Maza, luego de conseguir el PCE un total del 38, 87 % de los votos por el 33, 78 del PSOE. Dos de las poblaciones eminentemente agrícolas del Poniente granadino, aquí tratadas superficialmente, Zafarraya y Salar, eligieron alcaldes comunistas elevando al poder a José Martín Chica y a Fernando Pinilla Moreno, el albañil que empezó a militar en el PCE en los años sesenta, con porcentajes del 61% y el 43% respectivamente. En Granada capital, Damián Pretel, solo consiguió el 11,44%[20], resultados muy alejados de los cosechados en los pueblos de la zona norte de la Comarca de la Vega. "El "cinturón rojo" éramos los alcaldes comunistas de esos pueblos, tomando las palabras de José Antonio Ramírez Milena y Luis López García"[21]. Ambos alcaldes recuerdan que el PCE apenas había informado sobre política municipal, y que de nuevo se tuvo que improvisar mucho y decidir de forma autónoma. Aunque los escasos mensajes que envío el partido fueron claros, al tiempo que Luis López recogió las indicaciones de Manuel Delicado en su visita a Maracena:

> Lo que si teníamos claro los comunistas era que los ayuntamientos no podían ser como antes habían sido, había que cambiarlos por completo. Los ayuntamientos habían sido nefastos para los pueblos, habían sido los enemigos sobre todo de los trabajadores. Vino Delicado (Manuel) para las elecciones del 79 a darnos un mitin en el colegio, y es cuando empezamos a pensar lo que teníamos que hacer los comunistas en los ayuntamientos, nos dijo que cogiéramos una escoba para limpiar todo el pasado y que abriéramos las puertas del ayuntamiento al pueblo. Nada de lo que hiciéramos

---

20 https://www.datoselecciones.com/elecciones-municipales-1979/andalucia/granada/granada

21 Testimonio coincidente de Luis López García y José Antonio Ramírez Milena.

podía parecerse a lo que había antes, ya que lo habíamos criticado tanto que la única forma de hacerlo bien era hacerlo todo diferente. Dijimos, vamos a gastar un año en hacer reuniones para discutir lo que hace falta en Maracena y así lo hicimos, hablando con los sectores que estuviesen más organizados y con los que no, yendo a los barrios y a las calles[22].

Ramírez Milena recuerda los problemas a los que se enfrentaban nada más llegar, sobre todo de naturaleza económica:

> Nuestra finalidad era la constitución de un ayuntamiento democrático, acabar con las leyes locales franquistas existentes y arreglar las infraestructuras urbanas necesarias, mejorar escuelas, promocionar la cultura. Estaba prácticamente todo por hacer y para modernizar y desarrollar los municipios el problema era cómo se hacía con la financiación que tenía el ayuntamiento. En el 79 se contaba con unos 17 millones de pesetas para un municipio con casi seis mil habitantes, un reto extraordinario para nosotros que logramos cumplir[23].

La inclusión en las listas del PCE de personas independientes también se produce en Albolote, con la participación de Emilio López Gálvez (1954), un joven que trabajaba en la agricultura y que después estudió magisterio. Era hijo de uno de los colonos del Chaparral, el núcleo de población creado por el Instituto Nacional de Colonización. Con conocimiento y compromiso social sobre los problemas que afectaban a sus vecinos, hizo de puente para solucionar los problemas de la colonia del Chaparral para acercar política y socialmente ambos espacios, que se habían mantenido muy alejados hasta ese momento a pesar de pertenecer a la misma unidad municipal[24].

Los comunistas de Maracena abordan desde el primer momento políticas municipales para cambiar tanto simbólicamente como materialmente el pasado franquista. Recuperan la memoria

[22] Entrevista a Luis López García, Maracena, 8 de marzo de 2021
[23] Entrevista a José Antonio Ramírez Milena, Albolote, 24 de junio de 2019.
[24] Entrevista a Emilio López Gálvez, El Chaparral, 9 de marzo de 2021.

del último alcalde de la II República renombrando el colegio de reciente inauguración como Colegio Púbico Emilio Carmona, eliminado el nombre que previamente tenía asignado: Manuel de Falla. Además, comienzan los trámites para devolver a la familia su domicilio, expropiado al término de la Guerra Civil[25]. Las primeras fiestas patronales en el consistorio las acometen no incluyendo el programa religioso y nombrando una comisión de fiestas ajena a los concejales del ayuntamiento para que fuera una representación del pueblo la que organizase los festejos, cuestión por la que reciben una moción[26]. Cambios de nombre de las calles con nombres asociados al franquismo[27], sustitución del nombre del Colegio Generalísimo Franco por Giner de los Ríos, y un largo etcétera de cambios simbólicos realizados durante los primeros meses que procuraban dar comienzo a una etapa nueva acercando todos estos cambios a la sociedad mediante su participación y asistencia a los plenos. Al tomar decisiones propias, incentivando la participación, democratizaban y descentralizaban el Ayuntamiento acercando la democracia al pueblo y procediendo a esa reforma profunda que el Estado necesitaba, y así hacerla cada vez más permeable a la sociedad civil.

Los alcaldes comunistas tuvieron que improvisar al encontrase una administración obsoleta y unos pueblos carentes de infraestructuras y de servicios básicos, como en la mayoría de las zonas rurales del país. Tanto Luis como José Antonio tuvieron que hacer frente a este tipo de carencias y mejorar las infraestructuras con lo que poco que tenían. Ramírez Milena lo recuerda así.

> Nos encontramos un pueblo con solo dos calles asfaltadas, barrios que son lodazales y sin luz, sin servicios básicos, vertederos; una situación calamitosa. ¿A que nos tenemos que dedicar todos esos primeros años? A dotar de infraestructuras al pueblo, a renovar las pocas redes de agua y de saneamiento que hay, a hacer

[25] "Cambio de nombre a colegio público Emilio Carmona", AHMM, Libros de Actas de Plenos, Libro 9, Sig. H0009, sesión 23 de julio de 1979.

[26] "Comisión de Fiestas y Moción por no incluir en Programa de Fiestas el Programa Religioso", AHMM, Actas de Plenos, Libro 9, Sig. H0009, 7 de septiembre de 1979.

[27] "Cambio nombre de calles", AHMM, Actas de Plenos, Libro 9, Sig. H0009, 7 de diciembre de 1979.

> habitables las calles, con luces, con darros, con aceras, con asfalto, con recogida de basuras, a tratar de construir colegios. ¿Políticas comunistas?, esa era la política comunista, no había otra que la de mejorar la calidad de vida de la gente y hacer rentables sus impuestos. Una de las cosas que empezamos a hacer, era ver todas las licencias, atribuciones y legislación urbanística, y resulta que no teníamos capacidad de determinar nada porque nos venía todo dado por el Plan de Ordenación Urbanística de Área Metropolitana de Granada que era un auténtico corsé, y dijimos que eso había que cambiarlo, que teníamos que tener un instrumento local que nos permitiera decir que donde dice el Plan General de poner bloques, pues no, que se hagan casas unifamiliares, que haya espacios de uso público colectivo y dotaciones, etc. Eso sí que era una medida comunitaria, el control y desarrollo público del urbanismo y la definición de como queríamos que fuera nuestro municipio[28].

Los alcaldes comunistas siguieron resolviendo de forma popular los asuntos colectivos desarrollando una nueva gestión municipal para integrarla en una política global de izquierda en plena crisis económica, en un Estado todavía heredero del aparato de la dictadura, con déficits sociales acumulados, con presiones sociales existentes y haciendo frente a la inexperiencia en las tareas de gobierno. Pero fue precisamente porque esa situación difícil y excepcional los impulsó para no refugiarse en una gestión puntual, problema a problema, y carente de horizonte político. Dejaron de atrincherarse en sus oficinas municipales para no perecer bajo la montaña de papeles acumulados, tomando decisiones bajo fórmulas jurídicas proporcionadas por la democracia, y otras veces utilizando su propia iniciativa para aplicarlas. También procuraron no mendigar subvenciones del Estado caso a caso, sino que estructuraron otros frentes apoyados en las instituciones locales y en la opinión pública, presionando hasta lograr lo necesario y buscar fuentes propias de recursos. No esperaron a que pasara la crisis, sino que contribuyeron a superarla con la política municipal. Tampoco pretendieron calmar a una población ansiada

[28] Entrevista a José Antonio Ramírez Milena, Albolote, 24 de junio de 2019.

de cambios, sino otorgarles participación en la gestión y proporcionándoles la información necesaria para conocer los problemas, para de esta forma se movilizasen para superarlos. Esa era la política de los comunistas en los ayuntamientos, desbloquear los obstáculos que se les presentaban, que fueron muchos, ejerciendo una presión reivindicativa sobre el Estado y así ampliar la base de apoyo popular hacia una democracia más completa y por una sociedad más justa.

En el plano de la democracia, la primera tarea que asumieron era eliminar de las corporaciones municipales cualquier evidencia de corrupción, ya los ayuntamientos franquistas había sido los bastiones tradicionales del caciquismo. El PCE se planteó que las tareas fundamentales a realizar desde las corporaciones eran salir de la crisis económica eliminando el paro e ir transformando las instituciones para conquistar la hegemonía en la sociedad civil, y esto pasaba por la transparencia de la propia gestión municipal y por una autonomía jurídica y fiscal que trasvasara el poder del alcalde a la decisión colectiva del Pleno de concejales. Lo más necesario en 1979 era, abrir un debate entre los comunistas y el pueblo en general respecto al contenido de la política municipal. Los casos aquí estudiados demuestran que los comunistas granadinos se adelantaron considerablemente a este precepto.

MARACENAGRADO: LOS COMUNISTAS DE LA RUSIA CHICA

A lo largo de este estudio si algún espacio ha sobresalido en cantidad y en calidad ha sido la localidad de Maracena. Muchas razones explican el éxito del PCE y el arraigo de los comunistas en este pueblo de la comarca de la Vega granadina. Hemos ido desvelando la trayectoria del partido en esta zona, a partir, fundamentalmente, de los testimonios de sus protagonistas. Otros y otras, por razones biológicas, no pudieron aportar sus experiencias, pero también estuvieron y participaron en este proceso de comunistización del municipio hasta convertirlo en el referente del PCE a nivel provincial. En este apartado final que servirá como epílogo, concluiremos con las razones por las que, en el que fue conocido como “Cinturón Rojo” de

Granada, que comprendía los pueblos de Maracena, Albolote, Peligros, Atarfe y Pinos Puente, el PCE alcanzó unas cuotas de penetración considerables durante la etapa de lucha clandestina, ejemplarizando con el caso de Maracena. Esta impronta, no solo encaramó a los comunistas al poder de los primeros ayuntamientos democráticos en las primeras elecciones del recién estrenado sistema político, sino que los comunistas estuvieron allí para quedarse, logrado tener una presencia social y política que incluso superó la profunda crisis que sufrió el partido en los años ochenta.

Maracena en los años cincuenta era un pueblo donde abundaban jornaleros, asalariados, peones, empleadas y empleados de fábrica, o profesionales libres. Afectado por el proceso de crisis profunda que atravesaba el sector agrícola como en amplísimas zonas de la geografía andaluza, trabajadores del campo hubieron de compaginar sino abandonar definitivamente sus ocupaciones agrícolas para incorporarse a otros sectores laborales. El derrumbe progresivo de la sociedad agraria tradicional afectó a la Vega granadina como en otras zonas de Andalucía. En esta zona de Granada, sería la rama de la construcción la que mayoritariamente absorbió esa masa de trabajadores favorecidos por el auge del urbanismo sobre todo de Granada capital. Maracena ya se destacó en el período de la II República por ser un pueblo muy politizado. La pugna política y cultural manifestada en los cinco años de sistema democrático republicano, pusieron de relieve la propensión de sus vecinos hacia la cultura de protesta en defensa de los derechos de las capas populares de la población más desfavorecidas[29]. Había una cierta predisposición a la lucha de clases al existir en Maracena los dos contendientes fundamentales de la pugna, unos pocos adinerados en poder de los medios de producción, y una gran masa de trabajadores disponible para satisfacer las necesidades laborales de sus industrias. Bajo este panorama, jóvenes trabajadores que a mediados de los años cincuenta alcanzan su mayoría de edad que no habían vivido la Guerra Civil, comienzan a tener unas actitudes inconformistas con el sistema de

[29] Véanse Libros de Actas Sesiones Pleno Ayuntamiento Maracena para el período 1931-1936, en AHMM, Libros 5-6, Sig. H0009.

dominación implantado por el régimen y llevado a efecto por los elementos de control establecidos por este poder, llámese Guardia Civil, Iglesia, Ayuntamientos y clase empresarial. Como hemos visto en este estudio, a Maracena vuelve, tras su paso por Francia, Manuel Castro Castellano, portando ideas "nuevas" que enlazan en tiempo y forma con la nueva política del PCE en esos momentos, la PRN, con la que se reformulaba su carácter opositor en el intento de abrir nuevos cauces que posibilitaran la incorporación de otros agentes sociales, que junto al papel director que ejercería el PCE del conjunto de fuerzas de oposición, lograran juntos derrumbar la dictadura. Esto pasaba por ir creando, con todas las dificultades, una tupida red de comités locales con el objetivo de tener influencia directa en la vida social, política y cultural de las distintas zonas del país. Las fábricas, los centros de trabajo, las empresas y todas aquellas actividades susceptibles de movilización social, se convertían en el objeto de deseo para la actuación de los comunistas. Y si no existían, había que crearlas. Esta fórmula en Maracena tuvo mucho éxito con la creación de la Peña de Los Celtas, tal y como se ha descrito en el capítulo segundo.

Las políticas de captación tuvieron un elevado éxito entre la población debido al buen trabajo del, en ese momento, experimentado responsable del PCE en la localidad al mantener contacto directo con el PCE del exilio, logrando con estas mimbres conectar con un capital humano predispuesto y que en poco tiempo articula, mediante la vinculación entre vida cotidiana, acción política y actividad ética, un rasgo distintivo de pertenencia a una organización política en la que encauzaban sus actitudes inconformistas estableciendo un nuevo marco relacional en lo social, en lo político y en lo cultural. Con estas actitudes, pretendían romper la tradicional pasividad de la sociedad, aportando cauces de interlocución y de autoorganización social que se vieron materializados con la creación de la Peña de los Celtas, primera organización de este tipo a nivel nacional y que la policía describía como una organización casi perfecta debido al escrupuloso enmascaramiento de las tareas de los comunistas que la dirigían, presentando su credencial, aparentemente, como club de amigos o vecinos. A partir de ese momento, la identidad colectiva de los comunistas de Maracena se incrusta en el imaginario social[30], favorecida también por la dura represión a la que son sometidos, y que crea un trastorno colectivo en su pequeña comunidad logrando el efecto contrario al deseado por las autoridades. La aportación de los comunistas de Maracena en su entorno local fue dar el primer paso para posibilitar el proceso de cambio que necesitaba España y los mecanismos que había que utilizar para que estos cambios llegaran a su localidad. Lograron tímidamente y con muchas dificultades, divulgar el concepto de democracia en áreas interrelacionadas como la política, el trabajo, el ocio y la vida cotidiana. Más allá de los espasmos de protesta, lograron posicionarse como "rojos" en medio de un panorama conservador y de control social que respondía a esa "guerra de posiciones" propugnada por el partido, construyendo solidaridades y estrechando lazos afectivos en su comunidad consiguiendo que "momentos puntuales" tengan su aportación en la consecución del lento aprendizaje de la ciudadanía. Los comunistas locales convirtieron las reuniones camufladas en un acto social más transformándolas en modelo de oposición dotándolas de mecanismos de interrelación individual y colectiva específicos. En cuanto a la estrategia adoptada por el PCE, aquella que consistía en ir haciéndose presente en la vida cotidiana "de las masas", a partir de pequeñas afrentas del día a día, los comunistas de Maracena, cumplieron con la consigna al lograr desplazar lo político hacia lo colectivo partiendo de lo íntimo y aprovechando lo festivo.

Las proposiciones de transformación de los sistemas de relación de la sociedad fueron las que convirtieron al partido en una agencia de intermediación de representación de la realidad y lo que reforzó el sistema de valores y de imaginarios colectivos para la adhesión plena de sus militantes, que en esos años cincuenta y en el contexto local en que desarrollaban sus vidas, se sintieron fascinados por las expectativas de futuro que le proporcionaba el PCE. Auxiliados por unas redes interpersonales preconfiguradas, la implicación política en la clandestinidad estableció y reforzó una serie de lazos personales en los que los conceptos de parentesco, de vecindad y de amistad,

[30] Alberto Melucci, "Getting Involved: Identity and Mobilization...", pp. 329-348.

actuaron como fermento de cohesión porque se produjeron entre sujetos que ya eran miembros de grupos informales que respondían a grupos de edad, de parentesco, de amistad, de trabajo y de relación afectiva[31]. También crean una "identidad en conflicto", porque posiciona a los comunistas como actores potenciales de una identidad social que los define, con sus costes y beneficios, como el colectivo de la acción conjunta, y como los actores que empiezan a moldear la confrontación, contra la dictadura, contra las autoridades locales, contra la Guardia Civil y contra la BPS. La identidad de los comunistas de Maracena la adquirieron mediante la experiencia compartida de las relaciones que mantenían entre ellos, pero la reforzaron en las representaciones que hacían de su propio colectivo en relación a la proyección hacia los demás y la que hacían de los comunistas el resto de la población.

Con la aparición de CCOO en los sesenta, los comunistas amplían un radio de acción que posibilitaba la activación de redes y apoyos entre trabajadores, creando un espacio nuevo para que mediante la táctica de la infiltración que promulgaba el PCE, facilitase la creación de operaciones organizadas de oposición al régimen. Alejados del sindicalismo histórico, los nuevos militantes sindicales asumen un compromiso con CCOO semejante al del PCE, simultaneando militancias que reforzaron como nunca la noción de los trabajadores en cuanto a la necesidad de afiliarse y de permanecer unidos contra la patronal. También en Maracena, desarrolla su actividad el máximo dirigente histórico del sindicato de la provincia, José Cid de la Rosa, que desde allí emprende una afiliación a CCOO que no parará de crecer hasta finales de los setenta. Como hemos visto anteriormente, en Maracena llegó un momento en que ser de comisiones y comunista, otorgaba cierto prestigio entre la comunidad, validando a los militantes en el ritual de paso para el ascenso social y laboral en su comunidad. Especial importancia cobran las cooperativas creadas en el municipio, sobre todo la de pintores a comienzos de los sesenta, integrada al completo por comunistas, con una permanencia extensa en el tiempo logrando trasladar el modelo económico comunista al

[31] Donatella Della Porta, "Las motivaciones individuales...", pp. 219-242.

mundo del trabajo siendo un ejemplo a nivel provincial. Los liderazgos en la cultura política comunista son muy importantes al actuar de auténticos referentes para la comunidad comunista. Ya se habían perfilado varios liderazgos claramente en Maracena a mediados de los sesenta. Los cooperativistas actuaron como auténticos misioneros de las CCOO, y a Cid de la Rosa se le une Luis López García como referente al actuar políticamente en el fútbol modesto con su ingreso en la directiva del equipo local. Previo a la Huelga de la Construcción, dos militantes comunistas del comité de Maracena muy apegados al anarquismo, Antonio Ávila González y Juan López García, hermano de Luis, albañiles con fama de valientes, estuvieron durante un par de años estampando pintadas en Maracena y por todos los pueblos de la Vega. En estos tiempos quedará petrificada para muchos años el "Proletarios de todos los países Uníos" en una de las entradas al pueblo por la parte Norte, todo un gesto de recibimiento a los visitantes como declaración de intenciones sobre el territorio que visitaban. Su anhelo era pintar hoces y martillos en las fachadas de los cuarteles de la Guardia Civil, cosa que alguna vez consiguieron. El Ayuntamiento creó una brigada de voluntarios para borrar las pintadas que casi cada día aparecían, y en la que participaron los mismos que luego de ganar las elecciones los comunistas en 1979, poblaban de pintadas tapias y casas abandonadas en contra de los comunistas. Juan y Antonio alcanzaron su cúspide personal cuando perpetraron el atentado con cócteles molotov contra la Casa Sindical tras la huelga de julio de 1970, por lo que fueron muy criticados en el partido. Aquel atentado desató la furia entre las fuerzas represivas de Granada, qué ayudadas por el Estado de Excepción, lograron de nuevo desarticular el comité granadino[32].

Maracena contaba con un pequeño ejército de militantes de base, capaces cada uno, de tener su propia tarea. Cuando Antonio Reyes regresa de Murcia para trabajar para el partido en Maracena en 1970, hizo un recuento de las células calculando alrededor de 200 militantes[33]. Luis López hizo otro recuento a finales de 1976

[32] Entrevista a Antonio Ávila González, Maracena, 16 de septiembre de 2021.
[33] Entrevista a Antonio Reyes Jiménez. Maracena, 11 de agosto de 2021.

para pedir los carnets al partido y había unos 700[34]. Hubo entrega de carnets en Maracena antes de la legalización, y al llegarles 500 ejemplares, muchos militantes se quedaron sin poder recibir su ansiado pasaporte comunista, algo que era un gesto más que simbólico. Tener el carnet del partido en los años de la Transición era motivo de orgullo para la militancia, "nos quedamos sin carnets para darles a cada uno el suyo"[35]. En un balance de cuotas de afiliados a CCOO de 23 de marzo de 1977, Maracena tenía recaudadas 60.845 pts. El resto de pueblos, salvo Peligros que tenía 27. 255, no llegaban a 10.000 pesetas. Un informe sobre la situación del movimiento obrero de Granada de 1975 daba 500 afiliados a CCOO de Maracena[36]. Antonio Lorite Trenzado y José Legaza Carmona, propietarios de *Congelados Lorite y Legaza*, militantes del PCE de Maracena, hicieron un llamamiento en el boletín de *Nuestra Lucha* en julio de 1977 solidarizándose con los trabajadores de la construcción en la huelga de aquel verano: "Ponemos a disposición de los trabajadores de la construcción de Granada y provincia, toda clase de alimentos que se necesiten. Nosotros hemos surgido del mundo del trabajo y como tales nos sentimos y manifestamos"[37]. Antonio Lorite y José Legaza sufragaron de su bolsillo aquella huelga. En Maracena había cajas de resistencia para soportarlas.

Maracena tuvo Asociación de Mujeres, dirigida por las comunistas, antes que en ningún otro lugar de Granada. Ya hemos visto con las experiencias de Nati Bullejos y Alejandra Vaquero como fueron obstaculizadas una y otra vez para organizarse. La primera concejala electa en 1979, María José Fernández, era del PCE y de la Asociación de Mujeres, y llevaba militando desde comienzos de los setenta. Fue la concejala de Cultura y Fiestas del primer ayuntamiento democrático y de ella partió la idea de crear una comisión popular de fiestas para incluir a los vecinos en la organización de las fiestas populares[38]. La

---

[34] Entrevista a Luis López García, Maracena, 8 de marzo de 2021.

[35] Entrevistas a Manuel Martín Carmona y a José Luis Carmona Sánchez, Maracena, 22 de enero de 2022.

[36] Archivo personal de Luis López García y ACCOO-A, cedido por Luis López García.

[37] "A los trabajadores de la construcción en huelga", *Nuestra Lucha*, Nº9, Maracena, 31 de julio de 1977.

[38] Entrevista a María José Fernández, Maracena, 3 de octubre de 2020.

Asociación de Mujeres de Maracena, después de cuatro intentos de revestir la asociación de legalidad en el Gobierno Civil, consiguen a mediados de 1977, aún abriendo un expediente a Nati Bullejos en la que la hacían responsable de los "desórdenes que pudieran ocasionarse con motivo u ocasión de la celebración de la misma". Nati consiguió anotar a bolígrafo el nombre de Asociación de Mujeres Mariana Pineda cuando dio entrada a la última solicitud, ya que no permitían que se titulasen con ese nombre, obligándolas a denominarse Asociación de Mujeres de Maracena[39]. Alejandra Vaquero bordó la hoz y el martillo en la bandera roja que iba a pasearse por Maracena el Sábado Santo Rojo de la legalización, cuando unos días antes se intuía que de un momento a otro se legalizaría el partido: "había también mucho desconocimiento, ya que no sabíamos de qué color eran la hoz y el martillo en la bandera, porque todas las veíamos en blanco y negro. La iba a bordar en blanco hasta que vino Natalia (esposa de Antonio Reyes que había estado en Francia), y nos dijo que era en amarillo"[40]. La legalización fue como en el resto de los pueblos de la Vega, una gran fiesta en Maracena, congregando a cientos de personas en la plaza del Ayuntamiento. La bandera que bordó Alejandra fue paseada por todo el pueblo y hubo varios días de celebraciones[41]. Ese día salieron a la superficie muchos más comunistas de los que pensaban que había.

Más allá de lo simbólico, los comunistas de Maracena se adelantan a la llegada de la democracia local ganando territorios de libertad estrechando contactos con el último alcalde del franquismo. Llegan a ir a los plenos municipales antes de las elecciones municipales, entablando una relación política con José Martínez Morales, al que convencerán para que vaya como independiente como cabeza de lista por el PCE. Martínez Morales había comprado el solar para construir el colegio que tanto necesitaba Maracena con su propio dinero, que luego fue recuperando gradualmente:

> Para confeccionar la lista para las elecciones, los comunistas metimos a dos independientes. El cabeza de lista fue José Martínez

[39] "*Expediente de Natividad Bullejos Cáliz*", AHGCG, caja 1211.
[40] Entrevista a Alejandra Vaquero Moreno, Maracena, 11 de junio de 2021.
[41] Entrevista a Antonio Reyes Jiménez, Maracena, Granada, 20 de mayo de 2021.

> Morales, el anterior alcalde, y el Elías (Polo Pertíñez) en tercer lugar. Fuimos casa por casa pidiendo el voto. La innovación era esa precisamente. En los puestos primero y tercero de la lista del PCE de Maracena fueron hombres que sin pertenecer al partido, nos habían acompañado en el viaje de conquista de la democracia a los comunistas. Llevaban colaborando varios años, uno como alcalde y otro como uno de los representantes de la burguesía agrícola de la Vega, cuyas tierras había cedido para las casetas del partido en las fiestas. José Martínez Morales había comprado el solar para construir el colegio Emilio Carmona. También le vendió a una empresa francesa a un precio bajísimo el terreno para la Fábrica de las Cañas de Pescar, para que Marcena le diese trabajo a sus vecinas[42].

Los comunistas intentaron al menos mantener el control de los poderes locales antes de la celebración de las elecciones. Las mujeres de la asociación habían neutralizado al párroco desenmascarando su autoatentado incendiando su propia casa, movilizando a la población en señal de protesta, consiguiendo que el arzobispado granadino lo trasladase. También habían puesto de su parte al Juez de Paz, Francisco Palomar, que había relevado a José Pintor, aquel juez que a punta de pistola entraba en la casa de Manuel Castro Castellano. Tenían, del mismo modo, controlados los núcleos fabriles más importantes. En la Fábrica del Tabaco estaba José Ávila como representante sindical desde los años cincuenta, en la Fábrica de la Cañas de pescar, el encargado y representante sindical era Fernando Villena, militante del PCE y de CCOO y futuro concejal del Ayuntamiento. Las fábricas de terrazo que habían surgido en los últimos años al calor del auge de la construcción, tenían como propietarios a comunistas mayoritariamente, como Terrazos Maracena, de la que uno de los propietarios era José Antonio Castellanos Pérez, militante del PCE y marido de Alejandra Vaquero. En esta Fábrica se constituyó oficialmente la Unión Sindical de CCOO de Granada[43]. En Pavimentos Jimesa, la empresa líder del sector en aquel momento y durante años a nivel

[42] Entrevista a Manuel Macías Romero, Maracena., 3 de octubre de 2019.
[43] El 27 de septiembre de 1976 en Maracena. Entrevista a Alejandra Vaquero Moreno, Maracena, 11 de junio de 2021.

andaluz, y que ya albergaba a cerca de 100 trabajadores, también estaban los comunistas politizando el trabajo con José Luis Carmona Sánchez, de la Juventudes Comunistas. En Jimesa, al enlace sindical de CCOO, Antonio Jiménez, el dueño Don Emilio le ordenó que "cada vez que hubiera convocada una huelga en Maracena les dices a los trabajadores que no vengan, que no apareciesen, y que se sumaran inmediatamente"[44]. También tuvieron su presencia en el equipo de fútbol de la localidad, del que Luis López fue directivo durante años: "A mí no me interesaba el fútbol. Me metí en eso porque era el único lugar donde había gente y se podía reunir, con intención de cambiar algunas ideas de la juventud"[45]. En la Unión Deportiva Maracena siempre hubo una célula comunista formada por futbolistas durante toda la transición. El papel director de la movilización social del PCE, junto a CCOO, se había cumplido en Maracena. Los resultados de las elecciones fueron fruto de un trabajo previo muy extendido logrado mediante la adquisición de una identidad comunista por un amplísimo sector de la población. Ese 66 % de votos para el PCE y la hegemonía municipal hasta 1991, fueron claramente conquistados porque los comunistas de Maracena estuvieron construyendo democracia desde los años cincuenta.

Es muy interesante la visión que tenían otras personas ajenas a los comunistas sobre lo que ocurría en Maracena aquellos años. Rafael Gálvez Torres (1960) llegó con su familia procedente de Loja en busca de trabajo a Maracena en 1971. Para finales de los setenta decía que "nadie quería ser policía municipal de Maracena, los jovencillos [sic] campábamos a nuestras anchas, nos decían que los comunistas habían hecho tantas cosas que el control de Maracena lo tenían ellos (los comunistas). Tenían tras de sí una leyenda y nosotros de chiquillos los buscábamos"[46]. José Manuel Montoza Gómez (1963) cuenta como se ganaron a los más jóvenes cuando les prestaban la sede del partido para hacer fiestas a finales de los setenta

[44] Entrevista a Antonio Jiménez García, Maracena, 10 de abril de 2022.

[45] "Entrevista con el alcalde", Encrucijá, periódico mensual de Maracena, noviembre de 1984, p. 1.

[46] Entrevista a Rafael Gálvez Torres, Maracena, 23 de noviembre de 2021.

y gratis[47]. Una sede que fue comprada con el dinero del comité antes de la legalización. Francisco Olea Porcel (1944), un constructor de Almería que vino a Maracena en 1980 a intentar comprar terrenos para edificar: "estuve buscando al acalde (Luis López) durante días, no estaba nunca en el despacho. Me dijeron que estaba siempre en las obras o en la calle solucionando cosas. Hablé con él tres o cuatro veces antes de saber que con el que hablaba era alcalde de verdad, porque lo confundí con un obrero, porque él (Luis López) no me decía nada. Me dijo que él no podía hacer lo que quisiera porque había que hacer vivienda social y que todo lo decidían en el partido y en el ayuntamiento delante de la gente"[48].

Luis López llega a la alcaldía de manera accidental. A los pocos meses de la toma de posesión, el alcalde José Martínez Morales sufre una brutal paliza con intento de ahogo, cometida por el jefe de Falange local, que contrató a cuatro jóvenes para eliminar al alcalde al que consideraban como un traidor por haber ido con los comunistas. La paliza lo inhabilita para el cargo y una vez se recupera pide la renuncia. Los comunistas denunciaron el caso con una nota de prensa en el periódico *Ideal*:

> El Ayuntamiento de Maracena va a presentar querella criminal contra el jefe local de Falange española de las JONS de dicha localidad, José Fernández Alonso, por haber injuriado y alumnado a cuatro concejales de la mencionada corporación. Los antecedentes de esta riña se produjeron con motivo de que el Ayuntamiento de Maracena decidió dar la concesión de la tómbola de las fiestas al señor Lasa Fernández, y no al señor Fernández Alonso, maracenero, que pretendía dicha concesión, aunque "resultaron inútiles todos los intentos realizados por esta corporación para que dicho señor se personará en este Ayuntamiento y negociará con nosotros el tema de la concesión de la tómbola, concesión que ya disfrutó el año pasado en las fiestas". Según informaron los concejales maraceneros, "al final no le dimos la concesión de la tómbola porque

[47] Entrevista a José Manuel Montoza Gómez, Maracena, 14 de mayo de 2022.
[48] Entrevista a Francisco Olea Porcel, Maracena, 3 de septiembre de 2020.

dicho señor no reconocía a esta corporación, se negó rotundamente a venir a este Ayuntamiento, e incluso no hizo caso de las reiteradas citaciones que le efectuamos para que se personara en este caso que es de todo el pueblo". De resultas de aquella denegación de la sociedad de poner la tómbola, según el alcalde en funciones de Maracena "el señor Fernández Alonso se dedicó a hostigar y amenazar al feriante que había obtenido la concesión".[49]

La derecha de Maracena, avasallada por el éxito de los comunistas, recurrió a la violencia para obtener lo que no pudo conseguir nunca mediante persuasión. No reconoció al Ayuntamiento, y fueron varias las visitas del jefe provincial de Falange a los comunistas para amenazarlos:

> como consecuencia del atentado a Pepe (Martínez Morales), hubo un momento que me visita en el despacho de la alcaldía el entonces jefe de la Falange Nacional, José María Caballero, ese hombre nos visitó y estaba Pepe Guzmán que era el secretario del ayuntamiento, y este cuando vió entrar al de Falange se levantó y se fue. Este jefe de Falange me puso la pistola sobre la mesa, y salió el tema de Pepe, el tema de las fiestas, el tema de la iglesia católica[50].

Fueron los últimos coletazos de la batalla contra los comunistas emprendida desde los años cincuenta, que tuvieron a la derecha más reaccionaria siempre al acecho, con confidentes, con batallones de blanqueadores de pintadas y con el Ayuntamiento como lugar de represión. Cada vez que hubo detenciones de comunistas, los pasaban por los calabozos del consistorio o los retenían en las salas. Por ese motivo, la nueva corporación comunista acomete la construcción de una nueva casa consistorial, para que fuera verdaderamente la Casa del Pueblo y borrar para siempre aquel lugar de represión. En 1982, Luis López concedió una entrevista al Diario de Granada en la

---

[49] "Rueda de Prensa con la Corporación municipal: Maracena, el ayuntamiento exige la investigación del atentado cometido contra el alcalde", *Ideal*, 15 de agosto de 1979.
[50] Entrevista a Manuel Macías Romero, Maracena, 3 de octubre de 2019.

que dejó claro las funciones de los comunistas y lo que se pretendía desde su llegada. Acercar la institución al pueblo, hacer que la gente participara, "queríamos crear espacios públicos para que los vecinos fueran a pasar su tiempo allí, que fueran gratuitos, acordándonos que nunca habíamos tenido nada en el pueblo que fuera de todos"[51].

> ¿En líneas generales, se siente satisfecho de lo realizado en estos años de gestión municipal?
>
> –Sí, naturalmente. Ahí están las promesas que realizamos en nuestro programa electoral de 1979, y con un paseo por Maracena se pude comparar lo que se ha avanzado desde entonces. Pero aun siendo importante que Maracena cuente con todos los servicios necesarios, y para eso harán falta muchos años todavía, la idea que los comunistas hemos intentado plasmar durante nuestra gestión supera el terreno de las obras y realizaciones para trabajar sobre la conciencia y la participación de los ciudadanos en la tarea pública de los Ayuntamientos. En este sentido hemos intentado que el Ayuntamiento sea considerado como la casa de todos, la casa del pueblo y que al nuevo edificio que se inaugurará dentro de pocos meses se le pueda poner una placa que diga: "Ayuntamiento de Maracena, Administración del pueblo"[52].

Los comunistas cumplieron su palabra desde el primer momento, "lo primero que hicimos es darle voz al pueblo. Viendo que allí no cogían todos, decidimos poner altavoces en la plaza y dijimos que cuando alguien quiera hablar que lo pida y entrara a dar su opinión. Había que darle la palabra a los ciudadanos. Vino tanta gente al primer pleno que tuvimos que poner altavoces en la plaza"[53]. Había ganas de Democracia.

Al menos cuatro sucesos represivos marcaron el imaginario colectivo del pueblo durante aquellos años. Episodios que gradualmente fueron ensanchando la leyenda de la "Rusia Chica" en los contornos

---

[51] Entrevista a Luis López García, Maracena, 8 de marzo de 2021.

[52] "El Ayuntamiento debe ser la casa del pueblo", Entrevista a Luis López García, alcalde de Maracena, *Diario de Granada*, 15 de agosto de 1982, p. 8.

[53] Entrevista a Luis López García, Maracena, 8 de marzo de 2021.

y que cambiaron la percepción colectiva que sobre los comunistas tenían el resto de vecinos, algo que fue "conquistado" gradualmente. Las detenciones de 1961, la redada contra los jóvenes de las CCOOJJ de 1970, el trauma colectivo que supuso la muerte de los albañiles de la huelga de la construcción de 1970 con la negación de las autoridades de enterrar en Maracena a Antonio Huertas Remigio, y la respuesta de la Huelga General convocada por los comunistas seguida durante días por todo el pueblo. Esos días de julio de 1970, Maracena estuvo literalmente ocupada por las fuerzas del orden y durante no menos de cuatro días, la paralización laboral y comercial fue total. Quizás los dos últimos acontecimientos que desplazaron el eje en favor de los comunistas fueron el incendio auto-perpetrado por el cura párroco cargando las culpas a los "Hijos de la Pasionaria", tal y como rezaba el letrero que colgó Don Antonio González[54]. Y por último el intento de asesinato a José Martínez Morales.

Los concejales y el alcalde del PCE entregaron el dinero que administrativamente tenían asignado durante el primer y segundo mandato al partido, luego este le pagaba al alcalde: "Lo que gano yo y los concejales comunistas lo entregamos todo al partido y el partido me paga a mí 65.000 pesetas mensuales"[55]. La lista de necesidades nada más aterrizar los comunistas en el Ayuntamiento hablaba a las claras de las carencias por las que pasaban las zonas rurales y las intenciones de la nueva corporación, que pasaba por restaurar el edifico consistorial, la adquisición de terrenos para centros de enseñanza o las necesarias pavimentaciones de calles, instalación de alcantarillado y acondicionamiento de plazas públicas[56]. En el corto plazo de tres años, los comunistas hicieron efectivas todas estas necesidades mejorando velozmente los servicios públicos de Maracena. Para arreglar todas las calles y dotarlas de aceras, utilizaron el empleo comunitario e hicieron

[54] Entrevista Luis Sánchez Castellano, Maracena, 27 de abril de 2021.

[55] "Entrevista con el alcalde", *Encrucijá*, periódico mensual de Maracena, noviembre de 1984, p. 2.

[56] La lista completa contenía también las construcciones de una estación depuradora, de un Polideportivo, de una casa de la cultura o el acondicionamiento del cementerio. El montante económico total de dichas necesidades ascendía a 56 millones de pesetas. Véase en *"Lista de necesidades"*, AHMM, Libros de Actas de Plenos, Libro 9, Sig. H0009, sesión 8 de febrero de 1980, Punto 4º, pp. 34-35.

participar a los vecinos con una cantidad económica creando comisiones de vecinos para ello. Hacerlos partícipes de manera personal de las mejoras necesarias y de paso tener más dinero para acometer otras obras para el bien público: "tuvimos que dar un dinero cada uno de los vecinos para que nos asfaltaran la calle y la acera, si ya había sentido de comunidad en Maracena, esto lo reforzó todavía más, porque eran cantidades pequeñas y según los metros que tenías de fachada. La gente corrió como loca al ayuntamiento para que hiciera esto rápido, porque lo necesitábamos"[57].

Los comunistas de Maracena crearon una sub-identidad común que englobaba dos identidades culturales y políticas: "Ser comunista y ser de Maracena". Reforzados por los lazos y las redes tejidas en las zonas rurales, el ser comunista en este municipio convirtió al PCE en un Partido-Comunidad, creando un sentimiento de pertenencia tan intenso como intenso era el compromiso militante. Desde 1956, en Maracena hubo un Comité Local que fue creciendo como comunidad de valores hasta alcanzar altísimas cuotas de incidencia social en su entorno siendo capaz de captar la atención popular de la inmensa mayoría de la población. Curtidos en la confrontación política, hicieron frente a numerosos obstáculos implantando una serie de mecanismos democráticos que lograron polinizar en muchas personas. Habilitaron y facilitaron el protagonismo popular alicatando el discurso del PCE a su realidad más cercana realizando prácticas sociopolíticas que los definieron públicamente. Empezaron a desplazar lo político a lo colectivo aprovechando lo festivo partiendo de lo íntimo. Después empujaron lo político a la sindicalización asamblearia, dando paso a jóvenes neófitos que vieron una posibilidad de ascenso social con la pertenencia al partido y al sindicato. En los años setenta, pusieron todo su empeño en tener presencia social en todos aquellos movimientos sociales susceptibles de plantear reivindicaciones sociales y políticas que acabaran con la dictadura. Las mujeres comunistas de Maracena participaron en este proceso de cambio político experimentando destacadas transformaciones en sus vidas al albur de su compromiso político con el PCE, y en ocasiones,

[57] Entrevista a María Anguita Gomzález, Maracena, 20 de abril de 2022.

con el feminismo. En los albores de la democracia, los comunistas de Maracena intensificaron su acción política democrática con la creación de espacios de libertad de gran poder de atracción para la conquista de libertades democráticas. Ejerciendo el papel director de cualesquiera que fueran las movilizaciones sociales portadoras de reivindicaciones democráticas, los comunistas de Maracena dirigieron el movimiento sindical de CCOO, creando un espacio único de socialización democrática que pasó de la labor de zapa a la concienciación de clase más igualitaria y solidaria. Una vez fueron elegidos democráticamente para gestionar el poder local, invirtieron todas las energías en hacer de este poder, un poder popular al servicio del pueblo democratizando e impulsando la participación de los ciudadanos. Durante 12 años, hasta 1991, sus vecinos los vieron como los más capacitados para dirigir el Ayuntamiento, una conquista que lograron con el trabajo previo que llevaban desplegando desde hacía 25 años.

CONCLUSIÓN: ALLÍ ESTABAN LOS COMUNISTAS

Al igual que muchas zonas de España, los comunistas granadinos estuvieron en todos aquellos espacios sociales articulados y organizados que tenían la voluntad de acabar con el franquismo. Las prácticas políticas que desplegó la militancia comunista, expresadas en distintos modelos de oposición a través de la movilización social, y con características estratégicas flexibles, convirtieron al PCE en sujeto político imprescindible en el escenario de la oposición. La escenificación efectiva de las experiencias militantes de las y de los comunistas, auspiciadas en actitudes compartidas de fuerte pertenencia a una comunidad de valores, y facilitadas por las heterogéneas relaciones vividas en la comunidad militante, fueron posibles por la aceptación y el uso de leguajes, discursos, acciones protesta y actitudes sociales que los propios militantes implantaron en su vida cotidiana. Los comunistas granadinos se auxiliaron de esta serie de instrumentos de socialización, los mismos que emanaban de pulsiones emocionales características que fomentaron la adquisición de unas competencias internas para estimular y comprometer la acumulación que hizo posible un capital social de grupo gracias a la red de vínculos que establecieron. La creación de un espacio social propio y transformador, cambió las relaciones contingentes entre vecinos, entre compañeros de trabajo, entre compañeros de estudio y entre familiares. El PCE comunicó subjetivamente interpretaciones simbolizadas de la realidad auxiliado de potentes mecanismos discursivos que producían intensamente el conocimiento y el reconocimiento mutuos de los militantes comunistas. De esta manera, las experiencias de los militantes han puesto de manifiesto que los comunistas estuvieron en condiciones de poner al descubierto las injusticias del gobierno franquista, analizar las acciones de acuerdo a sus causas y motivos, y facultarlas con el fin de conseguir la libertad política que proporcionase la libertad de expresión conducente a la democratización del país. En los pueblos del área metropolitana de Granada, no adquirieron naturaleza las ramas de producción, sino la responsabilidad sectorial y territorial, organizando las comisiones por barrios y pueblos hasta bien entrados los años setenta, lo que confirió de cierta fortaleza identitaria al PCE y a CCOO.

Hemos visto como en los contextos de micromovilización que fueron capaces de activar los militantes comunistas, superaron el espectro de la organización clandestina del PCE ya que, reforzados por sus ligaduras afectivas y por las redes visibles e invisibles de amigos, familiares, vecinos, compañeros de trabajo y de curso o facultad, lograron fundamentar diversos mecanismos justificadores, alimentando el marco relacional para superar las desarticulaciones policiales, la represión y la ausencia de espacios de libertad. Las tensiones políticas, los cambios sociales y el tránsito hacia el diálogo con otras culturas políticas, atravesaron un contexto determinado por la progresiva pérdida sobre el control social que había dominado la estrategia política franquista desde su instauración. La pérdida de credibilidad del régimen estuvo relacionada con la creación de voluntades colectivas de cambio y por el impulso decidido que los comunistas tensionaron para tener presencia en todo aquel movimiento susceptible de plantear reivindicaciones tanto sociales como políticas.

El activismo juvenil cambió el clima militante ya que numerosos jóvenes interiorizaron colectivamente su pertenencia e identidad asociando problemas concretos a una franja de edad y de tiempo vivencial con objetivos de naturaleza política. Los comunistas granadinos reactivaron las organizaciones juveniles seduciendo a jóvenes que encontraron una plataforma que les otorgó la posibilidad de tener cuotas de protagonismo que les eran negadas por naturaleza por el régimen, por los patronos, por las familias o por las autoridades en general. La coincidencia temporal de protestas estudiantiles y obreras, con esquemas interpretativos similares, hizo posible, que la militancia en el PCE facilitara contactos y relaciones entre personas que a causa de sus diferentes posiciones sociales, culturales o profesionales estaban destinadas a no encontrarse. Fue la proposición de transformación de los sistemas de relación de la sociedad lo que caracterizó a la militancia durante estas décadas.

Los años setenta marcaron el paso del camino a la democracia. La nueva militancia, que provenía sobre todo del movimiento estudiantil, asumió su protagonismo de responsabilidad, como agente social, del cambio político. Se habían incorporado intelectuales, estudiantes y trabajadores profesionales habida cuenta de la amplificación y dirección de los movimientos sociales. De camino a la Democracia y al Socialismo, el PCE intentó crear un espacio coincidente para que distintas clases sociales borraran las diferencias de clase entre los militantes. Las y los comunistas granadinos estuvieron en el movimiento estudiantil, estuvieron el movimiento vecinal y estuvieron en los movimientos feministas, y sobre todo estuvieron en el movimiento obrero. La emergencia de los Movimientos Sociales aceleró la intención del PCE de tener un papel director en ellos. También, los militantes que se incorporan en los años setenta adquieren una conciencia de clase que se mezcla con el proceso de la formación de la sociedad de consumo de masas, compitiendo estrechamente con la cultura de protesta de clase clásica, por lo que la crisis de las formaciones políticas de clase llega antes que su maduración, viviendo un tiempo histórico de formación de conciencia de clase que funcionaba parejo que al de su disolución. De ahí proviene que el tiempo político de la militancia se acorte en algunos casos, en los militantes que se incorporan en los setenta.

La operatividad política de los comunistas respondió a una guerra de posiciones culturales, sociales y finalmente políticas cimentadas en una supervivencia militante de relevo dentro de un ecosistema de cultura política popular de redescubrimiento constante. Los comunistas estuvieron en el rito de paso desde una cultura popular campesina a la de una cultura popular urbana cambiando la mirada social mediante experiencias directas de una nueva realidad creando códigos propios basados en la identidad y la solidaridad logrando con ellos el protagonismo popular desarrollando un activismo con gran capacidad de atracción. Durante los años setenta especialmente, los comunistas estuvieron allí donde se crearon círculos de sociabilidad que ayudaban a romper la tradicional pasividad de la sociedad, aportando cauces de interlocución y de autoorganización social entre una gama amplia de sectores sociales.

La militancia fue asumida como un espacio de libertad en sí misma. Algunos jóvenes militantes la vivieron como una zona moral alternativa de aquel tiempo vivencial porque ofrecía implicaciones diversas en grado y forma, y una zona de libertad que afianzaba el compromiso. Las experiencias militantes de las mujeres comunistas granadinas cuestionan el tradicional discurso que coloca al sujeto militante comunista en masculino al participar de las experiencias y emociones más extendidas de la militancia. El entusiasmo de vivir un momento de politización extraordinario o la emoción experimentada por formar parte de las movilizaciones colectivas al compartir junto a otras camaradas los episodios más destacados por los que atravesó el partido y la movilización de aquellos años, las hizo protagonistas. Ser comunista en los municipios del "cinturón rojo" en aquellos años, tuvo una carga adicional de identidad, ya que al ser comunista se le añadió un poderoso sentido de pertenencia a una comunidad local que convirtió a las y los militantes en aquellas zonas y durante un tiempo, en representantes de un comunismo popular transversal en un tiempo político magnético permitiéndoles tener vida política propia para lograr una incidencia política extraordinaria en su entorno más próximo.

BIBLIOGRAFÍA

Abad Buil, Irene, "Reivindicaciones y movilizaciones femeninas desde el PCE durante el segundo franquismo", en Manuel Bueno Lluch y Sergio Gálvez Biesca (eds.), *Nosotros los comunistas, Memoria, identidad e historia social,* Madrid, Fundación de Investigaciones Marxistas, 2010, pp. 231-252.

Abad Garcia, Eduardo, "Viento del Este. La URSS en la cultura militante de los comunistas españoles (1917-968)", *Hispania Nova,* 19, (2021), pp. 196-228.

Alcántara Pérez, Pablo, "El PCE en la lupa de la Brigada Político Social. Los comunistas en los boletines policiales (1938-1975)", *Hispania Nova,* 19, 2021, pp. 291-324.

Andrade Blanco, Juan, *El PCE y el PSOE en la [la] transición. La evolución ideológica de la izquierda durante el proceso de cambio político,* Siglo XXI, Madrid 2015.

—, "El PCE en (la) Transición." en Erice, Francisco, *Un siglo de comunismo en España I. historia de una lucha,* Akal, Madrid 2021.

Asenjo, Mariano y Ramos, Victoria, *Malagón. Autobiografía de un falsificador,* El Viejo Topo, Barcelona, 1999.

Ávila González, Francisco, *El libro de Paco. Vida Laboral y política. Recuerdos de una vida, Maracena (1940-1988),* Ayuntamiento de Maracena, Concejalía de Cultura, 2007.

Ávila González, Francisco, *¿Tú donde naciste? Historias de mesa camilla,* Vol. I, Entorno Gráfico Ediciones, Granada, 2017.

Baby, Sophie, *El mito de la transición pacífica. Violencia y política en España (1975-1982),* Akal, Madrid, 2018.

Baena Luque, Eloisa y Ortega López, Teresa María ,"1962, el mayo andaluz. Andalucía ante las huelgas mineras de Asturias", en Rubén Vega García (coord..), *Las huelgas de 1962 en España y su repercusión internacional,* Ediciones Trea, Oviedo, 2002, pp.143-160.

Ballesteros Alarcón, Vicente, *Albolote, un siglo de historias,* Ayuntamiento de Albolote, Granada, 1999.

Balsebre, Armand y Fontova, Rosario, *Las cartas de la Pirenaica. Memoria del antifranquismo*, Cátedra, Madrid, 2014.

Berstein, Serge, "Introduction. Nature e fonction des cultures politiques", en Berstein, Serge (dir.), *Les cultures politiques en France,* Paris, Editions du Seuil 1999, pp.7-31.

Bordieu,'Pierre, *Las estrategias de la reproducción social,* Buenos Aires, Siglo XXI, 2011.

Bueno, Manuel, Hinojosa, José y García, Carmen (coords.), *Historia del PCE del PCE, I Congreso 1920-1977,* Volúmenes I y II. Fundación de Investigaciones Marxistas (FIM), 2007.

Bueno Lluch, Manuel y Gálvez Biesca, Sergio (eds.), *Nosotros los comunistas, Memoria, identidad e historia social,* FIM, Madrid, 2009.

Cabana Iglesia, Ana, *La derrota de lo épico,* Publicacions de la Universitat de València, Valencia 2013.

—, "Una mirada fugaz ante el espejo. El estudio de las actitudes sociales durante el franquismo", en Manuel Ortiz Heras, ¿Qué sabemos del franquismo? Estudios para comprender la España de Franco, Comares, Granada, 2018, pp.69-94.

Cabrero Blanco, Claudia, "El Movimiento Democrático de Mujeres y las comunistas: de la resistencia antifranquista a la movilización feminista". *Nuestra Historia,* N.3 (2017), pp.73-102.

Camacho, Marcelino, *Charlas en la prisión. El movimiento obrero sindical,* Laia, Barcelona, 1976.

—, *Tiene la palabra Marcelino Camacho,* Editorial CCOO, Madrid, 2010.

Carrillo, Santiago, *Nuevos enfoques a problemas de hoy,* Editions Sociales, París, 1967

Carrillo Linares, Alberto, *Subversivos y malditos en la universidad de Sevilla (1965-1977),* Sevilla, Centro de estudios andaluces, 2008.

Castells, Manuel, *Ciudad, democracia y socialismo: la experiencia de las asociaciones vecinales madrileñas,* Siglo XXI, Madrid, 1977

Cazorla, Antonio, *Miedo y progreso. Los españoles de a pie bajo el franquismo, 1939-1975,* Alianza editorial, Madrid, 2016.

Cobo Romero, Francisco y Ortega López, Teresa María, "No solo franco. La heterogeneidad de los apoyos sociales al régimen franquista y la composición de los poderes locales. Andalucía, 1936-1948". *Historia Social,* 51, (2005), pp.49-72.

—, "El Partido Comunista de España y la cuestión agraria en Andalucía durante el Tardofranquismo y la Transición, 1956-1983", *Historia Actual Online,* 7, primavera 2005, pp.27-42.

Cobo Romero, Francisco, "Movimientos sociales y construcción de la democracia en Andalucía, 1956-1983. Propuestas para un debate", en Rafael Quirosa-Cheyrouze, Rafael (ed.), *La sociedad española en la Transición: los movimientos sociales en el proceso democratizador*, Biblioteca Nueva, Madrid, 2011, pp. 331-343.

Claret Miranda, Jaume, *El atroz desmoche. La destrucción de la universidad española por el franquismo, 1936-1945*, Barcelona, Crítica, 2006

Claudín, Fernando, *Documentos de una divergencia comunista*, El Viejo Topo, Madrid, 1978.

Cruz, Rafael, *Protestar en España. 1900-2013*, Alianza Editorial, Madrid, 2015.

Cruz Chamizo, Laura, "Ser militante en la transición: el ideal del buen comunista", en *Actas del XII Congreso de la Asociación de Historia Contemporánea*, Madrid 2014. Pp.3693-3712.

Del Arco Blanco, Miguel Ángel, Fuertes Muñoz, Carlos, Hernández Burgos, Claudio y Marco Carretero, Jorge (eds.), *"No solo al miedo. Actitudes políticas y opinión popular bajo la dictadura franquista (1936-1977")*, Comares, Granada, 2013.

Della Porta, Donatella, "Las motivaciones individuales en las organizaciones políticas clandestinas", en IBARRA, Pedro y TEJERINA, Benjamín, *Los movimientos sociales. Transformaciones políticas y cambio cultural*, Editorial Trotta, Madrid, 1998. Pp. 219-242.

Del Águila, Juan José, *El TOP. La represión de la libertad (1963-1977)*, Planeta, Barcelona, 2001

Domènech Sampere, Xavier, "La clase obrera bajo el franquismo. Aproximación a sus elementos formativos", *Ayer*, 85/2012 (1):201-225.

—, "Cenizas que ardían todavía. La identidad comunista en el tardofranquismo y la transición", en Manuel Bueno Lluch y Sergio Gálvez Biesca, Sergio (eds.), *Nosotros los comunistas, Memoria, identidad e historia social*, FIM, Madrid, 2009.

Eley, Geoff, *Historia de la izquierda europea, 1850-2000*, Crítica, Barcelona, 2002.

Erice Sebares, Francisco, "El orgullo de ser comunista. Imagen, representación, memoria e identidad colectiva de los comunistas españoles", en Manuel Bueno Lluch y Sergio Gálvez Biesca (eds.), *Nosotros los comunistas, Memoria, identidad e historia social*, FIM, Madrid, 2010, pp.170-171.

—, *Militancia clandestina y represión. La dictadura franquista contra la subversión comunista (1956-1963)*. Ediciones Trea, Gijón 2017

—, Un siglo de comunismo en España I. Historia de una lucha, Akal, Madrid, 2021.

Fernández Buey, "¿Qué democracia queríamos los comunistas? Recuerdos y reflexiones, en Manuel Bueno Lluch, Manuel y Sergio Gálvez Biesca, (eds.), *Nosotros los comunistas, Memoria, identidad e historia social,* FIM, Madrid, 2010.

Fernández Rodríguez, Carlos, Valiente Ors, Mauricio y Vega Sombría, Santiago, Comunistas contra Franco. La fuerza de un compromiso, Los Libros de La Catarata, Madrid, 2021.

Ferrer González, Cristian, "Ya estábamos en los tiempos de la transición. El cambio social bajo los pies del franquismo: espacios, socialización y desafíos en la Cataluña rural (1960-1976)", en Alberto Reig Tapia y Jesús Sánchez Cervelló, *Franquismo en el mundo contemporáneo*, URV/UNAM, Tarragona/Ciudad de México, 2016, pp. 261-290

Fuentes Navarro, Candelaria y Cobo Romero, Francisco, *La tierra para quien la trabaja. Los comunistas, la sociedad rural andaluza y la conquista de la democracia (1956-1983)*, Comares, Granada, 2016.

Fuentes Navarro, Candelaria, "El Partido Comunista de España en el campo andaluz. Movilización jornalera y empoderamiento democrático de la sociedad civil (1956-1979)", *Nuestra Historia,* 3, 2017, pp. 39-51.

Garrido, Magdalena y González, Carmen, "El Puente de la Transición y su Resultado Final. Actitudes del PCE y de la militancia comunista en la Transición Española", *Revista de Historia Actual,* 6 (2008), pp. 71-87.

Gilley, Bruce, "Democratic enclaves in authoritarian regimes", *Democratization,* 17 (2010), pp. 389-415.

Ginard i Ferón, David, "Sobre héroes, mártires, tumbas y herejes. Culturas militantes de los comunistas españoles", en Manuel Bueno Lluch y Sergio Gálvez Biesca (eds.), *Nosotros los comunistas, Memoria, identidad e historia social,* FIM, Madrid, 2010

Girón, César, *Crónica negra de Granada*, Comares, Granada, 2000.

González Madrid, Damián, "La organización de los partidos políticos en provincias. PCE, PSOE y UCD en Albacete durante la transición democrática", en Cristian Cerrón Torreblanca (coord.), *Los límites del estado, La cara oculta del poder local.* Málaga, Universidad de Málaga, 2018. pp. 193-222.

Gunsfield, Joseph, "The reflexity of social Movement: Collective Behavior and Mass Society Revisited", en Enrique Laraña, Hank Johnston y Joseph

Gunsfield, (eds.), *New Social Movements: From Ideology to Identity*, Temple University Press, Filadelfia, 1994.

Hartmann, Heidi "Capitalismo, patriarcado y segregación de los empleos por sexos", en Borderías, Cristina Carrasco, Cristina y Alemany, Carmen, *Las mujeres y el trabajo. rupturas conceptuales*, Icaria, Barcelona,, 1994, pp.253-291.

Harnecker, Marta, *Los conceptos elementales del materialismo histórico*, Siglo XXI, México, primera edición abril 1969.

Hernández Burgos, Claudio, *Franquismo a ras de suelo. Zonas grises, apoyos sociales y actitudes durante la dictadura (1936-1976)*, Universidad de Granada, Granada, 2013.

— y Fuertes Muñoz, Carlos, "Conviviendo con la dictadura. La evolución de las actitudes sociales durante el franquismo (1936-1975)", *Historia Social, 81* (2015), pp.49-65.

Hernández Sánchez, Fernando, *Los años de plomo. La reconstrucción del PCE bajo el primer franquismo (1939-1953)*, Crítica, Barcelona, 2015.

—, *El Torbellino Rojo. Auge y caída del Partido Comunista de España*, Pasado y Presente, Barcelona 2022.

Herrera González de Molina, Antonio, González de Molina Navarro, Manuel, Cruz Artacho, Salvador y Ramírez, Francisco, "Propuesta para una reinterpretación de la historia de Andalucía: recuperando la historia democrática", *Ayer*, 85, (2012), pp. 73-96.

Juliana, Enric *Aquí no hemos venido a estudiar. Memoria de una discusión en el penal más duro de la dictadura. El debate de un mundo olvidado que explica el presente"*, Arpa, Barcelona, 2020.

Lavabre, Marie Claire, *Le fil rouge. Sociologie de la mémoire communiste*, Presses de la Fondation Nationale des Sciences Politiques, Paris, 1994.

Labrador, Germán, *Culpables por la literatura. Imaginación política y contracultura en la transición española (1968-1986)*, Akal, Madrid, 2017.

Lemus Puente, Encarna, "Permanencia y reconstrucción del PCE de Andalucía durante la posguerra (1939-1949)", *Espacio, Tiempo y Forma V*, Historia Contemporánea, nº11, 1998, pp. 483-506.

Marco Carretero, Jorge, *Hijos de una guerra. Los Hermanos Quero y la resistencia antifranquista*, Comares, Granada, 2010.

—, *Guerrilleros y vecinos en armas. Identidades y culturas de la resistencia antifranquista*, Comares, Granada, 2012

Markoff, John, *Olas de Democracia. Movimientos Sociales y cambio político*, Tecnos Madrid,1999.

Martín García, Óscar, Ortiz Heras, Manuel y González Madrid, Damián, "Envenenando a nuestra juventud. Cambio de actitudes y militancia juvenil en el segundo franquismo", *Historia Actual Online*, n.º 20, (otoño 2009), pp. 19-33.

Martín García, Oscar y González Madrid, Damián, "Movimientos católicos, ciudadanía y construcción de enclaves democráticos en la provincia de Albacete", *Ayer*, 91/2013 (3): 195-218.

Martínez Foronda, Alfonso (coord.), *La conquista de la libertad. Historia de las Comisiones Obreras de Andalucía (1962-2000)*, Fundación de Estudios Sindicales y Archivo Histórico de CC.OO.-A, Cádiz, 2003.

—, *La lucha del movimiento obrero en granada. por las libertades y la democracia. Pepe Cid y Paco Portillo: dos líderes, dos puentes*, Fundación de estudios sindicales-Archivo Histórico de CCOO-A, Sevilla, 2012.

— y Rueda Castaño, Isabe, *La cara al viento. Estudiantes por las libertades democráticas en la Universidad de Granada (1965-1981)*, Fundación de Estudios Sindicales, Archivo Histórico de CCOO-A, Sevilla, 2012.

McAdam, Doug, "Micromobilization, Contexts and Recruitment to Activism", en Bert Klandermans, Hans Peter Kriesi, y Sidney Tarrow, (comps.), *From Structure to Action: Comparing Social Movement across Cultures*, International Social Movements Research, vol. 1, JAI Press, Greenwich, Connecticut, 1988.

—, "Oportunities, Mobilizing Estructures, and Framing Processe. Toward and Synthetic, Comparative Perspective on Social Movements", en McAdam, Doug, McCarthy, John y Zald, Mayer (eds.), *Comparative Perspectives Social Movements*, CUP, Cambridge 1995.

Melucci, Alberto, *Challenging codes. Collective action in the information age*, Cambridge, Cambridge University Press, 1996.

Molinero, Carme, "La política de reconciliación nacional. Su contenido durante el franquismo, su lectura en la Transición", *Ayer, 66*, 2007.

—, "Una gran apuesta: la oposición política a través de la movilización social" en Manuel Bueno Lluch y Sergio Gálvez Biesca, (eds.), *Nosotros los comunistas, Memoria, identidad e historia social*, FIM, Madrid, 2009 pp.255-283.

— e Ysás, Pere (coords.), *Construint la ciutat democràtica. El moviment veïnal durant el tardofranquisme i la transició*, Icaria, Barcelona, 2010.

— e Ysás, Pere, *De la hegemonía a la autodestrucción. El Partido Comunista de España (1956-1982)*, Crítica, Barcelona, 2017.

—, "Antifranquismo, Democracia y Socialismo (1965-1975)", en Francisco Erice Sebares, (dir.), *Un siglo de comunismo en España I. Historia de una lucha*, Ediciones Akal, Madrid, 2021, pp.-203-256.

Morcillo, Aurora G., *True Catholic Womanhood: Gender and Ideology in Franco's Spain,* Northern Illinois University Press, DeKalb , 2000.

Moreno Seco, Mónica, "Militar en el "Partido de liberación de la Mujer". Los comunistas, el PCE y el feminismo", en Francisco Erice, *Un siglo de comunismo en España II. Presencia social y experiencias militantes,* Akal, Madrid, 2022, pp.367-398.

Muñoz Ruiz, Mayka, *El legado de la solidaridad. Historia de CC.OO en los sectores de la construcción y los servicios,* Editorial Bomarzo, Albacete 2017.

Ortega López, Teresa María, "Obreros y vecinos en el tardofranquismo y la transición política (1966-1977). Una lucha conjunta para un mismo fin", *Espacio, Tiempo y Forma,* Serie V, Historia Contemporánea, t. 16 UNED, 2004.

—, "El tardofranquismo en Andalucía. Una propuesta teórico-metodológica para el análisis de la protesta de la sociedad civil a la dictadura", pp. 55-74, en Teresa María Ortega López (coord.), *La sociedad civil andaluza. Punta de lanza de la democracia y la autonomía,* Centro de estudios andaluces, Junta de Andalucía, Sevilla, 2019.

—, "Género e historia oral. La oralidad de las mujeres como fuente para el análisis histórico del franquismo, la transición y la democracia", en Claudio Hernández Burgos (Ed.), *Voces de un pasado gris. Las fuentes orales y la didáctica del franquismo*, Comares, Granada, 2021, pp. 65-88

Ortiz Heras, Manuel, "Historia social en la dictadura franquista: apoyos sociales y actitudes de los españoles", *Spagna Contemporánea,* 28 (2008), pp. 169-185.

—, ¿Qué sabemos del franquismo? Estudios para comprender la España de Franco, Comares, Granada, 2018.

Pala, Giamie, "El militante total. Identidad, trabajo y moral de los comunistas catalanes bajo el franquismo", en *Cahiers de civilisation espagnole contemporaine,* 11 (2013).

Pérez Quintana, Vicente y Sánchez León, Pablo (eds.), *Memoria ciudadana y movimiento vecinal. Madrid 1968-2008*, La Catarata, Madrid 2009.

Pérez Serrano, Julio, "Los movimientos de mujeres y su contribución al proceso democrático en España, 1958-1975", en Marie Claude Chaput y Christine Lavail (eds.), "*Sur le chemin de la citoyenneté. Femmes et cultures politiques.*

Espagne XIXe-XXe siècles. Paris, Université Paris Ouest Nanterre La Dêfense, 2009, pp.241-254.

Polleta, Francesca y Jasper, James M., "Collective Identity and Social Movements", *Annual Review of Sociology,* 27, (2001).

Pons, Anaclet, "De la historia local a la historia pública: algún defecto y ciertas virtudes", *Hispania Nova,* Nº1 Extraordinario, 2020, Pp. 52-80.

Quitián González, Antonio, *Curas obreros: la cruz y el martillo,* Zumaque, Jaén, 2009.

Radcliff, Pamela, "Las asociaciones y los orígenes sociales de la transición en el segundo franquismo", en Nigel Towmson, *España en cambio. El segundo franquismo, 1959-1975,* Siglo XXI, Madrid, 2009, 129-158.

Ramos Espejo, Antonio, *Crónica de un sueño. Memoria de la Transición Democrática en Granada (1973-1983),* Caja General de Granada, Granada 2002.

Richards, Michael, *Un tiempo de silencio. La Guerra Civil y la cultura de la represión en la España de Franco, 1936-1945,* Crítica, Barcelona, 1999

Rodríguez Barreira, Oscar, *"Migas con miedo. Prácticas de resistencia en el primer franquismo, Almería 1939-1952",* Universidad de Almería, Almería 2008.

Rodríguez Padilla, Eusebio y González Arroyo, Francisco, *República, Guerra Civil y Represión Franquista en Zafarraya (Granada), 1931-1945,* Arráez editores, Almería, 2011.

Rodríguez Tejada, Sergio, "Partido Comunista y movimiento estudiantil durante el franquismo", en Manuel Bueno Lluch y Sergio Gálvez Biesca (eds.), *Nosotros los comunistas, Memoria, identidad e historia social,* FIM, Madrid, 2010, p.285-307.

Román Ruiz, Gloria, "¿El baile agarrado es pecado? La burla del control social en los espacios de "inmoralidad" del campo alto-andaluz durante el franquismo", *Cuadernos de Historia Contemporánea,* Nº42, (2020).

Rossanda, Rossana, *La muchacha del siglo pasado,* Foca, Madrid, 2008,

Rueda Laffond, José Carlos, "¿Un pasado que no cesa? Discurso patrimonial y memoria publica comunista en el franquismo y la transición española", *Revista de Estudios Sociales.* Nª47, Bogotá. P.21.

Ruiz, David, "De la guerrilla a las fábricas. Oposición al franquismo del Partido Comunista de España (1948-1962), *Espacio, Tiempo y Forma,* Serie V, Hª Contemporánea, t. 13, (2000), p.105-124.

Ruiz Esteban, Francisco, *Vivir entre tinieblas. Los últimos guerrilleros de Andalucía. La Agrupación Roberto,* Editorial Caja Granada, Granada, 2013.

Sáenz Lorite, Manuel, "Cambios estructurales en la población andaluza (1900-1970), en *Actas del I Congreso de Historia de Andalucía*, Publicaciones del Monte de Piedad y Caja de Ahorros, Córdoba, 1979.

Sánchez Rodríguez, Jesús, *Teoría y práctica democrática en el PCE (1956-1982)*, FIM, Madrid, 2004.

Sancho, Jordi, "Nuestro 68 fue el 66. El movimiento estudiantil antifranquista en el marco global de los sesentayochos. Barcelona, 1965-1969", *Historia del Presente* 34, (2019), p. 173.

Sanz Hoya, Julián, "Jerarcas, caciques y otros camaradas. El estudio de los poderes locales en el primer franquismo". *Historia del Presente*, 15 (2010), pp. 9-26.

Sartorius, Nicolás, *El sindicalismo de nuevo tipo*, Laia, Barcelona, 1976.

— y Alfaya, Javier, *La memoria insumisa sobre la dictadura de Franco*, Espasa, Madrid, 1999.

— y Sabio, Alberto, *El final de la dictadura, La conquista de la democracia en España, noviembre de 1975-junio de 1976*, Temas de Hoy, Madrid, 2007

Sciacchitano, Grazia, "Estructura del campo andaluz. Cambios y creación de nuevos jornaleros", en VV. AA, *El campo andaluz durante el franquismo: de la represión a la lucha por la democracia*, Fundación de Estudios Sindicales y Cooperación de Andalucía, Sevilla, 2020. pp. 99-130.

Scott, James C., *Los dominados y el arte de la resistencia*, Txalaparta, Tafalla, 2003.

Segura Peñas, Luis, *Comunistas en tierras de olivos: Historia del PCE en la provincia de Jaén, 1921-1986*, Editorial Universidad de Jaén, Jaén, 2019.

Suárez Roldán, María Luisa, "El Colegio de Abogados de Madrid. La oposición franquista. Los abogados del PCE. Años 1950-1977", pp.635-662, en Manuel Bueno, José Hinojosa y Carmen García, (coords), *Historia del PCE. I Congreso 1920-1977*. Vol II, FIM, Madrid, 2007.

Tébar Hurtado , Javier y Toran Belver, Rosa, *Vivir en dictadura. La desmemoria del franquismo*, El Viejo Topo, Barcelona, 2021

Thompson, Paul, *La voz del pasado. Historia Oral*, Institució Alfons el Magnànim, Valencia 1988.

Tilly, Charles, "Conflicto político y cambio social", en Pedro Ibarra y Benjamín Tejerina, *Los movimientos sociales. Transformaciones políticas y cambio cultural*, Trotta, Madrid, 1998.

Treglia, Emanuele, "El PCE y la huelga general (1958-1967)", *Espacio, Tiempo y Forma*, Serie V, Historia Contemporánea, t., 20, (2008), pp. 249-263.

—, *Fuera de las catacumbas. La política del PCE y el movimiento obrero,* Editorial Eneida, Madrid, 2012.

Tudela Vázquez, Enrique, *Nuestro Pan, la huelga del 70*, Comares, Granada, 2010.

Tully, James "Políticas de identidad", en Terence Ball, y Richard Bellamy, *Historia del pensamiento político del siglo* XX, Akal, Madrid, 2013, pp. 529-530.

Vázquez Montalbán, Manuel, *Fulgor y crepúsculo del romanticismo militante,* El Viejo Topo, Madrid,1995.

Ysás, Pere, "Huelga laboral y huelga política. España, 1939-75", *Ayer,* 4, 1991. p. 1.

GLOSARIO

ORGANIZACIONES POLÍTICAS Y SINDICALES

PCE: Partido Comunista de España
PCPE: Partido Comunista de los Pueblos de España
PSUC: Partido Socialista Unificado de Catalunya
PSOE: Partido Socialista Obrero Español
PRN: Política de Reconciliación Nacional
MC: Movimiento Comunista
LR: Liga Revolucionaria
CCOO: Comisiones Obreras
UGT: Unión General de Trabajadores
UJCE: Unión de Juventudes Comunistas de España
CCOOJJ: Comisiones Obreras Juveniles
HOAC: Hermandad de Obreros de Acción Católica
JOC: Juventud Obrera Cristiana
PNN: Profesores No Numerarios
SEU: Sindicato Español Universitario
SDEUG: Sindicato Democrático de Estudiantes de la Universidad de Granada

ARCHIVOS

AHPCE: Archivo Histórico Partido Comunista de España
AHCCOO-A: Archivo Histórico de Comisiones Obreras de Andalucía
AHT: Archivo Historia del Trabajo, Fundación 1º de Mayo.
AGA: Archivo General de la Administración
AGCG. Archivo del Gobierno Civil de Granada
AHN: Archivo Histórico Nacional
AUG: Archivo Universitario de Granada

OTROS

TOPDAT: Base de datos del Tribunal de Orden Público
BPS: Brigada Político Social
TOP: Tribunal de Orden Púbico
HGP: Huelga General Pacífica
HN: Huelga Nacional
FIM: Fundación de Investigaciones Marxistas
REI: Radio España Independiente
Jacq.: Jacquets, documentos microfilmados alojados en el AHPCE

ESTE LIBRO SE TERMINÓ DE IMPRIMIR
EN EL MES DE MARZO DE 2024